SCHÄFFER
POESCHEL

Marco Herrmann

Arbeitsbuch
Grundzüge der Volkswirtschaftslehre

3., überarbeitete Auflage

2008
Schäffer-Poeschel Verlag Stuttgart

Dr. Marco Herrmann war wissenschaftlicher Mitarbeiter am Institut für Empirische Wirtschaftsforschung, Universität Leipzig. Er ist heute bei der VNG – Verbundnetz Gas AG in Leipzig tätig.

Dozenten finden Folienvorlagen für dieses Lehrbuch unter
http://www.sp-dozenten.de

Bibliografische Information der Deutschen Nationalbibliothek
Die Deutsche Nationalbibliothek verzeichnet diese Publikation in der Deutschen Nationalbibliografie; detaillierte bibliografische Daten sind im Internet über http://dnb.d-nb.de abrufbar.

Gedruckt auf chlorfrei gebleichtem, säurefreiem und alterungsbeständigem Papier

ISBN 978-3-7910-2788-3

www.schaeffer-poeschel.de
info@schaeffer-poeschel.de

Einbandgestaltung: Willy Löffelhardt/Melanie Weiß (Motiv: Getty Images)
Lektorat: Bernd Marquard, Stuttgart
Satz: DTP + TEXT Eva Burri, Stuttgart · www.dtp-text.de
Druck und Bindung: CPI – Ebner & Spiegel, Ulm

Printed in Germany
August 2008

Schäffer-Poeschel Verlag Stuttgart
Ein Tochterunternehmen der Verlagsgruppe Handelsblatt

Vorwort zur 3. Auflage

Gemeinsam mit der neuen Ausgabe der *Grundzüge der Volkswirtschaftslehre* erscheint auch diesmal eine neue Auflage des Arbeitsbuchs. In der nun vorliegenden dritten Auflage sind die Antworten auf die Wiederholungsfragen/Aufgaben und Anwendungen des neuen Kapitels »Gebiete mit einheitlicher Währung und die Europäische Währungsunion« (Kapitel 36) des Lehrbuchs integriert. Den Hinweisen aufmerksamer Leser folgend hat sich der Autor bemüht, an der einen oder anderen Stelle verbliebene Unklarheiten zu beseitigen. Auch diesmal sind wieder einige Aufgaben entfallen. Dafür haben neue, interessante Aufgaben den Weg in das Arbeitsbuch gefunden. Und natürlich wurde auch die Aktualisierung der statistischen Angaben nicht vergessen.

Mein Dank gilt von neuem Herrn Dipl.-Volksw. Frank Katzenmayer und Herrn Dipl.-Volksw. Bernd Marquard, die maßgeblich zur weiteren Vervollkommnung des Buchs beigetragen haben.

Ich hoffe, dass das Arbeitsbuch für alle Lesenden auch weiterhin eine sinnvolle und hilfreiche Ergänzung des großartigen Lehrbuchs bleibt.

Leipzig, im Mai 2008   Marco Herrmann

Vorwort zur 1. Auflage

Das Lehrbuch *Grundzüge der Volkswirtschaftslehre* von Prof. N. Gregory Mankiw, aus dem amerikanischen Englisch übertragen von Prof. Dr. Adolf Wagner, hat seit seiner Veröffentlichung im Frühjahr 1999 eine Vielzahl positiver Reaktionen und Anregungen hervorgerufen. In diesem Zusammenhang wurde – von Studenten und Professoren gleichermaßen – wiederholt die Bitte an Herrn Prof. Wagner herangetragen, eine Lösungsskizze für die Fülle der am Ende eines jeden Kapitels gestellten Wiederholungsfragen und Aufgaben zu erarbeiten. Diesem Wunsch soll mit dem vorliegenden Arbeitsbuch entsprochen werden, dessen Relevanz sich zugleich auf die im Verlauf des Jahres 2001 zu erwartende, zweite Auflage des Lehrbuchs erstreckt.

Während sich die Wiederholungsfragen eng am Lehrbuchtext des jeweiligen Kapitels orientieren, erfordert eine Lösung der Aufgaben und Anwendungen die selbstständige Umsetzung der volkswirtschaftlichen Denkweise auf konkrete Problemstellungen. Nicht immer existiert eine, die allgemein gültige Lösung. In einigen Fällen sind die vorliegenden Antworten demzufolge eher als Lösungsvorschläge aufzufassen, über die diskutiert werden kann (und soll), und die auf diese Weise dem tieferen Verständnis der volkswirtschaftlichen Regeln und Prinzipien dienen. Eine Vielzahl der Antworten wird durch Abbildungen veranschaulicht.

Mein Dank für die gewährte Unterstützung gilt den Mitarbeitern des Instituts für Empirische Wirtschaftsforschung (IEW) an der Universität Leipzig, die zum Gelingen des Buchs beigetragen haben – allen voran Institutsdirektor Prof. Dr. Adolf

Wagner. Erste Rohvorlagen erstellte Frau cand. rer. pol. Maren Schwager. Für viele wichtige Hinweise aus zahlreichen Diskussionen danke ich Frau Dipl.-Volksw. Sabine Klinger sowie Herrn Dipl.-Volksw. Jens Ulrich. Im Verlag stand mir Herr Dipl.-Volksw. Frank Katzenmayer mit Rat und Tat zur Seite. Ich hoffe, den Lesern hiermit eine nützliche Ergänzung zum großartigen Lehrbuch vorlegen zu können.

Leipzig, Dezember 2000   Marco Herrmann

Inhaltsverzeichnis

TEIL I   Einführung

Kapitel 1   Zehn volkswirtschaftliche Regeln

Stichwörter

Knappheit	marginale Veränderungen	Produktivität
Volkswirtschaftslehre	Marktwirtschaft	Inflation
Effizienz	Marktversagen	Konjunkturzyklus
Gerechtigkeit	Externalität	
Opportunitätskosten	Marktmacht	

Wiederholungsfragen

1. **Nennen Sie drei Beispiele für bedeutende abzuwägende Alternativen und Zielkonflikte aus Ihrem Leben.**
   Wahl des Bildungswegs: Hochschulstudium oder berufliche Ausbildung
   Wahl der Studienrichtung: Volkswirtschaftslehre oder Politologie
   Wahl der Wohnart: Eltern oder eigene Wohnung

2. **Welches sind die Opportunitätskosten eines Kinobesuchs?**
   Die Opportunitätskosten einer Gütereinheit bestehen in dem, was man aufgibt, um die gewünschte Einheit zu erlangen. Im Falle eines Kinobesuchs sind folgende Opportunitätskosten denkbar:
   – Verwendung des Eintrittsgeldes für den Kauf eines Buchs und der Zeit für das Lesen des Buchs anstelle des Kinobesuchs oder
   – Verwendung des Eintrittsgeldes für den Pizza-Lieferservice und anschließendes Pizza-Essen bei Bundesliga-Fußball im Free-TV

3. **Wasser ist lebenswichtig. Ist der Grenznutzen eines Glases Wasser groß oder klein?**
   Die Höhe des Grenznutzens eines Glases Wasser hängt von der Anzahl der bereits getrunkenen Gläser ab. Der zusätzliche Nutzen des ersten Glases ist für einen Durstigen noch sehr hoch, der des zweiten schon etwas geringer, und ein drittes Glas Wasser hat für den Trinkenden einen noch geringeren zusätzlichen Nutzen, da sein Durst schon fast vollständig gelöscht ist. Hat die betreffende Person gar keinen Durst mehr, tendiert der Grenznutzen eines (zusätzlichen) Glases

Wasser gegen null. Im Normalfall ist der Grenznutzen eines Guts demzufolge abnehmend.

4. Warum sollten Wirtschaftspolitiker über Anreize nachdenken?

Menschen reagieren auf Anreize. Die zentrale Bedeutung monetärer Anreize auf die Festlegung wirtschaftlichen Verhaltens ist für die Wirtschaftspolitik wichtig, denn politische Maßnahmen verändern oft die Kosten und die Nutzen privater Haushalte. Wenn die Politik Anreize verändert, wird sie Menschen dazu veranlassen, ihr Verhalten zu ändern, sodass sich die Maßnahmen in nicht beabsichtigter Art und Weise auswirken. Aus diesem Grund müssen Politiker in der Lage sein, die von staatlichen Maßnahmen ausgelösten Verhaltensänderungen richtig abzuschätzen.

5. Warum ist der zwischenstaatliche Handel etwas anderes als ein Spiel mit einem Sieger und einem Verlierer?

Der Handel zwischen verschiedenen Ländern ist nicht mit einem sportlichen Wettkampf vergleichbar, bei dem eine Seite gewinnt und die andere Seite verliert. Tatsächlich gilt etwas anderes: Handel zwischen zwei Ländern führt dazu, dass es jedem Land wirtschaftlich besser geht. Der Handel macht es einzelnen Volkswirtschaften möglich, sich auf das zu spezialisieren, was sie am besten können. Durch Handel erlangen Volkswirtschaften größere Mengen und eine größere Vielfalt an Waren und Dienstleistungen zu niedrigeren Kosten.

6. Was macht die unsichtbare Hand des Markts?

Haushalte und Unternehmen wirken auf Märkten zusammen, als ob sie von einer »unsichtbaren Hand« zu guten Marktergebnissen geführt würden (vgl. Adam Smith 1776 »The Wealth of Nations«). Dahinter steckt die freie Preisbildung und die Rückwirkung der Preise auf Anbieter- und Nachfragerverhalten. Preise sind die Instrumente, mit denen die unsichtbare Hand die wirtschaftliche Aktivität dirigiert. Die Preise spiegeln beides wider, den gesellschaftlichen Wert eines Guts und die sozialen Kosten der Produktion. Da sich Unternehmungen und Haushalte bei ihren Kauf- und Verkaufsentscheidungen an Preisen orientieren, berücksichtigen sie bei ihren Entscheidungen unbewusst soziale Nutzen und Kosten ihrer Aktivitäten. Preise führen die individuellen Entscheidungsträger zu Ergebnissen, die in vielen Fällen auch die soziale Wohlfahrt maximieren. In letzter Konsequenz bringt die unsichtbare Hand Märkte gewöhnlich dazu, die Ressourcen effizient zu verteilen.

7. Was bedeuten »Effizienz« und »Gerechtigkeit«, und inwiefern hängen Sie mit der Politik zusammen?

Effizienz beschreibt die Fähigkeit der Gesellschaft, ihre knappen Ressourcen bestmöglich auszunutzen. Unter Gerechtigkeit versteht man die Fähigkeit einer Gesellschaft, die wirtschaftliche Wohlfahrt fair auf die Mitglieder zu verteilen. Politische Maßnahmen können geeignet sein, Marktergebnisse zu verbessern, indem sie die Effizienz steigern oder die Gerechtigkeit fördern. Dies gilt insbesondere in Situationen, in denen ein Marktversagen die effiziente Verteilung der Ressourcen verhindert.

8. Warum ist die Produktivität wichtig?

Produktivität misst die Menge der pro Arbeitsstunde produzierten Güter. Unterschiede im Lebensstandard sind fast gänzlich den nationalen Unterschieden der Produktivität zuzurechnen. In Staaten, in denen die Beschäftigten eine große Gütermenge pro Zeiteinheit herstellen können, erfreuen sich die Menschen eines hohen Lebensstandards. In Staaten mit weniger produktiven Arbeitskräften (und oft erheblich niedrigerer Kapitalausstattung) müssen die Menschen bescheidenere Lebensbedingungen ertragen. Der Zusammenhang zwischen Produktivität und Lebensstandard hat tief greifende Konsequenzen für die Wirtschaftspolitik. Ein Anstieg im Lebensstandard der Bevölkerung setzt wirtschaftspolitische Maßnahmen voraus, die die Produktivität erhöhen. Aufgabe der Politiker ist es, für einen hohen Ausbildungsstand, eine gute Realkapitalausstattung sowie den Zugang zu Spitzentechnologien Sorge zu tragen.

9. Was ist Inflation und wodurch wird sie verursacht?

Inflation bezeichnet den Anstieg des Preisniveaus der Volkswirtschaft (Wachstumsrate des Preisniveaus). Hauptursache der Inflation ist ein zu rasches Wachstum der Geldmenge, das den Geldwert (Gütereinheiten je Geldeinheit) sinken lässt. Die Wachstumsrate der Geldmenge darf die Wachstumsrate der Produktivität nicht übersteigen, damit ein stabiles Preisniveau herrscht.

10. Wie sind Inflation und Arbeitslosigkeit kurzfristig verknüpft?

Kurzfristig sind Inflation und Arbeitslosigkeit über die funktionale Beziehung der Phillips-Kurve miteinander verknüpft. Danach bewirkt die Absenkung der Inflationsrate eine Erhöhung der Arbeitslosenquote, ein Anstieg der Inflationsrate dagegen einen Rückgang der Arbeitslosenquote. Über eine rasche, inflationäre Ausweitung der Geldmenge ließe sich vonseiten der Wirtschaftspolitik demnach eine Reduktion der Arbeitslosigkeit erreichen. Die empirische Gültigkeit der Phillips-Kurve ist umstritten, aber die meisten Ökonomen sind heutzutage davon überzeugt, dass es einen kurzfristigen Zielkonflikt und eine kurzfristige politische Alternative zwischen Inflation und Arbeitslosigkeit gibt. Der »tradeoff« entsteht dadurch, dass sich einige Preise nur langsam anpassen (Preisstarrheit auf kurze Sicht). Kurzfristig (bei unveränderten Preisen) bewirkt eine inflationäre Geldmengensteigerung eine Umsatz- und Beschäftigungszunahme, eine deflationäre Geldmengensenkung dagegen einen Umsatz- und Beschäftigungsrückgang. Langfristig (bei hinreichend flexiblen und anpassungsfähigen Preisen) haben bloße Geldmengenänderungen dagegen keine Umsatz- und Beschäftigungswirkungen. Eine Absenkung der Geldmenge erhöht demnach nur temporär die Arbeitslosigkeit, bis sich das Preisniveau vollständig an die Geldmengenänderung angepasst hat.

Aufgaben und Anwendungen

1. **Beschreiben Sie einige der Zielkonflikte, denen gegenüberstehen**
   a) **eine Familie bei der Entscheidung über den Kauf eines neuen Autos,**
   b) **ein Parlamentarier bei der Abstimmung über die Erhöhung der Ausgaben für öffentliche Grünflächen,**
   c) **ein Vorstandsvorsitzender bei der Entscheidung über den Bau eines neuen Werks,**
   d) **ein Professor bei der Frage, ob er sich auf die Vorlesung vorbereiten soll.**
   a) Autokauf oder Urlaubsreise
   b) Ausgabenerhöhung für öffentliche Grünflächen oder Ausgabenerhöhung für Bildung
   c) Bau eines neuen Werks oder Investitionen in ein bestehendes Werk
   d) Vorlesungsvorbereitung oder Forschungsarbeit.

2. **Sie wollen über eine Urlaubsreise entscheiden. Der größte Teil der Kosten (Flug, Hotel, Einkommensausfall) wird in Euro gemessen, aber die Nutzengrößen des Urlaubs sind psychischer Natur. Wie können Sie Kosten und Nutzen vergleichen?**
   Schwierig ist ein Vergleich von Kostengrößen in Geldeinheiten und von Nutzengrößen immaterieller Art, wie etwa bei der Entscheidung über eine Urlaubsreise. Da nur eine ordinale, vergleichende Nutzenmessung, jedoch keine kardinale Nutzenmessung möglich ist, kann man nicht nach der Entscheidungsregel »Grenzkosten gleich Grenznutzen« für ein einzelnes Gut verfahren. Eine konzeptionell exakte Analyse setzt eine Indifferenzkurvenbetrachtung (vgl. Kapitel 21) für die Gesamtheit der Haushaltsentscheidungen voraus.

3. **Sie haben vor, samstags Ihrer Teilzeitarbeit nachzugehen, aber ein Freund schlägt einen Skiausflug vor. Welches sind die wahren Kosten des Skiausflugs? Nun überlegen Sie unter der Annahme, Sie hätten in der Bibliothek studieren wollen. Welches sind die Kosten des Skiausflugs in diesem Falle? Erklären Sie die einzelnen Schritte.**
   a) Alternative Teilzeitarbeit: Kosten des Urlaubs (Ausgaben für Fahrt, Hotel, Skiausrüstung, Gebühren für den Skilift) plus gegenwärtiger Einkommensausfall (entgangene Entlohnung aus dem Teilzeitjob) abzüglich des (subjektiven) Erholungswerts des Urlaubs
   b) Alternative Studium: Kosten des Urlaubs (Ausgaben für Fahrt, Hotel, Skiausrüstung, Gebühren für den Skilift) plus zukünftiger Einkommensausfall (versäumtes Literaturstudium, schlechte Prüfungsnoten, schlechte Jobangebote) abzüglich des (subjektiven) Erholungswerts des Urlaubs

4. **Sie gewinnen € 1.000 im Lotto. Sie haben die Möglichkeit, das Geld auszugeben oder für ein Jahr zu 5 % Zinsen auf ein Konto einzuzahlen. Welches sind die Opportunitätskosten für € 1.000 Ausgaben sofort?**
   Die Opportunitätskosten der sofortigen Gewinnverwendung betragen € 50 (entgangene Verzinsung der Geldanlage für ein Jahr).

5. **Die von Ihnen geführte Unternehmung investiert € 5.000.000 in die Entwicklung eines neuen Produkts, doch die Entwicklung ist noch nicht ganz abgeschlossen. Bei einer Sitzung berichten Ihre Verkaufsleute, dass die Markteinführung von Konkurrenzprodukten die zu erwartenden Verkaufserlöse Ihres neuen Produkts auf € 3.000.000 reduziert hat. Sollten Sie weiter vorangehen und die Entwicklung zum Abschluss bringen, wenn Sie dafür € 1.000.000 aufbringen müssen? Was sollten Sie höchstens für den Abschluss der Entwicklung aufwenden?**

   Anfangsinvestition: € 5.000.000

   Zusatzinvestition: € 1.000.000

   Verkaufserlös: € 3.000.000

   Kosten für das Projekt ohne Abschluss: € 5.000.000

   Kosten für das Projekt mit Abschluss: € 6.000.000 – € 3.000.000 =
   € 3.000.000

   Die Weiterentwicklung des neuen Produkts sollte auf jeden Fall fortgesetzt werden. Ohne Abschluss des Projekts müsste die Unternehmung Kosten in Höhe von € 5.000.000 tragen, während ein Abschluss des Projekts die Kosten durch die Verkaufserlöse immerhin auf € 3.000.000 reduziert. Grundsätzlich sollte das Projekt fortgesetzt werden, wenn die Projektkosten der Unternehmung das Kostenniveau ohne Abschluss der Entwicklung nicht überschreitet:

   Anfangsinvestitionen + Zusatzinvestitionen – Verkaufserlöse < Projektkosten ohne Abschluss

   Die Aufwendungen für den Abschluss der Entwicklung dürfen demzufolge nicht mehr als € 3.000.000 betragen.

6. **Die drei verantwortlichen Manager eines Getränkeherstellers diskutieren darüber, ob sie die Produktion des erfolgreichen Erfrischungsgetränkes WellFit weiter ausdehnen sollen. Jeder der drei Manager präsentiert seinen Vorschlag für eine Entscheidung.**
   Manager A: Wir müssen entscheiden, wie viele Flaschen WellFit wir zusätzlich produzieren wollen. Also ich denke, wir sollten untersuchen, ob die Produktivität unserer Unternehmung – also die Anzahl der produzierten Flaschen pro Arbeitskraft – sinkt oder steigt, wenn wir die Produktion erhöhen.
   Manager B: Wir sollten uns lieber anschauen, ob unsere durchschnittlichen Produktionskosten je Arbeitskraft steigen oder sinken.
   Manager C: Ich bin der Meinung, dass wir überprüfen müssen, ob der zusätzliche Erlös, den wir durch den Verkauf weiterer Flaschen WellFit erzielen können, größer ist als die zusätzlichen Kosten der Produktionsausweitung.
   Welcher Manager hat Recht? Und warum?
   Manager C hat Recht. Regel Nr. 3 der zehn volkswirtschaftlichen Regeln besagt, dass rational entscheidende Menschen in Grenzbegriffen denken. Bei der Entscheidung über eine Ausweitung der Produktion von WellFit müssen die Manager der Unternehmung den zusätzlichen Nutzen einer Produktionsausweitung mit den zusätzlichen Kosten vergleichen, die mit der Entscheidung für eine Pro-

duktionsausweitung verbunden sind. Eine Produktionsausweitung lohnt sich also genau dann, wenn die zusätzlichen Erlöse höher als die zusätzlichen Kosten sind.

7. Das Rentenversicherungssystem eines Landes zahlt Transfereinkommen an die über 65-jährigen Menschen. Empfänger mit höherem Einkommen aus anderen Quellen erhalten niedrigere Beträge (nach Steuern) als Empfänger mit niedrigerem Einkommen aus anderen Quellen.

a) Wie wird das bestehende Rentenversicherungssystem die Sparneigung der Leute während der aktiven Erwerbstätigkeit beeinflussen?

b) Wie wird eine Herabsetzung der Nettozahlungen bei höherem Einkommen aus anderen Quellen die Erwerbsneigung über das 65. Lebensjahr hinaus beeinflussen?

a) Das bestehende Rentensystem reduziert zunächst die Sparneigung während der Erwerbstätigkeit, da spätere Zinseinkünfte die Rentenbeträge senken. Können jedoch höhere Zinserträge die Rentenkürzungen überkompensieren, so stellt sich ein Anstieg der Sparneigung ein.

b) Werden die Nettozahlungen bei einem höheren Einkommen aus anderen Quellen herabgesetzt, so sinkt die Erwerbsneigung, da ein Zusatzverdienst die Rentenhöhe reduziert. Zu berücksichtigen ist auch in diesem Fall, ob der Zusatzverdienst den Rentenverlust kompensieren kann.

8. Die Vorschriften der Sozialgesetzgebung werden immer wieder einmal geändert. Nehmen wir an, es hätte eine Gesetzesänderung gegeben, sodass arbeitsfähige Sozialhilfeempfänger nach zwei Jahren keine Zahlungen mehr bekommen.

a) Wie beeinflusst dies die Arbeitsneigung?

b) Inwiefern könnte diese Gesetzesänderung einem Zielkonflikt zwischen Gerechtigkeit und Effizienz entsprungen sein?

a) Die Arbeitsneigung würde bei zeitlich befristeten Leistungen an arbeitsfähige Sozialhilfeempfänger zunehmen.

b) Solange nicht alle Arbeitsfähigen arbeiten, ist die Effizienz der Volkswirtschaft reduziert. Der Sozialhilfeausschluss von Arbeitsfähigen nach zwei Jahren dient demzufolge dem Effizienzziel. Die Befristung ist insofern dem Gerechtigkeitsziel geschuldet, da es unfair wäre, arbeitslos gewordenen Menschen keine »Schonfrist« einzuräumen.

9. Ihre Zimmerkollegin kann besser kochen als Sie, aber Sie können schneller putzen. Wenn Ihre Zimmerkollegin immer kocht und Sie alle Putzarbeiten erledigen, würden dann Ihre Routinearbeiten mehr oder weniger Zeit in Anspruch nehmen, als wenn Sie jede Teilaufgabe gleichmäßig aufteilten? Geben Sie ein ähnliches Beispiel dafür, inwiefern Spezialisierung und Handel zwei Länder besser stellen können.

Wenn sich jeder auf das spezialisiert, bei dem er allen anderen überlegen ist, entsteht das größte Gesamtergebnis. Im zwischenstaatlichen Handel erlangt man Handelsvorteile zum einen durch Spezialisierung nach absoluten Kostenvorteilen, zum anderen aber auch durch Spezialisierung nach komparativen Kostenvorteilen. Im zweiten Fall erlangt eine Volkswirtschaft selbst dann Vorteile, wenn ein bestimmtes Land sämtliche Güter kostengünstiger produzieren könnte (vgl. Kapitel 3). Eine Besserstellung beider Zimmerkolleginnen durch die Spezialisierung auf Putzen und Kochen hängt allerdings davon ab, ob meine Zimmerkollegin nicht nur besser, sondern auch schneller kochen kann.

Übertragen auf ein Zwei-Länder-Beispiel könnte eine Spezialisierung auf die landwirtschaftlichen Produkte Reis und Baumwolle, bedingt durch unterschiedliche klimatische Verhältnisse (feucht und heiß, trocken und heiß), beide Länder besser stellen.

10. **Machen wir einmal die aberwitzige Annahme, die Bundesrepublik Deutschland würde eine zentrale volkswirtschaftliche Planung einführen und Sie wären der Chefplaner. Unter den Millionen von Entscheidungen für das nächste Jahr sind auch die, wie viele CDs hergestellt werden sollen, welche Künstler die Aufnahmen machen und wer die CDs bekommen soll.**

   a) **Was würden Sie gerne aus der CD-Industrie erfahren wollen, sodass Sie die Entscheidungen intelligent fällen können? Welche Information würden Sie von jedem Einwohner der Bundesrepublik Deutschland haben wollen?**

   b) **Wie würden Ihre CD-Entscheidungen irgendwelche anderen Ihrer Entscheidungen tangieren, z. B. über die Produktion von CD-Geräten oder Kassettenbändern? Wie könnten Ihre anderen Entscheidungen über die Volkswirtschaft Ihre Ansichten über CDs verändern?**

   a) Zur Entscheidungsfindung wären folgende Informationen von Nutzen:

Informationen über die CD-Industrie	Informationen über die Konsumenten
– Produktionskosten, Kapazitäten	– Vorliebe für bestimmte Musikrichtungen
– Absatzstatistiken	– Präferenzen für bestimmte Künstler
– beliebte Künstler und Erfolg versprechende Newcomer	– Anzahl der bisher erworbenen CDs
	– Zahlungsbereitschaft

   b) Einfluss anderer Entscheidungen:

Beeinflussung anderer Entscheidungen	Rückwirkungen auf Entscheidungen über CDs
– Produktionsmengen von CD-Playern und Zubehör	– Ressourcenknappheit zwingt zur Reduktion der CD-Produktion (Fachkräfte, Material)
– Produktionsmengen anderer Medien (Kassetten, Schallplatten)	– Verfügbarkeit von Alternativen kann Nachfrageverschiebungen auslösen, die eine neue Entscheidung über die CD-Produktion notwendig machen
– Konzertveranstaltungen (Menge, Art, Umfang)	
– Fragen der Materialbeschaffung	– Zahlungsbereitschaft für CD-Player beeinflusst potenzielle Verkaufsmenge von CDs
– Karrierechancen von Interpreten	

11. **Führen Sie zu jeder einzelnen der nachfolgenden staatlichen Aktivitäten aus, ob sie mit Blick auf die Gerechtigkeit oder mit Blick auf die Effizienz zu begründen wäre. Für den Fall der Effizienz erörtern Sie bitte die Art des vorliegenden Marktversagens.**
    a) **Regulierung der Gebühren für Wasser**
    b) **Ausgabe von Essensgutscheinen an Arme**
    c) **Rauchverbot in der Öffentlichkeit**
    d) **Überführung des früheren Telefonmonopols der Bundespost auf mehrere private Träger**
    e) **Erhöhung der Einkommensteuersätze für Besserverdienende**
    f) **Gesetzliches Fahrverbot bei Drogeneinnahme**
    a) Effizienz (Marktmacht)
    b) Gerechtigkeit
    c) Effizienz (Externalität, Wegfall potenzieller Gesundheitsschäden bei Passivrauchern)
    d) Effizienz (Eingriff in Marktmacht)
    e) Gerechtigkeit
    f) Effizienz (Externalität, Reduktion drogenbedingter Gefährdungen des Straßenverkehrs)

12. **»Jede und jeder in der Gesellschaft sollte die bestmögliche Gesundheitsfürsorge garantiert bekommen.« Erörtern Sie diese Aussage von den Standpunkten der Gerechtigkeit und der Effizienz aus.**
    Unter der Voraussetzung der Bezahlbarkeit der Gesundheitsfürsorge ist dies eine Forderung der gerechten (Um-)Verteilung des gesellschaftlichen Wohlstands. Nach dem Kriterium der Effizienz muss sich die Gesundheitsfürsorge nach der physischen und monetären Leistungsfähigkeit der Gesellschaftsmitglieder richten.

13. **Inwiefern ist Ihr Lebensstandard anders als der Ihrer Eltern oder Großeltern in Ihrem Alter? Warum ist es zu diesen Veränderungen gekommen?**
    Mein Lebensstandard ist wesentlich höher als der meiner Eltern und Großeltern. Sieht man von politischen Fehlentscheidungen sowie Katastrophen (Kriege, Naturkatastrophen) ab, so lässt sich allgemein feststellen, dass der Lebensstandard in einer Volkswirtschaft kontinuierlich ansteigt. Dieser Tatbestand ist auf eine zunehmende Produktivität zurückzuführen, die mit verschiedenen Faktoren zusammenhängt, wie beispielsweise dem technischen Fortschritt, der Investitionsneigung oder der Zinsentwicklung.

14. **Nehmen wir einmal an, die Deutschen würden sich zu einer höheren Sparquote aus ihrem Einkommen entschließen. Wenn die Banken dieses Geld an Unternehmungen ausleihen würden, die damit neue Betriebsstätten errichten, wie würde dabei die höhere Ersparnis zu schnellerem Produktivitätswachstum beitragen? Wer profitiert vermutlich von höherer Produktivität? Kann die Gesellschaft als ganze einen »free lunch« bekommen?**
    Aus einem Anstieg der Sparquote in der Gegenwart resultiert eine Verbilligung der Kreditfinanzierung. Über einen Anstieg der Investitionen in der Gegenwart

kann die gesamte Volkswirtschaft in der Zukunft eine höhere Produktivität erreichen, die allen einen gestiegenen Lebensstandard sichert. Dabei erhält die Gesellschaft als Ganze jedoch keinen »free lunch«. Um einen höheren Lebensstandard in der Zukunft zu realisieren, muss die Gesellschaft in der Gegenwart dazu bereit sein, ihre Konsumausgaben einzuschränken. Nur so ist ein Anstieg der Sparquote möglich.

15. **Stellen Sie sich vor, Sie würden als Wirtschaftspolitiker darüber nachdenken, wie Sie die Inflationsrate senken können. Was würden Sie – damit Sie einen intelligenten Vorschlag ausarbeiten können – über Inflation, Arbeitslosigkeit und den dabei bestehenden Zielkonflikt wissen wollen?**

    Inflation: Wovon hängt die Inflationsrate ab?

                         Welche Faktoren kann man in welcher Weise beeinflussen?

                         Welche Wirkungen haben die Maßnahmen?

    Arbeitslosigkeit: Wovon wird die Arbeitslosigkeit beeinflusst?

                         Wie sieht der Zusammenhang mit der Inflation aus?

                         Welche Wirkungen hat eine Senkung oder Erhöhung der Arbeitslosenquote?

    Zielkonflikt: Wie sieht der Zielkonflikt für die spezielle Volkswirtschaft aus?

                         Wie kann man den Zielkonflikt vermindern oder vermeiden?

                         Gibt es eine Möglichkeit zur Ausnutzung dieses Konflikts?

Kapitel 2   Volkswirtschaftliches Denken

Stichwörter

Kreislaufdiagramm	Produktionsmöglichkeitenkurve
Mikroökonomik	positive Aussagen
Makroökonomik	normative Aussagen

Wiederholungsfragen

1. Inwiefern ist die Volkswirtschaftslehre wie eine Naturwissenschaft?

Ebenso wie Naturwissenschaftler behandeln auch Ökonomen ihr Fachgebiet mit Objektivität. Sie entwerfen Theorien, sammeln Daten und versuchen anschließend, aufgrund der Daten ihre Theorien zu bestätigen oder zu verwerfen. Ökonomen arbeiten demnach ebenfalls mit wissenschaftlichen Methoden (verbale, algebraische, grafische Ableitung von Modellen) und mit dem Wechselspiel zwischen Theorie und Beobachtung. Im Unterschied zu anderen Wissenschaftsbereichen sind Experimente allerdings schwierig bis unmöglich.

2. Warum setzen Ökonomen Annahmen?

Annahmen führen zu einem leichteren Verständnis der Realität. Das Denken kann auf diese Weise auf den zu untersuchenden Forschungsgegenstand fokussiert werden. Auf der Grundlage unterschiedlicher Annahmen können Ökonomen unterschiedliche Fragen beantworten.

3. Soll ein ökonomisches Modell die Realität exakt beschreiben?

Modelle in Form von verschiedenen Modellierungen, Diagrammen oder Gleichungen sind stilisiert, realitätsfern und schließen irrelevante Details aus. Sie dienen dem Verständnis der Funktionsweise der Realität und müssen von daher vereinfacht und auf das Wesentliche beschränkt dargestellt werden (isolierte Abstraktion). Modelle werden mit Annahmen konstruiert. Alle Modelle simplifizieren die Realität, um das Verständnis der Wirklichkeit zu erleichtern und zu verbessern.

4. Zeichnen und erklären Sie eine Produktionsmöglichkeitenkurve für eine Volkswirtschaft, die Milch und Semmeln erzeugt. Was geschieht mit der Kurve, wenn eine Seuche die Hälfte der Kühe tötet?

Die Produktionsmöglichkeitenkurve ist ein Graf, der die verschiedenen Mengenkombinationen des Outputs zeigt, die in einer Volkswirtschaft bei vollständiger Nutzung der vorhandenen Produktionsfaktoren und der gegebenen Produktionstechnik möglich sind.

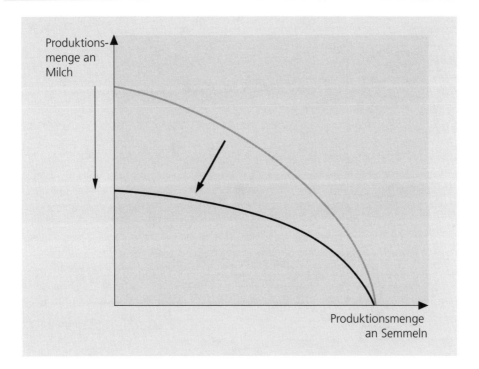

Tötet eine Seuche die Hälfte der Kühe, so geht auch die maximal mögliche Milch-produktion um die Hälfte zurück.

5. **Benutzen Sie das Modell der Produktionsmöglichkeitenkurve, um das Konzept der Effizienz zu erklären.**

Ein Produktionsergebnis wird effizient genannt, sofern eine Volkswirtschaft alles nur Mögliche aus den verfügbaren knappen Ressourcen herausholt. Im Hinblick auf das Modell der Produktionsmöglichkeitenkurve sind effiziente Produktionsergebnisse daran zu erkennen, dass sie gerade auf der Produktionsmöglichkeitenkurve liegen (vgl. Abb. Seite 13).

Realisiert eine Volkswirtschaft die Outputmengenkombination A, dann wurden die verfügbaren Produktionsfaktoren und die verfügbare Produktionstechnik so eingesetzt, dass keine Möglichkeit mehr besteht, von einem der beiden Güter mehr zu produzieren, ohne die Produktion des anderen Guts einschränken zu müssen. Das Produktionsergebnis ist effizient. Punkt B dagegen repräsentiert ein ineffizientes Produktionsergebnis. In diesem Fall produziert die Volkswirtschaft weniger, als sie mit den vorhandenen Ressourcen erzeugen könnte.

6. **Welches sind die beiden Teilgebiete der Volkswirtschaftslehre? Beschreiben Sie die Aufgabenfelder.**

Das Arbeitsgebiet der Volkswirtschaftslehre wird herkömmlicherweise in zwei große Teilgebiete gegliedert. Die *Mikroökonomik* untersucht, wie Haushalte und Unternehmungen Einzelentscheidungen treffen und wie die Wirtschaftseinheiten auf den einzelnen Märkten zusammenwirken. Die *Makroökonomik* befasst

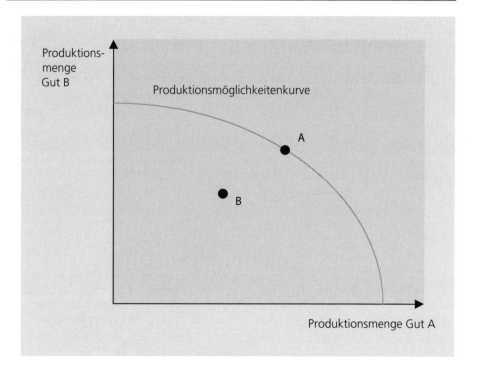

sich mit gesamtwirtschaftlichen Phänomenen auf aggregierter Ebene. Mikro- und Makroökonomik sind eng miteinander verbunden. Da gesamtwirtschaftliche Entwicklungen durch Millionen individueller Entscheidungen entstehen, kann man makroökonomische Analysen nicht ohne die zugehörigen Mikroentscheidungen begreifen.

7. Worin besteht der Unterschied zwischen einer positiven und einer normativen Aussage? Bilden Sie zu jeder Aussage ein Beispiel.
Positive Aussagen sind beschreibend. Sie richten sich darauf, wie die Welt ist: *In Deutschland sind über vier Millionen Menschen arbeitslos.*

Normative Aussagen sind präskriptiv. Sie richten sich darauf, wie die Welt sein soll: *Jeder, der Arbeit sucht, sollte einen Arbeitsplatz bekommen.*

Ein Hauptunterschied zwischen positiven und normativen Aussagen zeigt sich darin, wie wir ihre Gültigkeit überprüfen. Positive Aussagen kann man grundsätzlich annehmen oder verwerfen, indem man ihre empirische Gültigkeit testet. Im Gegensatz dazu berücksichtigt man bei der Bewertung normativer Aussagen sowohl Fakten als auch Werturteile.

8. Was ist der Sachverständigenrat zur Begutachtung der gesamtwirtschaftlichen Entwicklung, was der Council of Economic Advisers?
Der Sachverständigenrat zur Begutachtung der gesamtwirtschaftlichen Entwicklung ist ein Gremium der wissenschaftlichen Politikberatung. Er wurde im Jahre 1963 per Gesetz eingerichtet zur periodischen Begutachtung der gesamtwirtschaftlichen Entwicklung in der Bundesrepublik Deutschland und zur Erleich-

terung der Urteilsbildung bei allen wirtschaftspolitisch verantwortlichen Instanzen sowie in der Öffentlichkeit. Er ist in seinem Beratungsauftrag unabhängig. Der Rat hat die gesamtwirtschaftliche Lage und deren absehbare Entwicklung zu analysieren, er hat zu untersuchen, wie im Rahmen der marktwirtschaftlichen Ordnung gleichzeitig Stabilität des Preisniveaus, hoher Beschäftigungsstand und außenwirtschaftliches Gleichgewicht bei stetigem und angemessenem Wachstum gewährleistet werden können (§1 des StabG). Dem gesetzlichen Auftrag zufolge verfasst und veröffentlicht der Rat jedes Jahr ein Jahresgutachten (Mitte November) und überdies, in besonderen Problemlagen oder nach Auftrag durch die Bundesregierung, Sondergutachten. Der Sachverständigenrat besteht aus fünf Mitgliedern, die für einen Zeitraum von jeweils fünf Jahren vom Bundespräsidenten auf Vorschlag der Bundesregierung berufen werden. Der Sachverständigenrat zur Begutachtung der gesamtwirtschaftlichen Entwicklung soll sich nach den Vorstellungen des Gesetzgebers auf positive Aussagen konzentrieren und sich von normativen Aussagen oder Politikempfehlungen möglichst fernhalten.

Ähnlich wie in der Bundesrepublik Deutschland Jahresgutachten des Sachverständigenrats zur Begutachtung der gesamtwirtschaftlichen Entwicklung für die Bundesregierung erstellt werden, arbeitet in den USA seit 1946 ein *Council of Economic Advisers,* der jedes Jahr einen *Economic Report for the President* verfasst. Zu weiteren Aufgaben gehören die Begutachtung von laufenden und geplanten Regierungsprogrammen, die Entwicklung und Empfehlung von wirtschaftspolitischen Strategien sowie die Sammlung, Auswertung und Bereitstellung von zuverlässigen Informationen über aktuelle und zukünftige Entwicklungen.

9. Warum erhalten die Wirtschaftspolitiker des Öfteren widersprüchliche volkswirtschaftliche Ratschläge?

Für widersprüchliche volkswirtschaftliche Ratschläge gibt es im Allgemeinen drei Begründungen.

Unterschiede der wissenschaftlichen Meinungen: Ökonomen können über die empirische Gültigkeit alternativer positiver Theorien zum Funktionieren der Wirtschaftswelt uneins sein.

Unterschiede der Werturteile: Ökonomen können unterschiedliche Werte und deshalb unterschiedliche normative Wertvorstellungen darüber haben, welche Strategie die Politik verfolgen sollte.

Scharlatane und Sonderlinge: Ökonomen mögen in Wahrheit übereinstimmen, doch der Rat von Scharlatanen und Sonderlingen vernebelt den Konsens.

Aufgaben und Anwendungen

1. Zeichnen Sie ein Kreislaufdiagramm. Bezeichnen Sie jene Teile des Modells, die den Güterströmen und den Geldströmen zu folgenden Aktivitäten entsprechen:
   a) Xaver bezahlt an den Ladeninhaber € 1,50 für ein Glas Milch.
   b) Zenzi verdient pro Stunde € 20 als Bedienung auf dem Münchener Oktoberfest.
   c) Vera gibt € 8 für eine Kinokarte aus.
   d) Alexander erhält € 10.000 an Dividendenzahlungen von der Lufthansa.

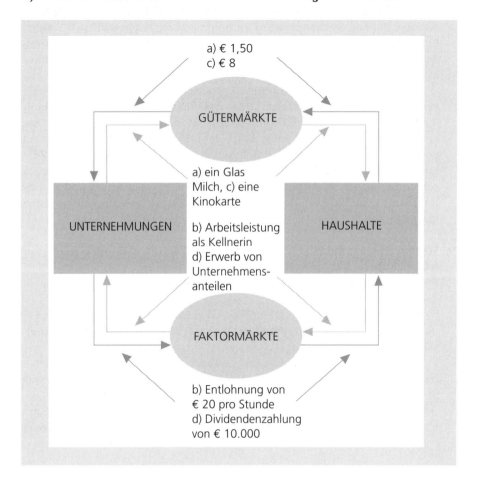

2. Stellen Sie sich ein Land vor, in dem Militärgüter (»Raketen«) und Konsumgüter (»Brot«) hergestellt werden.
   a) Zeichnen Sie die Produktionsmöglichkeitenkurve der Volkswirtschaft für Raketen und Brot. Erklären Sie, warum die Produktionsmöglichkeitenkurve sehr wahrscheinlich nach außen gewölbt sein wird.

b) Zeichnen Sie in Ihr Diagramm einen Punkt ein, den die Volkswirtschaft mit den vorhandenen Ressourcen nicht erreichen kann. Zeichnen Sie auch einen Punkt ein, der für die Volkswirtschaft zwar realisierbar ist, aber ein ineffizientes Produktionsergebnis widerspiegelt.

c) Stellen Sie sich vor, in diesem Land gäbe es zwei politische Parteien, die »Falken«, die sich für ein starkes Militär aussprechen, und die »Tauben«, die geringere Militärausgaben befürworten. Zeichnen Sie einen Punkt auf der Produktionsmöglichkeitenkurve, den die Falken bevorzugen werden und einen Punkt, den die Tauben favorisieren.

d) Stellen Sie sich vor, ein aggressives Nachbarland reduziert deutlich seine Militärausgaben. Daraufhin sind sowohl die Falken als auch die Tauben bereit, die Militärausgaben zu senken. Für welche der beiden Parteien führt die Reduktion der Militärausgaben zu einer größeren »Friedensdividende«, gemessen an einem Anstieg der Brotproduktion?

a) und b)

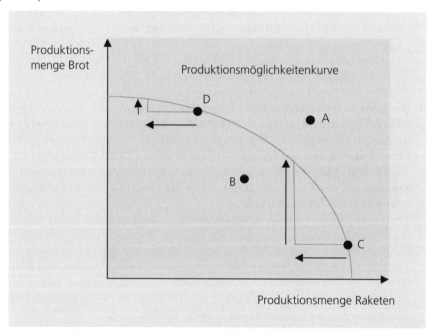

Die Produktionsmöglichkeitenkurve wird sehr wahrscheinlich nach außen gewölbt sein, da die Opportunitätskosten des einen Guts davon abhängen, wie viel bereits von dem anderen Gut produziert wird. Wenn die Gesellschaft den größten Teil ihrer Ressourcen für die Raketenproduktion ausgibt, ist die Produktionsmöglichkeitenkurve vergleichsweise steil. Wenn im Gegensatz dazu die meisten Ressourcen in der Brotproduktion eingesetzt sind, verläuft die Produktionsmöglichkeitenkurve vergleichsweise flach.

Der Punkt A spiegelt einen Punkt wider, den die Gesellschaft mit den vorhandenen Ressourcen nicht erreichen kann. Der Punkt B spiegelt ein ineffizientes Produktionsergebnis wider.

c) Wenn sich die »Falken« für ein starkes Militär aussprechen, dann werden sie den Punkt C auf der Produktionsmöglichkeiten favorisieren, der durch eine hohe Produktion an Raketen und eine geringe Produktion an Brot gekennzeichnet ist. Die »Tauben« dagegen, die geringere Militärausgaben befürworten, werden sich für den Punkt D mit einer hohen Produktionsmenge an Brot und einer geringen Produktionsmenge an Raketen aussprechen.

d) Sprechen sich beide Parteien für eine Reduktion der Militärausgaben aus, so wird die Partei der Falken (Befürworter von hohen Militärausgaben) eine größere »Friedensdividende« realisieren, gemessen an einem Anstieg der Brotproduktion. Bei hohen Militärausgaben sind nur wenige Ressourcen der Gesellschaft in der Brotproduktion eingesetzt. Es werden Arbeitskräfte und Maschinen in der Raketenproduktion eingesetzt sein, die man besser zur Brotproduktion verwenden würde. Sinkt die Raketenproduktion, so werden diese Ressourcen frei und tragen zu einem deutlichen Anstieg der Brotproduktion bei. Bei nur geringen Militärausgaben (Position der Tauben) sind bereits viele Ressourcen in der Brotproduktion eingesetzt und nur wenige Ressourcen in der Raketenproduktion. In diesem Fall sind die am besten in der Brotproduktion einsetzbaren Faktoren bereits in der Brotproduktion engagiert, sodass jede Rakete, die die Gesellschaft weniger produziert, nur zu einer geringfügigen Steigerung der Brotproduktion führen würde.

3. **Die erste volkswirtschaftliche Regel des Kapitels 1 lautete: »Alle Menschen stehen vor abzuwägenden Alternativen.« Benutzen Sie bitte eine Produktionsmöglichkeitenkurve, um den Zielkonflikt der Gesellschaft zwischen sauberer Umwelt und der gesamtwirtschaftlichen Produktionsmenge zu illustrieren. Was, glauben Sie, wird Form und Lage der Kurve bestimmen? Zeigen Sie, was mit der Kurve geschieht, wenn Ingenieure einen nahezu emissionsfreien Pkw-Motor entwickeln.**

Der Zielkonflikt zwischen einer sauberen Umwelt und der gesamtwirtschaftlichen Produktionsmenge besteht darin, dass die für den Umweltschutz beanspruchten Ressourcen (Arbeitskräfte, Realkapital, Technologien) für die Produktion nicht zur Verfügung stehen. Da die Sicherung einer sauberen Umwelt sehr kostspielig ist, wird der Umweltschutz – in Abhängigkeit des ökologischen Bewusstseins in der Bevölkerung und der ökonomischen Weitsicht in Bezug auf Spätfolgen der Umweltzerstörung – wahrscheinlich stark vernachlässigt werden. Die Konzentration der Ressourcen auf eine hohe gesamtwirtschaftliche Produktion zeigt sich in einem steilen Verlauf der Kurve. Die unterlassenen Investitionen in den Umweltschutz können sich allerdings nachhaltig auf zukünftige Produktionsmöglichkeiten auswirken, wenn sich die Folgekosten der Umweltzerstörung realisieren.

Die Entwicklung eines nahezu emissionsfreien Motors stellt einen technischen Fortschritt dar und dreht die Produktionsmöglichkeitenkurve nach außen. Mit den gegebenen Produktionsfaktoren und der verbesserten Produktionstechnik lässt sich nun über eine Verringerung der Umweltverschmutzung eine sauberere Umwelt erreichen.

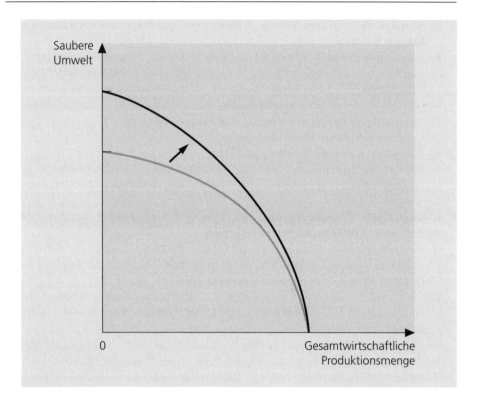

4. **Klassifizieren Sie die folgenden Themen nach Mikroökonomik und Makro-ökonomik:**
   a) **Familienentscheidung über die Ersparnisbildung aus dem Einkommen,**
   b) **Wirkung von gesetzlichen Vorschriften auf die Autoabgase,**
   c) **Wachstumswirkung erhöhter Ersparnisbildung,**
   d) **Arbeitskräfteeinstellung einer Unternehmung,**
   e) **Zusammenhang zwischen Inflationsrate und Geldmengenänderung.**
   a) Mikroökonomik
   b) Makroökonomik
   c) Makroökonomik
   d) Mikroökonomik
   e) Makroökonomik

5. **Klassifizieren Sie jede der nachfolgenden Aussagen als positiv oder norma-tiv und erklären Sie Ihre Einstufung.**
   a) **Auf kurze Sicht hat die Gesellschaft zwischen Inflation und Arbeitslosig-keit zu wählen.**
   b) **Eine Senkung der Wachstumsrate der Geldmenge wird die Inflationsrate senken.**
   c) **Die Zentralbank jedes Landes sollte die Steigerungsrate der Geldmenge senken.**

d) **Von den Sozialhilfeempfängern sollte der Staat die Suche nach Arbeit verlangen können.**

e) **Niedrigere Steuern führen zu mehr Arbeit und höheren Ersparnissen.**

a) positive Aussage (Beschreibung einer tatsächlichen kurzfristigen politischen
Alternative)

b) positive Aussage (Beschreibung des realwirtschaftlichen Zusammenhangs
zwischen Geldmengenwachstum und Preissteigerung)

c) normative Aussage (Politikempfehlung)

d) normative Aussage (Politikempfehlung)

e) positive Aussage (unterstellte Wirkung, deren Gültigkeit empirisch überprüft
werden kann)

6. **Klassifizieren Sie jede Aussage der Tabelle 2-2 als positiv, normativ oder
mehrdeutig. Erklären Sie Ihre Einstufung.**

1. *Eine Deckelung der Mietpreise mindert Quantität und Qualität des Wohnungs-
angebots.* Da eine Überprüfung der empirischen Gültigkeit der Aussage möglich ist, handelt es sich um eine positive Aussage.

2. *Zölle und Importquoten reduzieren den allgemeinen ökonomischen Wohlstand.* Da eine Überprüfung der empirischen Gültigkeit der Aussage möglich
ist, handelt es sich um eine positive Aussage.

3. *Flexible und frei bewegliche Wechselkurse stellen eine wirksame Regelung
der internationalen Finanzströme dar.* Eine Überprüfung der empirischen Gültigkeit der Aussage setzt eine Definition des Begriffs »wirksame Regelung«
voraus, sodass es sich um eine mehrdeutige Aussage handelt.

4. *Fiskalpolitik (d.h. Steuersenkung und/oder Staatsausgabensteigerung) hat in
der unterbeschäftigten Volkswirtschaft eine signifikante stimulierende Wirkung.* Da eine Überprüfung der empirischen Gültigkeit der Aussage möglich
ist, handelt es sich um eine positive Aussage.

5. *Wenn der Staatshaushalt ausgeglichen wird, so sollte dies über einen Konjunkturzyklus hinweg und nicht für jedes einzelne Jahr angestrebt werden.*
Diese Aussage stellt eine Empfehlung dar und ist deshalb normativ.

6. *Geldzahlungen steigern die Wohlfahrt der Empfänger um mehr als finanziell
äquivalente naturale Übertragungen.* Eine objektive Messung der Wohlfahrtssteigerung wird kaum möglich sein (Problem der kardinalen Nutzenmessung),
sodass es sich um eine mehrdeutige Aussage handelt.

7. *Ein großes Defizit des Staatshaushalts hat eine dämpfende Wirkung auf die
Volkswirtschaft.* Da eine Überprüfung der empirischen Gültigkeit der Aussage möglich ist, handelt es sich um eine positive Aussage.

8. *Mindestlöhne erhöhen die Arbeitslosigkeit der jugendlichen und unqualifi-
zierten Arbeitskräfte.* Da eine Überprüfung der empirischen Gültigkeit der
Aussage möglich ist, handelt es sich um eine positive Aussage.

9. *Die Regierung sollte die Sozialhilfen nach Grundsätzen einer negativen Einkommensteuer umgestalten.* Diese Aussage stellt eine Empfehlung dar und
ist deshalb normativ.

10. *Steuern und marktfähige Emissionszertifikate bilden einen besseren Ansatz
für die Beschränkung von Emissionen als die Festlegung von Schadstoffober-
grenzen.* Diese Aussage richtet sich darauf, wie die Wirkung unterschiedli-

cher Instrumente zur Emissionsreduktion sein sollte. Eine Überprüfung der empirischen Gültigkeit der Aussage ist nur schwer vorstellbar, sodass es sich zumindest um eine mehrdeutige Aussage handelt.

7. **Wenn Sie Regierungschef wären, würden Sie sich mehr für die positiven oder die normativen Ansichten Ihrer Wirtschaftsberater interessieren? Warum?**
Der Regierungschef sollte sich für beide Aussagen interessieren. Die positiven Aussagen dienen der Beschreibung des Ist-Zustands. Sie bilden die Voraussetzung für konkrete wirtschaftspolitische Maßnahmen und sind daher unerlässlich. Normative Aussagen durch Wirtschaftsexperten vermitteln dem Regierungschef, wie die Volkswirtschaft sein sollte. Die normativen Folgerungen zu Grunde liegenden Werturteile können jedoch zu unterschiedlichen Vorstellungen aufseiten der Ökonomen führen. Gänzlich unberücksichtigt bleiben Zielkonflikte ökonomischer Wertvorstellungen mit anderen Politikbereichen (Kultur-, Gesundheits-, Sozialpolitik). In diesem Sinne muss ein Regierungschef eine Abwägung zwischen verschiedenen Aussagen vornehmen.

8. **Wer ist derzeit Bundesbankpräsident? Wer ist Finanzminister in der Bundesregierung und in der Landesregierung Ihres Bundeslandes? Wie heißen die Wirtschaftsminister? Welche anderen Minister beeinflussen das Wirtschaftsgeschehen?**
Stand: Juni 2008

Bundesbankpräsident: Prof. Dr. Axel A. Weber
Bundesfinanzminister: Peer Steinbrück
Staatsminister der Finanzen im Freistaat Sachsen: Prof. Dr. Georg Unland
Bundesminister für Wirtschaft und Arbeit: Michael Glos
Staatsminister für Wirtschaft und Arbeit im Freistaat Sachsen: Thomas Jurk

Das Wirtschaftsgeschehen wird von weiteren Bundesministerien beeinflusst:
– Bundesministerium für wirtschaftliche Zusammenarbeit und Entwicklung
– Bundesministerium für Verkehr, Bau- und Stadtentwicklung,
– Bundesministerium für Bildung und Forschung,
– Bundesministerium für Ernährung, Landwirtschaft und Verbraucherschutz.

9. **Rechnen Sie damit, dass die volkswirtschaftlichen Berater im Laufe der Zeit immer weniger in ihren Ratschlägen und Gutachten voneinander abweichen? Warum oder warum nicht? Können die Unterschiede völlig ausgeräumt werden? Warum oder warum nicht?**
Mit Blick auf die Entwicklungsprozesse anderer Wissenschaften (Astronomie, Physik) könnte man eine Annäherung in den wissenschaftlichen Meinungen vermuten. Möglicherweise können auch neue (bessere) empirische Verfahren zur Überprüfung alternativer Theorien einen andauernden Meinungsstreit verhindern. Die ökonomische Komplexität von Volkswirtschaften und die fortlaufenden Veränderungen (Strukturwandel, technischer Fortschritt, Globalisierung), denen sie unterliegt, lassen jedoch auch in Zukunft abweichende Ratschläge und Gutachten als wahrscheinlich erscheinen.

Kapitel 3 Interdependenz und Handelsvorteile

Stichwörter

absoluter Vorteil	komparativer Vorteil
Exporte	Opportunitätskosten
Importe	

Wiederholungsfragen

1. **Erklären Sie den Unterschied zwischen absolutem und komparativem Vorteil.**

   Der absolute Vorteil kennzeichnet den Produktivitätsvorteil eines Produzenten bei der Erzeugung eines bestimmten Guts. Der komparative Vorteil besteht dagegen in einem Opportunitätskosten-Vorteil eines Produzenten bei der Erzeugung eines bestimmten Guts, der für dieses Gut auf die Herstellung einer geringeren Menge eines anderen Guts verzichten muss.

2. **Geben Sie ein Beispiel, in dem die eine Person einen absoluten Vorteil und die andere Person einen komparativen Vorteil bei einer Tätigkeit hat.**

   Peter und Frank wohnen zusammen in einer Wohngemeinschaft. Sie beschließen, die lästige Hausarbeit untereinander aufzuteilen. Während Frank für das Staubsaugen 2 Stunden benötigt, schafft es Peter in einer Stunde. Erledigt Peter den Abwasch einer Woche, so braucht er drei Stunden, Frank dagegen 8 Stunden.

	Produktionskosten		Opportunitätskosten	
	Staubsaugen	Abwaschen	Staubsaugen (in Abwasch-Einheiten)	Abwaschen (in Staubsaug-Einheiten)
Peter	1 Stunde	3 Stunden	1/3	3
Frank	2 Stunden	8 Stunden	1/4	4

   Peter hat sowohl beim Staubsaugen als auch beim Abwaschen einen absoluten Vorteil, da er beide Tätigkeiten schneller erledigen kann. Dennoch ist es für Frank und Peter von Vorteil, wenn Peter abwäscht, während Frank das Staubsaugen übernimmt, da Frank hier seinen komparativen Vorteil besitzt.

3. **Ist der absolute oder der komparative Vorteil für den Handel von größerer Bedeutung? Begründen Sie Ihre Antwort mit dem Beispiel unter 2.**

   Bei absolutem Vorteil kommt nur dann ein Handel zwischen zwei Volkswirtschaften zu Stande, wenn jeweils eine Volkswirtschaft in der Produktion eines Guts einen Produktivitätsvorteil gegenüber der anderen besitzt. Der komparative Vorteil ist für den Handel dagegen von größerer Bedeutung, da sich hier auch ein Austausch von Waren oder Dienstleistungen zwischen Personen (oder Volkswirtschaften) lohnt, wenn einer der beiden Handelspartner beide Güter mit einer höheren Produktivität erzeugt, also für beide Güter einen absoluten Vorteil besitzt. Mit Blick auf Aufgabe 2 wird sofort ersichtlich, dass Peter beide Tätigkeiten schneller erledigen kann. Trotzdem ist es für beide von Vorteil, wenn Frank das Staubsaugen übernimmt, da Peter hier einen komparativen Nachteil gegenüber Frank besitzt. Man könnte es vereinfacht so formulieren: Peter kann noch besser abwaschen als staubsaugen. Demzufolge ist es für ihn von Vorteil, wenn er all seine Zeit für das Abwaschen verwendet, da er quasi das Staubsagen von Frank zu einem geringeren Preis als seine eigenen Opportunitätskosten erhält.

4. Wird eine Volkswirtschaft die Güter, für die sie einen komparativen Vorteil besitzt, importieren oder exportieren?
Ein Land wird Güter, für die es einen komparativen Vorteil besitzt, exportieren. Der komparative Vorteil spiegelt die relativen Opportunitätskosten der Produktion wider. Besitzt ein Land für ein Gut einen komparativen Vorteil, so kann das Land dieses Gut vergleichsweise kostengünstiger produzieren als ein anderes Land. Das Land wird sich demzufolge auf die Produktion dieses Guts spezialisieren und es exportieren. Im Gegensatz werden diejenigen Güter aus anderen Ländern importiert, für die die anderen Länder einen komparativen Vorteil besitzen.

5. Warum stellen sich Ökonomen gegen politische Maßnahmen, die den internationalen Handel einschränken?
Im gleichen Maße wie Einzelpersonen können auch verschiedene Volkswirtschaften von einem Handel miteinander profitieren. Unterschiede der Opportunitätskosten und komparative Vorteile schaffen Handelsgewinne. Sofern sich jede Volkswirtschaft auf das Gut (die Güter) spezialisiert, bei der (denen) sie einen komparativen Vorteil hat, wird die Gesamtproduktion der Volkswirtschaft ansteigen, und diese Vergrößerung des Kuchens kann dazu Verwendung finden, dass sich beide Volkswirtschaften besser stellen. Beschränkungen des internationalen Handels wirken einer derartigen Spezialisierung entgegen und verhindern auf diese Weise Wohlfahrtsgewinne der am Handel beteiligten Volkswirtschaften.

Aufgaben und Anwendungen

1. **Maria kann pro Stunde 20 Seiten eines wirtschaftswissenschaftlichen Buchs lesen. Sie kann auch 50 Seiten Soziologie pro Stunde lesen. Sie bringt täglich 5 Stunden beim Studium zu.**
   a) **Zeichnen Sie Marias Produktionsmöglichkeitenkurve für das Lesen von Wirtschaftswissenschaften und Soziologie.**
   b) **Wie hoch sind die Opportunitätskosten von Maria für das Lesen von 100 Seiten soziologischen Textes?**

a)

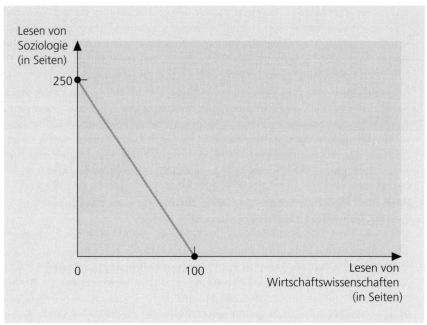

b) Für das Lesen von 100 Seiten eines soziologischen Textes benötigt Maria zwei Stunden, in denen sie 40 Seiten eines wirtschaftswissenschaftlichen Textes lesen könnte. Ihre Opportunitätskosten belaufen sich auf 40 Seiten eines wirtschaftswissenschaftlichen Textes.

2. **US-amerikanische und deutsche Arbeiter können je 4 Autos pro Jahr herstellen. Eine US-amerikanische Arbeitskraft kann 10 Tonnen Weizen pro Jahr erzeugen, während eine deutsche Arbeitskraft nur 5 Tonnen Weizen pro Jahr produziert. Nehmen Sie der Einfachheit halber an, jedes Land verfüge über 100 Mio. Arbeitskräfte. (Nebenbei bemerkt: Informieren Sie sich über die tatsächlichen statistischen Größen.)**
   a) **Erstellen Sie für diese Situation eine Tabelle entsprechend 3-1.**
   b) **Zeichnen Sie die Produktionsmöglichkeitenkurven der US-amerikanischen und der deutschen Volkswirtschaft.**
   c) **Welches sind die Opportunitätskosten eines Autos in den USA? Oder von Weizen? Welches sind die deutschen Opportunitätskosten eines Autos? Oder von Weizen? Fassen Sie die Ergebnisse in einer Tabelle analog zur Tabelle 3-3 zusammen.**
   d) **Welches Land hat einen absoluten Vorteil bei der Autoproduktion? Oder bei der Weizenerzeugung?**
   e) **Welches Land hat einen komparativen Vorteil bei der Autoproduktion? Oder bei der Weizenerzeugung?**
   f) **Angenommen, ohne Handel würde je die Hälfte der Arbeitskräfte eines Landes Autos und Weizen erzeugen. Welche Mengen von beiden Produkten erzeugt jedes Land?**

g) **Gehen Sie von der Situation ohne Handel aus und bilden Sie ein Beispiel dafür, wie es jedem Land durch Handel besser geht.**

a)

	Arbeitsstunden für		Produktionsmenge in einem Jahr	
	1 Auto	1 Tonne Weizen	Autos (Mio. Stück)	Weizen (Mio. Tonnen)
Arbeiter in Deutschland	1/4 Jahr	1/5 Jahr	400	500
Arbeiter in den USA	1/4 Jahr	1/10 Jahr	400	1000

b) Produktionsmöglichkeitenkurve der US-amerikanischen Volkswirtschaft

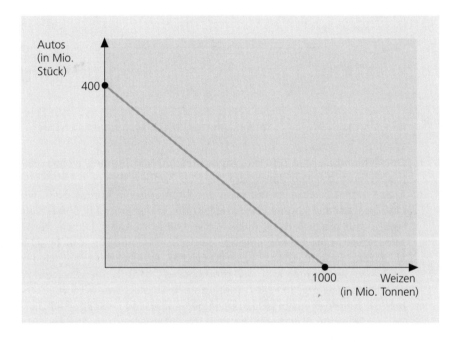

c)

	Opportunitätskosten für	
	1 Auto (in Weizen-Einheiten)	1 Tonne Weizen (in Auto-Einheiten)
Arbeiter in Deutschland	5/4	4/5
Arbeiter in den USA	5/2	2/5

d) In der Autoproduktion hat kein Land einen absoluten Vorteil, in der Weizen-produktion haben die USA einen absoluten Vorteil.

zu b) Produktionsmöglichkeitenkurve der deutschen Volkswirtschaft

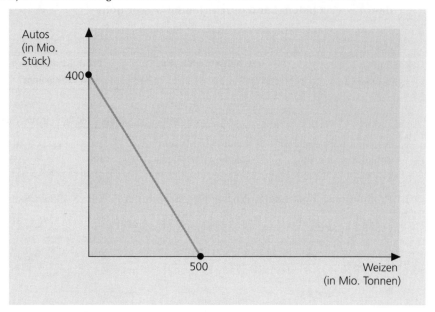

e) In der Autoproduktion hat Deutschland einen komparativen Vorteil, in der Weizenproduktion dagegen die USA.

f) Deutschland erzeugt 200 Mio. Autos und 250 Mio. Tonnen Weizen. Die USA produzieren 200 Mio. Autos und 500 Mio. Tonnen Weizen.

g) Eine Möglichkeit zur Ausnutzung des komparativen Vorteils sieht wie folgt aus. Deutschland könnte alle Arbeitskräfte in der Produktion von Autos einsetzen und produziert auf diese Weise 400 Mio. Autos. Davon werden 200 Mio. Stück in die USA exportiert. Beide Länder sind somit nicht schlechter als vorher gestellt. Alle US-amerikanischen Arbeitskräfte sind wiederum in der Weizenerzeugung tätig und produzieren 1 Mrd. Tonnen Weizen. Werden nun beispielsweise 300 Mio. Tonnen nach Deutschland exportiert, verbleiben 700 Mio. Tonnen im Land und beide Länder sind besser gestellt als vorher. Im Vergleich zur Situation ohne Handel verfügen sie nach dem Handel über die gleiche Anzahl Autos und eine größere Menge Weizen.

3. **Franz und Michael sind Zimmerkollegen im Studentenwohnheim. Sie verbringen (natürlich) die meiste Zeit damit zu studieren, doch sie haben auch noch Zeit für ihre Lieblingsbeschäftigungen: Pizza backen und Obstbowle ansetzen. Franz braucht 1 Stunde für 1 Liter Obstbowle und 2 Stunden für eine Pizza. Michael braucht 1,5 Stunden für 1 Liter Obstbowle und 4 Stunden für eine Pizza.**

   a) **Welches sind die Opportunitätskosten von Franz und Michael für eine Pizza? Wer hat einen absoluten Vorteil, wer einen komparativen Vorteil beim Pizza backen?**

   b) **Wer wird – wenn Franz und Michael tauschen – Pizza für Obstbowle abgeben?**

c) Der Pizzapreis kann in Litern Obstbowle ausgedrückt werden. Welches ist der höchste Preis, zu dem Pizza »gehandelt« werden kann, sodass sowohl Franz als auch Michael profitieren? Welches wäre der unterste Preis dafür? Geben Sie Erklärungen dazu.

a)

	Produktionskosten für		Opportunitätskosten	
	1 Pizza	1 Liter Bowle	Pizza (in Bowle-Einheiten)	Bowle (in Pizza-Einheiten)
Franz	2 Stunden	1 Stunde	2	1/2
Michael	4 Stunden	1,5 Stunden	8/3	3/8

Franz hat einen absoluten und einen komparativen Vorteil beim Pizza backen.

b) Franz wird Pizza für Obstbowle abgeben, da er die geringeren Opportunitätskosten beim Pizza backen hat.

c) Der Preis für Pizza muss zwischen 8/3 Litern und 2 Litern Bowle liegen. Ist die Pizza teurer, so wird Michael die Pizza selber machen, da der Preis seine Opportunitätskosten übersteigt. Kostet eine Pizza weniger als 2 Liter Bowle, so lohnt es sich für Franz nicht, mit Pizza zu handeln, da der Preis unter seinen Opportunitätskosten liegt. Er würde stattdessen selbst Bowle herstellen.

4. Nehmen Sie einmal an, dass es in Kanada 10 Mio. Arbeitskräfte gibt und dass jede dieser Arbeitskräfte pro Jahr entweder 2 Autos oder 1 Doppelzentner Weizen herstellen kann.

a) Welches sind die kanadischen Opportunitätskosten für 1 Auto? Welches sind die Opportunitätskosten für die Produktion eines Doppelzentners Weizen in Kanada? Erläutern Sie das Zahlenverhältnis zwischen den Opportunitätskosten beider Güter.

b) Zeichnen Sie Kanadas Produktionsmöglichkeitenkurve. Kanada will 10 Mio. Autos »konsumieren«. Welcher Weizenkonsum wäre dabei ohne Außenhandel möglich? Markieren Sie den entsprechenden Punkt auf der Produktionsmöglichkeitenkurve.

c) Nun unterstellen Sie, dass die USA Kanada anbieten, aus Kanada 10 Mio. Autos für 1 Doppelzentner Weizen pro Auto zu importieren. Welcher Weizenkonsum wäre Kanada durch dieses Handelsgeschäft möglich, wenn in Kanada weiterhin 10 Mio. Autos nachgefragt und gekauft würden? Markieren Sie den Punkt wiederum auf der Produktionsmöglichkeitenkurve. Soll Kanada auf das vorgeschlagene Geschäft eingehen?

a)

	Produktionskosten für		Opportunitätskosten	
	1 Auto	1 Doppelzentner Weizen	Auto (in Weizen-Einheiten)	Weizen (in Auto-Einheiten)
Kanada	1/2 Jahr	1 Jahr	1/2	2

Die Opportunitätskosten für ein Auto betragen einen halben Doppelzentner Weizen. Die Opportunitätskosten für einen Doppelzentner Weizen betragen zwei Autos. Die Opportunitätskosten stehen in einem reziproken Verhältnis zueinander.

b)

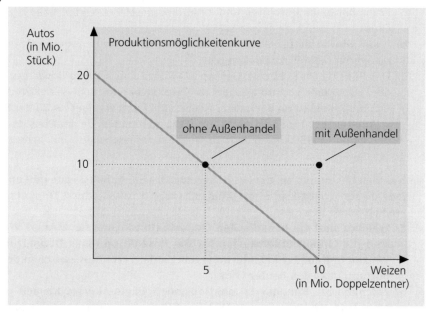

Wenn Kanada 10 Mio. Autos konsumieren will, müssten die Arbeitskräfte ein halbes Jahr lang Autos produzieren. Die Weizenproduktion des restlichen halben Jahres beläuft sich auf 5 Mio. Doppelzentner, die ohne Außenhandel konsumiert werden können.

c) Exportiert Kanada 10 Mio. Autos, müssten alle Arbeitskräfte das ganze Jahr Autos produzieren, damit auch weiterhin 10 Mio. Autos in Kanada verbleiben. Die importierte Weizenmenge von 10 Mio. Doppelzentnern Weizen überschreitet die verfügbare Menge ohne Außenhandel. Kanada sollte deshalb auf den Vorschlag eingehen.

5. **England und Schottland produzieren Pullover und Kekse. Angenommen, ein englischer Arbeiter kann 50 Kekse oder 1 Pullover pro Stunde produzieren. Ein schottischer Arbeiter bringe es auf 40 Kekse und 2 Pullover pro Stunde.**

   a) **Welches Land hat bei jedem der beiden Güter den absoluten und den komparativen Vorteil?**

   b) **Welches Gut wird Schottland an England verkaufen, wenn die beiden Länder den Handel aufnehmen? Begründung?**

   c) **Würde Schottland auch dann noch vom Handel profitieren, wenn ein schottischer Arbeiter nur einen Pullover pro Stunde machen könnte? Hätte England weiterhin Handelsvorteile? Begründung?**

a)

	Produktionskosten für		Opportunitätskosten	
	1 Pullover	1 Keks	Pullover (in Keks-Einheiten)	Kekse (in Pullover-Einheiten)
England	60 Minuten	1,2 Minuten	50	1/50
Schottland	30 Minuten	1,5 Minuten	20	1/20

Schottland hat einen absoluten und einen komparativen Vorteil in der Pulloverproduktion. England hat einen absoluten und einen komparativen Vorteil in der Keksproduktion.

b) Schottland würde an England Pullover verkaufen und England an Schottland Kekse, da beide Länder ihren absoluten Vorteil ausnutzen.

c) Kann ein schottischer Arbeiter nur noch einen Pullover pro Stunde produzieren, so verändern sich die Opportunitätskosten.

	Produktionskosten für		Opportunitätskosten	
	1 Pullover	1 Keks	Pullover (in Keks-Einheiten)	Kekse (in Pullover-Einheiten)
England	60 Minuten	1,2 Minuten	50	1/50
Schottland	60 Minuten	1,5 Minuten	40	1/40

Eine Verringerung der Produktivität schottischer Arbeiter in der Pulloverproduktion erfordert den Übergang zu einer Analyse der komparativen Vorteile beider Länder. Da die schottischen Opportunitätskosten für einen Pullover mit 40 Keksen in der Pulloverproduktion auch weiterhin geringer als in England sind und die englischen Opportunitätskosten für einen Keks mit 1/50 Pullover immer noch niedriger als in Schottland sind, profitieren auch beide Länder jetzt noch vom Handel.

6. Die folgende Tabelle beschreibt die Produktionsmöglichkeiten von zwei Städten im (fiktiven) Land Fußballemania.

	Anzahl an schwarz-gelben Schals pro Arbeitskraft pro Stunde	Anzahl an blau-weißen Schals pro Arbeitskraft pro Stunde
Dresden	3	3
Rostock	2	1

a) Wie hoch ist der Preis für blau-weiße Schals (in gelb-schwarzen Schals ausgedrückt) in Dresden ohne Handel? Wie hoch ist der Preis in Rostock?

b) Welche Stadt hat einen absoluten Vorteil in der Produktion von Schals welcher Farbkombination? Welche Stadt hat in welcher Produktion einen komparativen Vorteil?

c) Wenn die beiden Städte miteinander Handel treiben, welche Farbkombination wird jede der beiden Städte exportieren?

d) In welchem Preisbereich wird ein Handel zwischen beiden Städten stattfinden?

a)

	Produktionskosten für		Opportunitätskosten	
	1 schwarz-gelben Schal	1 blau-weißen Schal	schwarz-gelber Schal (in Einheiten blau-weißer Schals)	blau-weißer Schal (in Einheiten schwarz-gelber Schals)
Dresden	3 Stunden	3 Stunden	1	1
Rostock	2 Stunden	1 Stunde	2	1/2

Der Preis für blau-weiße Schals (in Einheiten schwarz-gelber Schals ausgedrückt) in Dresden beträgt ohne Handel 1. Der entsprechende Preis in Rostock liegt bei 1/2.

b) Die Stadt Rostock hat einen absoluten Vorteil sowohl in der Produktion von blau-weißen Schals als auch in der Produktion von schwarz-gelben Schals, da man in Rostock sowohl für die Produktion von einem blau-weißen Schal als auch für die Produktion von einem schwarz-gelben Schal weniger Zeit benötigt als in Dresden.

Mit Blick auf die Opportunitätskosten der Schalproduktion lässt sich feststellen, dass die Stadt Dresden einen komparativen Vorteil in der Produktion von gelb-schwarzen Schals hat und die Stadt Rostock einen komparativen Vorteil in der Produktion von blau-weißen Schals.

c) Wenn beide Städte miteinander Handel treiben, wird die Stadt Dresden demzufolge schwarz-gelbe Schals exportieren, während die Stadt Rostock blau-weiße Schals exportiert.

d) Die Stadt Dresden wird für schwarz-gelbe Schals mindestens einen Preis in Höhe der Opportunitätskosten von 1 (in Einheiten blau-weißer Schals ausgedrückt) verlangen, die Stadt Rostock wird weniger als 2 (in Einheiten blau-weißer Schals ausgedrückt) bezahlen wollen.

Für den Export von blau-weißen Schals wird die Stadt Rostock mindestens einen Preis in Höhe der Opportunitätskosten von 1/2 (in Einheiten schwarz-gelber Schals ausgedrückt) verlangen, während die Stadt Dresden nur einen Preis unter ihren eigenen Opportunitätskosten von 1 (in Einheiten schwarz-gelber Schals ausgedrückt) akzeptieren wird.

7. **Angenommen, in Deutschland könnten alle Güter mit weniger Arbeitsstunden als in Frankreich erzeugt werden.**

   a) **In welchem Sinne könnte man alle deutschen Kosten als niedriger bezeichnen?**

   b) **In welchem Sinne wären die Kosten einzelner Güter in Frankreich niedriger?**

   c) **Hätten beide Länder Vorteile, wenn Deutschland und Frankreich in Handelsbeziehungen träten?**

   a) Die deutschen Kosten könnte man als niedriger im Sinne eines absoluten Vorteils bezeichnen.

   b) Die französischen Kosten für einzelne Güter wären niedriger im Sinne eines komparativen Vorteils.

   c) Handelsvorteile bilden sich immer dann, wenn sich die Länder auf die Produktion der Güter spezialisieren, bei denen sie die geringeren Opportunitätskosten haben. Spezialisieren sich Deutschland und Frankreich auf die Güter mit den geringeren Opportunitätskosten, so verschaffen Handelsbeziehungen beiden Ländern Vorteile.

8. **Sind die nachfolgenden Aussagen richtig oder falsch? Begründen Sie jede einzelne Antwort.**

   a) **»Zwei Länder können selbst dann Handelsgewinne erreichen, wenn eines der beiden Länder bei allen Gütern absolute Vorteile hat.«**

   b) **»Bestimmte begabte Leute haben generell einen komparativen Vorteil.«**

   c) **»Wenn ein Geschäft für eine Person vorteilhaft ist, kann es nicht zugleich für die andere Person von Vorteil sein.«**

   a) Diese Aussage ist richtig. Existieren komparative Vorteile, so können beide Länder Handelsgewinne erreichen.

   b) Diese Aussage ist falsch. Begabungen stellen einen absoluten Vorteil dar.

   c) Diese Aussage ist falsch. Ein Handel auf der Grundlage des komparativen Vorteils verschafft beiden Handelspartnern einen Vorteil. Der internationale Handel ist kein Nullsummenspiel.

TEIL II   Angebot und Nachfrage I: Wie Märkte funktionieren

Kapitel 4   Die Marktkräfte von Angebot und Nachfrage

Stichwörter

Markt	komplementäre Güter	Gleichgewicht
Konkurrenzmarkt	Nachfragetabelle	Gleichgewichtspreis
Nachfragemenge	Nachfragekurve	Gleichgewichtsmenge
Gesetz der Nachfrage	Angebotsmenge	Angebotsüberschuss
normales Gut	Gesetz des Angebots	Nachfrageüberschuss
inferiores Gut	Angebotstabelle	Gesetz von Angebot
substitutive Güter	Angebotskurve	und Nachfrage

Wiederholungsfragen

1. Was ist ein Konkurrenzmarkt?

Ein Wettbewerbs- oder Konkurrenzmarkt ist ein Markt mit sehr vielen (kleinen) Anbietern und sehr vielen (kleinen) Nachfragern, sodass der Einzelne nur einen verschwindend kleinen und ihm selbst unbekannten Einfluss auf den Marktpreis hat.

2. Wodurch wird die nachgefragte Gütermenge bestimmt?

Für die nachgefragte Gütermenge existieren eine Reihe von Bestimmungsfaktoren.

Preis eines Guts: Die nachgefragte Menge fällt mit steigendem Preis und steigt mit fallendem Preis. Die Nachfragemenge ist demnach negativ vom Preis abhängig. Ökonomen bezeichnen diesen funktionalen Zusammenhang als Gesetz der Nachfrage.

Einkommen: Geht die nachgefragte Gütermenge mit sinkendem Einkommen zurück, so handelt es sich um ein normales Gut. Sinkt die nachgefragte Gütermenge dagegen bei steigendem Einkommen, spricht man von einem inferioren Gut.

Preise verwandter Güter: Einfluss auf die nachgefragte Gütermenge üben auch die Preise verwandter Güter aus. Dabei unterscheidet man zwischen substitutiven und komplementären Gütern. Zwei Güter bilden Substitute, wenn ein Preisanstieg des einen Guts einen Nachfrageanstieg für das andere Gut auslöst.

Güter, bei denen der Preisanstieg des einen Guts einen Nachfragerückgang des anderen Guts bewirkt, bezeichnet man als Komplemente.

Geschmack/Vorlieben: Die offensichtlichsten Bestimmungsgründe der Nachfrage sind Präferenzen. Geschmack wird von den Ökonomen jedoch nicht näher erklärt, da er auf psychischen Einstellungen und historisch erworbenen Gewohnheiten beruht. Ökonomen untersuchen allerdings die Folgen von Geschmacksänderungen.

Erwartungen: Das gegenwärtige Kaufinteresse wird zweifellos auch durch Erwartungen für die Zukunft (hinsichtlich des zukünftigen Einkommens oder zukünftiger Preise) bestimmt.

Anzahl der Käufer: Zusätzlich bestimmt sich die nachgefragte Gütermenge in Abhängigkeit von der Anzahl der Käufer. Erscheinen neue Käufer auf einem Markt, ist die Nachfragemenge im Markt bei jedem Preisniveau höher, und die Nachfragekurve verschiebt sich nach rechts.

3. Was sind Nachfragetabelle und Nachfragekurve und worin besteht ihr Zusammenhang? Warum hat die Nachfragekurve eine negative Steigung?

Die Nachfragetabelle gibt eine Vielzahl potenzieller Wenn-Dann-Entscheidungen an, die zeigen, zu welchen Preisen welche Gütermengen gekauft würden. Die aufgelisteten Wertepaare von Güterpreis und Nachfragemenge können grafisch in Form einer Nachfragekurve dargestellt werden. Die Nachfragekurve ist eine grafische Darstellung für die Zuordnung von Güterpreisen und Nachfragemengen.

Die Nachfragekurve fällt, weil – unter sonst gleichen Bedingungen – niedrige Preise zu einer größeren Nachfragemenge führen.

4. Führt eine Bedürfnis- und Geschmacksänderung der Konsumenten zu einer Bewegung auf der Nachfragekurve oder zu einer Verschiebung der Nachfragekurve? Führt eine Preisänderung zu einer Bewegung auf der Nachfragekurve oder zu einer Verschiebung der Nachfragekurve?

Eine Bedürfnis- und Geschmacksänderung der Konsumenten bewirkt eine Verschiebung der Nachfragekurve, da andere Einflussgrößen als der Preis variieren. Eine Preisänderung des Guts verursacht dagegen eine Bewegung auf der Nachfragekurve.

5. Wenn sich Popeyes Einkommen verringert, konsumiert er mehr Spinat. Ist Spinat ein inferiores oder ein normales Gut?

Normale Güter werden mit sinkendem Einkommen auch weniger nachgefragt. Inferiore Güter werden dagegen mit sinkendem Einkommen verstärkt nachgefragt. Spinat ist demzufolge für Popeye ein inferiores Gut.

6. Wodurch wird die angebotene Gütermenge bestimmt?

Auch für die angebotene Gütermenge existiert eine Reihe von Einflussfaktoren.

Preis des Guts: Wenn der Marktpreis hoch ist, wird der Erzeuger eine große Gütermenge auf dem Markt anbieten, um hohe Erlöse zu realisieren. Bei einem hohen Preis wird also eine höhere Menge angeboten, bei einem niedrigen Preis dagegen eine kleinere Menge. Die Angebotsmenge ist positiv vom Preis abhängig. Diese funktionale Verknüpfung nennt man das Gesetz des Angebots.

Inputpreise: Die notwendigen Ressourcen für die Güterproduktion müssen auf Beschaffungsmärkten gekauft werden. Die jeweiligen Einkaufspreise bestimmen die Produktionskosten. Steigen die Einkaufspreise, senkt das den Gewinn. Bei hoher oder dauerhafter Steigerung der Einkaufspreise ist die Existenz des Anbieters (Unternehmung) bedroht. Die produzierte und angebotene Menge eines Guts ist also negativ mit den Einkaufs- oder Inputpreisen verknüpft.

Technologie: Technologischer Fortschritt führt zu einer Senkung der Produktionskosten (höhere Produktivität) und erhöht auf diese Weise bei sonst gleichen Bedingungen die angebotene Gütermenge.

Erwartungen: Die heute produzierte und angebotene Gütermenge hängt natürlich auch von Zukunftserwartungen ab. Eine zukünftige Preiserhöhung führt beispielsweise zur Einlagerung eines Teils der gegenwärtigen Produktion, sodass die gegenwärtige Angebotsmenge sinkt.

Anzahl der Verkäufer: Zusätzlich bestimmt sich die angebotene Gütermenge in Abhängigkeit von der Anzahl der Verkäufer. Ziehen sich Verkäufer vom Markt zurück, sinkt die auf dem Markt angebotene Gütermenge.

7. Was sind Angebotstabelle und Angebotskurve und worin besteht ihr Zusammenhang? Warum hat die Angebotskurve eine positive Steigung?

Analog zur Nachfragetabelle ist die Angebotstabelle eine Auflistung zusammengehöriger Wertepaare von Güterpreis und Angebotsmenge: Zu welchem Güterpreis wird welche Gütermenge angeboten? Die grafische Darstellung dieser Tabelle bezeichnet man als Angebotskurve. Sie ist eine grafische Darstellung für die Zuordnung von Güterpreisen und Angebotsmengen.

Die Angebotskurve steigt, weil ein höherer Preis ceteris paribus zu einer größeren Angebotsmenge führt.

8. Führt eine Veränderung der Produktionstechnologie zu einer Bewegung auf der Angebotskurve oder zu einer Verschiebung der Angebotskurve? Führt eine Preisänderung zu einer Bewegung auf der Angebotskurve oder zu einer Verschiebung der Angebotskurve?

Eine Änderung der Produktionstechnologie verursacht eine Verschiebung der Angebotskurve, da sich andere Einflussgrößen als der Preis ändern. Eine Preisänderung des angebotenen Guts führt dagegen zu einer Bewegung auf der Angebotskurve.

9. Definieren Sie »Marktgleichgewicht«. Beschreiben Sie die Kräfte, die einen Markt zum Gleichgewicht drängen.

Ein Marktgleichgewicht besteht, wenn angebotene und nachgefragte Gütermengen identisch sind, d. h. wenn sich Angebots- und Nachfragekurve schneiden. Im Marktgleichgewicht herrscht der Gleichgewichtspreis, der Angebot und Nachfrage zur Übereinstimmung bringt. Der Gleichgewichtspreis wird auch »Markträumungspreis« genannt, weil zu diesem Preis der Markt »geräumt« ist, also Erzeuger ihre angebotenen Mengen vollständig verkaufen und Konsumenten ihre nachgefragten Mengen vollständig erwerben können.

Es sind die einzelnen Entscheidungen und Handlungen von Anbietern und Nachfragern, die Märkte in Richtung auf das Marktgleichgewicht führen. Bei

einem Angebotsüberschuss werden zu einem bestimmten Preis größere Gütermengen angeboten als nachgefragt. Da die Anbieter zum herrschenden Preis
nicht in der Lage sind, die Mengen abzusetzen, die sie produziert haben und
verkaufen möchten, reagieren sie mit Preissenkungen. Der Preis wird so lange
fallen, bis das Gleichgewicht erreicht ist. Eine umgekehrte Wirkungskette ergibt
sich im Fall eines Nachfrageüberschusses, bei dem zu einem bestimmten Preis
größere Gütermengen nachgefragt als angeboten werden. Da zum herrschenden Marktpreis nicht alle Nachfrager ihre Kaufabsichten realisieren können, sind
sie bereit, einen höheren Preis für die gewünschte Gütermenge zu zahlen. Die
Preise werden wiederum so lange steigen, bis das Gleichgewicht erreicht ist.

**10. Da man Bier und Pizza oft zusammen konsumiert, sind sie komplementäre
Güter. Was geschieht mit Angebot, Nachfrage, Angebotsmenge, Nachfragemenge und Preis auf dem Pizzamarkt, wenn der Bierpreis ansteigt?**

Steigt der Bierpreis, so geht die Nachfrage nach Pizza als komplementärem
Gut zurück. Die Nachfragekurve verschiebt sich nach links. Bei einem gleich
bleibenden Angebot an Pizza resultiert daraus ein Angebotsüberschuss an Pizza, der durch einen Preisverfall abgebaut wird. Im neuen Gleichgewicht wird
eine geringere Menge an Pizza zu einem geringeren Preis konsumiert.

11. Beschreiben Sie die Rolle der Preise in Marktwirtschaften.

In jeder Volkswirtschaft geht es darum, knappe Ressourcen für konkurrierende
Ziele zu verteilen. Marktwirtschaften setzen dafür die Kräfte von Angebot und
Nachfrage ein. Angebot und Nachfrage zusammen bestimmen die Preise aller
Waren und Dienstleistungen einer Volkswirtschaft, und die Preise sind wiederum
Signale für die Verteilung der Ressourcen.

Aufgaben und Anwendungen

**1. Erläutern Sie jede der nachfolgenden Aussagen mit Blick auf das Angebots-
Nachfrage-Diagramm.**

   **a) Wenn eine Kältewelle über Florida hereinbricht, steigt der Preis von Oran-
   gensaft überall in den USA an.**

   **b) Wenn das Wetter an der deutschen Nordseeküste jeden Sommer sehr warm
   wäre, würden die Hotelpreise an der Adria gedrückt.**

   **c) Wenn im Nahen Osten Krieg ausbricht, steigt der Benzinpreis an, wäh-
   rend der Preis der Gebrauchtwagen mit hohem Benzinverbrauch sinkt.**

   a) Eine Kältewelle in Florida verursacht eine Missernte bei Orangen, da diese
   Früchte sehr temperaturempfindlich sind, und führt so zu einer Angebotsverknappung von Orangen, die mit einem Preisanstieg einhergeht. Hersteller von
   Orangensaft haben demzufolge eine Erhöhung der Produktionskosten zu verzeichnen, sodass sie weniger Orangensaft produzieren und anbieten werden.
   Die Angebotskurve von Orangensaft verschiebt sich nach links. Bei einer unveränderten Nachfragekurve führt dies zu einem Nachfrageüberschuss nach
   Orangensaft, der nur durch einen Preisanstieg abgebaut wird. Die Preiserhöhung findet so lange statt, bis ein neuer Gleichgewichtspreis P_2 erreicht ist.

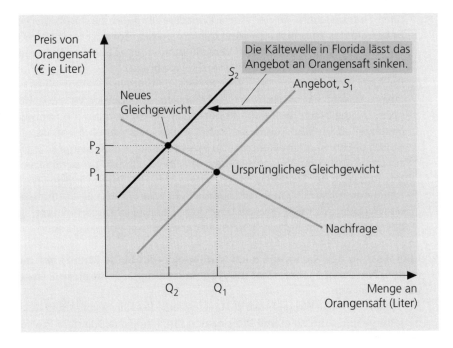

b)

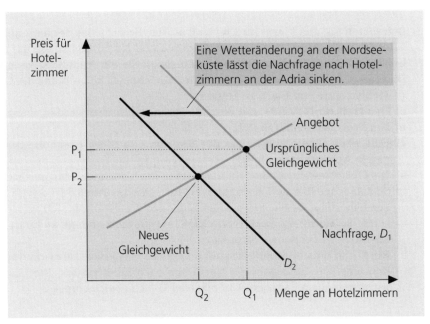

Wenn die Sommer an der Nordsee denen an der Adria klimatisch ähnlich wären, würden sich die Präferenzen der Urlauber ändern. Sie würden eher an die Nordsee fahren als an die Adria (Adria und Nordsee als substitutive Güter/Urlaubsziele). Aus diesem Verhalten folgt eine geringere Nachfrage nach Hotelzimmern an der Adria (Verschiebung der Nachfragekurve nach links). Da das Angebot an Hotelzimmern an der Adria konstant bleibt, sich die Angebotskurve somit nicht verschiebt, kommt es zu einer Preissenkung, die den bestehenden Angebotsüberschuss abbaut.

c) Bei einer Verknappung des Ölangebots als unmittelbare Folge eines Kriegsausbruchs im Nahen Osten verschiebt sich die Angebotskurve von Rohöl nach links. Da die Nachfrage nach Rohöl gleich bleibt, steigen die Ölpreise. Die gestiegenen Einkaufspreise für Rohöl senken das Angebot von Benzin und führen bei konstanter Nachfrage zu einem Anstieg der Benzinpreise. Da Benzin und Autos komplementäre Güter sind, hat die Benzinpreissteigerung eine Verringerung der Nachfrage nach Autos zur Folge. Zudem werden die Nachfrager nun Autos mit einem niedrigeren Benzinverbrauch als substitutive Güter bevorzugen. All diese Effekte bewirken einen Nachfragerückgang für Gebrauchtwagen mit hohem Benzinverbrauch, deren Preise sinken.

2. **»Ein Anstieg der Nachfrage nach Notebooks erhöht die Menge der nachgefragten Notebooks, aber nicht die Angebotsmenge.« Trifft diese Feststellung zu? Erläuterung.**

Ein Anstieg der Nachfrage bewirkt zunächst eine Rechtsverschiebung der Nachfragekurve und führt zu einem Preisanstieg für Notebooks. Mit dem Preisanstieg wird sich die Angebotsmenge an Notebooks erhöhen (Bewegung auf der Angebotskurve), bis Angebot und Nachfrage im neuen Gleichgewicht übereinstimmen.

3. **Betrachten Sie den Markt für Eier und klären Sie für jedes der angegebenen Ereignisse die Auswirkungen auf Angebot und Nachfrage sowie auf Angebotsmengen und Nachfragemengen. Zeichnen Sie ein Angebots-Nachfrage-Diagramm, um die Auswirkungen auf den Gleichgewichtspreis und die Gleichgewichtsmenge von Eiern zu zeigen.**
   a) Der Preis für Getreide, mit dem die Hühner gefüttert werden, steigt.
   b) Der Preis für Schinken fällt.
   c) Eine neue Studie zeigt, dass der Konsum von Eiern gesundheitsschädigende Auswirkungen hat.

   a) Die Gleichgewichtsmenge an Eiern sinkt, der Gleichgewichtspreis steigt.
   b) Schinken und Eier stellen komplementäre Güter dar. Wenn der Preis für Schinken fällt, steigt die Nachfrage nach Schinken. Damit erhöht sich auch gleichzeitig die Nachfrage nach Eiern. Die Gleichgewichtsmenge an Eiern steigt, ebenso der Gleichgewichtspreis.
   c) Durch die neue Gesundheitsstudie über die negativen Auswirkungen des Konsums von Eiern geht die Nachfrage nach Eiern zurück. Die Gleichgewichtsmenge an Eiern sinkt, ebenso der Gleichgewichtspreis.

Lösung zu a)

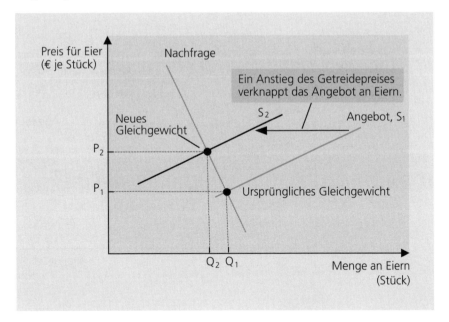

Lösung zu b)

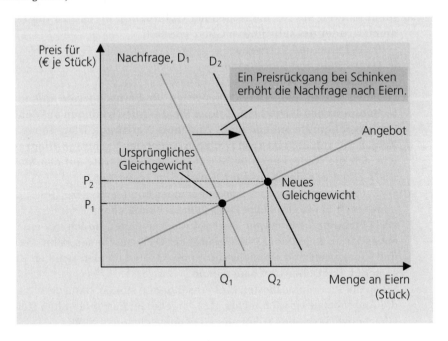

Lösung zu c)

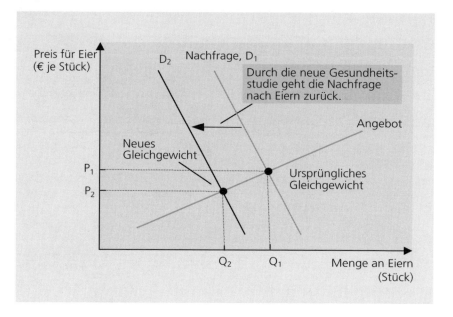

4. **Betrachten Sie die Märkte für DVD-Filme, Fernseher und Kinokarten.**
   a) **Identifizieren Sie für die folgenden Güterpaare, ob es sich um komplementäre oder um substitutive Güter handelt:**
      – **DVD-Filme und Fernseher**
      – **DVD-Filme und Kinokarten**
      – **Fernseher und Kinokarten**
   b) **Nehmen Sie an, die Produktionskosten für Fernsehgeräte sinken durch technologischen Fortschritt. Zeigen Sie die Auswirkungen auf den Markt für Fernsehgeräte anhand eines Angebots-Nachfrage-Diagramms.**
   c) **Zeigen Sie anhand von zwei weiteren Angebots-Nachfrage-Diagrammen, wie sich die Änderungen im Markt für Fernsehgeräte auf den Markt für DVD-Filme und den Markt für Kinokarten auswirken.**
   a) DVD-Filme und Fernseher sind zueinander komplementäre Güter, da man ohne einen Fernseher keine DVD-Filme schauen kann.
      DVD-Filme und Kinokarten sind substitutive Güter, da ich mir einen Film entweder im Kino oder (etwas später) auf DVD anschauen kann. Fernseher und Kinokarten sind ebenfalls substitutive Güter, da man sich den Kinofilm später im Fernsehen anschauen kann.
   b) Wenn die Produktionskosten für Fernsehgeräte sinken, dann verschiebt sich die Angebotskurve nach rechts. Das Angebot an Fernsehgeräten steigt. Die Gleichgewichtsmenge steigt, der Gleichgewichtspreis sinkt.

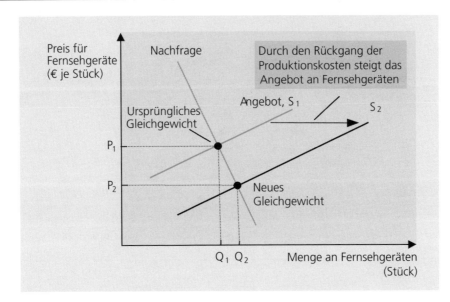

c) Im Markt für DVD-Filme führt der durch den Angebotsanstieg bei Fernsehgeräten ausgelöste Preisrückgang bei Fernsehern zu einem Nachfrageanstieg nach DVD-Filmen. Da Fernsehgeräte billiger geworden sind, werden die Leute auch mehr DVD-Filme nachfragen. Die Nachfragekurve verschiebt sich nach rechts.

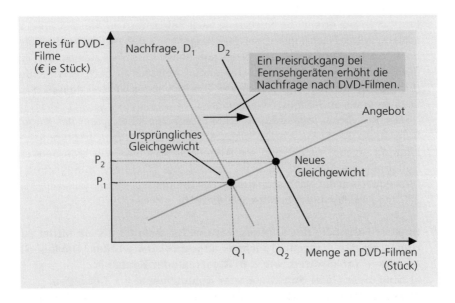

Im Markt für Kinokarten führt der durch den Angebotsanstieg bei Fernsehgeräten ausgelöste Preisrückgang bei Fernsehern zu einem Nachfragerückgang nach Kinokarten. Da Fernsehgeräte billiger geworden sind, werden die Leute weniger Kinokarten nachfragen. Die Nachfragekurve verschiebt sich nach links. Die Gleichgewichtsmenge sinkt, ebenso der Gleichgewichtspreis.

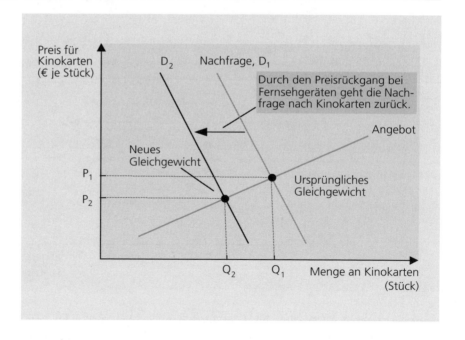

5. **Angenommen, im Jahre 2010 gibt es vorübergehend außergewöhnlich viele Neugeborene. Wie beeinflusst dieser Babyboom die Entlohnung der Babysitter in den Jahren 2015 und 2025?**

   Der Babyboom erhöht die Nachfrage nach Babysittern im Jahr 2015 (Rechtsverschiebung der Nachfragekurve). Das Angebot an Babysittern bleibt vom Babyboom zunächst unberührt. Der Nachfrageüberschuss führt zu einer Erhöhung in der Entlohnung, die mit einem steigenden Angebot an Babysittern einhergeht (Bewegung auf der Angebotskurve). Die Babysitter werden demnach im Jahr 2015 mehr als im Jahr 2010 verdienen.

   Der Babyboom im Jahr 2010 erhöht fünfzehn Jahre später das Angebot an Babysittern (Rechtsverschiebung der Angebotskurve). Zum ursprünglichen Entlohnungsniveau besteht nun ein Angebotsüberschuss, der eine Senkung der Entlohnung verursacht, bis sich Angebot und Nachfrage angeglichen haben (Bewegung auf der Nachfragekurve). Die Entlohnung für Babysitter liegt im Jahr 2025 demzufolge unter der des Jahres 2010.

6. **In einer Fallstudie des Kapitels war die Tabaksteuer als ein Mittel zur Verringerung des Zigarettenrauchens angesprochen worden. Denken Sie nun an andere Tabakwaren, wie z. B. Zigarren oder Kautabak.**
   a) **Sind diese Güter Substitute oder Komplemente für Zigaretten?**
   b) **Zeigen Sie mithilfe eines Marktdiagramms für Zigarren, was bei einer Steuererhöhung auf Zigaretten geschehen könnte.**
   c) **Welche politischen Maßnahmen könnten neben der Steuererhöhung auf Zigaretten ergriffen werden, um den Tabakverbrauch einzuschränken?**
   a) Die Güter sind Substitute, da Zigaretten in einem gewissen Umfang durch andere Tabakwaren ersetzt werden können.

b)

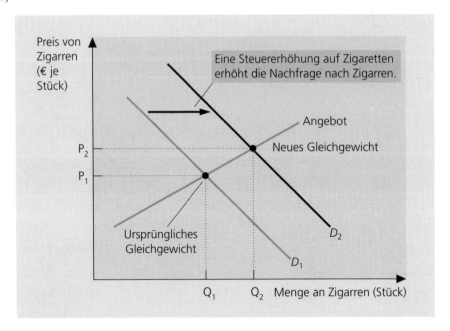

Infolge des unterstellten substitutiven Zusammenhangs zwischen Zigaretten und Zigarren vergrößert die steuerbedingte Preiserhöhung von Zigaretten die Nachfrage nach Zigarren. Die Konsumenten substituieren Zigaretten durch Zigarren. Gleichgewichtsmenge und Gleichgewichtspreis von Zigarren steigen.

c) Folgende politische Maßnahmen sind denkbar:
- Steuererhöhungen für alle Güter, die Tabak enthalten (allgemeine Tabaksteuer)
- Aufklärungsmaßnahmen zur gesundheitsschädigenden Wirkung des Tabakkonsums
- Werbeverbote für Tabakwaren
- gesetzliche Einführung von Rauchverboten in öffentlichen Einrichtungen und am Arbeitsplatz.

7. **Für einen Pizzamarkt gelte diese Nachfrage- und Angebotstabelle:**

Preis (€)	Nachfragemenge (Stück)	Angebotsmenge (Stück)
4	135	26
5	104	53
6	81	81
7	68	98
8	53	110
9	39	121

Zeichnen Sie die Angebotskurve und die Nachfragekurve. Wie hoch sind auf diesem Markt Gleichgewichtspreis und Gleichgewichtsmenge? Was würde

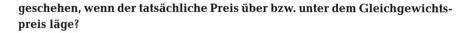

geschehen, wenn der tatsächliche Preis über bzw. unter dem Gleichgewichts-preis läge?

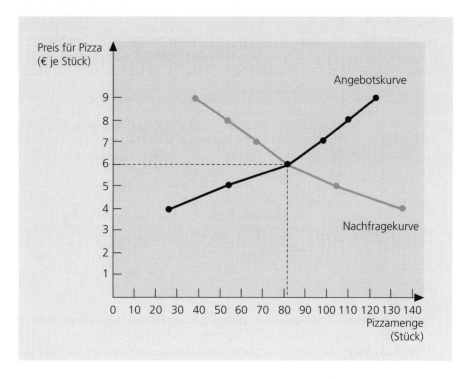

Der Gleichgewichtspreis liegt bei € 6, die Gleichgewichtsmenge beträgt 81 Stück.

Liegt der Marktpreis über dem Gleichgewichtspreis, kommt es zu einem An-gebotsüberschuss. Es werden größere Mengen an Pizza angeboten (> 81 Stück) als nachgefragt (< 81 Stück). Im umgekehrten Fall herrscht ein Nachfrage-überschuss. Es werden größere Mengen an Pizza nachgefragt (> 81 Stück) als angeboten (< 81 Stück). In beiden Fällen existiert kein Marktgleichgewicht, der Markt wäre nicht geräumt.

8. **Da Weißwürste und süßer Senf in München zusammen verzehrt werden, kön-nen sie als komplementäre Güter betrachtet werden.**

   a) **Wir beobachten einen Preisanstieg bei Weißwurst und einen Mengenan-stieg bei Senf. Könnte dies durch einen Preisrückgang bei Senfkörnern oder durch einen Preisrückgang bei Kalbfleisch verursacht sein?**

   b) **Nehmen Sie stattdessen an, der Preis für Weißwürste sei gestiegen, die Gleichgewichtsmenge an Senf dagegen gesunken. Könnte dies durch ei-nen Preisanstieg bei Senfkörnern oder durch einen Preisanstieg bei Kalb-fleisch verursacht sein?**

   a) Ein Preisanstieg bei Weißwurst und ein Mengenanstieg bei Senf können durch einen Preisrückgang bei Senfkörnern verursacht sein. Sinkt der Preis für Senf-körner, so reduzieren sich die Inputkosten in der Produktion von Senf. Die Produktion und das Angebot an Senf steigen. Der Angebotsüberschuss an

Senf führt zu einem Preisrückgang. Da Senf ein komplementäres Gut zu Weißwürsten darstellt, bewirkt der Preisrückgang für Senf einen Nachfrageanstieg nach Weißwürsten. Der Marktpreis von Weißwürsten steigt und die Gleichgewichtsmenge von Senf hat sich erhöht.

Sinkt dagegen der Preis für Kalbfleisch, so reduzieren sich die Inputkosten in der Produktion für Weißwurst. Die Produktion und das Angebot an Weißwürsten steigen. Der Angebotsüberschuss an Kalbfleisch führt zu einem Rückgang des Gleichgewichtspreises für Weißwürste.

b) Ein Preisanstieg bei Weißwurst und ein Mengenrückgang bei Senf können durch einen Preisanstieg bei Kalbfleisch verursacht sein. Steigt der Preis für Kalbfleisch, so erhöhen sich die Inputkosten in der Produktion von Weißwürsten. Die Produktion und das Angebot an Weißwürsten gehen zurück. Der Nachfrageüberschuss an Weißwürsten führt zu einem Preisanstieg. Da Senf ein komplementäres Gut zu Weißwürsten darstellt, bewirkt der Preisanstieg für Weißwürste einen Nachfragerückgang nach Senf. Die Gleichgewichtsmenge von Senf sinkt.

Steigt dagegen der Preis für Senfkörner, so erhöhen sich die Inputkosten in der Produktion von Senf. Die Produktion und das Angebot an Senf sinken und führen zu einem Rückgang der Gleichgewichtsmenge für Senf.

9. **Eintrittspreise und Sitzplätze in einem kleinen Fußballstadion sind durch diese Nachfrage- und Angebotstabelle darstellbar:**

Preis (€)	Nachfragemenge (Stück)	Angebotsmenge (Stück)
4	10.000	8.000
8	8.000	8.000
12	6.000	8.000
16	4.000	8.000
20	2.000	8.000

a) **Zeichnen Sie die Angebots- und die Nachfragekurve. Was ist an diesen Kurven ungewöhnlich?**

b) **Wie hoch sind Gleichgewichtspreis und Gleichgewichtsmenge?**

c) **Durch Schließung einer benachbarten Anlage kommt Nachfrage hinzu:**

Preis (€)	Nachfragemenge (Stück)
4	4.000
8	3.000
12	2.000
16	1.000
20	0

Ermitteln Sie die neue Angebots- und Nachfragetabelle. Zeichnen Sie die neuen Kurven und geben Sie die neuen Gleichgewichtswerte an.

a)

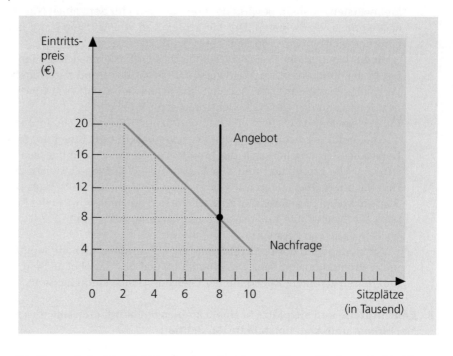

Die Besonderheit besteht in der Angebotskurve. Sie verläuft vertikal bei konstant 8.000 Stück. Durch die begrenzte Anzahl an Sitzplätzen im Stadion ist das Angebot auf 8.000 Karten begrenzt, es kann also nicht größer sein. Andererseits wird der Anbieter auf keinen Fall weniger Plätze anbieten, als er zur Verfügung hat. Die Plätze sind ja schon vorhanden und müssen nicht erst produziert werden.

b) Der Gleichgewichtspreis liegt bei € 8, die Gleichgewichtsmenge beträgt 8.000 Plätze.

c) Veränderte Angebots- und Nachfragetabelle:

Preis (€)	Nachfragemenge (Stück)	zusätzliche Nachfragemenge (Stück)	neue Nachfragemenge (Stück)	Angebotsmenge (Stück)
4	10.000	4.000	14.000	8.000
8	8.000	3.000	11.000	8.000
12	6.000	2.000	8.000	8.000
16	4.000	1.000	5.000	8.000
20	2.000	0	2.000	8.000

Der neue Gleichgewichtspreis liegt bei € 12, die Gleichgewichtsmenge verbleibt bei 8.000 Plätzen.

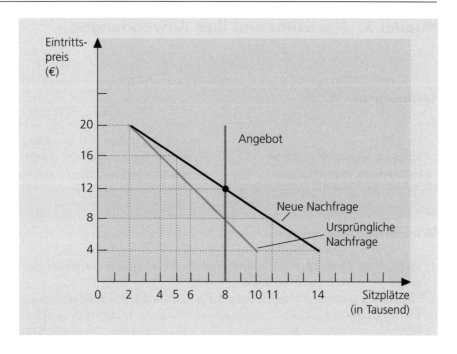

10. **Die Marktforschung habe für einen bestimmten Gütermarkt die folgende Nachfragefunktion ermittelt:**

    $Q^D = 1.600 - 300P$ **(mit Q^D = Nachfragemenge, P = Güterpreis)**

    Die Angebotsfunktion:

    $Q^S = 1.400 + 700P$ **(mit Q^S = Angebotsmenge)**

    Berechnen Sie den Gleichgewichtspreis und die Gleichgewichtsmenge.

Marktgleichgewicht: $Q^D = Q^S$

$$1.600 - 300P = 1.400 + 700P$$

Der Gleichgewichtspreis liegt bei 0,2 Geldeinheiten, die Gleichgewichtsmenge beträgt 1.540 Mengeneinheiten.

Kapitel 5   Elastizität und ihre Anwendungen

Stichwörter

Elastizität	Umsatz, Ausgaben und Einnahmen
Preiselastizität der Nachfrage	Einkommenselastizität der Nachfrage
Preiselastizität des Angebots	Kreuzpreiselastizität der Nachfrage

Wiederholungsfragen

1. Definieren Sie die Preiselastizität und die Einkommenselastizität der Nachfrage.

Die *Preiselastizität der Nachfrage* stellt ein Maß für die Reagibilität der Nachfragemenge eines Guts auf Änderungen seines Preises dar und bestimmt sich als Quotient von prozentualer Mengenänderung und prozentualer Preisänderung.

Die *Einkommenselastitzität der Nachfrage* misst dagegen, um wie viel die Nachfragemenge auf eine Änderung des Einkommens der Konsumenten reagiert, gemessen als Prozentsatz der Nachfrageänderung dividiert durch den Prozentsatz der Einkommensänderung.

2. Zählen Sie die wichtigen Bestimmungsgründe der Preiselastizität der Nachfrage auf und geben Sie Erläuterungen dazu.

Für die Preiselastizität der Güternachfrage sind eine Reihe von Einflussgrößen ausschlaggebend.

Differenzierung nach lebensnotwendigen Gütern und Luxusgütern: Lebensnotwendige Güter weisen eine unelastische Nachfrage auf. Bei einer Preissteigerung würde die Nachfrage aufgrund ihrer unmittelbaren Notwendigkeit nur in einem geringen Ausmaß zurückgehen. Im Gegensatz dazu besteht bei Luxusgütern eine elastische Nachfrage. Hier rufen Preissteigerungen eine starke Nachfragesenkung hervor.

Verfügbarkeit substitutiver Güter: Güter, zu denen es nahe verwandte Substitute gibt, haben eine relativ elastische Nachfrage, weil die potenziellen Käufer bei Preisänderungen leicht zwischen dem Gut und den Substituten wechseln können.

Marktabgrenzung: Die Nachfrageelastizität hängt stets davon ab, wie klar ein Markt abgegrenzt ist. Speziell definierte Märkte und Güter weisen eine elastischere Nachfrage auf als breit abgegrenzte Märkte und Güter, da man zu den speziell und eng definierten Gütern leichter Substitute findet.

Zeithorizont: Auf lange Sicht und in langen Untersuchungsperioden zeigen alle Güter eine größere Preiselastizität der Nachfrage als in kurzen Perioden der Analyse. Die endgültige Reaktion von Nachfragern auf Preisänderungen realisiert sich in vielen Fällen erst nach einer bestimmten »Reaktionszeit«.

3. **Ist die Nachfrage elastisch oder unelastisch, wenn die Elastizität größer als 1 ist? Ist die Nachfrage vollkommen unelastisch oder vollkommen elastisch, wenn die Elastizität gleich 0 ist?**

   Ist die Elastizität > 1, so reagiert die Nachfrage elastisch, d. h. die nachgefragte Menge verändert sich proportional stärker als der Preis. Ist die Elastizität gleich null, so gestaltet sich die Nachfrage vollkommen unelastisch. Ohne Rücksicht auf Preisänderungen bleibt die nachgefragte Menge immer gleich.

4. **Zeigen Sie die Gesamtausgaben der Konsumenten in einem Angebots-Nach-frage-Diagramm. Stellen Sie einen Vergleich mit den Gesamteinnahmen der Unternehmer an.**

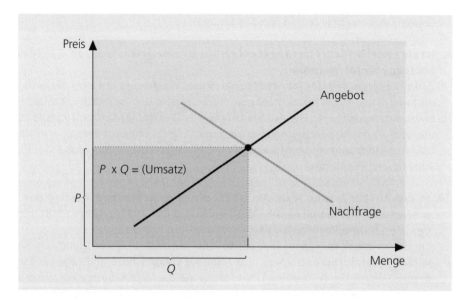

   Der von den Käufern bezahlte und von den Verkäufern eingenommene Betrag entspricht dem Rechteck (P x Q) unter der Nachfragekurve. Gesamtausgaben der Konsumenten und Gesamteinnahmen der Unternehmer stimmen demzufolge überein.

5. **Wie verändert eine Preissteigerung bei elastischer Nachfrage den Umsatz?**

   Ein Preisanstieg führt bei einer elastischen Nachfrage zu einem proportional größeren Rückgang der abgesetzten Menge. Der Umsatz der Anbieter sinkt.

6. **Wie nennt man ein Gut, dessen Einkommenselastizität negativ ist?**

   Ein Gut, dessen Einkommenselastizität negativ ist, nennt man inferior. Bei einem gestiegenen Einkommen werden inferiore Güter weniger nachgefragt. Da sich die nachgefragte Menge und das Einkommen gegenläufig verändern, haben inferiore Güter eine negative Einkommenselastizität.

7. Wie lautet die Rechenformel zur Preiselastizität des Angebots? Erläutern Sie das Gemessene.

$$\text{Preiselastizität} = \frac{\text{Prozentuale Änderung der Angebotsmenge}}{\text{Prozentuale Preisänderung}}$$

Die Preiselastizität des Angebots misst die Reagibilität der Angebotsmenge eines Guts auf Änderungen seines Preises.

8. Wie groß wird wohl die Preiselastizität von Picasso-Gemälden sein?

Die Preiselastizität des Angebots hängt von der Flexibilität einer Mengenänderung des betreffenden Guts ab. Das Angebot von Picasso-Gemälden ist demzufolge unelastisch, da es nur eine begrenzte Anzahl an Bildern gibt und keine neuen Zeichnungen erstellt werden können.

9. Ist die Preiselastizität des Angebots üblicherweise größer auf kurze Sicht oder auf lange Sicht? Warum?

Langfristig reagiert das Angebot in der Regel elastischer auf Preisänderungen als kurzfristig, da auf kurze Sicht eine Veränderung der Produktionskapazitäten meist nicht möglich ist. Die Angebotsmenge ist demzufolge kurzfristig nicht sehr reagibel. Auf lange Sicht dagegen kann die Angebotsmenge infolge von Kapazitätsveränderungen oder Marktein-/austritten von Anbietern flexibel auf Preisänderungen reagieren.

10. In den 1970er-Jahren löste die OPEC einen dramatischen Anstieg des Ölpreises aus. Warum ist es der OPEC während der 1980er-Jahre nicht gelungen, den hohen Preis zu halten?

Die Problematik erschließt sich durch eine langfristige Betrachtung des Sachverhalts. Kurzfristig sind sowohl das Angebot als auch die Nachfrage nach Rohöl unelastisch. Die bekannten Ölvorräte sowie die Verarbeitungskapazität sind nicht ohne weiteres veränderbar, die Kaufgewohnheiten der Nachfrager reagieren nicht sofort auf Preisänderungen. Die (künstliche) Verknappung des Angebots an Rohöl Mitte der 1970er-Jahre war deshalb mit einem starken Preisanstieg verbunden. Bei einer langfristigen Betrachtung müssen Reaktionen anderer Ölproduzenten (außerhalb der OPEC) berücksichtigt werden, die auf die Preissteigerungen mit höheren Fördermengen und einem Kapazitätsausbau reagieren. Die Konsumenten antworten wiederum mit einer Kaufzurückhaltung (Umstieg auf Bus und Bahn, Anschaffung von Autos mit geringem Benzinverbrauch). Die langfristige Angebots- und die langfristige Nachfragekurve sind demzufolge elastischer als die kurzfristigen Kurven. Der durch eine Angebotsverknappung ausgelöste Preisanstieg fällt damit langfristig wesentlich geringer aus.

Aufgaben und Anwendungen

1. **Vergleichen Sie die nachfolgenden Paare von Gütern. Für welches Gut würde man aus welchen Gründen eine höhere Preiselastizität der Nachfrage erwarten?**
   a) **Gefragte Lehrbücher und Unterhaltungsromane**
   b) **Aufnahmen von Beethoven und Aufnahmen klassischer Musik allgemein**
   c) **Heizöl während der nächsten sechs Monate und Heizöl während der kommenden fünf Jahre**
   d) **Fruchtlimonade und Wasser**
   a) Die Nachfrage nach Lehrbüchern weist eine geringere Preiselastizität auf als die Nachfrage nach Unterhaltungsromanen. Bei einem Preisanstieg würde die Nachfrage nach Lehrbüchern weniger zurückgehen als bei Romanen, da ein großer Teil der Nachfrager (Schüler, Studenten, Professoren, Lehrer) auf die Lehrbücher angewiesen ist, während Romane leichter substituiert werden können (Fernsehen, Kino, Theater, Operette).
   b) Die Nachfrage nach Aufnahmen von Beethoven weist eine höhere Preiselastizität auf als die Nachfrage nach Aufnahmen klassischer Musik allgemein (Frage der Marktabgrenzung). Im Fall einer Preiserhöhung können die Nachfrager nach Aufnahmen von Beethoven auf andere Komponisten klassischer Musik (Substitute) ausweichen, während Liebhaber von klassischer Musik im Allgemeinen bei einer Preiserhöhung keine Ausweichmöglichkeit haben.
   c) Die Nachfrage nach Heizöl ist langfristig preiselastischer als kurzfristig, da auf lange Sicht eine Änderung des Konsumverhaltens (Sparsamkeit, Umrüstung auf andere Energieträger) als Reaktion auf Preiserhöhungen stattfindet.
   d) Die Nachfrage nach Wasser ist weniger preiselastisch als die Nachfrage nach Fruchtlimonade, da Wasser für die Konsumenten ein lebensnotwendiges Gut darstellt.

2. **Nehmen wir an, Geschäftsreisende und Urlaubsreisende hätten die folgenden Nachfragewerte für Flüge von München nach Hamburg:**

Preis (€)	Nachfragemenge für Geschäftsreisen	Nachfragemenge für Urlaubsreisen
150	2.100	1.000
200	2.000	800
250	1.900	600
300	1.800	400

   a) **Wie groß ist die Preiselastizität der Nachfrage (1) für Geschäftsreisen und (2) für Urlaubsreisen beim Preisanstieg von € 200 auf € 250?**
   b) **Warum haben wohl Urlaubsreisende eine andere Preiselastizität als Geschäftsreisende?**
   a) Preiselastizität der Nachfrage für Geschäftsreisen (Mittelwertmethode):

$$\frac{\text{Prozentuale Änderung der Nachfrage nach Flügen}}{\text{Prozentuale Änderung des Flugpreises}} = \frac{\dfrac{2.000 \text{ Stück} - 1.900 \text{ Stück}}{(2.000 \text{ Stück} + 1.900 \text{ Stück})/2}}{\dfrac{\text{€ } 250 - \text{€ } 200}{(\text{€ } 250 + \text{€ } 200)/2}} = 0{,}23$$

Preiselastizität der Nachfrage für Urlaubsreisen (Mittelwertmethode):

$$\frac{\text{Prozentuale Änderung der Nachfrage nach Flügen}}{\text{Prozentuale Änderung des Flugpreises}} = \frac{\dfrac{800\ \text{Stück} - 600\ \text{Stück}}{(800\ \text{Stück} + 600\ \text{Stück})/2}}{\dfrac{€\ 250 - €\ 200}{(€\ 250 + €\ 200)/2}} = 1{,}29$$

b) Die unterschiedlichen Elastizitäten sind darauf zurückzuführen, dass Geschäftsreisenden oft keine andere Wahl bleibt, als das Flugzeug zu benutzen, wenn sie ihren Geschäftstermin pünktlich wahrnehmen wollen. Urlaubsreisende sind dagegen in der Wahl ihrer Beförderungsmittel wesentlich flexibler. In letzter Konsequenz ist es ihnen bei starken Preiserhöhungen sogar möglich, auf einen Flug zu verzichten und ein anderes Urlaubsziel (Beförderungsmittel) zu wählen.

3. **Nehmen wir an, Ihre persönliche Nachfragetabelle für CDs ist wie folgt:**

Preis (€)	Nachfragemenge (bei € 30.000 Jahreseinkommen)	Nachfragemenge (bei € 36.000 Jahreseinkommen)
8	40	50
10	32	45
12	24	30
14	16	20
16	8	12

a) **Berechnen Sie die Preiselastizität der Nachfrage für einen Preisanstieg von € 8 auf € 10, sofern das Einkommen (1) € 30.000 oder (2) € 36.000 beträgt.**

b) **Berechnen Sie die Einkommenselastizität der Nachfrage für einen Einkommensanstieg von € 30.000 auf € 36.000, sofern der Preis (1) € 12 oder (2) € 16 beträgt.**

a) Preiselastizität der Nachfrage (Mittelwertmethode, Einkommen = € 30.000):

$$\frac{\text{Prozentuale Änderung der Nachfrage nach CDs}}{\text{Prozentuale Änderung des CD-Preises}} = \frac{\dfrac{40\ \text{Stück} - 32\ \text{Stück}}{(40\ \text{Stück} + 32\ \text{Stück})/2}}{\dfrac{€\ 10 - €\ 8}{(€\ 10 + €\ 8)/2}} = 1$$

Preiselastizität der Nachfrage (Mittelwertmethode, Einkommen = € 36.000):

$$\frac{\text{Prozentuale Änderung der Nachfrage nach CDs}}{\text{Prozentuale Änderung des CD-Preises}} = \frac{\dfrac{50\ \text{Stück} - 45\ \text{Stück}}{(50\ \text{Stück} + 45\ \text{Stück})/2}}{\dfrac{€\ 10 - €\ 8}{(€\ 10 + €\ 8)/2}} = 0{,}47$$

b) Einkommenselastizität (Mittelwertmethode, Preis = € 12):

$$\frac{\text{Prozentsatz der Nachfrageänderung nach CDs}}{\text{Prozentsatz der Einkommensänderung}} = \frac{\dfrac{30\ \text{Stück} - 24\ \text{Stück}}{(30\ \text{Stück} + 24\ \text{Stück})/2}}{\dfrac{€\ 36.000 - €\ 30.000}{(€\ 36.000 + €\ 30.000)/2}} = 1{,}22$$

Einkommenselastizität (Mittelwertmethode, Preis = € 16):

$$\frac{\text{Prozentsatz der Nachfrageänderung nach CDs}}{\text{Prozentsatz der Einkommensänderung}} = \frac{\dfrac{12 \text{ Stück } - \text{ } 8 \text{ Stück}}{(12 \text{ Stück } + \text{ } 8 \text{ Stück})/2}}{\dfrac{€ \text{ } 36.000 \text{ } - \text{ } € \text{ } 30.000}{(€ \text{ } 36.000 \text{ } + \text{ } € \text{ } 30.000)/2}} = 2{,}2$$

4. **Emilie will stets ein Drittel ihres Einkommens für Bekleidung ausgeben.**
   a) **Wie groß ist die Einkommenselastizität ihrer Bekleidungsnachfrage?**
   b) **Wie groß ist die Preiselastizität ihrer Bekleidungsnachfrage?**
   c) **Wie verändert sich die Nachfragekurve, wenn sich Emilie entscheidet, künftig nur ein Viertel für Bekleidung auszugeben? Wie groß sind in diesem Falle Einkommenselastizität und Preiselastizität?**

   a) Die Einkommenselastizität ihrer Bekleidungsnachfrage ist Eins (Einheitselastizität), da sich bei einem gleich bleibenden Einkommensanteil die Nachfrage äquivalent zum Einkommen verändert.
   b) Die Preiselastizität ihrer Bekleidungsnachfrage ist eins, da Emilie Preiserhöhungen durch einen äquivalenten Nachfragerückgang kompensiert, damit der Bekleidungsanteil am Einkommen von einem Drittel erhalten bleibt.
   c) Die Nachfragekurve würde sich nach links verschieben, die Nachfrage also abnehmen, da nur noch geringere finanzielle Mittel (ein Viertel des Einkommens) zum Kauf zur Verfügung stehen. Ihre Einkommenselastizität bleibt konstant bei eins, die Preiselastizität verharrt ebenfalls bei eins.

5. **Zwei Autofahrer – Hans und Franz – fahren zur Autobahntankstelle. Ehe sie auf den Preis schauen, nennen sie dem Tankwart ihre Bestellungen. Hans sagt: Ich hätte gerne 50 Liter. Franz sagt: Ich möchte für € 70 Benzin tanken. Wie groß ist die Preiselastizität der beiden Nachfrager?**

   Hans hat eine vollkommen unelastische Nachfrage. Die Preiselastizität ist gleich null, da Hans unabhängig vom Preis eine feste Menge Benzin kaufen möchte. Der Preis hat keinen Einfluss auf seine Nachfrage, die Nachfragekurve verläuft demzufolge senkrecht. Bei Franz liegt die Einheitselastizität, also eine Preiselastizität von Eins vor. Die getankten Liter Benzin verändern sich proportional mit dem Benzinpreis.

6. **Arzneimittel haben eine preisunelastische Nachfrage und Computer haben eine preiselastische Nachfrage. Nehmen Sie an, dass sich das Angebot an Arzneimitteln und Computern durch den technologischen Fortschritt verdoppelt (das bedeutet, dass sich die zu jedem Preis angebotene Menge verdoppelt).**
   a) **Was passiert in beiden Märkten mit dem Gleichgewichtspreis und der Gleichgewichtsmenge?**
   b) **In welchem Markt fällt die Preisänderung größer aus?**
   c) **In welchem Markt verändert sich die Gleichgewichtsmenge stärker?**
   d) **Wie entwickeln sich die Ausgaben der Konsumenten?**

a) Markt für Arzneimittel

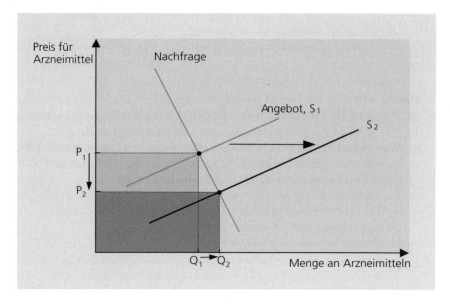

Markt für Computer

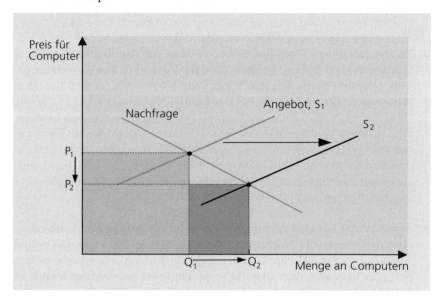

In beiden Märkten führt die Angebotsausweitung (Verdopplung) zu einem Anstieg der Gleichgewichtsmenge und zu einem Rückgang des Gleichgewichtspreises.

b) bis d) Im Markt für Arzneimittel kommt es zu einem stärkeren Preisrückgang. Im Markt für Computer kommt es zu einem stärkeren Anstieg der Gleichgewichtsmenge. Während die Konsumausgaben im Markt für Arzneimittel sinken, steigen die Konsumausgaben im Markt für Computer.

7. **Zu den staatlichen Maßnahmen gegen das Rauchen:**

   a) **Die empirisch ermittelte Preiselastizität der Zigarettennachfrage ist ungefähr 0,4. Um wie viel sollte der Preis steigen, wenn die Packung Zigaretten € 4 kostet und eine Senkung des Zigarettenkonsums um 20 % beabsichtigt ist?**

   b) **Durch Besteuerung werde der Zigarettenpreis fortlaufend erhöht. Werden die Auswirkungen innerhalb eines Jahres oder innerhalb einer Periode von fünf Jahren größer sein?**

   c) **Warum haben Teenager bei Zigaretten – wie empirische Studien belegen – eine größere Preiselastizität als Erwachsene?**

   a) Der notwendige Preisanstieg lässt sich aus der vereinfachten Formel zur Preiselastizität der Zigarettennachfrage berechnen:

$$\text{Preiselastizität der Nachfrage nach Zigaretten} = \frac{\text{Prozentuale Änderung der Zigarettennachfrage}}{\text{Prozentuale Preisänderung bei Zigaretten}}$$

$$0,4 = \frac{0,2}{\dfrac{x - €\,4}{€\,4}} \qquad x = €\,6$$

   Um bei einer Preiselastizität von 0,4 einen Nachfragerückgang von 20 % zu erreichen, wäre eine Preissteigerung um 50 % auf € 6 notwendig.

   b) Aufgrund der Relevanz des Zeithorizonts bei Elastizitäten muss der Sachverhalt auf kurze und lange Sicht betrachtet werden. Kurzfristig geht man von einer unelastischen Nachfrage aus. Raucher werden nicht von heute auf morgen mit dem Zigarettenkonsum aufhören. Sowohl die Aufgabe des Rauchens als auch die Suche nach möglichen Substituten werden sich erst nach einer gewissen Zeit realisieren. Verstärkt wird diese langfristige Reaktion durch die fortlaufende Erhöhung des Zigarettenpreises. Die Auswirkungen der Besteuerung von Zigaretten werden daher in einer Periode von fünf Jahren größer sein als in der kurzfristigen Zeitspanne von nur einem Jahr.

   c) Die Gründe für eine höhere Preiselastizität sind verschieden. Im Gegensatz zu Erwachsenen haben Teenager häufig ein geringeres und oftmals begrenztes Budget für ihre Ausgaben zur Verfügung. Bei einer Preissteigerung können es sich viele Jugendliche nicht mehr leisten zu rauchen. Auch die Tatsache, dass Teenager noch nicht so lange rauchen und deshalb eine mögliche Suchtentwöhnung eher gewährleistet ist, sorgt für eine größere Preiselastizität.

8. **Seegrundstücke am Starnberger See haben ein preisunelastisches Angebot, Pkw dagegen ein preiselastisches Angebot. Nehmen Sie, dass sich die Nachfrage nach beiden Gütern durch einen Bevölkerungsanstieg verdoppelt (das bedeutet, dass sich die zu jedem Preis nachgefragte Menge verdoppelt).**

   a) **Was passiert in beiden Märkten mit dem Gleichgewichtspreis und der Gleichgewichtsmenge?**

   b) **In welchem Markt fällt die Preisänderung größer aus?**

   c) **In welchem Markt verändert sich die Gleichgewichtsmenge stärker?**

   d) **Wie entwickeln sich die Ausgaben der Konsumenten?**

a) Markt für Seegrundstücke

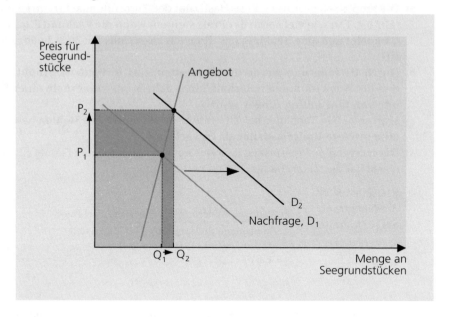

Markt für Pkw

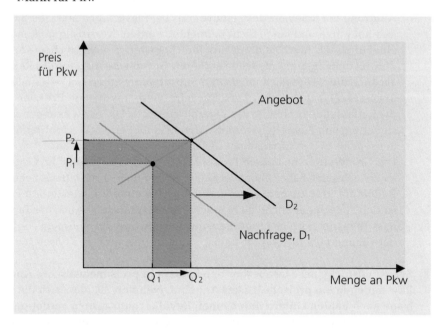

In beiden Märkten führt die Nachfrageausweitung (Verdopplung) zu einem Anstieg von Gleichgewichtsmenge und Gleichgewichtspreis.

b) bis d) Im Markt für Seegrundstücke kommt es zu einem stärkeren Preisanstieg. Im Markt für Pkw kommt es zu einem stärkeren Anstieg der Gleichgewichtsmenge. Die Konsumausgaben in beiden Märkten steigen.

9. **Im Sommer 2002 hat die Jahrhundertflut in Ostdeutschland auch einen großen Teil der Ernte zerstört.**

   a) **Inwiefern profitierten Landwirte ohne Ernteschäden von den Zerstörun-
      gen anderswo?**

   b) **Welche zusätzlichen Informationen benötigen Sie, um die mikro- und ma-
      kroökonomischen Wirkungen für einzelne Produkte und Sektoren zu be-
      urteilen?**

   a) Landwirte ohne Ernteschäden profitieren von den Auswirkungen der Über-
      schwemmungen auf das gesamte Angebot. Infolge der Überschwemmungen
      stellt sich am Markt für landwirtschaftliche Produkte eine Angebotsverknap-
      pung ein. Die Verringerung der Angebotsmengen führt zu Preissteigerun-
      gen, sodass die verbliebenen Anbieter mit ihrem Absatz höhere Einnahmen
      erzielen können.

   b) Folgende Informationen werden benötigt, um die mikro- und makroökono-
      mischen Wirkungen für einzelne Produkte und Sektoren zu beurteilen:

      – Anteil der Ernteschäden am Gesamtangebot (in der Region, in Bezug auf
        den Weltmarkt)

      – Sortenstruktur der überschwemmten Anbaufläche

      – Höhe und Verteilung der Subventions- und Ausgleichszahlungen

      – Grad der Zerstörung der Anbaugebiete (Anbaufläche, landwirtschaftliche
        Produktionsstätten, Infrastruktur)

      – Ausmaß der Umweltverschmutzungen (ausgelaufene Öltanks, Tierkadaver)

10. **Begründen Sie, warum dies richtig sein könnte: Weltweite Unwetter erhö-
    hen die Gesamterlöse der Landwirtschaft aus dem Getreideverkauf, ein Un-
    wetter in Mecklenburg-Vorpommern senkt die Einnahmen der dortigen Land-
    wirtschaft.**

    Weltweite Unwetter führen zu einer Verknappung des gesamten Getreidean-
    gebots. In Anbetracht einer vergleichsweise preisunelastischen Nachfrage re-
    sultieren daraus starke Preissteigerungen, die zu einem Umsatzanstieg der ge-
    samten Landwirtschaft beitragen. Unwetter in Mecklenburg-Vorpommern ha-
    ben auf das Gesamtangebot an Getreide auf dem Weltmarkt nur einen ver-
    schwindend geringen Einfluss, sodass der (Welt-)Marktpreis für Getreide in die-
    sem Fall konstant bleibt. Die Landwirte in Mecklenburg-Vorpommern realisie-
    ren bei gesunkenen Absatzmengen und gleich bleibenden Preisen Umsatz- und
    Einkommenseinbußen.

Kapitel 6   Angebot, Nachfrage und wirtschaftspolitische Maßnahmen

Stichwörter

Höchstpreis	Mindestpreis	Steuerinzidenz

Wiederholungsfragen

1. **Nennen Sie je ein Beispiel für einen Höchstpreis und einen Mindestpreis.**
   Höchstpreis: Mietpreise
   Mindestpreis: Getreidepreise

2. **Welcher von beiden – Höchstpreis oder Mindestpreis – verursacht eine Verknappung? Welcher einen Überschuss?**
   Wenn auf einem Wettbewerbsmarkt ein Höchstpreis unterhalb des möglichen Gleichgewichtspreises eingeführt wird, kommt es zu einem Nachfrageüberschuss und der Notwendigkeit einer Rationierung des knappen Guts unter der großen Nachfragerzahl. Ein wirksamer Mindestpreis liegt auf einem Wettbewerbsmarkt über dem Gleichgewichtspreis und verursacht einen Angebotsüberschuss.

3. **Erläutern Sie, warum Nationalökonomen generell gegen Preiskontrollen sind.**
   Märkte sind gewöhnlich gut für die Organisation des Wirtschaftslebens, lautet eine der zehn volkswirtschaftlichen Regeln. Deshalb wenden sich Nationalökonomen in der Regel immer gegen Mindestpreise und Höchstpreise. Ökonomen betrachten Preise nicht als Ergebnisse irgendwelcher willkürlicher Mechanismen oder Zufallsprozesse, sondern als Resultate von Millionen von Einzelentscheidungen der Konsumenten und der Unternehmungen, die hinter den Angebots- und Nachfragekurven stehen. Preise haben die schwierige Aufgabe, Angebot und Nachfrage zum Gleichgewicht zu führen und auf diese Weise alle ökonomischen Aktivitäten zu koordinieren. Sobald Politiker die Preise durch gesetzliche Vorschriften setzen, verdunkeln und verfälschen sie die Marktsignale, die gewöhnlich zur optimalen Allokation der gesellschaftlichen Ressourcen führen.

4. **Wie unterscheiden sich eine beim Käufer und eine beim Verkäufer erhobene Steuer?**
   Die beim Käufer erhobene Steuer verursacht einen Nachfragerückgang (Linksverschiebung der Nachfragekurve), während die beim Verkäufer erhobene Steuer einen Angebotsrückgang (Linksverschiebung der Angebotskurve) zur Folge hat.

5. **Wie verändert die Besteuerung eines Guts den vom Käufer bezahlten und den vom Verkäufer erlösten Preis sowie die gehandelte Menge des Guts?**

Die Steuererhebung stellt in beiden Fällen Käufer und Verkäufer schlechter. Der Nachfragerückgang, der bei einer Besteuerung des Käufers ausgelöst wird, reduziert zwar den Marktpreis, der effektive Preis einschließlich der Steuer steigt aber an. So erhält der Verkäufer weniger und der Käufer zahlt mehr. Die gehandelte Menge des Guts nimmt infolge der Steuerlast ab. Gleiches gilt für die Besteuerung des Verkäufers. Der Angebotsrückgang aufseiten der Verkäufer erhöht zwar den Marktpreis. Der Preis, den der Verkäufer abzüglich der Steuer erhält, ist jedoch gesunken. Der Käufer zahlt einen höheren Marktpreis. Auch in diesem Fall reduziert sich die gehandelte Menge des Guts.

6. **Was ist ausschlaggebend dafür, wie die Steuerlast zwischen Käufern und Verkäufern geteilt wird?**

Eine Steuerlast trifft jene Seite des Markts schwerer, die weniger elastisch auf die mit der Steuer einhergehende Preisänderung reagiert. Die Elastizität misst die Bereitschaft von Anbietern und Nachfragern, bei Verschlechterung der Bedingungen den Markt zu verlassen. Eine niedrige Preiselastizität der Nachfrage besagt, dass die Nachfrager keine guten Alternativen zum Kauf und Konsum eines bestimmten Guts haben. Eine niedrige Preiselastizität des Angebots bedeutet, dass die Anbieter keine lohnenswerten Alternativen zu Produktion und Verkauf des Guts besitzen. Sobald das Gut besteuert wird, können die Marktteilnehmer mit den schlechteren Alternativen weniger leicht aus dem Markt gehen, sie müssen deshalb einen größeren Teil der Steuerlast tragen.

Aufgaben und Anwendungen

1. **Angenommen, für jeden Kasten Bier würde vom Käufer eine Steuer von € 2 erhoben.**

   a) **Zeichnen Sie das Angebots-Nachfrage-Diagramm des Biermarkts ohne Steuer. Zeigen Sie den vom Konsumenten bezahlten und den vom Produzenten erlösten Preis sowie die verkaufte Menge auf. Welches ist der Unterschied zwischen dem vom Konsumenten bezahlten und dem vom Produzenten erlösten Preis?**

   b) **Nun zeichnen Sie das Angebots-Nachfrage-Diagramm des Biermarkts mit der Steuer. Bestimmen Sie den vom Konsumenten bezahlten und den vom Produzenten erlösten Preis. Ist die gehandelte Menge nun größer oder kleiner als zuvor?**

a)

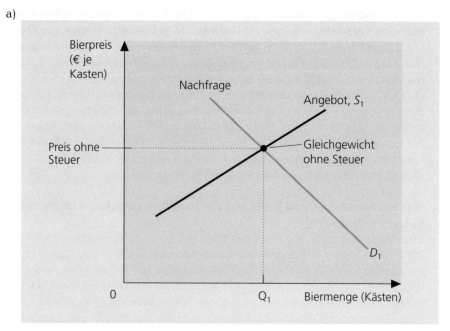

Auf dem Biermarkt ohne Steuer existiert kein Unterschied zwischen dem vom Konsumenten bezahlten und dem vom Produzenten erlösten Preis.

b)

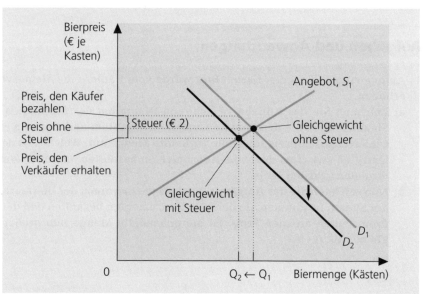

Die gehandelte Menge an Bier ist von Q_1 auf Q_2 gesunken. Der Preis, den die Käufer zahlen, ist gestiegen. Der Betrag, den die Verkäufer erhalten, hat sich verringert. Die Differenz zwischen dem vom Konsumenten bezahlten und dem vom Produzenten erlösten Preis ist die erhobene Steuer.

2. **Die Regierung steht auf dem Standpunkt, dass der Käsepreis auf dem freien Markt zu niedrig ist.**

   a) **Nehmen wir an, es wird ein verbindlicher Mindestpreis für den Käsemarkt vorgeschrieben. Benutzen Sie ein Angebots-Nachfrage-Diagramm, um die Auswirkung der politischen Maßnahme auf Preis und Menge zu zeigen. Wird es zu einer Verknappung oder zu einem Überschuss an Käse kommen?**

   b) **Landwirte beklagen sich gelegentlich darüber, dass Mindestpreise ihre Erlöse und Einkommen vermindern. Kann das sein? Erklärung?**

   c) **Als Reaktion auf die Klagen der Landwirte kommt es dazu, dass staatliche Stellen die Überschussmengen zum Mindestpreis aufkaufen. Wer profitiert von dieser neuen politischen Maßnahme, wenn man vom zuvor eingeführten Mindestpreis aus argumentiert? Gibt es dabei auch Verlierer?**

   a)

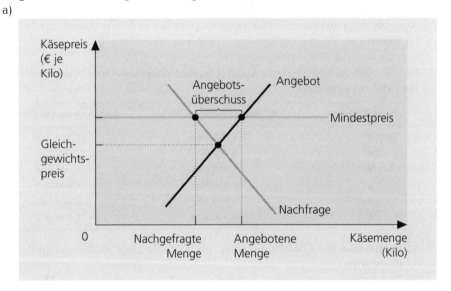

Am Käsemarkt führt ein Mindestpreis zu einer Nachfrageverknappung. Es besteht ein Angebotsüberschuss an Käse.

b) Durch wirksame Mindestpreise sind einige Anbieter nicht in der Lage, ihre Angebotsmengen abzusetzen, da das Angebot zu diesem Preisniveau die Nachfrage übersteigt. Aufgrund der nicht abgesetzten Gütermengen kommt es bei betroffenen Landwirten zu Erlösminderungen.

c) Der Aufkauf von nicht abgesetzten Mengen durch staatliche Stellen kann kurzfristig denjenigen Landwirten helfen, die bisher ihre Angebotsmenge an Käse infolge des Angebotsüberschusses nicht am Markt absetzen konnten. Der Staat muss diese Aufkäufe jedoch irgendwie finanzieren. Notwendige Steuererhöhungen üben in Abhängigkeit von ihrer konkreten Ausgestaltung (Einkommensteuer, spezielle Verbrauchsteuer) negative Wirkungen aus. Eindeutiger Verlierer sind die Konsumenten, die trotz bestehender Angebotsüberschüsse (zu) hohe Preise zahlen müssen. Die empirischen Ergebnisse einer derartigen Vorgehensweise, die so genannten »Milchseen« und »Butterberge«, verdeutlichen die Dimension dieser Problematik.

3. **Wenn die Bundesregierung eine Luxussteuer in Höhe von € 1.000 auf Pelzmäntel einführen würde, steigt dann der Preis, den die Konsumenten für einen Pelzmantel bezahlen müssen, um weniger als € 1.000, um genau € 1.000 oder um mehr als € 1.000 an? Begründen Sie Ihre Antwort!**

   Entschließt sich die Bundesregierung, eine Luxussteuer in Höhe von € 1.000 auf Pelzmäntel einzuführen, so wird der Preisanstieg für die Konsumenten deutlich geringer als € 1.000 ausfallen. Die Nachfrage nach Pelzmänteln ist vergleichsweise preiselastisch. Potenziellen Käufern von Pelzmänteln fällt es leicht, auf einen neuen Pelzmantel zu verzichten, und sich stattdessen für einen Wintermantel aus Kaschmir zu entscheiden. Das Angebot an Pelzmänteln ist dagegen vergleichsweise preisunelastisch. Die Hersteller von Pelzmänteln können nicht so leicht auf andere Produkte umstellen.

   Bei vergleichsweise elastischer Nachfrage und vergleichsweise unelastischem Angebot wird die Steuerlast daher weitgehend auf die Hersteller der Pelzmäntel fallen.

4. **Die Marktforschung hat die nachfolgenden Angebots- und Nachfragetabelle für Frisbees ermittelt:**

Preis (€/Stück)	Nachfragemenge (Stück)	Angebotsmenge (Stück)
11	1.000.000	15.000.000
10	2.000.000	12.000.000
9	4.000.000	9.000.000
8	6.000.000	6.000.000
7	8.000.000	3.000.000
6	10.000.000	1.000.000

   a) **Bestimmen Sie Gleichgewichtspreis und Gleichgewichtsmenge des Frisbeemarkts.**

   b) **Den Frisbeeproduzenten gelingt es, die Regierung davon zu überzeugen, dass der Wissenschaftlereinsatz bei aerodynamischen Forschungen in der Produktion auch verteidigungspolitische Bedeutung hat und deshalb ein Mindestpreis € 2 über dem Gleichgewichtspreis verordnet werden muss. Welches ist der neue Marktpreis? Wie viele Frisbees werden verkauft?**

   c) **Verärgerte Schüler demonstrieren für eine Preissenkung bei Frisbees. Daraufhin wird der Mindestpreis abgeschafft und ein Höchstpreis € 1 unter dem früheren Marktpreis eingeführt. Wie hoch sind nun der Marktpreis und die verkaufte Menge?**

   a) Der Gleichgewichtspreis beträgt € 8, da bei diesem Preis Angebot und Nachfrage übereinstimmen. Die Gleichgewichtsmenge beläuft sich auf 6 Mio. Frisbees.

   b) Der neue Marktpreis (Mindestpreis) muss € 10 betragen, die neue Verkaufsmenge reduziert sich auf 2 Mio. Frisbees.

   c) Der neue Marktpreis (Höchstpreis) liegt nun bei € 7, die Verkaufsmenge erhöht sich auf 3 Mio. Frisbees.

5. **Man will die Luftverschmutzung reduzieren und deshalb den Benzinverbrauch senken. Es kommt zu einer (neuen) Steuer von € 2 je Liter Benzin.**

   a) **Soll diese Steuer den Produzenten oder den Konsumenten auferlegt werden? Klären Sie dies genau anhand eines Angebots-Nachfrage-Diagramms.**

   b) **Wäre die neue Steuer mehr oder weniger wirksam, wenn das Angebot an Benzin elastischer wäre? Geben Sie eine Erklärung in Worten und mit einem Angebots-Nachfrage-Diagramm.**

   c) **Wird den Benzinverbrauchern durch die neue Steuer geholfen oder geschadet? Warum?**

   d) **Wird den Raffineriearbeitern durch die neue Steuer geholfen oder geschadet? Warum?**

   a) Wird die Benzinsteuer mit dem Ziel einer Senkung der Umweltverschmutzung erhoben, so ist es ohne Bedeutung, ob die Steuer den Konsumenten oder den Produzenten auferlegt wird. Bei einer Käufer- und bei einer Verkäufersteuer realisiert sich die gleiche Mengenreduktion.

Wirkung einer Käufersteuer

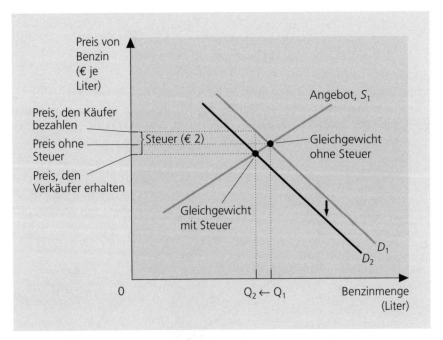

Wirkung einer Verkäufersteuer

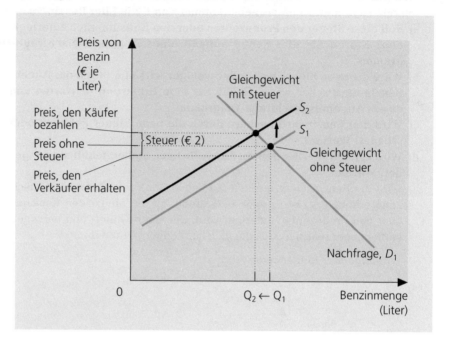

b) Voraussetzung für eine größere Wirksamkeit der Steuer ist lediglich eine höhere Elastizität auf einer der beiden Marktseiten. Bei höherer Elastizität ist eine der beiden Marktseiten eher bereit, den Markt zu verlassen, was den Benzinverbrauch reduzieren würde.

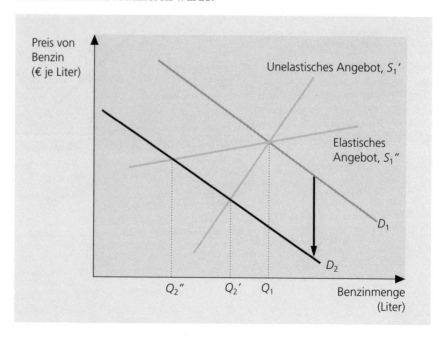

Für das Beispiel einer Käufersteuer, die zu einer Verschiebung der Nachfragekurve auf D_2 führt, ist aus der grafischen Darstellung unmittelbar ersichtlich, dass die Reduktion des Benzinverbrauchs bei einem preiselastischen Angebot wesentlich größer ausfällt als bei einem preisunelastischen Angebot.

c) Eine vollständige Vermeidung der Steuerbelastung für die Verbraucher ist nur im Fall eines vollkommen unelastischen Angebots denkbar. Wie stark den Benzinverbauchern geschadet wird, hängt von der Steuerinzidenz, der Aufteilung der Steuerlast ab. Auf lange Sicht muss natürlich der Vorteil der geringeren Luftverschmutzung in die Analyse einbezogen werden.

d) Den Raffineriearbeitern wird mit der neuen Steuer eindeutig geschadet. Durch die erfolgreiche Reduktion der Verbrauchsmenge von Benzin werden die Anbieter ihr Angebot auf Alternativen umstellen müssen. Den Raffineriearbeitern droht Arbeitslosigkeit, wenn sie nicht für diese Alternativen einsetzbar sind.

6. **Eine Fallstudie des vorliegenden Kapitels behandelt die Mindestlohnsatz-Problematik.**

   a) **Unterstellen wir einen Mindestlohnsatz über dem Gleichgewichtslohnsatz auf dem Markt für ungelernte Arbeitskräfte. Zeigen Sie anhand eines Angebots-Nachfrage-Diagramms für diesen Markt den Marktlohnsatz, die Anzahl der Beschäftigten und die Anzahl der Arbeitslosen. Ermitteln Sie auch die gesamten Lohnzahlungen an die Ungelernten.**

   b) **Eine politische Partei tritt für die Erhöhung des Mindestlohnsatzes für ungelernte Arbeitskräfte ein. Wie wären voraussichtlich die Auswirkungen auf die Beschäftigung? Hängt die Beschäftigungswirkung von der Preiselastizität der Nachfrage oder des Angebots, von beiden Elastizitäten oder von keiner der beiden Elastizitäten ab?**

   c) **Wie wäre die Auswirkung einer Erhöhung des Mindestlohnsatzes auf die Arbeitslosigkeit? In welcher Weise wäre die Auswirkung auf die Arbeitslosigkeit von Elastizitäten bestimmt?**

   d) **Die Nachfrage nach ungelernten Arbeitskräften sei annahmegemäß unelastisch. Würde die vorgeschlagene Erhöhung des Mindestlohnsatzes die an Ungelernte insgesamt bezahlte Lohnsumme erhöhen oder vermindern? Käme man im Falle einer elastischen Nachfrage zu einem anderen Ergebnis?**

a)

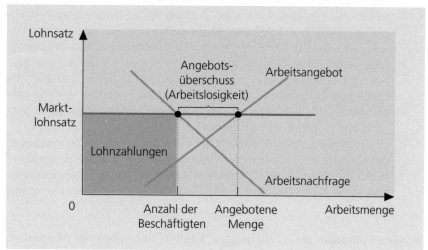

b) Auf dem Arbeitsmarkt würde die Nachfrage nach ungelernten Arbeitskräften weiter sinken und mit ihr die Beschäftigung. Die genaue Beschäftigungswirkung hängt von der Nachfrageelastizität ab, da auf dem Markt bereits ein Angebotsüberschuss herrscht und die Nachfrage somit die bestimmende Marktseite ist. Die Nachfrageelastizität determiniert den Rückgang der nachgefragten Menge aufgrund der Erhöhung des Mindestlohnsatzes.

c) Die Arbeitslosigkeit im Markt für ungelernte Arbeitskräfte nimmt zu, da die Nachfrage nach ungelernten Arbeitskräften weiter sinkt, während das Angebot an ungelernten Arbeitskräften weiter steigt. Die Wirkung einer Erhöhung des Mindestlohnsatzes auf das Niveau der Arbeitslosigkeit hängt demzufolge von der Angebots- und Nachfrageelastizität gleichermaßen ab. Die Nachfrageelastizität bestimmt den Rückgang der nachgefragten Menge infolge der Erhöhung des Mindestlohnsatzes, die Angebotselastizität den zusätzlichen Anstieg der angebotenen Menge an ungelernten Arbeitskräften.

d) Aus einer Erhöhung des Mindestlohnsatzes resultiert bei einer unelastischen Nachfrage nach ungelernten Arbeitskräften nur ein proportional kleinerer Rückgang der Beschäftigung, sodass sich die Lohnsumme insgesamt erhöht. Im Fall einer elastischen Arbeitsnachfrage ergibt sich ein proportional größerer Beschäftigungsrückgang, sodass sich die Lohnsumme verringert.

7. **Um den Gesundheitszustand der Bevölkerung zu verbessern, wird über verschiedene Maßnahmen nachgedacht, die den Konsum von Hamburgern einschränken sollen. Skizzieren Sie zu jeder einzelnen Maßnahme ein Angebots-Nachfrage-Diagramm:**
   a) **Einführung eines Mindestpreises für Hamburger**
   b) **Einführung einer Steuer auf den Konsum von Hamburgern**
   c) **Einführung einer Subvention für Hähnchen-Produzenten, die den Preis für Hähnchen-Baguettes senkt**
   d) **Einführung einer Steuer auf die Hamburger-Produzenten**

a)

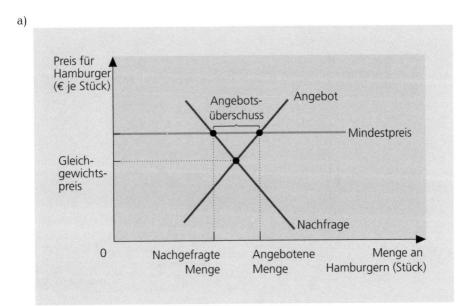

b)

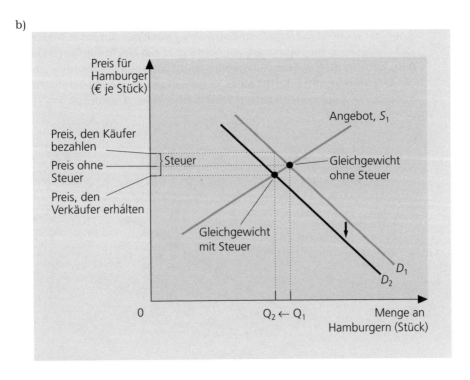

c)

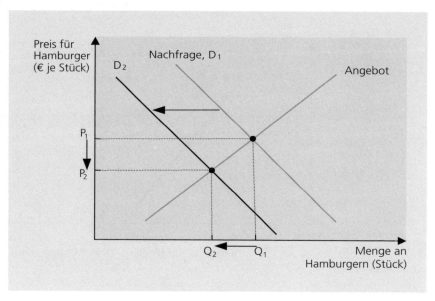

Die Einführung einer Subvention für Hähnchen-Produzenten führt zu einem Angebotsanstieg bei Hähnchen-Baguettes. Durch den daraus resultierenden sinkenden Preis für Hähnchen-Baguettes geht die Nachfrage nach Hamburgern zurück, da Hähnchen-Baguettes und Hamburger Substitute sind. Der Nachfragerückgang führt zu einer Verschiebung der Nachfrage nach Hamburgern nach links. Der Konsum von Hamburgern geht zurück.

d)

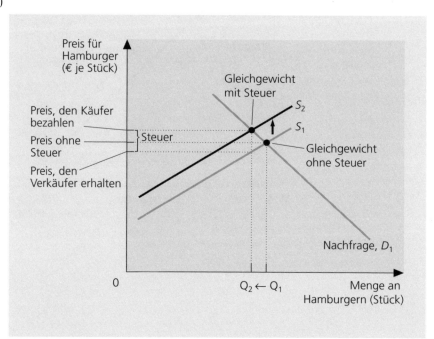

8. **Es gibt staatliche Programme, die den Zigarettenmarkt beeinflussen. Medienberichte und Etikettierungsvorschriften schaffen öffentliche Aufmerksamkeit für die Gefahren des Rauchens. Zur gleichen Zeit betreibt das Landwirtschaftsministerium ein Preisstützungsprogramm für den Tabakanbau, das den Tabakpreis über den Gleichgewichtspreis anhebt.**

   a) Wie verändern diese beiden Programme den Zigarettenkonsum? Verwenden Sie bei der Beantwortung eine grafische Darstellung des Zigarettenmarkts.

   b) Wie werden sich beide Programme zusammen auf den Preis von Zigaretten auswirken?

   c) Zigaretten unterliegen auch der Tabaksteuer. Wie wirkt die Tabaksteuer auf den Zigarettenkonsum?

   a) Mindestpreise auf dem Tabakmarkt verursachen einen Angebotsüberschuss an Tabak. Die gehandelte Menge Tabak liegt unter dem Gleichgewichtsniveau, der Mindestpreis über dem Gleichgewichtspreis. Auf dem Zigarettenmarkt verursacht der Kostenanstieg des Inputfaktors Tabak einen Angebotsrückgang. Die gewachsene Aufmerksamkeit in der Öffentlichkeit für die Gefahren des Rauchens führt ihrerseits zu einem Nachfragerückgang. Beide Programme reduzieren demnach den Zigarettenkonsum.

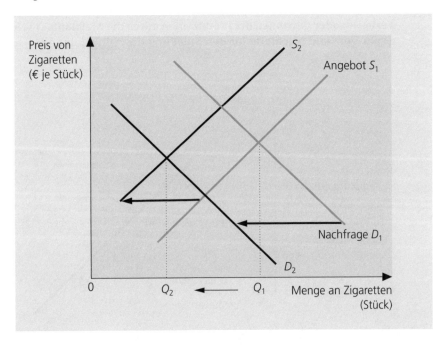

   b) Die Nachfragereduktion wirkt preismindernd, die Angebotsverknappung preissteigernd.

   c) Die Tabaksteuer verursacht einen zusätzlichen Rückgang des Zigarettenkonsums, da sich die Nachfrage aufgrund der Steuerbelastung nach links verschiebt. Die Inzidenz der Steuerlast hängt von der Preiselastizität von Angebot und Nachfrage ab.

9. **Nach Forderungen von Liebhabern klassischer Musik führt die Regierung eine Vorschrift für einen Höchstpreis von € 40 pro Konzertkarte ein. Wird diese Maßnahme mehr oder weniger Menschen zum Besuch der Konzerte veranlassen?**

   Durch die Festlegung eines Höchstpreises wird der Preis für Konzertkarten im Vergleich zur Ausgangssituation sinken. Durch das sinkende Preisniveau steigt die Nachfrage nach Konzertkarten, während das Angebot zurückgeht. Damit kommt es zu einem Nachfrageüberschuss. Die Einführung eines Höchstpreises wird letztlich dazu führen, dass weniger Menschen Konzerte mit klassischer Musik besuchen.

10. **Eine Subvention ist das Gegenteil einer Steuer. Mit einer Steuer auf Eiscreme in Höhe von € 0,50 je Kugel kassiert der Staat von jedem Käufer, mit einer Subvention für die Käufer von Eiscreme in Höhe von € 0,50 je Kugel bezahlt der Staat Geld aus.**

    a) **Zeigen Sie bitte die Auswirkungen einer Subvention in Höhe von € 0,50 auf die Nachfragekurve für Eiscreme, den von den Käufern bezahlten Preis und den von den Verkäufern erlösten Preis sowie die Gleichgewichtsmenge.**

    b) **Haben die Konsumenten von dieser Maßnahme Vorteile oder Nachteile? Verlieren oder gewinnen die Produzenten durch die Maßnahme? Wie steht es um Vor- und Nachteile für den Staat und die Allgemeinheit?**

a)

b) Die Konsumenten haben kurzfristig Vorteile, da sie einen geringeren Preis zu zahlen haben. Langfristig müssen die Subventionszahlungen jedoch über Steuern finanziert werden, sodass die Vorteile kompensiert werden können. Bei den Produzenten verhält sich die Lage ähnlich. Sie haben zunächst einen Vorteil durch die Subventionszahlung, können am Markt größere Mengen zu einem höheren Preis absetzen. Eine mögliche Finanzierung der Subvention über Steuern kann allerdings auch die Produzenten treffen.

Ist es die Absicht des Staats, den Konsum von Eiscreme anzukurbeln, so gelingt ihm dies über die Subvention. Es stellt sich jedoch unmittelbar die Frage nach deren Finanzierung. Eine Steuerfinanzierung könnte sich negativ auf die Allgemeinheit auswirken. Zu klären bleibt, inwieweit die Allgemeinheit vom größeren und preiswerteren Angebot an Eiscreme profitiert.

TEIL III Angebot und Nachfrage II: Märkte und Wohlstand

Kapitel 7 Konsumenten, Produzenten und die Effizienz von Märkten

Stichwörter

Effizienz	Produzentenrente
Gerechtigkeit	Wohlfahrtsökonomik
Konsumentenrente	Zahlungsbereitschaft
Kosten	

Wiederholungsfragen

1. **Erklären Sie den Zusammenhang von Zahlungsbereitschaft, Konsumentenrente und Nachfragekurve.**

   Die Zahlungsbereitschaft beziffert den Höchstbetrag, den ein Käufer für ein Gut zu zahlen bereit ist. Zieht man von der Zahlungsbereitschaft der Konsumenten den tatsächlich gezahlten Preis ab, so erhält man die Konsumentenrente. Die Konsumentenrente misst somit den Nutzen des Käufers aus der Teilnahme am Marktgeschehen. Eng verknüpft mit der Konsumentenrente ist die Nachfragekurve, die die Zahlungsbereitschaft der Nachfrager widerspiegelt. Der Bereich unterhalb der Nachfragekurve und oberhalb des Preises misst die Konsumentenrente eines Markts.

2. **Erklären Sie, wie die Kosten der Verkäufer, die Produzentenrente und die Angebotskurve zusammenhängen.**

   Die Kosten eines Verkäufers beziffern den Wert von allem, worauf ein Unternehmer bei der Herstellung eines Guts verzichten muss (Geldwert des Faktoreinsatzes), sie werden demzufolge als Opportunitätskosten definiert. Die Produzentenrente misst nun den Nutzen des Verkäufers aus der Teilnahme am Marktgeschehen und bestimmt sich aus der Differenz zwischen Verkaufspreis und Produktionskosten eines Guts. Die Produzentenrente steht in engem Zusammenhang mit der Angebotskurve, die die Kosten der Anbieter abbildet. Der Bereich unterhalb eines Preises und oberhalb der Angebotskurve stellt die Produzentenrente eines Markts dar.

3. **Zeigen Sie in einem Angebots-Nachfrage-Diagramm, wie im Marktgleichgewicht Konsumentenrente und Produzentenrente bestimmt sind.**

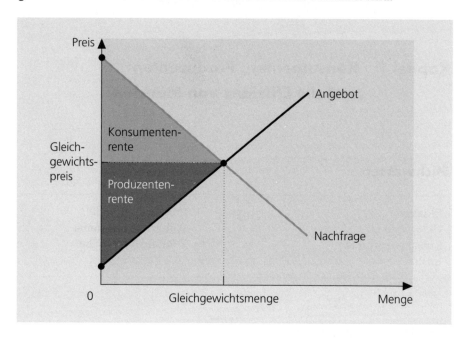

4. **Was ist Effizienz? Ist Effizienz das einzige Kriterium für Politiker?**
Effizienz kennzeichnet die Eigenschaft einer bestimmten Ressourcenallokation, die Wohlfahrt aller Mitglieder einer Gesellschaft zu maximieren. Neben einer effizienten Ressourcenverteilung fungiert die Gerechtigkeit, die Fairness der Wohlfahrtsverteilung unter den Mitgliedern der Gesellschaft, als zweites Entscheidungskriterium für Politiker. Veranschaulichen lassen sich beide Kriterien anhand eines Kuchens. Die Kernfrage der Effizienz richtet sich darauf, ob der Kuchen so groß wie möglich ist. Die Kernfrage der Gerechtigkeit untersucht dagegen, inwieweit der Kuchen zwischen allen Mitgliedern der Gesellschaft fair geteilt ist.

5. **Was macht die unsichtbare Hand?**
Trotz dezentralisierter Entscheidungen und eigeninteressierter Entscheidungsfindung realisiert sich am Markt nicht etwa Chaos, sondern Effizienz. Die unsichtbare Hand des Markts führt die Eigeninteressen der Marktteilnehmer zu einer Förderung des allgemeinen Wohls. Diese Erkenntnis von Adam Smith (1776) ist noch immer gültig und kann präzise anhand des Marktgleichgewichts aufgezeigt werden.

6. **Nennen Sie zwei Arten von Marktversagen. Erklären Sie, inwiefern beide zu ineffizienten Marktergebnissen führen können.**

Marktmacht: Unter Marktmacht versteht man die Fähigkeit von Käufern oder Verkäufern, den Marktpreis beeinflussen zu können. Sie entsteht, wenn keine vollständige Konkurrenz gegeben ist. Marktmacht kann zu Ineffizienz führen, weil sie Preis und Menge vom Gleichgewicht fernhält.

Externalitäten: Externalitäten bezeichnen Nebenwirkungen von Käufer- und Verkäuferentscheidungen, die Menschen betreffen, die nicht Marktteilnehmer sind. Externalitäten führen dazu, dass die Wohlfahrt durch Märkte von mehr als nur der Käuferbewertung und den Verkäuferkosten abhängt. Da Käufer und Verkäufer diese Nebenwirkungen bei ihren Entscheidungen nicht berücksichtigen, können Marktgleichgewichte vom Standpunkt der Gesellschaft aus ineffizient sein.

Aufgaben und Anwendungen

1. **Ein Regenjahr verdirbt und mindert die Weinernte in Baden. Welche Folgen hat dies für die Konsumentenrente auf dem Markt für Trauben? Welche Folgen für die Konsumentenrente auf dem Weinmarkt sind denkbar? Illustrieren Sie die Antworten mit Diagrammen.**

Auf dem Markt für Trauben verursacht eine verminderte Weinernte einen Angebotsrückgang. Die Angebotskurve verschiebt sich nach links auf S_2. Der ausgelöste Preisanstieg auf P_2 vermindert die Konsumentenrente von ADF auf ABC.

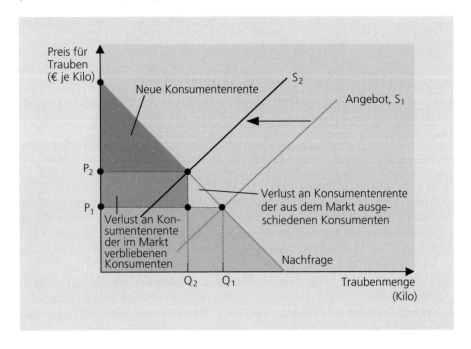

Zum einen scheiden Nachfrager aufgrund des Preisanstiegs aus dem Markt aus, zum anderen zahlen die verbliebenen Konsumenten einen höheren Preis. Beide Vorgänge bewirken eine Reduktion der Konsumentenrente. Die Verteuerung der Trauben erhöht die Inputkosten der Anbieter auf dem Weinmarkt. Die Weinproduzenten werden auf die Situation mit einer Verringerung ihres Weinangebots reagieren. Die Angebotskurve verschiebt sich nach links. Die Veränderung der Konsumentenrente im Weinmarkt verläuft analog zum Markt für Trauben. Der gestiegene Preis für Wein veranlasst einen Teil der Nachfrager, aus dem Markt auszuscheiden. Im Markt verbliebene Konsumenten müssen einen höheren Preis für Wein zahlen. Beide Vorgänge reduzieren die Konsumentenrente.

2. **Angenommen, die Nachfrage nach Weißbrot steigt. Wie wirkt sich das auf die Produzentenrente des Weißbrotmarkts aus? Was geschieht mit der Produzentenrente auf dem Mehlmarkt? Illustrieren Sie die Antworten mit Angebots-Nachfrage-Diagrammen.**

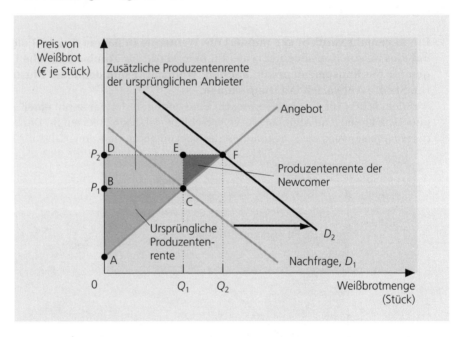

Die erhöhte Nachfrage nach Weißbrot führt zu einem Preisanstieg von P_1 auf P_2. Die Gleichgewichtsmenge an Weißbrot steigt von Q_1 auf Q_2. Beide Vorgänge bewirken einen Anstieg der Produzentenrente. Die ursprünglichen Anbieter können ihre Mengen zu einem höheren Preis absetzen. Die gestiegene Nachfrage ermöglicht außerdem neuen Anbietern den Markteintritt.

Die gestiegene Gleichgewichtsmenge an Weißbrot erhöht die Nachfrage nach dem Inputfaktor Mehl. Die Nachfragekurve für Mehl verschiebt sich nach rechts. Im neuen Gleichgewicht wird auf dem Mehlmarkt eine größere Menge Mehl zu einem höheren Preis abgesetzt. Beide Vorgänge bewirken analog zur Situation auf dem Weißbrotmarkt einen Anstieg der Produzentenrente.

3. **Es ist ein glühend heißer Tag in München, und Stefan ist sehr durstig. Hier sind seine Bewertungen für eine Flasche Mineralwasser: Wert der ersten Flasche € 7, Wert der zweiten Flasche € 5, Wert der dritten Flasche € 3, Wert der vierten Flasche € 1.**

   a) **Leiten Sie aus diesen Informationen Stefans Nachfragetabelle und Stefans Nachfragekurve für Mineralwasser ab.**

   b) **Wie viele Flaschen Mineralwasser kauft Stefan beim Preis von € 4? Welche Konsumentenrente bezieht Stefan aus diesem Kauf? Zeigen Sie Stefans Konsumentenrente im Diagramm.**

   c) **Wie verändert sich die Nachfragemenge, wenn der Preis auf € 2 zurückgeht? Wie verändert sich dabei Stefans Konsumentenrente? Zeigen Sie diese Veränderungen im Diagramm.**

   a) Stefans Nachfragetabelle:

Preis (€)	Nachfragemenge (Stück)
7	1
5	2
3	3
1	4

Stefans Nachfragekurve:

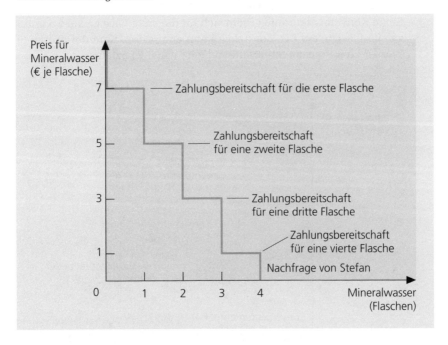

   b) Bei einem Preis von € 4 kauft Stefan 2 Flaschen Wasser. Er kauft nicht mehr Flaschen, da ihm eine dritte Flasche Wasser nur € 3 wert ist. Seine Konsumentenrente beträgt € 3 für die erste Flasche Wasser und € 1 für die zweite Flasche, also insgesamt € 4.

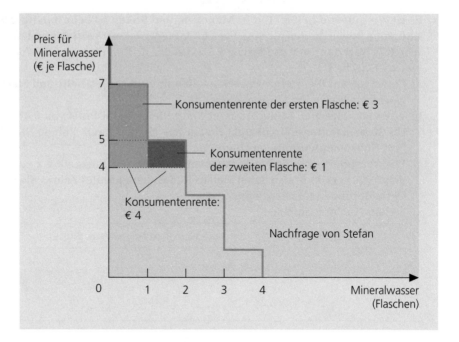

c) Bei einem Preis von € 2 wäre Stefan bereit, 3 Flaschen Wasser zu kaufen. Seine Konsumentenrente erhöht sich für die erste Flasche auf € 5 und für die zweite Flasche auf € 3. Zusätzlich kann er aus dem Kauf der dritten Flasche Wasser eine Konsumentenrente in Höhe von € 1 beziehen.

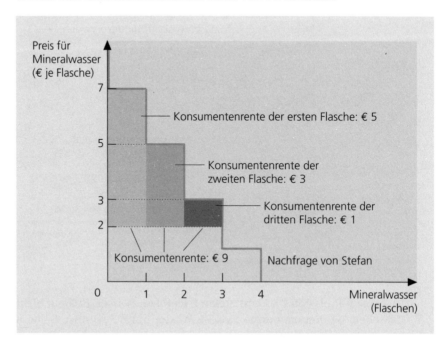

4. **Alexander kann mit seiner Pumpe aus einer Mineralwasserquelle Flaschen abfüllen. Da die Abfüllung von Flaschen nach und nach immer mehr anstrengt, steigt der Preis mit der Anzahl der für den einzelnen Käufer gefüllten Flaschen. Dies sind Alexanders Kostenangaben für die Wasserflaschen: Kosten der ersten Flasche € 1, Kosten der zweiten Flasche € 3, Kosten der dritten Flasche € 5, Kosten der vierten Flasche € 7.**

   a) **Leiten Sie aus den Informationen Alexanders Angebotstabelle und Alexanders Angebotskurve für Wasserflaschen ab.**

   b) **Wie viele Flaschen Wasser produziert und verkauft Alexander beim Marktpreis von € 4? Wie hoch ist dabei die Produzentenrente? Zeigen Sie bitte Alexanders Produzentenrente im Diagramm.**

   c) **Wie verändert sich die angebotene Menge, wenn der Preis auf € 6 ansteigt? Wie verändert sich dabei die Produzentenrente? Zeigen Sie die Veränderung im Diagramm.**

   a) Alexanders Angebotstabelle

Preis (€)	Angebotsmenge (Stück)
1	1
3	2
5	3
7	4

Alexanders Angebotskurve:

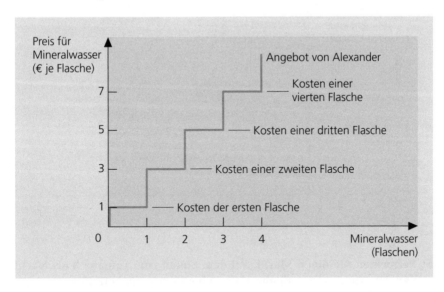

   b) Bei einem Preis von € 4 verkauft Alexander 2 Flaschen Wasser. Eine dritte Flasche Wasser wird er zu diesem Preis nicht verkaufen, da hier die Kosten den Marktpreis übersteigen. Seine Produzentenrente beträgt € 3 für die erste Flasche und € 1 für die zweite Flasche Wasser, also insgesamt € 4.

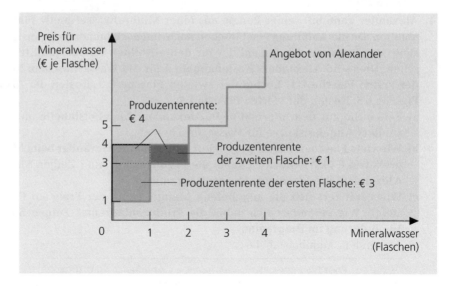

c) Wenn der Preis auf € 6 ansteigt, bietet Alexander 3 Flaschen Wasser an. Die Produzentenrente der ersten Flasche erhöht sich auf € 5, die der zweiten auf € 3. Zusätzlich bezieht Alexander aus dem Verkauf der dritten Flasche eine Produzentenrente von € 1.

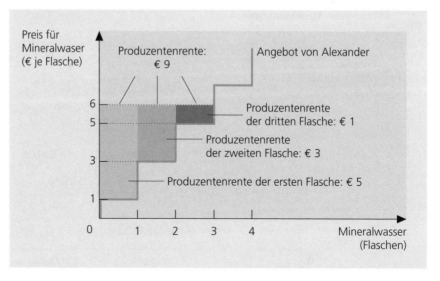

5. **Betrachten Sie einen Markt, auf dem Stefan von Aufgabe 3 als Nachfrager und Alexander von Aufgabe 4 als Anbieter zusammentreffen.**
    a) **Benutzen Sie Stefans Nachfragekurve und Alexanders Angebotskurve, um die nachgefragten und angebotenen Mengen zum Preis von € 2, € 4 und € 6 zu bestimmen. Welcher dieser Preise bringt Angebot und Nachfrage ins Gleichgewicht?**
    b) **Bestimmen Sie Konsumentenrente, Produzentenrente und Gesamtrente in diesem Gleichgewicht.**

c) Wie verändert sich die Gesamtrente, wenn Alexander eine Flasche weniger erzeugen und Stefan eine Flasche weniger konsumieren würde?

d) Was geschähe mit der Gesamtrente, wenn die beiden aus dem Gleichgewicht heraus eine zusätzliche Flasche produzieren bzw. konsumieren würden?

a)

Preis (€)	Angebotsmenge (Stück)	Nachfragemenge (Stück)
2	1	3
4	2	2
6	3	1

Der Preis von € 4 bringt Angebot und Nachfrage ins Gleichgewicht.

b) Die Konsumentenrente beläuft sich auf € 4, die Produzentenrente ebenfalls auf € 4. Die Gesamtrente des Markts beträgt demzufolge € 8.

c) Bei einer Gleichgewichtsmenge von einer Flasche sinkt die Gesamtrente auf € 6, da Stefan bereit ist, für eine Flasche Wasser € 7 zu bezahlen und Alexander Kosten in Höhe von € 1 hat.

d) Bei einer Gleichgewichtsmenge von drei Flaschen sinkt die Gesamtrente ebenfalls auf € 6, da Stefan für eine dritte Flasche nur € 3 bezahlen würde, Alexander jedoch € 5 bekommen möchte.

6. **Die Produktionskosten für DVD-Player sind im vergangenen Jahrzehnt erheblich zurückgegangen. Einige Implikationen dieser Tatsache sollen hier hinterfragt werden.**

   a) **Zeigen Sie die Auswirkung fallender Produktionskosten auf Preis und Menge verkaufter DVD-Player in einem Angebots-Nachfrage-Diagramm.**

   b) **Zeigen Sie in Ihrem Diagramm, was bei dem Kostenrückgang mit Konsumentenrente und Produzentenrente geschieht.**

   c) **Angenommen, das Angebot an DVD-Playern sei elastischer als die Nachfrage. Wer profitiert mehr von fallenden Kosten – Käufer oder Hersteller?**

   a) Die fallenden Produktionskosten erhöhen das Angebot an DVD-Playern, sodass mehr DVD-Player zu einem geringeren Preis verkauft werden.

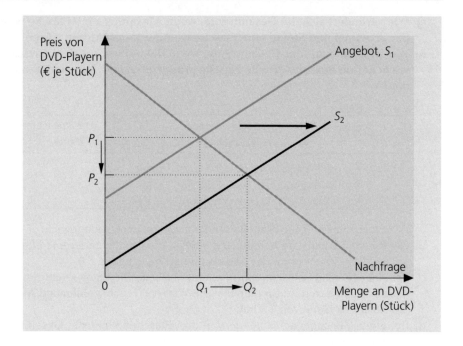

b)

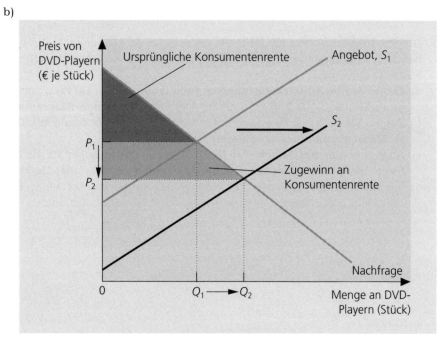

Die Zunahme an Konsumentenrente setzt sich aus der zusätzlichen Konsumentenrente der Nachfrager zusammen, die infolge der Angebotsausweitung in den Markt eingetreten sind, und der höheren Konsumentenrente der bereits im Markt befindlichen Nachfrager, die einen geringeren Preis zahlen.

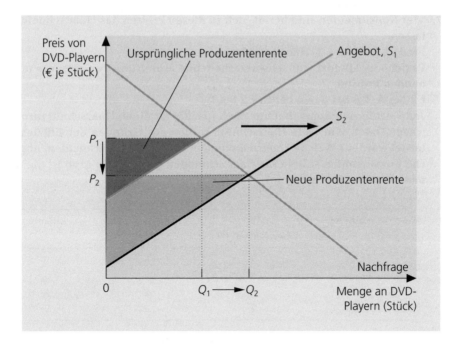

Die gestiegene Produzentenrente ist das Ergebnis der zusätzlichen Produzentenrente der neu in den Markt eingetretenen Anbieter und der vergrößerten Produzentenrente der bereits im Markt befindlichen Anbieter, die die Reduktion der Kosten nicht vollständig über eine Verringerung des Marktpreises an die Nachfrager weitergeben.

c) Weisen Nachfragekurve und Angebotskurve die gleiche Elastizität auf, dann führt der Kostenrückgang dazu, dass Konsumenten- und Produzentenrente im gleichen Ausmaß ansteigen. Ist die Angebotskurve dagegen elastischer als die Nachfragekurve, dann steigt die Konsumentenrente durch den Kostenrückgang stärker an als die Produzentenrente.

Die Produzentenrente misst den Bereich unterhalb des (Markt-)Preises und oberhalb der Angebotskurve. Die Konsumentenrente misst den Bereich unterhalb der Nachfragekurve und oberhalb des (Markt-)Preises. Verläuft die Kurve der einen Marktseite elastischer als die Kurve der anderen Marktseite, so verkleinert sich der Abstand dieser Kurve zum Preis, sodass die Rente dieser (elastischen) Marktseite kleiner ist als die Rente der anderen (weniger elastischen) Marktseite. Damit ist die Konsumentenrente für jeden neuen Nachfrager, der durch die Erhöhung der Gleichgewichtsmenge in den Markt getreten ist, höher als die Produzentenrente jedes neuen Anbieters.

Gleichzeitig steigt die Konsumentenrente der bereits im Markt befindlichen Nachfrager stärker an als die Produzentenrente der bereits im Markt befindlichen Anbieter, da die unbeweglichere Marktseite stärker von der Angebotsausweitung profitiert als die beweglichere Marktseite.

7. **Vier Konsumenten sind bereit, sich zu diesen Preisen das Haar schneiden zu lassen:**
   Fredy € 7, Peter € 2, Hans € 8, Marco € 5.
   Es gebe in Albdorf vier schwarzarbeitende arbeitslose Jungfriseure mit folgenden Preisen:
   € 3 bei A, € 6 bei B, € 4 bei C, € 2 bei D.
   Jede »Unternehmung« hat nur die Kapazität für einen Haarschnitt (pro Analyseperiode). Wie viele Haarschnitte sollten aus Gründen der Effizienz geleistet werden? Welche Unternehmungen sollten Haare schneiden, und welche Konsumenten sollten ihr Haar schneiden lassen? Wie groß ist die maximal mögliche Gesamtrente?

Nachfrager	Zahlungs-bereitschaft (€)	Angebotspreis (€)	Anbieter
Hans	8	6	B
Fredy	7	4	C
Marco	5	3	A
Peter	2	2	D

Aus Gründen der Effizienz sollten drei Haarschnitte erfolgen. Hans, Fredy und Marco sollten sich die Haare schneiden lassen, die Jungfriseure A, C und D sollten Haare schneiden. Die maximal mögliche Gesamtrente beträgt € 11.

8. **Durch den technologischen Fortschritt sind die Produktionskosten für Computer in den 1970er- und 1980er-Jahren stark gesunken.**
   a) **Zeigen Sie die Auswirkungen fallender Produktionskosten auf Preis und Menge verkaufter Computer sowie auf Konsumentenrente und Produzentenrente im Markt für Computer in einem Angebots-Nachfrage-Diagramm.**
   b) **Computer und Rechenmaschinen waren zum damaligen Zeitpunkt noch Substitute. Zeigen Sie anhand eines Angebots-Nachfrage-Diagramms die Auswirkungen der sinkenden Produktionskosten für Computer auf Preis und Menge verkaufter Rechenmaschinen sowie auf Konsumentenrente und Produzentenrente im Markt für Rechenmaschinen.**
   c) **Computer und Software sind komplementäre Güter. Zeigen Sie anhand eines Angebots-Nachfrage-Diagramms die Auswirkungen der sinkenden Produktionskosten für Computer auf Preis und Menge verkaufter Software sowie auf Konsumentenrente und Produzentenrente im Markt für Software. Waren die Software-Produzenten glücklich oder unglücklich über die technologischen Fortschritte in der Computerproduktion?**
   d) **Kann Ihre Analyse erklären, warum der Softwareproduzent Bill Gates zu einem der reichsten Menschen der Welt geworden ist?**

a) Markt für Computer

Auswirkungen auf die Konsumentenrente:

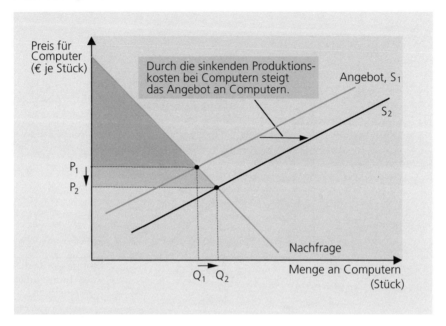

Auswirkungen auf die Produzentenrente:

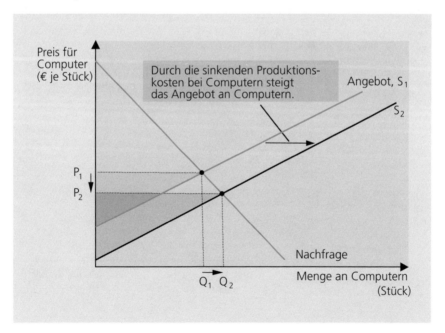

b) Markt für Rechenmaschinen

Auswirkungen auf die Konsumentenrente:

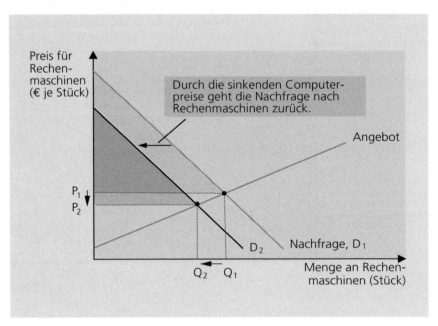

Auswirkungen auf die Produzentenrente:

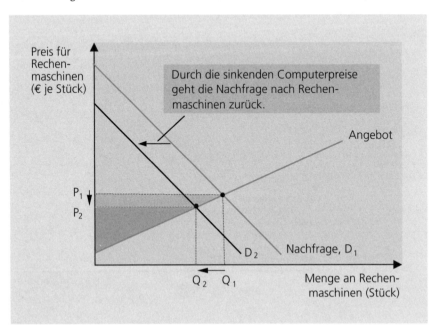

c) Markt für Software

Auswirkungen auf die Konsumentenrente:

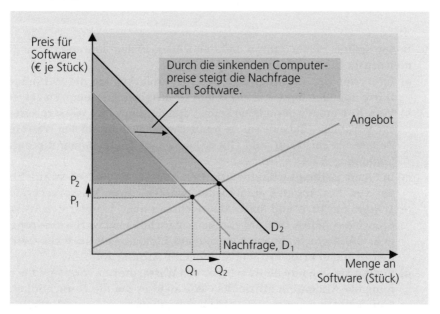

Auswirkungen auf die Produzentenrente:

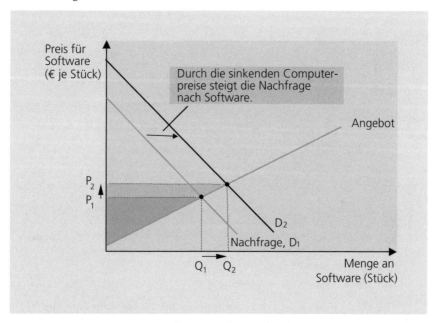

Die Software-Produzenten werden sich über den technologischen Fortschritt in der Computer-Produktion gefreut haben, da sie dadurch eine größere Menge an Software zu einem höheren Preis verkaufen konnten.

d) Der Aufstieg von Bill Gates zu einem der reichsten Menschen der Welt ist sicherlich auch mit dem Siegeszug des Computers und dem damit verbundenen rasanten Anstieg der Nachfrage nach Software verbunden.

9. **In den späten 1980er-Jahren und den frühen 1990er-Jahren erlebte Kalifornien ernste Dürreperioden.**
   a) **Entwerfen Sie ein Diagramm des Wassermarkts, um die Wirkungen der Dürre auf Gleichgewichtspreis und Gleichgewichtsmenge zu zeigen.**
   b) **Viele Kommunen gestatteten keine Veränderungen des Wasserpreises. Welche Wirkungen hat eine solche politische Maßnahme auf den Wassermarkt? Zeigen Sie im Diagramm Überschüsse und Fehlmengen, die entstehen könnten.**
   c) **In einem Zeitungsartikel wurde 1991 vorgeschlagen, »dass alle Einwohner von Los Angeles aufgefordert werden, ihren Wasserverbrauch am 1. März um 10 % und am 1. Mai nochmals um 5 % unter den Wasserverbrauch des Jahres 1986 abzusenken«. Anschließend wurde die vorgeschlagene politische Maßnahme sowohl aus Effizienz- als auch aus Gerechtigkeitsgründen kritisiert. Wie lauteten die Argumente?**
   d) **Stellen Sie sich nun eine Freigabe des Wasserpreises vor. Wäre die daraus folgende Allokation effizienter? Wie steht es um die Gerechtigkeit? Was könnte getan werden, um das Marktergebnis nach Gerechtigkeitskriterien zu modifizieren?**

a)

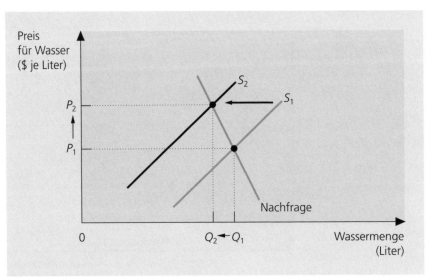

Die Dürre führt zu einer Verknappung des Wasserangebots, der Marktpreis steigt, und die Gleichgewichtsmenge sinkt.

b)

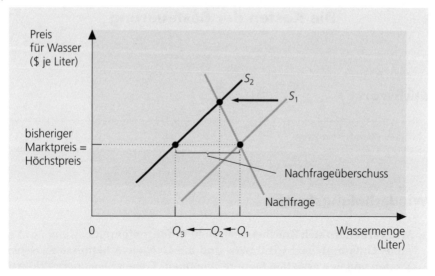

Bei einem Verbot von Preisänderungen verursacht die Dürre einen dauerhaften Nachfrageüberschuss.

c) Der Vorschlag zur freiwilligen Senkung des Wasserverbrauchs stellt einen Schritt zur Reduktion des Nachfrageüberschusses dar. Die Nachfragekurve würde sich nach links verschieben und könnte ein neues Marktgleichgewicht schaffen, in dem Angebot und Nachfrage wieder übereinstimmen. Dieses neue Marktgleichgewicht, das die veränderte Situation angemessen widerspiegelt, wäre effizient. Inwieweit die Maßnahme das effiziente Marktgleichgewicht tatsächlich sicherstellen kann, ist allerdings zweifelhaft, wäre purer Zufall. Die ineffiziente Situation bleibt mit großer Wahrscheinlichkeit bestehen und kann bei zu starker Reduktion der Nachfrage (im Hinblick auf das effiziente Marktgleichgewicht) sogar noch verschärft werden. Die staatliche Vorschrift zur Senkung des Wasserverbrauchs entbehrt zudem jeglicher Anreize für den Konsumenten, selbstständig für einen effizienten Umgang mit dem kostbaren Gut Wasser zu sorgen. In Bezug auf die Frage einer gerechten Verteilung des Wassers muss angemerkt werden, dass Haushalte, die vor der Dürre viel Wasser verbraucht haben, von der vorgeschlagenen Maßnahme profitieren. Zudem wäre die vorgeschriebene prozentuale Reduktion des Wasserverbrauchs unfair gegenüber Verbrauchern, die besonders auf Wasser angewiesen sind (Gärtnereien, Hotels) und ihren Wasserverbrauch nicht kurzfristig senken können.

d) Zweifellos stellt eine Freigabe des Wasserpreises eine effiziente Allokation sicher. Bei einer freien Preisbildung auf dem Wassermarkt kollidiert das Kriterium der Effizienz jedoch mit Aspekten der Gerechtigkeit. Bei Wasser als lebensnotwendigem Gut sollte der marktwirtschaftliche Preisbildungsprozess im Sinne einer ausreichenden Wasserversorgung für jedermann der Kontrolle politischer Instanzen unterliegen.

Kapitel 8 Anwendung:
Die Kosten der Besteuerung

Stichwort

Nettowohlfahrtsverlust

Wiederholungsfragen

1. **Wie verändern sich Konsumenten- und Produzentenrente, wenn der Verkauf eines Guts besteuert wird? Wie sind die Größenverhältnisse zwischen den Renten und den erzielten Steuereinnahmen? Geben Sie nähere Erklärungen.**
   Konsumenten- und Produzentenrente verringern sich durch die Besteuerung eines Guts. Die Verluste der Käufer und Verkäufer durch die Einführung einer Steuer übersteigen jedoch die staatlichen Steuereinnahmen. Die auftretende Minderung der Gesamtrente ist der Nettowohlfahrtsverlust.

2. **Zeichnen Sie ein Angebots-Nachfrage-Diagramm mit einer Steuer auf den Verkauf des Guts. Markieren Sie den Nettowohlfahrtsverlust. Bestimmen Sie das Steueraufkommen.**

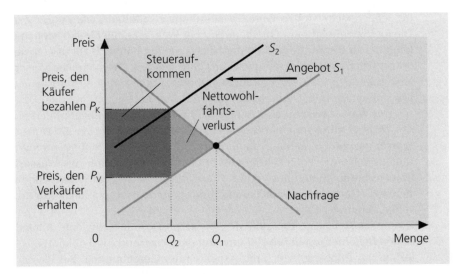

3. Wie beeinflussen die Preiselastizitäten von Angebot und Nachfrage den Netto-wohlfahrtsverlust einer Steuer? Weshalb kommt es zu dieser Auswirkung?

Die Preiselastizität von Angebot und Nachfrage determiniert das Ausmaß des Nettowohlfahrtsverlusts durch eine Steuer. Sie beschreibt die prozentuale Reaktion der angebotenen und nachgefragten Menge auf eine einprozentige Preisänderung. Eine Steuer verursacht einen Nettowohlfahrtsverlust, weil sie Käufer und Verkäufer zu Verhaltensänderungen veranlasst. Die Steuer erhöht den von den Käufern zu bezahlenden Preis, sodass diese weniger konsumieren. Zugleich vermindert die Steuer den Preis, den die Verkäufer einnehmen, weshalb sie weniger produzieren. Wegen dieser Verhaltensänderungen schrumpft der Markt unter sein optimales Volumen. Die Preiselastizitäten von Angebot und Nachfrage drücken aus, wie stark Anbieter und Nachfrager auf Preisänderungen reagieren; sie bestimmen deshalb, in welchem Ausmaß eine Steuer das Marktergebnis stört. *Je größer die Preiselastizitäten von Angebot und Nachfrage sind, umso größer werden die Nettowohlfahrtsverluste einer Steuer ausfallen.*

4. Wie verändert eine Steuererhöhung den Nettowohlfahrtsverlust und das Steueraufkommen?

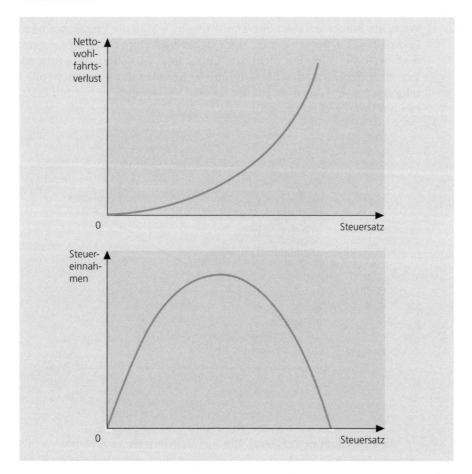

Während eine Erhöhung des Steuersatzes den Nettowohlfahrtsverlust überproportional ansteigen lässt, zeigt das Steueraufkommen zunächst ein ansteigendes und anschließend ein abnehmendes Niveau. Hohe Steuersätze reduzieren das Marktvolumen und korrespondieren deshalb mit einem relativ niedrigen Steueraufkommen.

Aufgaben und Anwendungen

1. **Der Markt für Pizza weise eine normal fallende Nachfragekurve und eine normal steigende Angebotskurve auf. Zeichnen Sie das Marktgleichgewicht für vollständige Konkurrenz ein.**
   a) **Benennen Sie Preis, Menge, Konsumentenrente und Produzentenrente. Gibt es dabei einen Nettowohlfahrtsverlust? Geben Sie Erläuterungen.**
   b) **Angenommen, für jede verkaufte Pizza muss das Geschäft € 1 Steuer abführen. Zeichnen Sie ein Angebots-Nachfrage-Diagramm und markieren Sie darin Konsumentenrente, Produzentenrente, Steueraufkommen und Nettowohlfahrtsverlust. Erörtern Sie die Unterschiede im Vergleich zu a).**
   c) **Wenn die Steuer wieder abgeschafft würde, wären die Pizzaesser und die Pizzaverkäufer besser daran, doch dem Staat gingen die Steuereinnahmen verloren. Könnten nicht die Käufer und Verkäufer freiwillig einen Teil ihrer Renten an den Staat abführen? Könnten dann vielleicht alle Beteiligten besser fahren als mit der Steuer? Verwenden Sie bei den Erläuterungen Ihre Zeichnung zu b).**

a)

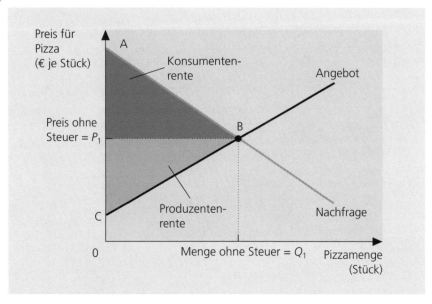

Im Marktgleichgewicht B ohne Besteuerung besteht kein Nettowohlfahrtsverlust. Das Dreieck zwischen dem Gleichgewichtspreis P_1 und den Punkten

A und B kennzeichnet die Konsumentenrente, die Fläche zwischen dem Gleichgewichtspreis P_1 und den Punkten C und B markiert die Produzentenrente.

b) Durch die Einführung der Steuer kommt es zu einer Reduktion von Konsu-
menten- und Produzentenrente. Es entsteht ein Steueraufkommen. Das Steueraufkommen ist jedoch geringer als der Verlust an Konsumenten- und Produzentenrente. Diese Differenz ist der Nettowohlfahrtsverlust.

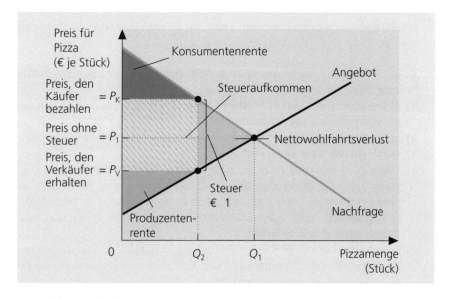

c) Käufer und Verkäufer könnten freiwillig einen Teil ihrer Renten zur Kom-
pensation der Steuereinnahmen leisten, da ihr Verlust an Konsumenten- und
Produzentenrente im Falle einer Besteuerung das Steueraufkommen übertrifft. Auf diese Weise wäre der Nettowohlfahrtsverlust, der durch den Mengenrückgang entsteht, umgangen. Die Gesamtrente würde um die Fläche
des Nettowohlfahrtsverlusts steigen.

2. **Bewerten Sie die nachfolgenden beiden Aussagen. Können Sie zustimmen?**
   Warum oder warum nicht?
   a) **»Wenn das Grundeigentum besteuert wird, wälzen die Eigentümer die**
      Steuer auf die schwächeren Pächter ab.«
   b) **»Wenn der Wohnungsbau besteuert wird, geben die Eigentümer die Steu-**
      erlast an die Mieter weiter.«

Beide Aussagen können nur in Abhängigkeit der Preiselastizität von Angebot
und Nachfrage beantwortet werden. Eine vollständige Überwälzung der Steuerlast ist den Eigentümern an Grund und Boden sowie den Wohnungseigentü-
mern nur dann möglich, wenn die Nachfrage der Pächter und Mieter vollkommen preisunelastisch reagiert. Aufgrund mangelnder kurzfristiger Alternativen
ist zumindest von einer vollkommen preisunelastischen Nachfrage nach Wohnungen auszugehen. Eine Wohnung stellt für die Konsumenten ein lebensnotwendiges Gut dar. Die Mieter werden die Steuerlast im vollen Umfang tragen
müssen, da sie kurzfristig keine Alternative (Substitute) besitzen. Die Mieten

aller Wohnungen werden steigen. Auf lange Sicht könnten Mieter an den Erwerb von Wohneigentum oder Immobilien denken, um der Belastung auszuweichen. In diesem Fall gelingt den Vermietern die Überwälzung nur partiell. Inwieweit die Pächter aufgrund einer vollständigen Überwälzung die Steuer tragen müssen, hängt ebenfalls von ihren Handlungsalternativen ab. Im Gegensatz zum Wohnraum ist die Pacht von Grund und Boden nicht in dem Maße lebensnotwendig, sodass zumindest von einer gewissen Preisreagibilität der Nachfrage ausgegangen werden kann. Die Eigentümer werden die Steuer demzufolge nicht vollständig überwälzen können.

3. **Bewerten Sie die nachfolgenden beiden Aussagen. Können Sie zustimmen? Warum oder warum nicht?**
   a) **»Eine Steuer, die keinen Nettowohlfahrtsverlust verursacht, kann auch keine Staatseinnahmen erbringen.«**
   b) **»Eine Steuer, die keine Steuereinnahmen erbringt, kann auch keinen Nettowohlfahrtsverlust verursachen.«**
   a) Diese Aussage trifft nicht zu. Der Nettowohlfahrtsverlust einer Steuer bestimmt sich durch die Preiselastizität von Angebot und Nachfrage. Reagiert eine der beiden Marktseiten vollkommen preisunelastisch, so resultieren aus der Steuererhebung keine zusätzlichen Mengenänderungen und somit auch kein Nettowohlfahrtsverlust.
   b) Das Produkt aus dem Steuersatz und der gehandelten Menge des besteuerten Guts ergibt die Steuereinnahmen. Resultieren aus einer Steuer keine Steuereinnahmen, so muss die gehandelte Menge des besteuerten Guts auf null gesunken sein. In diesem Fall realisiert sich der maximale Nettowohlfahrtsverlust; Konsumenten- und Produzentenrente im Markt sind vollständig verschwunden. Die Aussage trifft nicht zu.

4. **Denken wir an eine Besteuerung des Heizöls.**
   a) **Wäre der Nettowohlfahrtsverlust im ersten Jahr oder im fünften Jahr nach Einführung der Steuer größer?**
   b) **Wäre das Steueraufkommen aus dieser Heizölsteuer im ersten oder im fünften Jahr nach der Einführung größer?**
   a) Der Nettowohlfahrtsverlust ist im fünften Jahr größer als im ersten Jahr, da Konsumenten und Produzenten langfristig auf die Preisänderung infolge der Steuererhebung elastischer reagieren können als kurzfristig. Möglicherweise treten im ersten Jahr keinerlei Nettowohlfahrtsverluste auf, wenn die Nachfrage nach Heizöl kurzfristig vollkommen preisunelastisch ist. Auf lange Sicht haben Anbieter und Nachfrager die Möglichkeit, auf alternative Heizmaterialien auszuweichen. Angebots- und Nachfragemengen verändern sich und verursachen auf diese Weise Nettowohlfahrtsverluste.
   b) Das Steueraufkommen ist im ersten Jahr am größten, da Vermeidungsreaktionen der Marktteilnehmer kurzfristig kaum möglich sind.

5. **Nach der Volkswirtschaftsvorlesung meint Ihr Freund eines Tages, die Besteuerung der Nahrungsmittel wäre deshalb zweckmäßig zur Erzielung von Staatseinnahmen, weil die Nachfrage unelastisch ist. In welcher Hinsicht ist die Besteuerung von Nahrungsmitteln tatsächlich ein »guter« Weg zu Steuereinnahmen? In welcher Hinsicht ist diese Besteuerung weniger empfehlenswert?**

In Anbetracht einer preisunelastischen Nachfrage führt eine Besteuerung von Nahrungsmitteln nur zu geringen Anpassungsreaktionen aufseiten der Nachfrager. Die Nettowohlfahrtsverluste fallen demzufolge gering aus, dauerhaft hohe Steuereinnahmen sind garantiert. Bedenklich wäre eine Besteuerung von Nahrungsmitteln allerdings unter dem Aspekt der sozialen Gerechtigkeit. Jedes Mitglied der Gesellschaft hätte eine (annähernd) identische Steuerlast. Eine derartige Steuer benachteiligt einkommensschwache und kinderreiche Haushalte, die einen überdurchschnittlich hohen Anteil ihres Einkommens für Steuerzahlungen verwenden müssten. Arme und Reiche würden (fast) die gleiche Steuer zahlen.

6. **Der Staat besteuert den Kauf von Strümpfen.**
   a) **Illustrieren Sie die Auswirkungen auf Gleichgewichtspreis und Gleichgewichtsmenge auf dem Strumpfmarkt. Bestimmen Sie mit und ohne Besteuerung diese Bereiche: Ausgaben der Konsumenten, Einnahmen der Produzenten, Steuereinnahmen des Staats.**
   b) **Wird der von den Produzenten erlöste Preis steigen oder fallen? Werden die Gesamteinnahmen der Produzenten steigen oder fallen?**
   c) **Wird der von den Konsumenten bezahlte Preis steigen oder fallen? Kann man klären, ob die Gesamtausgaben der Konsumenten steigen oder fallen? Denken Sie genau nach. Steigt die Konsumentenrente, wenn die Gesamtausgaben der Konsumenten zurückgehen?**

   a) Markt für Strümpfe ohne Besteuerung

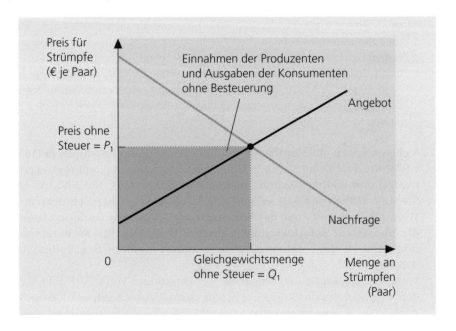

Markt für Strümpfe mit Besteuerung

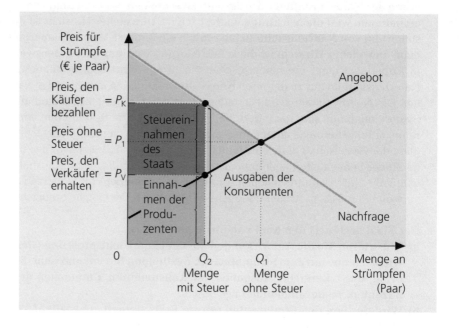

b) Der vom Produzenten auf dem Markt erlöste Preis sinkt. Die Gesamteinnahmen verringern sich, da eine kleinere Menge zu einem geringeren Preis abgesetzt wird.

c) Der vom Konsumenten bezahlte Preis steigt. Inwieweit die Gesamtausgaben steigen oder fallen, hängt von der Preiselastizität der Nachfrage ab. Ist die Nachfrage preisunelastisch, so resultiert aus der Preiserhöhung nur eine proportional kleinere Mengenreduktion, und die Gesamtausgaben steigen. Im Falle einer preiselastischen Nachfrage sinken dagegen die Gesamtausgaben. Aus sinkenden Gesamtausgaben resultiert keineswegs eine Erhöhung der Konsumentenrente. Bei Mengenanpassungen durch die Marktteilnehmer führt jede Besteuerung zu einem Verlust an Konsumentenrente, unabhängig davon, wie sich die Gesamtausgaben der Konsumenten entwickeln.

7. Nehmen Sie an, die Regierung erzielt derzeit Steuereinnahmen in Höhe von € 100 Mio. durch eine Steuer in Höhe von € 0,01 auf ein beliebiges Gut (»Dingsbums«) und weitere Steuereinnahmen in Höhe von € 100 Mio. durch eine Steuer in Höhe von € 0,01 auf ein anderes beliebiges Gut (»Schnickschnack«). Wenn die Regierung nun den Steuersatz auf Dingsbums verdoppelt und dafür die Steuer auf Schnickschnack abschafft, werden die Steuereinnahmen insgesamt steigen, sinken oder unverändert bleiben? Begründen Sie Ihre Antwort.

Wenn die Regierung den Steuersatz auf Dingsbums von € 0,01 auf € 0,02 verdoppelt und dafür die Steuer auf Schnickschnack abschafft, werden die Steuereinnahmen insgesamt sinken.

Allgemein gilt, dass geringe Steuersätze mit einem geringen Nettowohlfahrtsverlust und höhere Steuersätze mit größeren Nettowohlfahrtsverlusten einhergehen. Dabei gilt jedoch, dass der Nettowohlfahrtsverlust bei einer Steuererhöhung stärker ansteigt als der Steuerumfang. Mit zunehmendem Steuersatz steigt der Nettowohlfahrtsverlust überproportional an. Das bedeutet, dass die Steuereinnahmen aus Steuern auf zwei beliebige Güter mit einem gleichen Steuersatz immer größer sein werden als die Steuereinnahmen aus einer Steuer auf nur ein Gut mit einem doppelt so großen Steuersatz, da der Nettowohlfahrtsverlust in diesem Fall mehr als doppelt so groß im Vergleich zur Ausgangssituation ausfällt.

8. **Diskutieren wir nun das Gegenteil der Besteuerung eines Guts, die Subventionierung. Der Käufer erhält für jedes gekaufte Stück € 2 aus der Staatskasse. Wie verändert diese Subvention die Konsumentenrente, die Produzentenrente, die Steuereinnahmen und die Gesamtrente? Kann es durch eine Subvention zu einem Nettowohlfahrtsverlust kommen?**

Die Subventionierung eines Guts als Gegenteil zur Besteuerung erhöht die Konsumenten- und Produzentenrente. Infolge der Subventionsausgaben verringern sich die Staatseinnahmen. Die Gesamtrente sinkt jedoch, da die Subventionsausgaben größer als der Zugewinn an Produzenten- und Konsumentenrente ausfallen. Durch die Subventionierung ausgelöste Mengenreaktionen der Marktteilnehmer verursachen einen Nettowohlfahrtsverlust. Analog zu einer Steuer beeinflusst auch die Subvention die Anreize. Käufer werden mehr konsumieren und Produzenten mehr produzieren, sodass der Markt seine optimale Größe (Marktgleichgewicht) überschreitet.

9. **Angenommen, ein Markt ließe sich durch die folgenden Angebots- und Nachfragegleichungen beschreiben:**

$Q^S = 2\,P$

$Q^D = 300 - P$

a) **Ermitteln Sie Gleichgewichtspreis und Gleichgewichtsmenge als Lösungen.**

b) **Durch eine Steuer T zulasten der Käufer entstehe eine neue Nachfragefunktion:**

$Q^D = 300 - (P + T)$

Ermitteln Sie wiederum die Lösung. Wie verändern sich erlöster Preis, bezahlter Preis und verkaufte Menge im Vergleich zu a)?

c) **Das Steueraufkommen ist T × Q. Bestimmen Sie anhand von b) die Steueraufkommensfunktion (in Abhängigkeit von T). Zeichnen Sie die Kurve für einen Definitionsbereich von T zwischen 0 bis 300.**

d) **Der Nettowohlfahrtsverlust der Steuer entspricht der Dreiecksfläche zwischen Angebots- und Nachfragekurve. Nach der Formel, dass die Dreiecksfläche z. B. als halbe Grundlinie mal Höhe berechnet werden kann, definieren Sie bitte den Nettowohlfahrtsverlust als eine Funktion von T. Zeichnen Sie diesen Zusammenhang für einen Definitionsbereich von T zwischen 0 und 300.**

e) Nun legt die Regierung eine Steuer von € 200 pro Mengeneinheit auf das Gut. Wäre dies – aus welchen Gründen – eine gute politische Maßnahme? Könnten Sie eine bessere Maßnahme vorschlagen?

a)   Marktgleichgewicht: $Q^S = Q^D$ $2P = 300 - P$

Der Gleichgewichtspreis auf dem Markt beträgt € 100, es werden im Marktgleichgewicht 200 Stück gehandelt.

b)   Marktgleichgewicht: $Q^S = Q^D$ $2P = 300 - (P + T)$

Die Verkäufer erhalten im neuen Marktgleichgewicht nur noch
$P = 100 - 1/3\ T$.

Die Käufer zahlen im neuen Marktgleichgewicht jetzt
$P = 100 - 1/3\ T + T = 100 + 2/3\ T$.

Die gehandelte Menge sinkt auf $Q^S = Q^D = 200 - 2/3\ T$.

c)   Steueraufkommen = Steuersatz × Menge = $T\ (200 - 2/3\ T) = 200\ T - 2/3\ T^2$.

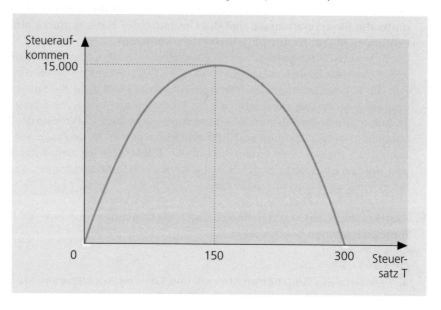

d)   Nettowohlfahrtsverlust   = 1/2 × Steuersatz × Mengenreduktion
                              $= 1/2\ T\ [200 - (200 - 2/3\ T)]$
                              $= 1/3\ T^2$

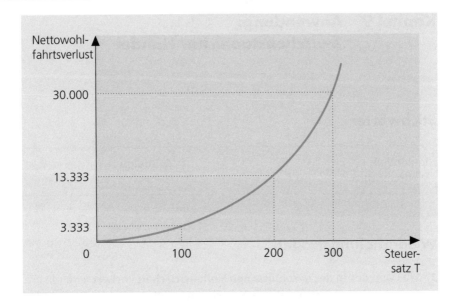

e) Aus einer Steuer von € 200 resultiert ein Steueraufkommen, das exakt dem
    Nettowohlfahrtsverlust entspricht. Dieser Steuersatz kann demzufolge nicht
    als eine gute politische Maßnahme bezeichnet werden. Entweder entschei-
    det sich der Staat für den Steuersatz, der ein maximales Steueraufkommen
    sicherstellt (Steuersatz von € 150), oder er versucht, die Differenz zwischen
    Steueraufkommen und Nettowohlfahrtsverlust zu maximieren. Dies wäre bei
    einem Steuersatz von € 100 gegeben.

Kapitel 9 Anwendung: Zwischenstaatlicher Handel

Stichwörter

Importzoll	Zollunion
Weltmarktpreis	

Wiederholungsfragen

1. **Was sagt der in der geschlossenen Volkswirtschaft vorherrschende Preis über den möglichen komparativen Vorteil einer nationalen Volkswirtschaft aus?**

   Vergleicht man Weltmarktpreis und Inlandspreis (als relative Preise einer gemeinsamen Basis) vor der Aufnahme von Außenhandel, so kann man daraus ableiten, ob ein Land einen komparativen Vorteil hat oder nicht. Der Inlandspreis spiegelt die Opportunitätskosten der Produktion wider. Ist der Inlandspreis niedrig, so sind die Opportunitätskosten gering, und das Land hat einen komparativen Vorteil im Vergleich zum Rest der Welt. Ist der Inlandspreis hoch, so sind die Opportunitätskosten des Landes sehr hoch, und es hat einen komparativen Nachteil gegenüber dem Rest der Welt.

2. **Wann wird ein Land Exporteur, wann Importeur eines bestimmten Guts?**

   Liegt der Inlandspreis unter dem Weltmarktpreis eines Guts, so wird der Inlandspreis nach Freigabe des Handels auf die Höhe des Weltmarktpreises steigen. Kein Verkäufer würde weniger als den Weltmarktpreis akzeptieren und kein Käufer mehr als den Weltmarktpreis zahlen. Bei einem gestiegenen Inlandspreis (= Weltmarktpreis) übersteigt das inländische Angebot die inländische Nachfrage. Dieser Angebotsüberschuss wird exportiert.

   Liegt der Inlandspreis dagegen über dem Weltmarktpreis, so wird der Inlandspreis nach Freigabe des Handels auf die Höhe des Weltmarktpreises sinken. Kein Käufer würde mehr als den Weltmarktpreis bezahlen und kein Verkäufer weniger als den Weltmarktpreis akzeptieren. Bei einem gesunkenen Inlandspreis (= Weltmarktpreis) übersteigt die inländische Nachfrage das inländische Angebot. Zur Deckung der inländischen Nachfrage muss nun importiert werden.

3. **Zeichnen Sie das Angebots-Nachfrage-Diagramm für ein Importland. Bestimmen Sie Konsumentenrente und Produzentenrente ohne Außenhandel und nach Übergang zum Freihandel. Welche Veränderung der Gesamtwohlfahrt ist zu bemerken?**

   Ohne Außenhandel entspricht die Konsumentenrente der Fläche A und die Produzentenrente dem Bereich B + C. Nach dem Übergang zum Freihandel erhöht

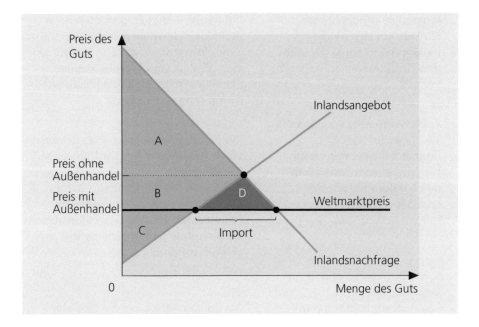

sich die Konsumentenrente auf A + B + D, während sich die Produzentenrente nun auf die Fläche C beschränkt. Die Gesamtwohlfahrt des Landes ist durch den Import von Gütern um den Bereich D gestiegen.

4. Zählen Sie fünf häufig gebrauchte Argumente zur Stützung von Handelsbeschränkungen auf. Was antworten Ökonomen auf diese Argumente?

Argument	Gegenargument der Ökonomen
1. Das Beschäftigungsargument Außenhandel zerstört Arbeitsplätze im Inland und schafft keine neuen Arbeitsplätze.	Freihandel lässt neue Arbeitsplätze in anderen Bereichen entstehen. Langfristig ist ein höherer Lebensstandard möglich.
2. Das Sicherheitsargument Die vom Außenhandel bedrohte Industrie ist lebenswichtig für die nationale Sicherheit.	Der Schutz von Schlüsselindustrien ist angebracht, wenn berechtigte Besorgnis um die nationale Sicherheit besteht. Das Argument darf aber nicht herangezogen werden, um auf Kosten der Konsumenten Vorteile zu erlangen.
3. Das Schutzargument Junge Industriezweige verlangen als Schutz und Hilfestellung für die Anfangszeit Handelsbeschränkungen für die ausländische Konkurrenz. Alte	Die Umsetzung dieses Schutzes ist aufgrund des Nutzen-Kosten-Kalküls (Protektion geht zulasten der Konsumenten) schwierig. Hinzu kommt die Problematik der Protektion politisch einflussreicher

Industrien argumentieren ähnlich, um sich neuen Bedingungen anpassen und dem Strukturwandel stellen zu können.

Industrien. Langfristig werden neue Industrien Gewinne machen und sollten daher kurzfristige Verluste in Kauf nehmen. Zudem sind »vorübergehende« Schutzmaßnahmen kaum jemals wieder rückgängig zu machen.

4. Das Argument vom unfairen Wettbewerb
Freihandel ist unfair, wenn Unternehmen in verschiedenen Ländern unterschiedlichen Gesetzen und Regulierungen unterliegen.

Für den Freihandel machen solche nationalen Gegensätze keinen Unterschied. Konsumenten- und Produzentenrente stellen die Gesamtwohlfahrt dar und können bei Verlusten aufseiten der Produzenten mit den Gewinnen aufseiten der Konsumenten gegeneinander aufgerechnet werden.

5. Das Argument vom Verhandlungsvorteil
Handelsbeschränkungen können bei Verhandlungen mit Partnern wichtig sein.

Als problematisch erweist sich eine derartige Strategie, wenn die Druckmittel keine Wirkung zeigen. Es entstehen entweder Wohlfahrtsminderungen (aufgrund der Handelsbeschränkungen) oder ein Verlust an internationalem Ansehen (wenn von der Drohung Abstand genommen wird).

5. Was sind Zölle? Beschreiben Sie die ökonomische Wirkung dieses Instrumentes.
Ein Zoll (Importzoll) stellt eine Steuer auf die im Ausland produzierten und im Inland verkauften Güter dar. Ohne Zollschranken stimmt der Inlandspreis mit dem Weltmarktpreis überein. Sobald der Staat den Importzoll einführt, übersteigt der Inlandspreis den Weltmarktpreis um die Höhe des Zolls. Der Zollsatz reduziert die Importmenge und führt den Markt näher an das Gleichgewicht ohne Außenhandel heran. Damit sinkt auch die gesamtwirtschaftliche Wohlfahrt, da ein Teil der möglichen Wohlfahrtsgewinne aus dem zwischenstaatlichen Handel verloren geht. Es ist nicht überraschend, dass der Zoll einen Wohlfahrtsverlust verursacht. Wie jedwede Steuer auf den Verkauf eines Guts stört der Zollsatz die Anreize der Marktteilnehmer. Überproduktion und Unterkonsumtion sind die Folge.

Aufgaben und Anwendungen

1. **Trotz ihrer geografischen Größe bilden die Vereinigten Staaten von Amerika einen kleinen Teil des Weltmarkts für Orangen.**

   a) **Zeichnen Sie ein Diagramm für das Gleichgewicht des US-Orangenmarkts ohne Außenhandel. Bestimmen Sie Gleichgewichtspreis, Gleichgewichtsmenge, Konsumentenrente und Produzentenrente.**

   b) **Angenommen, der Weltmarktpreis für Orangen sei unter dem US-Preis ohne Handel, und der US-Orangenmarkt werde für den Freihandel geöffnet. Bestimmen Sie den neuen Gleichgewichtspreis, die konsumierte Menge, die im Inland produzierte Menge und die Importmenge. Zeigen Sie auch die Änderungen der Konsumenten- und Produzentenrente. Wird die inländische Wohlfahrt insgesamt zunehmen oder abnehmen?**

a)

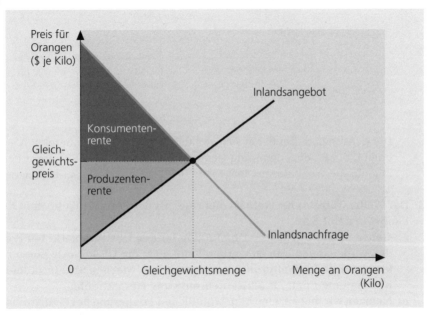

b)

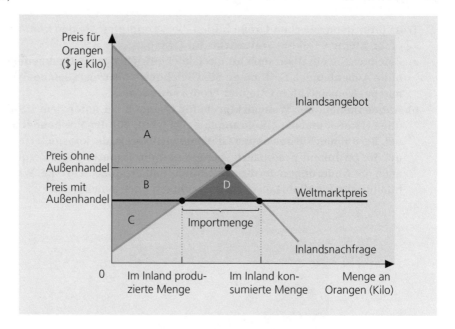

Die Konsumentenrente hat sich von der Fläche A auf den Bereich A + B + D erhöht, die Produzentenrente ist von B + C auf die Fläche C gesunken. Die inländische Wohlfahrt hat insgesamt um den Bereich D zugenommen.

2. **Der Weltmarktpreis für Wein ist niedriger als der Preis für Wein ohne Außenhandel in den USA.**
   a) **Geben Sie eine grafische Darstellung für den US-Weinmarkt bei Freihandel, wobei angenommen werden kann, dass die US-Importe einen relativ kleinen Teil der Weltproduktion ausmachen. Machen Sie eine Tabelle für Konsumentenrente, Produzentenrente und Gesamtrente.**
   b) **Nehmen wir nun an, eine ungewöhnliche Verlagerung des Golfstroms führe zu einem außergewöhnlich kalten Sommer in Europa, wobei die Traubenernte großenteils zerstört wird. Welche Wirkungen werden davon auf den Weltmarktpreis des Weins ausgehen? Zeigen Sie anhand der Grafik und der Tabelle aus a) die Wirkungen auf Konsumentenrente, Produzentenrente und Gesamtrente in den USA. Wer sind die Gewinner und Verlierer? Stehen die Vereinigten Staaten insgesamt besser oder schlechter da?**

a)

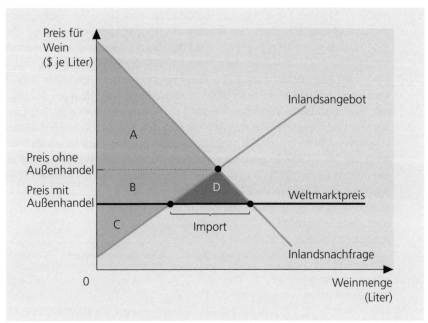

	Ohne Außenhandel	Mit Außenhandel (Import)	Veränderung
Konsumentenrente	A	A + B + D	+ (B + D)
Produzentenrente	B + C	C	– B
Gesamtrente	A + B + C	A + B + C + D	+ D

b)

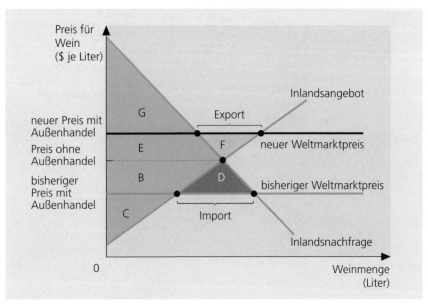

Durch die Missernte in Europa steigt der Weltmarktpreis, da Europa einen großen Anteil am Gesamtmarkt besitzt (französische, italienische, spanische, portugiesische und deutsche Erzeuger) und geringe Ernteerträge demnach eine Angebotsverknappung auf dem Weltmarkt verursachen. Liegt der Weltmarktpreis daraufhin über dem Inlandspreis ohne Außenhandel, werden die USA vom Importland zum Exportland für Wein. Die Gewinner beim Export sind nun im Gegensatz zu a) nicht die Konsumenten, sondern die Produzenten. Wie man beim Vergleich beider Tabellen erkennen kann, hängt die Änderung der Gesamtwohlfahrt der Vereinigten Staaten von der Relation zwischen den Verlusten an Konsumentenrente und den Gewinnen an Produzentenrente ab. Ist das Exportvolumen nach Anstieg des Weltmarktpreises größer als das bisherige Importvolumen, so übersteigt der Gewinn an Produzentenrente die Verluste an Konsumentenrente. Die Gesamtwohlfahrt der USA nimmt demnach zu, wenn die Missernte in Europa das Außenhandelsvolumen der USA erhöht.

	USA als Exportland	USA als Importland	Veränderung
Konsumentenrente	A – E (= G)	A + B + D	– (E + B + D)
Produzentenrente	C + B + E + F	C	+ (B + E + F)
Gesamtrente	A + B + C + F	A + B + C + D	F – D

3. **Der Weltmarktpreis für Baumwolle liege unter dem Preis ohne Außenhandel im Land A und über dem Preis ohne Außenhandel im Land B. Zeigen Sie die Handelsvorteile unter Verwendung von Angebots-Nachfrage-Diagrammen und Wohlfahrtstabellen. Vergleichen Sie die Ergebnisse der beiden Länder miteinander.**

Land A

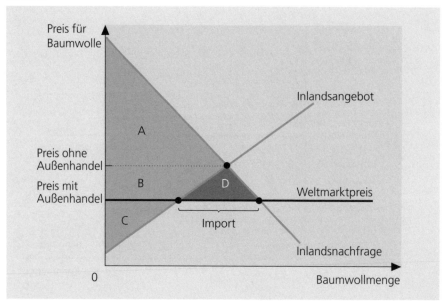

	Ohne Außenhandel	Mit Außenhandel (Import)	Veränderung
Konsumentenrente	A	A + B + D	+ (B + D)
Produzentenrente	B + C	C	– B
Gesamtrente	A + B + C	A + B + C + D	+ D (Handelsvorteil)

Land B

	Ohne Außenhandel	Mit Außenhandel (Export)	Veränderung
Konsumentenrente	A + B	A	– B
Produzentenrente	C	B + C + D	+ (B + D)
Gesamtrente	A + B + C	A + B + C + D	+ D (Handelsvorteil)

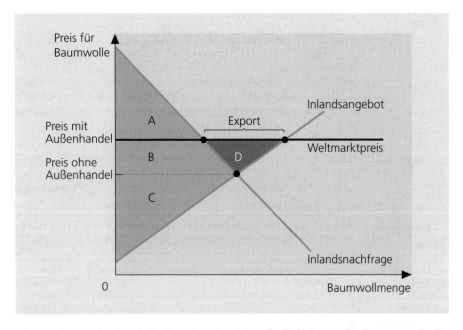

Für die Gesamtwohlfahrt eines Landes ist es lediglich von Bedeutung, ob die Volkswirtschaft Außenhandel betreibt. Aus dem Import und dem Export von Gütern resultieren Rentengewinne, die die inländische Wohlfahrt erhöhen.

4. **Der Kongress der Vereinigten Staaten von Amerika verhängt einen Importzoll auf eingeführte Autos, um die US-Automobilindustrie gegenüber der ausländischen Konkurrenz zu schützen. Zeigen Sie unter der Annahme, dass die USA im Weltautomarkt Mengenanpasser oder Preisnehmer sind, in einem Diagramm die Veränderung der Importmenge, den Wohlfahrtsverlust der US-Konsumenten, den Wohlfahrtsgewinn der US-Produzenten, die Staatseinnahmen und den mit dem Zoll verknüpften Wohlfahrtsverlust. Der Nach-**

teil der Konsumenten kann in drei Komponenten aufgespalten werden: einen Transfer zu den inländischen Produzenten, einen Transfer hin zum Staat und einen Wohlfahrtsverlust. Benutzen Sie Ihr Diagramm, um die drei Komponenten zu bestimmen.

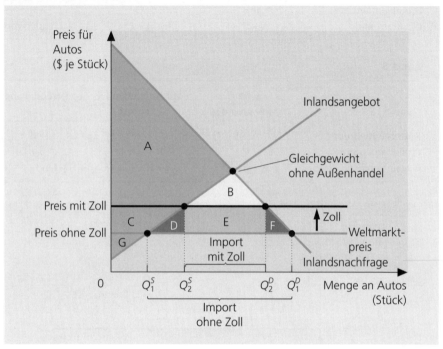

	Ohne Zollschranken	Mit Zollschranken	Veränderungen
Konsumenten-rente	A + B + C + D + E + F	A + B	− (C + D + E + F) *Wohlfahrtsverlust*
Produzenten-rente	G	C + G	+ C *Wohlfahrtsgewinn*
Staats-einnahmen	–	E	+ E
Gesamtrente	A + B + C + D + E + F + G	A + B + C + E + G	− (D + F) *Wohlfahrtsverlust*

Ein Zollsatz reduziert die Importmenge und führt den Markt näher an das Gleichgewicht ohne Außenhandel heran. Der Nachteil der Konsumenten aus der Einführung eines Importzolls kann in die drei Komponenten Transfer zum inländischen Produzenten C, Transfer zum Staat E und Wohlfahrtsverlust (D + F) aufgespalten werden.

5. **Stellen Sie sich nun den merkwürdigen Fall vor, dass die Weinbauern im US-Bundesstaat Washington eine Besteuerung der aus Kalifornien importierten Weine verlangen, damit Steuereinnahmen anfallen und die Beschäftigung in der Washingtoner Weinherstellung steigt. Stimmen Sie den Forderungen zu? Wäre das eine vernünftige politische Maßnahme?**

Forderungen nach einer Besteuerung der aus Kalifornien eingeführten Weine wären sehr kurzsichtig und daher keineswegs vernünftig. Zweifellos resultieren aus einer derartigen Steuer zusätzliche Staatseinnahmen, der mit der Steuererhebung einhergehende Preisanstieg führt zu einer Angebotsausweitung. Die beschäftigungsfördernde Wirkung einer erhöhten Weinproduktion steht ebenfalls außer Frage. Unberücksichtigt bleiben bei einer derartigen Sichtweise jedoch die negativen Auswirkungen der gestiegenen Weinpreise auf die Konsumenten (Unterkonsumtion) sowie die ausgelöste Überproduktion, die den Nettowohlfahrtsverlust einer derartigen Maßnahme kennzeichnen. Die Alternative eines freien Handels mit Wein zwischen Washington und Kalifornien geht dagegen mit gesamtwirtschaftlichen Wohlfahrtsgewinnen einher und ist demzufolge einer Importsteuer eindeutig vorzuziehen.

6. **Betrachten Sie ein Land, das Güter aus dem Ausland importiert. Entscheiden Sie für jede der folgenden Aussagen, ob die Aussage zutrifft oder nicht. Begründen Sie Ihre Antwort.**

   a) **»Je größer die Nachfrageelastizität ist, desto größer fallen die Handelsgewinne aus.«**

   b) **»Wenn die Nachfrage unelastisch ist, dann gibt es keine Handelsgewinne.«**

   c) **»Wenn die Nachfrage unelastisch ist, dann profitieren die Verbraucher nicht vom Handel.«**

   a) Diese Aussage trifft zu. Je größer die Nachfrageelastizität, umso stärker reagiert die Nachfrage auf die Absenkung des Inlandspreises auf das Weltmarktniveau. Es treten mehr neue Käufer in den Markt ein, die kauf- und zahlungsbereit sind. Die Konsumentenrente steigt.

   b) Die Aussage ist falsch. Außenhandel führt zu einer Erhöhung der gesamtwirtschaftlichen Wohlfahrt, auch wenn die Nachfrage unelastisch ist. Allerdings fallen die Handelsgewinne im Falle einer unelastischen Nachfrage geringer aus.

   c) Die Aussage ist falsch. Selbst im Fall einer unelastischen Nachfrage profitieren die Verbraucher vom Handel. In diesem Fall treten zwar keine neuen Käufer in den Markt ein. Die bisherigen Käufer profitieren jedoch von der Absenkung des Inlandspreises auf Weltmarktniveau.

7. **Nehmen Sie an, Deutschland importiert Fotokameras und es gäbe keine Handelsbeschränkungen. Die Verbraucher in Deutschland kaufen 2 Mio. Kameras pro Jahr, davon stammen 600.000 Kameras aus inländischer Produktion und 1,4 Mio. Kameras werden importiert.**

   a) **Durch technologischen Fortschritt reduziere sich der Weltmarktpreis für eine Kamera um € 15. Zeigen Sie grafisch, wie dies die Konsumentenrente, die Produzentenrente und die gesamtwirtschaftliche Wohlfahrt in Deutschland beeinflusst.**

b) Nach dem Preisrückgang kaufen die deutschen Verbraucher 2,5 Mio. Kameras, von denen 400.000 Kameras aus inländischer Produktion stammen und 2,1 Mio. Kameras aus dem Import. Berechnen Sie die durch die Preissenkung ausgelöste Änderung von Konsumentenrente, Produzentenrente und gesamtwirtschaftlicher Wohlfahrt in Euro.

c) Was würde passieren, wenn sich die Bundesregierung dazu entschließen sollte, einen Zoll in Höhe von € 15 auf importierte Kameras zu erheben? Wäre diese Maßnahme aus Sicht der gesamtwirtschaftlichen Wohlfahrt zu begrüßen? Wer würde solch eine Maßnahme unterstützen?

a)

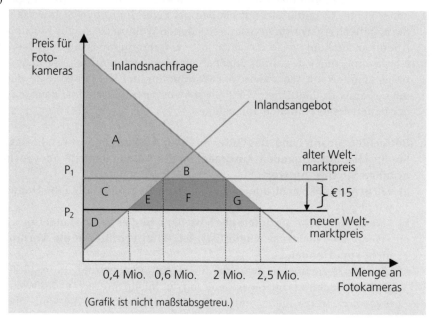

(Grafik ist nicht maßstabsgetreu.)

b)

	vor der technologischen Innovation	nach der technologischen Innovation	Veränderung
Konsumentenrente	A + B	A + B + C + E + F + G	+ (C + E + F + G)
Produzentenrente	C + D	D	– C
Gesamtrente	A + B + C + D	A + B + C + D + E + F + G	+ (E + F + G)

Änderung der Konsumentenrente: C + E + F + G

C + E = 0,6 Mio. × € 15 = € 9 Mio.

F   = 1 ,4 Mio. × € 15 = € 21 Mio.

G   = Fläche eines rechtwinkligen Dreiecks = 0,5 × (€ 15 × 0,5 Mio.)
     = € 3,75 Mio.

C + E + F + G = € 9 Mio. + € 21 Mio. + € 3,75 Mio. = € 33,75 Mio.

Die Konsumentenrente wächst um € 33,75 Mio.

Änderung der Produzentenrente: – C

C = (C + E) – E = € 9 Mio. – 0,5 × (€ 15 × 0,2 Mio.) = € 7,5 Mio.
Der Verlust an Produzentenrente beläuft sich € 7,5 Mio.

Änderung der Gesamtwohlfahrt: (E + F + G)

(E + F + G) = € 1,5 Mio. + € 21 Mio. + € 3,75 Mio. = € 26,25 Mio.

c) Wenn sich die Bundesregierung dazu entschließen sollte, einen Zoll in Höhe von € 15 auf importierte Kameras zu erheben, dann würde der Verkauf von Kameras in Deutschland wieder auf das Ausgangsniveau von 2 Mio. Stück zurückgehen. Dadurch würde die gesamtwirtschaftliche Wohlfahrt sinken. Die Höhe des gesamtwirtschaftlichen Wohlfahrtsverlustes wird durch die Summe der Flächen E und G beschrieben. Aus Sicht der gesamtwirtschaftlichen Wohlfahrt wäre die Einführung eines Zolls daher abzulehnen.

Unterstützung würde solch eine Maßnahme bei den inländischen Produzenten von Kameras finden, da die Produzentenrente bei Einführung eines Zolls ansteigt (um die Fläche C).

8. **Betrachten Sie ein kleines Land, das Stahl exportiert. Eine sehr handelsfreundliche Regierung entscheidet sich dafür, jede Tonne exportierten Stahls mit einem bestimmten Betrag zu subventionieren. Wie beeinflusst diese Exportsubvention den Inlandspreis für Stahl, die Produktionsmenge von Stahl, die Verbrauchsmenge und die Exportmenge? Wie werden Konsumentenrente, Produzentenrente, Staatseinnahmen und Gesamtrente verändert?**

Da die inländischen Produzenten für den Verkauf von Stahl im Ausland einen höheren Preis erzielen (durch die Exportsubvention) steigt die inländische Stahlproduktion. Zudem werden die Produzenten zukünftig nur noch bereit sein, ihren Stahl auch im Inland zu diesem höheren Preis zu verkaufen. Da der Staat für im Inland abgesetzte Mengen keine Subventionen zahlt, müssen die inländischen Konsumenten die gesamte Preiserhöhung tragen. Die Inlandsnachfrage sinkt, es wird mehr Stahl exportiert. Die Konsumentenrente ist infolge des Preisanstiegs im Inland gesunken, während die Produzentenrente durch höhere Produktionsmengen zu exportsubventionierten Preisen gestiegen ist. Die Zahlungen für die Exportsubventionen belasten die Staatseinnahmen. Aus gesamtwirtschaftlicher Sicht ist die inländische Wohlfahrt gesunken. Die ausländischen Konsumenten erfahren dagegen einen Wohlfahrtsgewinn, da die inländischen Produzenten ihren Stahl aufgrund der zusätzlichen Subventionszahlungen billiger als vorher anbieten können.

TEIL IV   Die Ökonomik des öffentlichen Sektors

Kapitel 10   Externalitäten

Stichwörter

Coase-Theorem	Pigou-Steuer
Externalität, externer Effekt	Transaktionskosten
Internalisierung externer Effekte	

Wiederholungsfragen

1. **Erklären Sie anhand eines Angebots-Nachfrage-Diagramms die Wirkung eines negativen externen Effekts.**

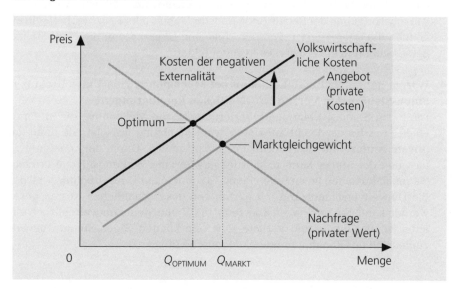

Bei negativen externen Effekten übersteigen die volkswirtschaften Kosten die betriebswirtschaftlichen Kosten. Die volkswirtschaftlich optimale Menge

$Q_{OPTIMUM}$ ist deshalb kleiner als die Gleichgewichtsmenge Q_{MARKT} des Markts.

2. Zählen sie einige Problemlösungen bei Externalitäten ohne Mitwirken des Staats auf.

- Verhaltensregeln und gesellschaftliche Sanktionen (sittliches Verhalten)
- Hilfsbereitschaft der Menschen untereinander (z. B. Stiftungen und Vereine)
- Stützung auf das Eigeninteresse der Betroffenen (Bündelung der Interessen)
- Abschluss privater Verträge zwischen Betroffenen
- (freiwillige) Selbstbeschränkungsabkommen

3. Sie teilen sich als Nichtraucher ein Zimmer mit einem Raucher. Wovon hängt es nach dem Coase-Theorem ab, ob Ihr Zimmergenosse im gemeinsamen Zimmer raucht? Ist das Resultat effizient? Wie kommen Sie und Ihr Zimmergenosse zu dieser Coase-Lösung?

Das Coase-Theorem besagt, dass die privaten Akteure das Externalitäten-Problem untereinander lösen können. Bei einem Rauchverbot müsste der Raucher dem Nichtraucher für die Erlaubnis zum Rauchen den Wohlfahrtsverlust kompensieren, bei einer anderen Rechtsverteilung müsste sich der Nichtraucher das Rauchverbot und seinen Wohlfahrtsgewinn erkaufen.

Inwieweit mein Zimmergenosse nach unseren Verhandlungen raucht oder nicht, hängt davon ab, ob der Nutzen meines Mitbewohners aus dem Rauchen meine Wohlfahrtseinbußen aus der Gesundheitsschädigung des Passivrauchens und der Geruchsbelästigung übersteigt oder nicht. Sind meine Wohlfahrtseinbußen aus dem Rauchen größer als der Nutzen meines Zimmerkollegen aus dem Zigarettenkonsum, so herrscht nach den Verhandlungen Rauchverbot, und ich muss meinen Mitbewohner für den Nikotinentzug entschädigen. Wie immer die Anfangsverteilung der Rechte (hier: Raucherlaubnis oder Rauchverbot) sein mag, können die interessierten Parteien stets eine Übereinkunft erzielen, die jeden besser stellt und ein effizientes Resultat bildet.

4. Warum geben Nationalökonomen bei Maßnahmen zum Umweltschutz den Pigou-Steuern den Vorzug vor staatlichen Regulierungen?

Die Pigou-Steuer ist eine marktbasierte politische Maßnahme, die im Grunde einen Preis für das Recht auf Umweltverschmutzung festsetzt. Sie dient dazu, private Anreize auf soziale Effizienz abzustimmen. Durch eine geeignete Bemessung der Steuer kann man jedes gewünschte Wirkungsniveau erreichen. Nationalökonomen bevorzugen Pigou-Steuern in der Umweltpolitik, weil damit die Umweltverschmutzung mit geringeren gesellschaftlichen Kosten gesenkt werden kann. Sie sind davon überzeugt, dass eine Steuer umweltpolitisch effizienter ist, als Gebote und Verbote es je sein können. Pigou-Steuern bewirken zugleich Staatseinnahmen und ökonomische Effizienz.

Aufgaben und Anwendungen

1. **Stimmen Sie den folgenden Aussagen zu? Warum oder warum nicht?**

   a) **»Die nützlichen Wirkungen von Pigou-Steuern gegen Umweltverschmutzungen müssen mit den Nettowohlfahrtsverlusten dieser Steuern verglichen werden.«**

   b) **»Bei einer Pigou-Steuer sollte die Regierung die Steuer der Marktseite auferlegen, die für die Externalität verantwortlich ist.«**

   a) Pigou-Steuern korrigieren die bestehenden Anreize bei Externalitäten in die erwünschte Richtung, sodass die Allokation näher am sozialen Optimum liegt. Auf diese Weise bewirken Pigou-Steuern zugleich Staatseinnahmen und ökonomische Effizienz. Von einem Nettowohlfahrtsverlust kann demzufolge keine Rede sein.

   b) Die Pigou-Steuer ist im Grunde genommen ein Preis für das Recht zur Ausübung bestimmter Externalitäten. Folglich muss die Pigou-Steuer natürlich der Marktseite auferlegt werden, von der die Externalität ausgeht.

2. **Betrachten Sie den Markt für Feuerlöscher.**

   a) **Inwiefern könnten Feuerlöscher positive externe Effekte im Konsum haben?**

   b) **Zeichnen Sie ein Marktdiagramm für Feuerlöscher und tragen Sie Angebotskurve, Nachfragekurve, Kurve des volkswirtschaftlichen Werts und Kurve der volkswirtschaftlichen Kosten ein.**

   c) **Markieren Sie das Markt-Gleichgewichtsniveau und das volkswirtschaftlich effiziente Niveau der Produktion.**

   d) **Beschreiben Sie eine mögliche politische Maßnahme für den Fall, dass pro Feuerlöscher € 10 an externen Nutzeneffekten auftreten.**

   a) Durch den Kauf eines Feuerlöschers hat nicht nur der Käufer selbst einen Nutzen. Auch seine Umgebung profitiert davon. Bei Ausbruch eines Feuers und dessen rechtzeitiger Löschung können beispielsweise Brandschäden an Nachbarhäusern vermieden werden. Hinzu kommt die pädagogische Wirkung, die andere Konsumenten unter Umständen dazu veranlasst, ebenfalls einen Feuerlöscher zu erwerben. Auf diese Weise wird möglichen Brandschäden vorgebeugt, die Ausgaben der Versicherungen für Schadensregulierungen sinken.

b) und c)

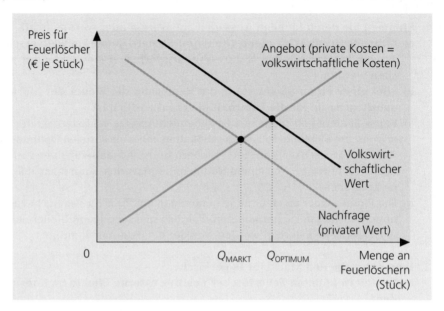

d) Beim Auftreten positiver externer Nutzeneffekte (€ 10) sollte die Regierung den Konsum dieses Produkts fördern. Eine Möglichkeit wäre eine Subventionierung des Kaufpreises von Feuerlöschern in Höhe von € 10. Dadurch würde sich die Nachfrage auf die Kurve des volkswirtschaftlichen Werts verschieben, und die volkswirtschaftlich effiziente Verbrauchsmenge wäre erreicht.

3. Beiträge und Spenden an gemeinnützige Vereine sind von der Einkommensteuer absetzbar. Inwiefern kann man darin einen staatlichen Anreiz zu privaten Lösungen bei externen Effekten sehen?
Durch Spenden und Beiträge stehen gemeinnützigen Vereinen finanzielle Mittel zur Verfügung. Gemeinnützige Vereine üben durch ihre Tätigkeit positive externe Effekte auf breite Bevölkerungsschichten aus. Durch die Absetzbarkeit der Spenden versucht der Staat, die Nachfrage nach privatem gemeinnützigen Engagement zu erhöhen und auf diese Weise ein gesamtwirtschaftliches Äquivalent für die erbrachten Leistungen sicherzustellen. Der private Wert der Nachfrage soll dem volkswirtschaftlichen Wert angeglichen werden.

4. Es geht das Gerücht, dass die Schweizerische Regierung die Viehhaltung subventioniert und dass die Subvention in Gegenden mit Fremdenverkehr größer ist als anderswo. Gibt es Gründe dafür, dass so eine Politik effizient sein könnte?
Eine Subventionierung der Viehhaltung besitzt aus Gründen der Effizienz dann einen ökonomischen Sinn, wenn die privaten Kosten der Viehhaltung die volkswirtschaftlichen Kosten übersteigen. Die Höhe der Subvention misst dabei die Differenz zwischen privaten und volkswirtschaftlichen Kosten. Die spezifische

Subvention in Touristengegenden lässt darauf schließen, dass der Tourismus von der Viehhaltung besonders profitiert. Möglicherweise lassen Kühe die touristische Gegend noch idyllischer, ländlicher und natürlicher erscheinen und fördern auf diese Weise den Fremdenverkehr, dessen Einnahmen der gesamten Volkswirtschaft zugute kommen (Spillover-Effekte).

5. **Ein höherer Alkoholkonsum führt zu mehr Verkehrsunfällen und dadurch zu Kosten auch für Leute, die weder Auto fahren noch Alkohol trinken.**
   a) **Illustrieren Sie den Markt für alkoholische Getränke mit Nachfragekurve, Angebotskurve, Kurve des volkswirtschaftlichen Werts, Kurve der volkswirtschaftlichen Kosten, Marktgleichgewicht und volkswirtschaftlich effizientem Niveau.**
   b) **Schraffieren Sie in Ihrem Diagramm den Bereich des Nettowohlfahrtsverlusts des Marktgleichgewichts. (Hinweis: Der Nettowohlfahrtsverlust stellt sich dadurch ein, dass einige Einheiten an Alkohol konsumiert werden, für die die volkswirtschaftlichen Kosten höher sind als der volkswirtschaftliche Wert.) Erläutern Sie dies.**

a) und b)

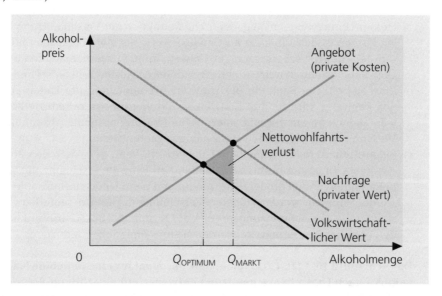

Die Gleichgewichtsmenge des Markts Q_{MARKT} liegt im Falle eines negativen externen Effekts beim Konsum von Alkohol über der gesellschaftlich optimalen Menge $Q_{OPTIMUM}$. Für die zusätzlich konsumierte Menge an Alkohol sind die privaten Kosten des Angebots (Produktionskosten) jedoch höher als ihr volkswirtschaftlicher Wert, da der negative externe Effekt den privaten Wert der Nachfrage schmälert. Für die Volkswirtschaft resultiert aus dem Marktgleichgewicht demzufolge ein Nettowohlfahrtsverlust, der durch eine Internalisierung der negativen Externalität beseitigt werden könnte.

6. **Zahlreiche Beobachter glauben, dass die Umweltverschmutzungen in unserer Volkswirtschaft zu hoch sind.**

   a) **Warum könnte es effizient sein, bei einzelnen Unternehmungen unterschiedliche Absenkungen der Umweltverschmutzung zu haben, wenn die Gesellschaft eine bestimmte globale Absenkung erreichen möchte?**

   b) **Staatliche Maßnahmen von Befehl und Kontrolle stützen sich oft auf einheitliche Senkungen bei den Unternehmungen. Weshalb sind diese Ansätze generell ungeeignet, gezielt jene Unternehmungen zu treffen, die überproportionale Absenkungen der Verschmutzung unternehmen sollten?**

   c) **Nationalökonomen behaupten, dass angemessene Pigou-Steuern oder handelbare Umweltzertifikate zu einer effizienten Absenkung der Umweltverschmutzung führen werden. Wie erreichen diese Maßnahmen jene Unternehmungen, denen größere Anstrengungen beim Umweltschutz zugemutet werden müssen als anderen?**

   a) Unterschiedliche Absenkungen der Umweltverschmutzung bei verschiedenen Firmen ermöglichen es dem Staat, den Unternehmungen wirtschaftliche Anreize zur Minderung der Umweltbelastung zu vermitteln. Jede Unternehmung hat unterschiedlich hohe Kosten zur Senkung des Schadstoffausstoßes, die für eine effiziente Reduktion der Umweltverschmutzung berücksichtigt werden müssen. Eine mengenmäßig identische Reduktion der Verschmutzung bei allen Firmen ist deshalb nicht notwendigerweise auch am billigsten und wirksamsten für die Verbesserung der Umwelt. Einige Unternehmer können ihre Umweltbelastung deutlicher und zu geringeren Kosten senken als andere.

   b) Eine einheitliche Senkung der Umweltverschmutzung gibt Unternehmungen keinerlei Anreize, ihre Emissionen darüber hinaus zu reduzieren. Dies wäre jedoch gerade für eine angestrebte überproportionale Absenkung der Verschmutzung bei einigen Unternehmungen notwendig.

   c) Pigou-Steuern (oder handelbare Umweltzertifikate) bemessen den Preis für das Recht zu einem bestimmten Umfang an Umweltverschmutzung. Unternehmungen, denen größere Anstrengungen beim Umweltschutz zugemutet werden müssen, werden höhere »Verschmutzungspreise« auferlegt. Übersteigen die »Verschmutzungspreise« die Kosten der Schadensreduktion bei den betreffenden Firmen, so werden sie ihre Emissionen reduzieren.

7. **Das Schaubild 10-4 lässt erkennen, dass der Staat für eine beliebige Nachfragekurve nach Umweltverschmutzung entweder mit einer Pigou-Steuer oder mit Umweltzertifikaten das gleiche Ergebnis an Mengenreduktion zu erreichen vermag. Stellen Sie sich nun eine gewaltige technologische Innovation bei der Kontrolle von Emissionen vor.**

   a) **Verwenden Sie die Darstellung nach Schaubild 10-4, um die Nachfragewirkungen der Innovation zu illustrieren.**

   b) **Welche Preis- und Mengenwirkungen für die Umweltverschmutzung ergeben sich unter jedem der beiden Systeme? Erläutern Sie Ihre Antwort.**

   a) und b) Eine gewaltige technologische Innovation bei der Kontrolle von Emissionen erhöht die Nachfrage nach dem »Recht auf Umweltverschmutzung«, da Emissionen nun besser nachgewiesen und gemessen werden können.

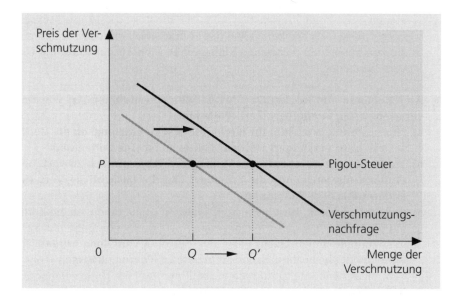

Bei der Pigou-Steuer kommt es durch die Innovation zu einer Mengenwirkung. Es können mehr Verschmutzungen Q′ identifiziert und der Steuer unterworfen werden. Der Preis der Umweltverschmutzung pro Mengeneinheit bleibt gleich, die (Gesamt-)Kosten der Unternehmung für ihre Umweltverschmutzung steigen an.

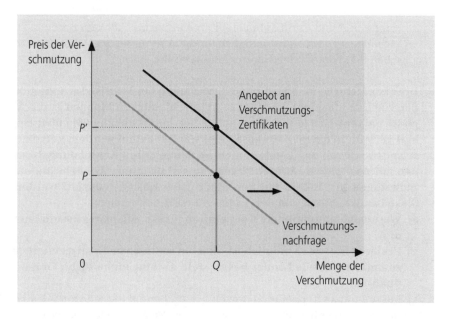

Bei Umweltzertifikaten realisiert sich dagegen eine Preiswirkung. Die Menge der Zertifikate, die erlaubte Umweltverschmutzung, ist beschränkt. Aufgrund der gestiegenen Nachfrage durch die verschärfte Nachweisbarkeit kommt es zu einem Preisanstieg auf P', der die Kosten der Umweltverschmutzung erhöht. Aus der Innovation in der Emissionskontrolle resultieren demzufolge bei beiden politischen Maßnahmen Mehrausgaben für die Umweltverschmutzung.

8. **Angenommen, die Regierung führt bei einer bestimmten Art von Umweltverschmutzung handelbare Zertifikate ein.**
   a) **Ist es irgendwie wichtig für die ökonomische Effizienz, ob die Zertifikate verteilt oder versteigert werden? Hat es sonst eine Bedeutung?**
   b) **Wenn sich der Staat entschließt, die Zertifikate einfach zu verteilen, beeinflusst die Verteilung die Effizienz? Hat die tatsächliche Verteilung in anderer Hinsicht Bedeutung?**

   a) Existiert ein Markt für Umweltzertifikate, so ist die Frage, ob die Zertifikate auf die Unternehmungen verteilt oder versteigert werden, für das Kriterium der ökonomischen Effizienz belanglos. Bei einer Verteilung werden jene Unternehmungen, die ihren Schadstoffausstoß mit geringen Kosten senken können, nicht benötigte Zertifikate verkaufen, und jene Unternehmungen, die hohe Kosten einer Schadstoffreduktion aufweisen, werden Zertifikate zukaufen. Im Falle einer Versteigerung werden Unternehmungen mit hohen Kosten der Emissionsreduktion die notwendige Menge an Zertifikaten ersteigern. Bedeutung besitzt die Frage der Vergabe der Zertifikate lediglich für die Höhe der Staatseinnahmen, die von einer Versteigerung profitieren würde.
   b) Solange ein freier Markt für Umweltzertifikate existiert, hat die Art der Verteilung der Zertifikate keinerlei Einfluss auf die Effizienz. Der anschließende Handel mit den Zertifikaten stellt eine effiziente Allokation sicher. Die tatsächliche Verteilung hat lediglich für die Aufteilung der Verkaufserlöse zwischen den handelnden Unternehmungen Bedeutung.

9. **Die erste Ursache für eine globale Erwärmung der Erde ist das Kohlendioxyd, das von den einzelnen Ländern in unterschiedlichen Mengen in die Atmosphäre gelangt, sich jedoch innerhalb eines Jahres gleichmäßig über den Erdball verteilt. In einem Zeitungsartikel war behauptet worden, korrekterweise solle man von den Ländern nicht verlangen, ihre Kohlendioxyd-Emissionen auf dem gegenwärtigen Niveau zu stabilisieren. Vielmehr müssten die Emissionen in Ländern mit den niedrigsten Kosten reduziert werden, und diese Länder sollten von den anderen Ersatz bekommen.**
   a) **Warum ist internationale Kooperation für ein effizientes Resultat notwendig?**
   b) **Erklären Sie, ob es möglich ist, sich ein System von Ersatzzahlungen auszudenken, das alle Länder besser stellt als eine einheitliche Emissionsreduktion.**

   a) Internationale Kooperation gewinnt seine Bedeutung aufgrund des komparativen Vorteils bei der Emissionsreduktion. Volkswirtschaften, die den Schadstoffausstoß schneller und kostengünstiger als andere reduzieren können, sollten dies tun und im Sinne einer Handelsbeziehung dafür bezahlt (entschädigt) werden. Infolge der grenzüberschreitenden Wirkung einer CO_2-

Reduktion profitiert auch die Umwelt in den Ländern von der Kooperation, die ihren Ausstoß nicht absenken (können oder wollen).

b) Im Vergleich zu einer einheitlichen Absenkung bieten Ersatzzahlungen Ländern mit geringen Kosten einer Emissionsreduktion Anreize für stärkeren Umweltschutz. Für die zusätzliche Emissionsreduktion müssten Länder mit hohen Kosten des Umweltschutzes finanzielle Entschädigung leisten. Alle Länder wären besser gestellt. Ein Teil der Volkswirtschaften hätte die angestrebte Emissionsreduktion nicht vollständig selbst geleistet und damit Kosten eingespart. Der andere Teil würde für die geleistete, zusätzliche Schadstoffbegrenzung eine finanzielle Entschädigung erhalten, die die Reduktionskosten übertrifft.

10. Einige Leute sind gegen marktbasierte Maßnahmen des Umweltschutzes und bemängeln, dass damit ein Euro-Wert für Wasser- und Luftreinhaltung festgelegt wird. Nationalökonomen argumentieren, dass die Gesellschaft auch bei Maßnahmen mit Geboten und Verboten implizit Euro-Bewertungen vornimmt. Erklären Sie, inwiefern dies zutrifft.

In der Konzeption von Geboten und Verboten spiegelt sich auch eine Bewertung der knappen Ressource Umwelt wider. Kosten des Umweltschutzes für die Unternehmungen und Nutzen einer sauberen Umwelt für die gesamte Bevölkerung müssen im Sinne einer optimalen Allokation bewertet und verglichen werden. Willkürliche Annahmen werden hier nicht gemacht.

11. Es gibt drei Industriebetriebe im »Tal der Glückseligen«:

Unternehmung	Verschmutzungsniveau am Anfang	Kosten der Verschmutzungssenkung um 1 Einheit
A	70 Einheiten	€ 20
B	80 Einheiten	€ 25
C	50 Einheiten	€ 10

Die Regierung möchte die Umweltverschmutzung auf 120 Einheiten begrenzen und gibt deshalb jeder einzelnen Unternehmung 40 handelbare Umweltzertifikate für Verschmutzungsrechte. Ein Zertifikat berechtigt zur Verschmutzung von einer Einheit.

a) Wer wird Zertifikate verkaufen – und wie viele? Welche Unternehmung wird – wie viele – Zertifikate kaufen? Erklären sie kurz die Motivation der Käufer und der Verkäufer. Wie hoch sind die Gesamtkosten der Absenkung der Umweltverschmutzung?

b) Um wie viel höher wären die Kosten der umweltpolitischen Maßnahme, wenn die Zertifikate nicht handelbar wären?

a) Die Motivation zum Kauf bzw. Verkauf von Verschmutzungsrechten liegt darin, dass die einzelnen Unternehmungen unterschiedliche Kosten für die vorgeschriebene Senkung des Verschmutzungsniveaus aufweisen. Die Unternehmung C hat die niedrigsten Reduktionskosten und gleichzeitig auch das geringste Verschmutzungsniveau. Die Unternehmung C könnte also der Unternehmung B mit dem höchsten Verschmutzungsniveau und den höchsten Reduktionskosten Verschmutzungsrechte verkaufen, wenn der Preis der Verschmutzungsrechte oberhalb der eigenen Reduktionskosten von € 10 liegt. Die Unternehmung B würde wiederum so lange Verschmutzungsrechte von C kaufen, wie der Preis unterhalb der Reduktionskosten von € 25 liegt. Auch die Unternehmung A würde zur Erreichung des vorgegebenen Emissionsniveaus von 40 Einheiten Verschmutzungsrechte kaufen, wenn der Kaufpreis geringer als die eigenen Reduktionskosten von € 20 ist. Die Antwort auf die Frage, wer als Verkäufer bzw. Käufer von Zertifikaten auftritt, hängt demnach vom Preis der Verschmutzungsrechte ab.

Der (Markt-)Preis für die Verschmutzungsrechte ergibt sich aus dem Zusammenspiel von Angebot und Nachfrage nach Verschmutzungsrechten.

Preis der Verschmutzungsrechte (€)	Angebot (Stück)	Nachfrage (Stück)
25	80	0
20	40	40
15	40	70
10	0	70

Bei einem Preis von € 25 würde die Unternehmung A ihre 40 Verschmutzungsrechte zum Kauf anbieten, da dieser Preis oberhalb der eigenen Reduktionskosten liegt. Es ist für die Unternehmung A vorteilhafter, ihre eigenen Verschmutzungsrechte zu verkaufen und anschließend alle 70 Verschmutzungseinheiten selbst zu reduzieren. Die Unternehmung B wäre bei einem Zertifikatepreis von € 25 indifferent, da dieser Preis genau den Reduktionskosten entspricht. Die Unternehmung C würde bei einem Preis von € 25 alle 40 Verschmutzungsrechte verkaufen, da der Preis deutlich über den eigenen Reduktionskosten von € 10 liegt. Bei einem Preis von € 25 stellt sich demnach kein Marktgleichgewicht ein, da das Angebot an Verschmutzungsrechten bei 80 Stück liegt (A und C), es jedoch keine Nachfrage gibt.

Ein Marktgleichgewicht realisiert sich dagegen bei einem Preis von € 20. Bei diesem Preis beläuft sich das Angebot an Verschmutzungsrechten auf 40 Stück (Unternehmung C) und die Nachfrage ebenfalls auf 40 Stück (Unternehmung B). Die Unternehmung A ist bei einem Preis von € 20 indifferent gegenüber einem Kauf/Verkauf von Verschmutzungsrechten, da dieser Preis genau den Reduktionskosten entspricht.

Bei einem Preis von € 15 würde die Nachfrage nach Verschmutzungsrechten das Angebot übersteigen. Bei diesem Preis wäre es auch für die Unternehmung A vorteilhafter, Verschmutzungsrechte zu kaufen und nicht selbst die Emissionen zu reduzieren, sodass sich die Nachfrage auf 70 Stück (A und B) erhöhen würde, während das Angebot nur 40 Stück (Unternehmung C) beträgt.

Im Endeffekt wird also Unternehmung C ihre 40 Umweltzertifikate zu einem Preis von € 20 an die Unternehmung B verkaufen. Die Gesamtkosten der Verschmutzungsabsenkung liegen bei € 1.100.

Kosten Unternehmung A:
30 Einheiten × € 20   = € 600

Kosten Unternehmung B:
40 Zertifikate × € 20   = € 800

Kosten Unternehmung C:
50 Einheiten × € 10 − 40 Zertifikate × € 20   = − € 300

b) Sind die Zertifikate nicht handelbar, so erhöhen sich die Gesamtkosten der Verschmutzungssenkung auf E 1.700 und liegen damit um E 600 über den Kosten der Emissionsminderung beim Zertifikatehandel.

Kosten Unternehmung A:
30 Einheiten × € 20   = € 600

Kosten Unternehmung B:
40 Einheiten × € 25   = € 1.000

Kosten Unternehmung C:
10 Einheiten × € 10   = € 100

Kapitel 11   Öffentliche Güter und gesellschaftliche Ressourcen

Stichwörter

Ausschlussprinzip der Güternutzung	gesellschaftliche Ressourcen
Konkurrenzprinzip der Güternutzung	Trittbrettfahrer
private Güter	Kosten-Nutzen-Analyse
öffentliche Güter	Allmendeproblematik

Wiederholungsfragen

1. Erklären Sie die Bedeutung des Ausschluss- oder Ausschließlichkeitsprinzips sowie die Bedeutung des Konkurrenzprinzips der Güternutzung. Ist eine Pizza »ausschließlich«? Ist sie »konkurrierend«?

Wenn man über unterschiedliche Güter einer Volkswirtschaft nachdenkt, wird man sie zweckmäßigerweise nach zwei Kriterien einteilen.

Ausschließbarkeit der Güternutzung: Eigenschaft eines Guts, nach der ein Besitzer andere von einer Nutzung ausschließen kann.

Konkurrenz in der Güternutzung: Eigenschaft eines Guts, nach der ein Nutzer anderen die Nutzungsmöglichkeit nimmt.

Eine Pizza ist sowohl ausschließlich als auch konkurrierend. Sie ist damit ein privates Gut. Der Konsument wird seine Pizza nicht freiwillig hergeben und so andere Konsumenten vom Verzehr ausschließen. Die Pizza kann auch nur einmal gegessen werden, sodass potenzielle »Esser« um sie konkurrieren werden.

2. Definieren Sie das öffentliche Gut und geben Sie ein Beispiel dafür. Kann der freie Markt dieses Gut aus sich selbst heraus bereitstellen? Erläutern Sie Ihre Antwort.

Öffentliche Güter unterliegen weder dem Ausschlussprinzip noch dem Konkurrenzprinzip der Güternutzung. Die Menschen können nicht daran gehindert werden, ein öffentliches Gut zu nutzen, und die Nutzer nehmen sich gegenseitig nicht die Nutzungsmöglichkeiten weg. Ein Beispiel für ein öffentliches Gut ist die Landesverteidigung. Der freie Markt würde öffentliche Güter aufgrund des Trittbrettfahrer-Problems nicht von sich aus bereitstellen. Da die Nutzung öffentlicher Güter weder konkurrierend noch ausschließbar ist, besteht für die Konsumenten der Anreiz, als »free rider« (Trittbrettfahrer) öffentliche Güter zu nutzen, ohne dafür zu bezahlen. Aus der mangelnden Zahlungsbereitschaft der Konsumenten würde am freien Markt kein oder zumindest ein geringeres Angebot an öffentlichen Gütern folgen.

3. **Definieren Sie eine gesellschaftliche Ressource und geben Sie ein Beispiel dafür. Wird die Bevölkerung die Ressource ohne Staatseingriffe zu viel oder zu wenig nutzen? Warum?**

Gesellschaftliche Ressourcen sind Güter, die zwar eine konkurrierende Nutzung aufweisen, aber nicht ausschließbar sind. Sie sind für jedermann frei zugänglich, der sie nutzen will. Die Nutzung der Ressource durch eine Person mindert jedoch die Nutzungsmöglichkeiten für andere Leute. Wichtige gesellschaftliche Ressourcen sind beispielsweise saubere Luft und sauberes Wasser. Ohne Staatseingriffe neigt die Bevölkerung zur Übernutzung gesellschaftlicher Ressourcen. Die Nutzung einer Ressource durch eine Person mindert die Nutzungsmöglichkeiten für andere, d. h. die Nutzung von gesellschaftlichen Ressourcen ist mit negativen externen Effekten verbunden. Diese negativen Externalitäten werden bei der Entscheidung über die Nutzung einer Ressource von Privatpersonen vernachlässigt, sodass eine Tendenz zur Übernutzung besteht.

Aufgaben und Anwendungen

1. **Nach dem Lehrbuchtext umschließen sowohl öffentliche Güter als auch gesellschaftliche Ressourcen externe Effekte.**

   a) **Sind die mit öffentlichen Gütern verbundenen externen Effekte grundsätzlich positiv oder negativ? Antworten Sie anhand von Beispielen. Ist die Menge öffentlicher Güter nach dem Marktgleichgewicht auf dem freien Markt im Allgemeinen größer oder kleiner als die effiziente Gütermenge?**

   b) **Sind die mit gesellschaftlichen Ressourcen gekoppelten externen Effekte im Allgemeinen positiv oder negativ? Geben Sie in Ihrer Antwort auch Beispiele an. Werden die gesellschaftlichen Ressourcen nach dem Gleichgewicht auf dem freien Markt eher stärker oder weniger stark genutzt als dies effizient wäre?**

   a) Die externen Effekte öffentlicher Güter sind positiv. Dies ist neben der Nichtausschließbarkeit der Nutzung vor allem auf die Nichtrivalität im Konsum zurückzuführen. So ziehen alle Menschen einen Nutzen aus der nationalen Verteidigung, aus der Grundlagenforschung und der Armutsbekämpfung, ohne direkt selbst dafür aufkommen zu müssen oder andere in ihrer Nutzungsmöglichkeit zu beschränken. Die Menge öffentlicher Güter nach dem Marktgleichgewicht auf dem freien Markt ist im Allgemeinen kleiner als die effiziente Gütermenge, da die Nachfrager aufgrund der Nichtausschließbarkeit des Konsums nicht bereit sein werden, ihre tatsächliche Zahlungsbereitschaft zu offenbaren (Trittbrettfahrer). Aus einer mangelnden Zahlungsbereitschaft (geringere Nachfrage) resultiert eine (zu) kleine Menge an öffentlichen Gütern.

   b) Die externen Effekte einer Nutzung gesellschaftlicher Ressourcen sind im Allgemeinen negativ. Beispiele hierfür sind die negative Externalität der Umweltverschmutzung bei der Nutzung von sauberer Luft und sauberem Wasser, der negative Effekt der Ölförderung oder die Artenausrottung bei exzessivem Fisch- und Walfang. Auf freien Märkten ohne staatliche Regulierung werden die gesellschaftlichen Ressourcen infolge der Vernachlässigung der externen Effekte beim Konsum stärker genutzt als es volkswirtschaftlich effizient wäre.

2. **Denken Sie darüber nach, welche Waren und Dienstleistungen von Ihrer Kommune bereitgestellt werden.**
   a) **Anhand der Klassifikation des Schaubilds 11-1 ordne man die nachfolgenden Güter ein:**
      – **Polizeischutz**
      – **Schneeräumdienst**
      – **Schulbildung**
      – **Gemeindestraßen und städtische Straßen**
      – **Landstraßen und Bundesstraßen**
   b) **Was meinen Sie, weshalb die öffentliche Hand gelegentlich Güter bereitstellt, die nicht zu den öffentlichen Gütern zählen?**

   a) *Private Güter*

   b) Die öffentliche Hand hat nicht nur die Aufgabe, öffentliche Güter bereitzustellen. In bestimmten Fällen, in denen der Markt zwar technisch die Versorgung sicherstellt, aber unerwünschte Ergebnisse realisiert, greift die öffentliche Hand auch in die individuelle Konsumwahl ein. Die Gründe dafür können in verzerrten Präferenzen, fehlenden oder falschen Informationen oder irrationalen Entscheidungen der Konsumenten liegen. Güter, deren Nützlichkeit die Konsumenten verkennen, werden auch als meritorische Güter bezeichnet.

Private Güter	*Natürliche Monopole*
	– Polizeischutz
	– Schneeräumdienst
Gesellschaftliche Ressourcen	*Öffentliche Güter*
– Gemeindestraßen und städtische Straßen	– Schulbildung
	– Landstraßen und Bundesstraßen

3. **Die vier Bewohner einer WG wollen am Wochenende einen gemeinsamen DVD-Abend mit Filmen von Brad Pitt veranstalten und überlegen nun, wie viele Filme sie sich aus der Videothek ausleihen sollen. Die Zahlungsbereitschaft der einzelnen Bewohner (pro Film) sieht dabei wie folgt aus:**

	Thomas	**Arthur**	**Felix**	**Philipp**
Ein Film	€ 7	€ 5	€ 3	€ 2
Zwei Filme	€ 6	€ 4	€ 2	€ 1
Drei Filme	€ 5	€ 3	€ 1	€ 0
Vier Filme	€ 4	€ 2	€ 0	€ 0
Fünf Filme	€ 3	€ 1	€ 0	€ 0

   a) **Ist das Anschauen der Filme innerhalb der WG ein öffentliches Gut? Warum oder warum nicht?**
   b) **Wenn die Kosten für die Ausleihe einer DVD € 8 betragen, wie viele Filme sollten die WG-Bewohner ausleihen, um ihre gesamte Wohlfahrt zu maximieren?**

c) Wenn sich die WG-Bewohner für die optimale Anzahl an DVDs aus b) entscheiden und die Kosten für die Ausleihe gleichmäßig untereinander aufteilen, wie hoch ist der Nutzen jedes einzelnen Bewohners aus dem DVD-Abend?

d) Gibt es eine Möglichkeit, die Kosten für die DVDs so aufzuteilen, dass alle WG-Bewohner einen positiven Nutzen aus den Filmen ziehen? Welche praktischen Probleme werden sich dabei einstellen?

e) Welche Erkenntnis vermittelt uns dieses Beispiel in Bezug auf die optimale Bereitstellung öffentlicher Güter?

a) Öffentliche Güter sind dadurch gekennzeichnet, dass sie weder dem Ausschlussprinzip noch dem Konkurrenzprinzip der Güternutzung unterliegen. Da der DVD-Abend in der WG stattfindet, können die einzelnen WG-Bewohner nicht von der Güternutzung ausgeschlossen werden. Gleichzeitig können alle WG-Bewohner die DVDs gemeinsam anschauen, sodass auch keine Konkurrenz in der Güternutzung vorliegt.

b) Wenn die Kosten für die Ausleihe einer DVD € 8 betragen, dann sollten die Bewohner genau drei Filme ausleihen. In diesem Fall beträgt die Wohlfahrt der WG € 15. Wenn sich die WG-Bewohner nur 2 Filme ausleihen, dann beläuft sich die Wohlfahrt nur auf € 14. Und wenn die WG-Bewohner 4 Filme ausleihen, dann sinkt die Wohlfahrt auf € 13.

Wohlfahrtsberechnung:

	Komponenten der Wohlfahrt der WG	Gesamt
Ein Film	€ 17 – € 8 = € 9	€ 9
Zwei Filme	€ 17 – € 8 = € 9	
	€ 13 – € 8 = € 5	€ 14
Drei Filme	€ 17 – € 8 = € 9	
	€ 13 – € 8 = € 5	
	€ 9 – € 8 = € 1	€ 15
Vier Filme	€ 17 – € 8 = € 9	
	€ 13 – € 8 = € 5	
	€ 9 – € 8 = € 1	
	€ 6 – € 8 = € –2	€ 13
...	...	...

c) Teilen die WG-Bewohner die Kosten gleichmäßig auf, dann müssen alle € 2 pro Film bezahlen.

Nutzen der einzelnen WG-Bewohner:

	Thomas	Arthur	Felix	Philipp
Ein Film	€ 7 – € 2 = € 5	€ 5 – € 2 = € 3	€ 3 – € 2 = € 1	€ 2 – € 2 = € 0
Zwei Filme	€ 6 – € 2 = € 4	€ 4 – € 2 = € 2	€ 2 – € 2 = € 0	€ 1 – € 2 = € –1
Drei Filme	€ 5 – € 2 = € 3	€ 3 – € 2 = € 1	€ 1 – € 2 = € –1	€ 0 – € 2 = € –2
Gesamtnutzen	€ 12	€ 6	€ 0	€ –3

d) Es gibt verschiedene Möglichkeiten, die Kosten so aufzuteilen, dass alle WG-Bewohner einen positiven Nutzen aus dem DVD-Abend ziehen. Dabei wird sich die Kostenaufteilung für die einzelnen Filme unterscheiden, da sie sich an den Zahlungsbereitschaften der WG-Bewohner orientieren muss.

Beispiel für eine Kostenaufteilung:

	Thomas	**Arthur**	**Felix**	**Philipp**
Ein Film	€ 7 – € 4 = € 3	€ 5 – € 2 = € 3	€ 3 – € 1 = € 2	€ 2 – € 1 = € 1
Zwei Filme	€ 6 – € 4 = € 2	€ 4 – € 3 = € 1	€ 2 – € 1 = € 1	€ 1 – € 0 = € 1
Drei Filme	€ 5 – € 5 = € 0	€ 3 – € 2 = € 1	€ 1 – € 1 = € 0	€ 0 – € 0 = € 0
Gesamtnutzen	€ 5	€ 5	€ 3	€ 2

In diesem Zusammenhang wird jedoch das Problem auftreten, dass nicht alle WG-Bewohner ihre wahre Zahlungsbereitschaft offenbaren. Insbesondere Thomas und Arthur hätten einen Anreiz, ihre wahre Zahlungsbereitschaft zu verschleiern, um auf diese Weise einen geringeren Teil der Kosten zu tragen.

e) Die Bereitstellung öffentlicher Güter durch den Staat ist mit den gleichen Problemen behaftet. Es besteht der Anreiz zum Trittbrettfahrerverhalten. Die Menschen werden ihre wahre Zahlungsbereitschaft verschleiern, da sie vom Konsum der öffentlichen Güter nicht ausgeschlossen werden können. Durch die Verschleierung der individuellen Zahlungsbereitschaften ist es für den Staat schwierig festzustellen, ob ein öffentliches Gut überhaupt bereitgestellt werden soll und wonach sich die Finanzierung der Kosten des öffentlichen Guts richten soll.

4. **Warum liegt Abfall auf den meisten Straßen, aber selten in den Gärten der Privatleute?**

Die Straße wird von Privatpersonen als öffentliches Gut wahrgenommen, das quasi der Allgemeinheit gehört und das der Staat »kostenlos« zur Verfügung stellt. Dies führt zu einem mangelnden Wert- und Verantwortungsbewusstsein der Nutzer, die gedankenlos ihren Müll liegenlassen. Die Gärten sind dagegen privat, für sie sind bestimmte Eigentumsrechte (property rights) definiert. Die Leute sind sich dieser Eigentumsrechte bewusst. Niemand käme daher auf die Idee, den Müll in fremden Gärten fallen zu lassen.

5. **Die Untergrundbahn in Washington, D. C., berechnet während der Hauptverkehrszeit höhere Fahrgelder als zu den übrigen Tageszeiten. Worin liegt die Begründung?**

Hauptverkehrszeiten sind durch eine erhöhte Zahl an potenziellen Fahrgästen gekennzeichnet. Die Erhebung höherer Fahrgelder zu diesen Tageszeiten verhindert eine drohende Rivalität im Konsum zwischen den Fahrgästen (Überfüllung der U-Bahn, Warteschlangen auf den Bahnhöfen). Für eine Nutzung der Untergrundbahn während der Hauptverkehrszeit werden Leute, die darauf angewiesen sind, bereit sein, einen höheren Preis zu bezahlen. Die unterschiedliche Tarifgestaltung in Abhängigkeit der Tageszeit berücksichtigt die unterschiedliche Zahlungsbereitschaft der Fahrgäste und sichert den verbleibenden Konsumenten die Nichtrivalität im Konsum, indem einige Fahrgäste von der Nutzung der Untergrundbahn aufgrund der höheren Fahrpreise Abstand halten. Die Betreiber der Untergrundbahn verbessern mit dieser Art der Preisdifferenzierung gleichzeitig ihre Einnahmen.

6. **Im Economist vom 19. März 1994 liest man: »In the past decade, most of the rich world's fisheries have been exploited to the point of near-exhaustion.« Der Artikel fährt mit einer Analyse der Problematik fort und erörtert mögliche privatwirtschaftliche und staatliche Lösungen:**

   a) **»Do not blame fishermen for overfishing. They are behaving rationally, as they have always done.« Inwiefern ist »overfishing« für die Fischer rational?**

   b) **»A community, held together by ties of obligation and mutual self-interest, can manage a common resource on its own.« Erklären Sie, wie diese Bewirtschaftung funktionieren könnte und welchen Hindernissen sie im wirklichen Leben begegnen wird.**

   c) **»Until 1976 most world fish stocks were open to all comers, making conservation almost impossible. Then an international agreement extended some aspects of [national] jurisdiction from 12 to 200 miles offshore.« Begründen Sie aufgrund der Institution der Eigentumsrechte, inwiefern damit die Problematik gemildert werden kann.**

   d) **Nach dem zitierten Aufsatz sind manche Staaten den betroffenen Fischern in einer Art und Weise zu Hilfe gekommen, die diese zu größeren Fängen ermutigt haben. Wie könnte sich durch die politischen Maßnahmen ein Teufelskreis des »overfishing« einstellen?**

   e) **»Only when fishermen believe they are assured a long-term and exclusive right to a fishery are they likely to manage it in the same far-sighted way as good farmers manage their land.« Verteidigen Sie diese These.**

   f) **Über welche anderen politischen Maßnahmen gegen das Überfischen könnte man nachdenken?**

   a) Die Überfischung resultiert aus den negativen externen Effekten einer Nutzung der knappen gesellschaftlichen Ressource Fischbestand. Der Umfang des Fischfangs determiniert die Höhe des Einkommens eines einzelnen Fischers. Jeder Fischer verhält sich demzufolge rational, wenn er auf das Meer hinausfährt und so viele Fische fängt, wie er bekommen kann. Niemand hat für sich genommen einen Anreiz, auf die Entwicklung des Fischbestands zu achten. Jeder Fischer vernachlässigt seinen externen Effekt auf den Fischbestand, weil sein vergleichsweise kleiner Fang keine großen Auswirkungen auf den Gesamtbestand haben wird.

   b) Eine gemeinsame Bewirtschaftung des Fischbestands führt zu einer Abstimmung individueller Entscheidungen über Fangmengen mit der Entwicklung des Fischbestands im Interesse der Gemeinschaft. Jedem Fischer wird lediglich eine bestimmte Fangmenge pro Jahr zugebilligt, das Fischen von Jungfischen und während der Laichzeit untersagt, um auf diese Weise den Bestand zu sichern. Eine Verletzung der Fangquoten wird mit Strafen geahndet, die dem Fischer die (zukünftigen) Kosten seines externen Effekts aufbürden. Im wirklichen Leben stößt eine derartige Bewirtschaftung auf das Problem einer adäquaten Umsetzung der Vereinbarungen. Die Ozeane sind von so großer

Ausdehnung, dass eine kontrollierte Durchsetzung der »freiwilligen« Beschränkung der Fischer unmöglich erscheint. Je unwahrscheinlicher eine Kontrolle für den einzelnen Fischer ist, umso reizvoller wird es für ihn, durch einen Verstoß gegen die Fangquote sein Einkommen zu erhöhen. Zudem müsste sichergestellt werden, dass nicht gleichzeitig »fremde« Fischer Zugang zu den eigenen Fischereigründen besitzen und keine anderweitigen negativen externen Effekte (Wasserverschmutzung, Fischkrankheiten, Tankerkatastrophen) auf den Fischbestand wirken.

c) Die Schaffung von Fischereizonen ermöglicht eine zukunftsorientierte Bewirtschaftung von Fischbeständen, da auf diese Weise Verantwortlichkeiten festgelegt und Eigentumsrechte definiert und vergeben werden. Es gilt von nun an (zumindest theoretisch) das Ausschlussprinzip. Jedes Land verfügt durch die Fischereizonen quasi über einen eigenen Fischbestand, dessen verantwortungsvolle Bewirtschaftung dem jeweiligen Land die knappe gesellschaftliche Ressource auch zukünftig erhält. Andere Staaten haben auf diesen Bestand keinen Zugriff mehr.

d) Werden einige Fischer durch staatliche Maßnahmen zu einer Erhöhung der Fangmenge veranlasst, so hat dies Rückwirkungen auf andere Fischer. Diese werden versuchen, im Wettlauf um Fangmengen mitzuhalten, und ihre Fangmengen wieder ausdehnen, aus Angst, am Ende mit leeren Händen dazustehen. Der Kreislauf des »overfishing« beginnt von neuem.

e) Die These steht in direktem Zusammenhang mit der Frage der Eigentumsrechte. Dem Farmer gehört das Land, das er bearbeitet. Er kann andere von der Nutzung seines Bodens ausschließen. Seine Entscheidungen über Sorten oder Anbaumengen betreffen nur ihn allein, er muss keine externen Effekte aus den Handlungen anderer erwarten. Wie ein Farmer mit seinem privaten Land weitsichtig und verantwortungsvoll umgeht, würde auch ein Fischer mit seiner Ressource Fischbestand umgehen, wenn über Exklusivrechte die Nutzung des Fischbestands durch andere ausschließbar wäre. Weitsicht und Nachhaltigkeit könnten so auf den Fischereisektor übertragen werden und eine Bestandsverringerung vermeiden.

f) Folgende politische Maßnahmen gegen das Überfischen wären denkbar:
   – Fangquoten
   – Zuchtförderung
   – Fangverbote
   – zeitlich begrenzte Fangerlaubnis
   – Besteuerung des Fischverkaufs
   – Prämienzahlungen für freiwillige Selbstbeschränkungen

7. Ist das Internet ein öffentliches Gut? Warum oder warum nicht?

Zur Klassifikation von Gütern greift man auf die Kriterien der Konkurrenz und der Ausschließbarkeit der Güternutzung zurück. Das Internet unterliegt nicht dem Konkurrenzprinzip. Die Nutzung des Internets durch eine Person lässt die Nutzung durch andere Personen (zumindest bis zu einer gewissen technischen Überlastungsgrenze) unberührt. Eine Vielzahl von Personen surft gleichzeitig durch das Internet. Allerdings unterliegt die Nutzung des Internets dem Ausschlussprinzip, da sie in der Regel kostenpflichtig ist. Nur gegen ein gewisses

Entgelt (entweder Call-by-Call oder Flatrate) kann jeder, der einen PC + Internetanschluss besitzt oder in ein Internetcafé geht, das Internet nutzen. Demnach erfüllt das Internet nicht die Charakteristika eines öffentlichen Guts, sondern des natürlichen Monopols.

8. **Leute mit hohem Einkommen zahlen mehr zur Vermeidung des Sterberisikos als Leute mit niedrigem Einkommen. Das sieht man z. B. an den Sicherheitseinrichtungen in Autos. Glauben Sie, dass Kosten-Nutzen-Analysen zur Bewertung staatlicher Projekte dies berücksichtigen sollten? Betrachten Sie eine reiche Stadt und eine arme Stadt bei der Installation von Ampelanlagen. Sollte die reiche Stadt in die Kosten-Nutzen-Analyse einen höheren Euro-Betrag für ein Menschenleben einsetzen? Warum oder warum nicht?**

Die Kosten-Nutzen-Analyse einer Ampelanlage fokussiert auf einer Gegenüberstellung der Kosten der Einrichtung der Ampel mit dem Nutzen von geretteten Menschenleben infolge einer höheren Verkehrssicherheit. Problematisch ist, inwieweit dem Kostenwert in Euro eine äquivalente Nutzengröße in Euro gegenübergestellt werden kann (Problem der kardinalen Nutzenmessung). Misst man den Nutzen einer gestiegenen Verkehrssicherheit (weniger Verkehrstote) im zu erwartenden Einkommensbetrag eines Menschenlebens, so sollte die Stadt der Leute mit höherem Einkommen einen höheren Geldwert für den Nutzen eines Menschenlebens in die Kosten-Nutzen-Analyse einsetzen. Eine derartige Vorgehensweise würde jedoch implizieren, dass das Leben eines Rentners oder eines Behinderten keinen Wert hätte.

Ein besseres Verfahren zur Bewertung von Menschenleben besteht darin, sich an der Risikobereitschaft der Menschen gegen Bezahlung bestimmter Beträge zu orientieren. Studien nach diesem methodischen Ansatz kommen zu Werten für ein Menschenleben von etwa € 10 Mio. Auf diese Weise vermeidet man den fehlerhaften Eindruck, dass dem Leben von Leuten mit hohen Einkommen aufgrund hoher Zahlungen zur Vermeidung des Sterberisikos ein höherer Wert in der Kosten-Nutzen-Analyse zugewiesen werden muss. Schließlich befähigt ein hohes Einkommen auch erst zu hohen Zahlungen zur Risikovermeidung.

Kapitel 12 Die Ausgestaltung des Steuersystems

Stichwörter

Budgetdefizit	Pauschalsteuer	horizontale Gerechtigkeit
Budgetüberschuss	Äquivalenzprinzip	proportionale Steuer
Durchschnittssteuersatz	Leistungsfähigkeitsprinzip	regressive Steuer
Grenzsteuersatz	vertikale Gerechtigkeit	progressive Steuer

Wiederholungsfragen

1. Ist der Staat im Laufe der letzten Jahrzehnte schneller oder langsamer gewachsen als der Rest der Wirtschaft?

Der Anteil der Staatseinnahmen, also der Einnahmen des Bundes, der Länder, der Gemeinden und der Parafisci (Sozialversicherung, Kirchen, berufsständische Organisationen – Kammern – u.Ä.), am Gesamteinkommen hat im Zeitablauf zunächst fast stetig zugenommen. Im Jahr 1970 lag er bei 26,7 % (ohne Sozialversicherung); 1995 waren es 48,1 %. Seitdem ist der Anteil der Staatseinnahmen am Gesamteinkommen wieder leicht zurückgegangen. Über die letzten 35 Jahre gesehen ist der Staat damit annähernd genauso schnell gewachsen wie der Rest der Wirtschaft (von 42,4 % Anteil im Jahr 1974 auf 42,2 % im Jahr 2005).

2. Welches sind die zwei wichtigsten Einnahmequellen des Bundes?

Knapp 85 % der Bundeseinnahmen entfallen auf Steuereinnahmen, bei denen die Lohn- und Einkommensteuer sowie die Umsatzsteuer die zwei wichtigsten Einnahmequellen bilden. Von großer Bedeutung ist auch die Mineralölsteuer. Da die Mineralölsteuer eine Bundessteuer ist, steht das Aufkommen aus der Mineralölsteuer allein dem Bund zu.

3. Warum ist die Last einer Steuer für die Steuerzahler größer als die vom Staat erzielten Einnahmen?

Steuern verursachen Zusatzlasten, da sie Anreize verzerren. Die Zusatzlast ist die Ineffizienz, die eine Steuer verursacht, wenn die Wirtschaftssubjekte Ressourcen lieber nach dem Anreiz durch die Steuer als nach den wahren Kosten und Nutzen der Güter und Dienste, die sie kaufen und verkaufen wollen, zuteilen.

4. Warum plädieren einige Ökonomen dafür, den Konsum anstelle des Einkommens zu besteuern?

Einige Ökonomen plädieren dafür, die durch die gegenwärtige Einkommensteuer verursachte Beeinträchtigung der Sparneigung (Besteuerung von Zinseinkommen) durch eine Änderung der Steuerbemessungsgrundlage zu beseitigen. Anstatt den Betrag des Einkommens zu besteuern, den die Menschen verdienen, könnte der Staat den Betrag besteuern, den die Menschen ausgeben. Nach diesem Vorschlag würde alles Einkommen, das gespart wird, erst dann besteuert werden, wenn die Ersparnisse später ausgegeben werden. Diese Konsumausgabensteuer verzerrt die Sparentscheidungen der Menschen nicht.

5. **Nennen Sie zwei Gründe, warum reiche Steuerzahler mehr Steuern zahlen sollten als arme Steuerzahler.**
   Das Äquivalenzprinzip: Nach dem Äquivalenzprinzip soll jeder Bürger Steuern entsprechend den aus den beanspruchten staatlichen Leistungen empfangenen Vorteilen zahlen. Dieses Prinzip versucht, öffentliche Güter mit privaten Gütern gleichzustellen. Reiche Bürger profitieren stärker von öffentlichen Leistungen (Polizeischutz, Rechtswesen) und sollten sich demzufolge auch mehr als Arme an den Kosten staatlicher Leistungen beteiligen.
   Das Leistungsfähigkeitsprinzip: Das Leistungsfähigkeitsprinzip besagt, dass jeder Bürger entsprechend seiner steuerlichen Leistungsfähigkeit an der Aufbringung des Steueraufkommens beteiligt werden soll. Wenn Steuern auf der Fähigkeit basieren, Steuern zu zahlen, dann sollten reiche Steuerzahler mehr zahlen als arme Steuerzahler.

6. **Worin besteht der Aspekt der horizontalen Gerechtigkeit, und warum ist sie schwer zu erreichen?**
   Horizontale Gerechtigkeit bedeutet, dass Steuerzahler mit gleicher steuerlicher Leistungsfähigkeit den gleichen Steuerbetrag zahlen sollen. Aber was bestimmt, ob die Leistungsfähigkeit zweier Steuerzahler gleich ist? Um zu beurteilen, ob ein Steuerrecht horizontal gerecht ist, muss man feststellen, welche Unterschiede für die steuerliche Leistungsfähigkeit relevant sind und welche nicht. Diese Frage ist nicht leicht zu beantworten. In der Praxis weist die deutsche Einkommensteuer eine Vielzahl spezieller Bestimmungen auf, die die Steuer eines Steuerzahlers in Abhängigkeit seiner besonderen Lebensumstände verändern.

Aufgaben und Anwendungen

1. **Die in den meisten Tabellen dieses Kapitels enthaltenen Informationen wurden der Fachserie 14, Finanzen und Steuern, Reihe 3.1, Rechnungsergebnisse des öffentlichen Gesamthaushalts, entnommen, die vom Statistischen Bundesamt jährlich herausgegeben wird. Beantworten Sie die folgenden Fragen unter Zuhilfenahme der neuesten Ausgabe der Fachserie aus Ihrer Bibliothek und ermitteln Sie einige Zahlen, um Ihre Antworten zu untermauern.**
   a) **Wie hat sich die Zusammensetzung der Staatseinnahmen insgesamt im Zeitablauf verändert? Hat die Lohn- und Einkommensteuer an Bedeutung gewonnen oder verloren? Wie verhält es sich mit der Umsatzsteuer?**
   b) **Wie hat sich die Struktur der Staatsausgaben insgesamt im Zeitablauf verändert? Wie hat sich der Anteil der Ausgaben für Soziale Sicherung an der Gesamtheit der öffentlichen Ausgaben entwickelt?**

a)

	Struktur der Steuereinnahmen (in Mrd. €, in jeweiligen Preisen)			Anteil am gesamten Steueraufkommen (in %)		
	1960	1975	2005	1960	1975	2005
Steuereinnahmen gesamt	34,07	123,13	451,14	100	100	100
davon Gemeinschaftsteuern						
Einkommen- und						
Körperschaftsteuer	12,49	57,00	154,27	36,66	46,29	34,20
Umsatzsteuer	8,26	18,26	139,21	24,24	14,83	30,86
davon Bundessteuern						
Mineralölsteuer	1,36	8,75	40,10	3,99	7,11	8,89
Tabaksteuer	1,81	4,54	14,27	5,31	3,69	3,16
davon Ländersteuern						
Kraftfahrzeugsteuern	0,75	2,71	8,67	2,20	2,20	1,92
Grunderwerbsteuern	0,08	0,34	4,78	0,23	0,28	1,06
davon Gemeindesteuern						
Grundsteuer	0,83	2,12	8,78	2,44	1,72	1,95
Gewerbesteuer	3,80	9,15	29,13	11,15	7,43	6,46
davon Zölle	1,42	1,66	2,43	4,17	1,35	0,54

Quelle: Statistisches Bundesamt, Fachserie 14, Reihe 3.1

Die Zuteilung der Steuerarten für 1960 wurde analog zu den anderen Jahren vorgenommen, obwohl diese Verteilung erst mit der Reform der Finanzverfassung 1969 eingeführt wurde. Im Zeitablauf beobachtet man eine stetige Zunahme im Aufkommen aller Steuerarten. Während die Umsatzsteuer sowie die Mineralölsteuer deutlich an Bedeutung gewonnen haben, ist der Anteil der Einkommen- und Körperschaftsteuer am Steueraufkommen nach einem zwischenzeitlichen Anstieg wieder auf dem Niveau von 1960 angekommen. Die Bedeutung der Tabaksteuer sowie der Gewerbesteuer hat dagegen im Zeitraum von 1960–2005 stark abgenommen. Zölle besitzen für die Einnahmen der öffentlichen Hand faktisch keine Bedeutung mehr.

c)

	Zeitliche Entwicklung der Ausgabenstruktur (in Mrd. €, in jeweiligen Preisen)			Anteil an den Gesamtausgaben (in %)		
	1960	1975	2005	1960	1975	2005
Ausgaben insgesamt	33,06	269,57	1.002,24	100	100	100
davon:						
Verteidigung	4,33	16,54	23,71	13,09	6,14	2,37
öffentliche Sicherheit und						
Ordnung	1,32	7,80	21,41	4,00	2,89	2,14
Schulen, Hochschulen	2,84	27,69	78,03	8,60	10,27	7,70

	Zeitliche Entwicklung der Ausgabenstruktur (in Mrd. €, in jeweiligen Preisen)			Anteil an den Gesamtausgaben (in %)		
	1960	1975	2005	1960	1975	2005
Wissenschaft und Forschung	0,25	2,99	9,33	0,77	1,11	0,93
Soziale Sicherung	7,90	127,17	570,65	23,90	47,18	56,94
Gesundheit, Sport, Erholung	1,30	11,23	14,72	3,93	4,16	1,47
Wirtschaftsförderung	2,38	8,88	25,73	7,20	3,29	2,57
Verkehr, Nachrichtenwesen	2,37	12,10	22,64	7,16	4,49	2,26

Quelle: Statistisches Bundesamt, Fachserie 14, Reihe 3.1

Die obige Tabelle zeigt die Entwicklung der Staatsausgaben für typische Aufgaben der öffentlichen Hand. Auch hier ist für jede Ausgabenart ein absoluter Anstieg zu verzeichnen. Es zeigt sich jedoch, dass sich der Anteil der Ausgaben für Soziale Sicherung an der Gesamtheit der öffentlichen Ausgaben mehr als verdoppelt hat, während beispielsweise die Verteidigungsausgaben stark an Bedeutung verloren haben.

2. **In diesem Kapitel wurde festgestellt, dass in Deutschland die Zunahme der älteren Bevölkerung diejenige der Gesamtbevölkerung übersteigt. Insbesondere sinkt die Zahl der Arbeitnehmer langsam, während die Zahl der Rentner schnell zunimmt. Angenommen, im Rahmen einer politischen Diskussion wäre mit Blick auf die Zukunft der sozialen Sicherung der Vorschlag gemacht worden, die Rentenversicherung »einzufrieren«.**

   a) **Wenn die Gesamtheit der Rentenzahlungen auf dem heutigen Niveau eingefroren würde, was würde das für die Rentenzahlung je Rentner in Zukunft bedeuten? Wie würde sich der Beitrag zur Rentenversicherung je Arbeitnehmer entwickeln?**

   b) **Wenn die Rentenzahlung je Rentner eingefroren würde, wie würde sich die Gesamtheit der Rentenzahlungen entwickeln? Wie der Beitrag zur Rentenversicherung je Arbeitnehmer?**

   c) **Wenn der Beitrag zur Rentenversicherung je Arbeitnehmer eingefroren würde, was würde das für die Gesamtheit der Rentenzahlungen in Zukunft bedeuten? Was für die Rentenzahlung je Rentner?**

   d) **Was implizieren Ihre Antworten auf die Teilfragen a), b) und c) im Hinblick auf die schwierigen Entscheidungen, denen sich Politiker gegenübersehen?**

   a) Wenn die Gesamtheit der Rentenzahlungen auf dem heutigen Niveau eingefroren würde, verringern sich die Zahlungen je Rentner in der Zukunft infolge der steigenden Zahl an Rentenempfängern. Bei einer gleichzeitig sinkenden Arbeitnehmerzahl erhöht sich der Beitrag zur Rentenversicherung je Arbeitnehmer.

   b) Werden die Rentenzahlungen je Rentner eingefroren, steigt die Gesamtheit der Rentenzahlungen. Bei einer sinkenden Zahl an Arbeitnehmern und wachsenden Rentenausgaben müsste der Beitrag je Arbeitnehmer sehr stark ansteigen.

c) Wenn der Beitrag zur Rentenversicherung je Arbeitnehmer eingefroren wird, verringert sich die Gesamtheit der Rentenzahlungen mit abnehmender Arbeitnehmerzahl. Durch den zusätzlichen Anstieg der Zahl der Rentner würde die Rentenzahlung je Rentner stark sinken.

d) Die Politiker stehen angesichts einer steigenden Zahl an zukünftigen Rentenempfängern und einer sinkenden Zahl an zukünftigen Beitragszahlern vor der schwierigen Entscheidung, entweder Rentenempfänger oder Beitragszahler (im Extremfall sogar beide) schlechter zu stellen, Erstere durch eine Kürzung der Rentenzahlungen und Letztere durch eine Anhebung der Rentenbeiträge.

3. **Erklären Sie, wie sich die folgenden Merkmale des Steuerrechts auf das Verhalten einer Person auswirken:**

   a) **Spenden für wohltätige Zwecke sind steuerlich absetzbar.**

   b) **Der Umsatz von Bier wird besteuert.**

   c) **Zinsen, die ein Hausbesitzer auf seine Hypothek zahlt, sind steuerlich absetzbar.**

   d) **Realisierte Kapitalerträge werden besteuert, aufgelaufene Kapitalerträge hingegen nicht. (Wenn jemand Aktien besitzt, die im Wert gestiegen sind, hat er einen »aufgelaufenen« Kapitalertrag. Wenn er die Aktien verkauft, hat er einen »realisierten« Kapitalertrag.)**

   a) Die steuerliche Absetzbarkeit von Spenden für wohltätige Zwecke erhöht die Spendenneigung.

   b) Eine Umsatzbesteuerung von Bier erhöht den Bierpreis und verringert so den Bierkonsum, es sei denn, Angebot oder Nachfrage nach Bier wären vollkommen preisunelastisch.

   c) Die steuerliche Absetzbarkeit von Hypothekenzinsen fördert die Hypothekenaufnahme.

   d) Die Besteuerung realisierter Kapitalerträge schränkt den Aktienhandel ein.

4. **Stellen Sie sich vor, die Umsatzsteuer wird von 19 auf 38 % angehoben. Ein Steuerpolitiker prognostiziert einen Anstieg des Aufkommens aus der Umsatzsteuer um 100 %. Ist das plausibel? Begründen Sie Ihre Antwort.**

   Aus einer Anhebung der Umsatzsteuer von 19 auf 38 % (Erhöhung *um* 100 %) resultiert nur dann eine Steigerung des Steueraufkommens um 100 %, wenn die gehandelten Mengen konstant bleiben. Die Umsatzsteuererhöhung bewirkt jedoch einen Preisanstieg, der nur im Fall einer vollkommen preisunelastischen Nachfrage nicht mit einer Mengenreduktion einhergeht.

5. **Klassifizieren Sie jede der nachfolgenden Formen der Finanzierung als Beispiel für das Äquivalenzprinzip oder das Leistungsfähigkeitsprinzip:**

   a) **In vielen Nationalparks zahlen die Besucher Eintrittsgeld.**

   b) **Die Grund- und weiterführenden Schulen in einer Gemeinde werden aus dem Grundsteueraufkommen der Gemeinde finanziell unterstützt.**

   c) **Ein Flughafen-Treuhandvermögen nimmt Steuern für jeden verkauften Flugschein ein und verwendet das Geld für die Verbesserung der Flughäfen und der Luftverkehrsüberwachung.**

a) Äquivalenzprinzip

b) Leistungsfähigkeitsprinzip

c) Äquivalenzprinzip

6. Ein Steuertarif weist zwei Arten von Steuersätzen auf – Durchschnittssteuersätze und Grenzsteuersätze.

a) Der Durchschnittssteuersatz ist definiert als Verhältnis von Steuerbetrag
zu Einkommen. Betrachten Sie die in Tabelle 12-8 dargestellte proportio-
nale Einkommensteuer. Wie hoch sind die Durchschnittssteuersätze bei
einem Einkommen von € 50.000, € 100.000 und € 200.000? Wie hoch sind
die entsprechenden Durchschnittssteuersätze im Falle der regressiven bzw.
progressiven Einkommensteuer?

b) Der Grenzsteuersatz ist definiert als Verhältnis zwischen einer marginalen Veränderung des Steuerbetrags und der sie auslösenden marginalen
Veränderung des Einkommens. Berechnen Sie den Grenzsteuersatz für
den Fall der proportionalen Einkommensteuer, wenn sich das Einkommen von € 50.000 auf € 100.000 erhöht. Wie hoch ist der Grenzsteuersatz,
wenn sich das Einkommen von € 100.000 auf € 200.000 erhöht? Berechnen
Sie die entsprechenden Grenzsteuersätze für den Fall der regressiven bzw.
progressiven Einkommensteuer.

c) Beschreiben Sie das Verhältnis zwischen Durchschnittssteuersätzen und
Grenzsteuersätzen für jeden der drei Typen einer Einkommensteuer. Welcher Steuersatz ist im Allgemeinen relevant für jemanden, der entscheiden muss, ob er einen Job annimmt, bei dem die Bezahlung nur geringfügig höher liegt als bei seinem derzeitigen Job? Welcher Steuersatz ist relevant für die Beurteilung der vertikalen Gerechtigkeit einer Einkommensteuer?

a)

	Steuerschuld bei einer		
Einkommen	Proportionalen Steuer	Regressiven Steuer	Progressiven Steuer
€ 50.000	€ 12.500	€ 15.000	€ 10.000
€ 100.000	€ 25.000	€ 25.000	€ 25.000
€ 200.000	€ 50.000	€ 40.000	€ 60.000

	Durchschnittssteuersatz bei einer		
Einkommen	Proportionalen Steuer	Regressiven Steuer	Progressiven Steuer
€ 50.000	25 %	30 %	20 %
€ 100.000	25 %	25 %	25 %
€ 200.000	25 %	20 %	30 %

b)

Einkommens-steigerung von	Grenzsteuersatz bei einer		
	Proportionalen Steuer	Regressiven Steuer	Progressiven Steuer
€ 50.000 auf € 100.000	25 %	20 %	30 %
€ 100.000 auf € 200.000	25 %	15 %	35 %

c) Der erste Steuertyp wird als proportional bezeichnet, da unabhängig von der Einkommenshöhe der gleiche Anteil des Einkommens als Steuerbetrag gezahlt werden muss. Grenz- und Durchschnittssteuersatz sind in diesem Fall identisch. Der zweite Steuertyp ist regressiv, da Steuerzahler mit höherem Einkommen einen geringeren Anteil ihres Einkommens an Steuern zahlen. Der Durchschnittssteuersatz liegt demzufolge über dem Grenzsteuersatz. Der dritte Steuertyp wirkt dagegen progressiv, da Steuerzahler mit hohem Einkommen einen wachsenden Anteil ihres Einkommens an Steuern zahlen, sodass der Grenzsteuersatz stets größer als der Durchschnittssteuersatz ist.

Für die Annahme eines neuen Jobs aufgrund einer geringfügig höheren Bezahlung ist der Grenzsteuersatz entscheidend, da dieser bestimmt, welcher Steuerbetrag auf das zusätzliche Einkommen zu entrichten ist. Für die Beurteilung der vertikalen Gerechtigkeit einer Einkommensteuer ist der Durchschnittssteuersatz von Bedeutung, da er über den Anteil der Steuerzahlung am Gesamteinkommen den zu leistenden Steuerbetrag determiniert.

7. Wie lässt sich mit Blick auf die Effizienz eine Besteuerung der Konsumausgaben anstelle des Einkommens rechtfertigen? Stellen Sie sich vor, die Bundesrepublik Deutschland würde eine Konsumausgabensteuer einführen. Würde das deutsche Steuersystem dadurch mehr oder weniger progressiv werden? Begründen Sie Ihre Antwort.

Der Übergang zu einer Besteuerung von Konsumausgaben kann Nettowohlfahrtsverluste einer Einkommensbesteuerung korrigieren, die aus einer Beeinträchtigung der Spareigung aufgrund der Besteuerung von Zinseinkommen resultieren. Besteuert der Staat die Konsumausgaben, unterliegen Zinseinkommen erst im Falle einer konsumtiven Verausgabung der Steuer. Werden Zinseinkommen dagegen wieder gespart, bleiben sie steuerfrei. Ineffizienzen einer Verzerrung der Sparentscheidungen durch die Einkommensteuer können auf diese Weise vermieden werden. Da der Anteil der Konsumausgaben am Einkommen jedoch mit wachsendem Einkommen sinkt, würde eine Berücksichtigung der steuerlichen Leistungsfähigkeit eine weitaus progressivere Ausgestaltung des deutschen Steuersystems erfordern.

8. **In Deutschland ist gesetzlich festgelegt, dass die Sozialversicherungsbeiträge je zur Hälfte von Arbeitgeber und Arbeitnehmer zu zahlen sind. Bringt diese gesetzliche Aufteilung die wahre Inzidenz dieser Beiträge zum Ausdruck? Begründen Sie Ihre Antwort.**

   Durch die gesetzliche Aufteilung kommt die tatsächliche Lastverteilung der Sozialversicherungsbeiträge nicht zum Ausdruck. Der Arbeitgeberanteil zur Sozialversicherung verteuert für den Unternehmer den Produktionsfaktor Arbeit. Seine Nachfrage nach Arbeitskräften geht zurück und verursacht einen Lohnrückgang, den die Arbeiternehmer tragen müssen. Auf diese Weise wälzt der Arbeitgeber einen Teil seiner Last auf die Arbeitnehmer ab.

9. **Wenn ein Geschäftsmann einen Kunden zum Essen einlädt, ist ein Teil der Kosten des Essens für sein Unternehmen als Betriebsausgabe steuerlich absetzbar. In der Öffentlichkeit wird zum Teil die Ansicht vertreten, dass dieses Merkmal des Steuerrechts überwiegend reichen Geschäftsleuten zugute komme und daher beseitigt werden solle. Erklären Sie, warum dieses Argument jedoch mehr Widerstand bei den Gaststätten und Restaurants hervorruft als bei den Unternehmen selbst.**

   Eine Abschaffung der steuerlichen Absetzbarkeit von Geschäftsessen betrifft unmittelbar Gaststätten und Restaurants. Die Unternehmer werden ihre Nachfrage nach Restaurantbesuchen aufgrund der gestrichenen Steuervergünstigungen (drastisch) reduzieren. In Anbetracht eines sehr unelastischen Angebots (fixe Zahl an Restaurants und Gaststätten) verursacht dieser Nachfragerückgang drastische Umsatz- und Einkommenseinbrüche bei Gaststätten und Restaurants. Die Unternehmer profitieren von fallenden Preisen und könnten (in Abhängigkeit der genauen Preiselastizität des Angebots) die (finanziellen) Nachteile einer Nichtabsetzbarkeit von Geschäftsessen möglicherweise vollständig auf die Restaurantbesitzer abwälzen.

TEIL V Unternehmensverhalten und Organisation

Kapitel 13 Die Produktionskosten

Stichwörter

Erlös, Gesamterlöse	effiziente Produktmenge
Kosten, Gesamtkosten	Grenzkosten
Gewinn	explizite Kosten
Produktionsfunktion	implizite Kosten
Grenzprodukt	zunehmende Skalenerträge
abnehmendes Grenzprodukt	(economies of scale)
fixe Kosten	abnehmende Skalenerträge
variable Kosten	(diseconomies of scale)
durchschnittliche Gesamtkosten	konstante Skalenerträge
durchschnittliche fixe Kosten	(constant returns to scale)
durchschnittliche variable Kosten	

Wiederholungsfragen

1. **Welcher Zusammenhang besteht zwischen den Erlösen, dem Gewinn und den Kosten einer Unternehmung?**
   Der Erlös ist der Geldbetrag, den eine Unternehmung für den Verkauf ihrer Produktionsmenge erhält. Die Kosten sind der Geldbetrag, den eine Unternehmung für den Einkauf der produktionsnotwendigen Faktoreinsätze bezahlt. Der Gewinn einer Unternehmung berechnet sich aus dem Gesamterlös minus den Gesamtkosten der Produktion.

2. **Bilden Sie ein Beispiel für Opportunitätskosten, die ein Buchhalter nicht als Kosten rechnet. Warum wird der Buchhalter diese Kosten außer Acht lassen?**
   Der Buchhalter berücksichtigt lediglich explizite Kosten und vernachlässigt dagegen oft implizite Kosten. Ein Beispiel sind Kapitalkosten als Opportunitätskosten einer anderen Kapitalverwendung, die weder als einfließende noch als ausfließende Geldströme vom Buchhalter zu verfolgen und festzuhalten sind.

3. Definieren Sie Gesamtkosten, durchschnittliche Gesamtkosten und Grenz-kosten. Wie hängen die Begriffe zusammen?

Die Gesamtkosten messen den Geldbetrag, den eine Unternehmung für den Einkauf der produktionsnotwendigen variablen und fixen Faktoreinsätze bezahlt. Dividiert man die Gesamtkosten durch die hergestellte Produktionsmenge, so erhält man die durchschnittlichen Gesamtkosten. Grenzkosten beziffern die Zunahme der Gesamtkosten für die Herstellung einer zusätzlichen Produktionseinheit.

4. Zeichnen Sie die Kurven der Grenzkosten und der Durchschnittskosten für eine typische, normale Unternehmung. Geben Sie Erklärungen zu den Verlaufsformen und zum Schnittpunkt der Kurven.

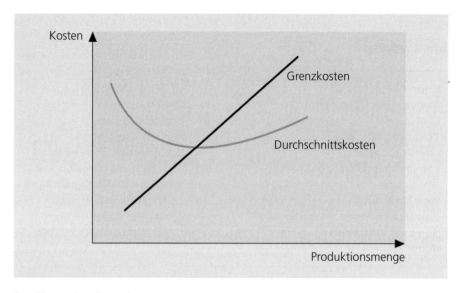

Die Kurve der Grenzkosten besitzt infolge eines abnehmenden Grenzprodukts in der Produktion einen monoton steigenden Verlauf. Die Kurve der Durchschnittskosten verläuft dagegen u-förmig. Die durchschnittlichen Kosten ergeben sich als Summe der durchschnittlichen fixen Kosten und der durchschnittlichen variablen Kosten. Die durchschnittlichen fixen Kosten sinken stetig mit zunehmender Produktionsmenge, da sich die Fixkosten auf eine immer größere Anzahl von Kostenträgern verteilen. Die durchschnittlichen variablen Kosten steigen mit zunehmender Produktionsausdehnung an, wenn das Grenzprodukt sinkt. Beide Kostenverläufe spiegeln sich in den gesamten Durchschnittskosten wider. Bei einem geringen Produktionsniveau sind die Durchschnittskosten infolge des starken Einflusses der Fixkosten hoch, die sich nur auf wenige Produktionseinheiten verteilen. Mit der Produktionsausdehnung sinken die Durchschnittskosten. Ab einem bestimmten Produktionsniveau steigen die Durchschnittskosten wieder an, da die variablen Durchschnittskosten in Relation zu den sinkenden fixen Durchschnittskosten überproportional zunehmen. Die Grenzkostenkurve schneidet die Durchschnittskostenkurve in ihrem Minimum bei der effizienten Produktionsmenge (Betriebsoptimum).

5. **Inwiefern und warum unterscheiden sich kurzfristige und langfristige Durchschnittskostenkurven einer Unternehmung?**

Da zahlreiche Kostenarten kurzfristig fix und langfristig variabel sind, unterscheiden sich die kurzfristigen und die langfristigen Kostenkurven der Unternehmungen. Kurzfristige und langfristige Kurven sind jedoch systematisch verknüpft. Die langfristige Kurve der Durchschnittskosten bildet eine sehr viel flachere u-förmige Kurve als die kurzfristige Kurve der Durchschnittskosten und liegt unterhalb dieser. Dies folgt aus der größeren Flexibilität, die Unternehmungen auf lange Sicht haben. Wenn die langfristigen Durchschnittskosten bei Ausdehnung der Betriebsgröße und der Produktionskapazitäten sinken, spricht man von *economies of scale* oder zunehmenden Skalenerträgen. Abnehmende Skalenerträge oder *diseconomies of scale* liegen vor, wenn die langfristigen Durchschnittskosten bei Erweiterungen der Betriebsgröße ansteigen. Sofern die langfristigen Durchschnittskosten nicht mit Betriebsgröße und Produktionskapazität variieren, gelten konstante Skalenerträge (*constant returns to scale*).

6. **Was versteht man unter zunehmenden und abnehmenden Skalenerträgen? Wodurch können zunehmende und abnehmende Skalenerträge zu Stande kommen?**

Wenn die langfristigen Durchschnittskosten einer Unternehmung bei Ausdehnung der Produktionskapazitäten sinken, dann spricht man von zunehmenden Skalenerträgen (economies of scale). Steigen die langfristigen Durchschnittskosten bei einer Erweiterung der Betriebsgröße dagegen an, so spricht man von abnehmenden Skalenerträgen (diseconomies of scale).

Zunehmende Skalenerträge können sich dadurch ergeben, dass moderne Produktionsanlagen eine bestimmte Produktionsmenge mit einem hohen Spezialisierungsgrad erfordern. Bei kleinen Produktionszahlen können die Kostenvorteile der modernen Produktionsverfahren nicht genutzt werden, sodass die Durchschnittskosten höher sind. Abnehmende Skalenerträge können aus Koordinierungsproblemen erwachsen, die in jeder großen Organisation auftreten. Je größer die Produktionszahlen, umso größer werden Management und »Verwaltungswasserkopf« der Unternehmung und somit auch die Durchschnittskosten.

Aufgaben und Anwendungen

1. **Mehrere Kostenbegriffe wurden bisher verwendet: Opportunitätskosten, Gesamtkosten, Fixkosten, variable Kosten, durchschnittliche Gesamtkosten oder Durchschnittskosten, Grenzkosten. Ergänzen Sie bitte die nachfolgenden Sätze mit den passenden Begriffen:**
   a) **Die wahren Kosten einer Aktivität sind die ....**
   b) **Die .... fallen, wenn die Grenzkosten darunter liegen, und steigen, wenn die Grenzkosten höher sind.**
   c) **Eine von der Produktionsmenge unbeeinflusste Kostenart gehört zu den ....**

d) **Bei der Eiscremeherstellung enthalten .... kurzfristig die Kosten für Zucker und Milch, aber nicht Gebäude- und Maschinenkosten.**

e) **Der Gewinn ist gleich den Gesamterlösen minus ....**

f) **Die Kosten der Herstellung einer zusätzlichen Produkteinheit nennt man ....**

a) Opportunitätskosten

b) Durchschnittskosten

c) Fixkosten

d) variable Kosten

e) Gesamtkosten

f) Grenzkosten

2. **Ihre Tante trägt sich mit dem Gedanken, ein Geschäft für PC-Hardware zu eröffnen. Sie schätzt, dass sie pro Jahr € 500.000 Umsatz haben muss, um die Geschäftsräume anzumieten und den Warenbestand zu halten. Dabei müsste sie ihre Stelle als Buchhalterin mit einem Jahresgehalt von € 50.000 aufgeben.**

   a) **Definieren Sie den Begriff der Opportunitätskosten.**

   b) **Wie hoch sind die Opportunitätskosten Ihrer Tante für den Betrieb des PC-Ladens? Sollte Ihre Tante das Geschäft eröffnen, wenn der Jahresumsatz mit € 510.000 prognostiziert wird?**

   a) Die Kosten eines Guts bestehen in dem, was man für den Erwerb eines Guts aufgibt. Die Opportunitätskosten einer Einheit setzen sich aus allem zusammen, was dem Erwerb der Einheit als Verzicht vorausgeht.

   b) Die Opportunitätskosten für den Betrieb des PC-Ladens betragen € 550.000. Wird der Jahresumsatz auf € 510.000 prognostiziert, sollte die Tante bei Opportunitätskosten von € 550.000 das Geschäft nicht eröffnen, da die Erlöse die Opportunitätskosten nicht decken.

3. **Ein professioneller Fischer stellt den folgenden Zusammenhang zwischen der Fangmenge und der beim Fischen verbrachten Zeit fest:**

Stunden	Fangmenge an Fischen (Kilogramm)
0	0
1	10
2	18
3	24
4	28
5	30

   a) **Wie hoch ist das Grenzprodukt einer aufgewandten Stunde?**

   b) **Fertigen Sie eine Zeichnung zur Produktionsfunktion des Fischers an und erklären Sie die Verlaufsform.**

   c) **Der Fischer hat fixe Kosten von € 20 und Opportunitätskosten von € 10 pro Stunde. Wie sieht die Gesamtkostenkurve aus?**

a)

Stunden	Fangmenge in kg	Grenzprodukt in kg
0	0	
1	10	10
2	18	8
3	24	6
4	28	4
5	30	2

b)

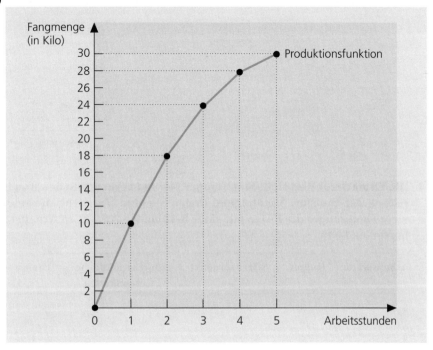

Die Kurve der Produktionsfunktion verläuft bei höherem Arbeitseinsatz flacher, was auf eine Abnahme des Grenzprodukts schließen lässt.

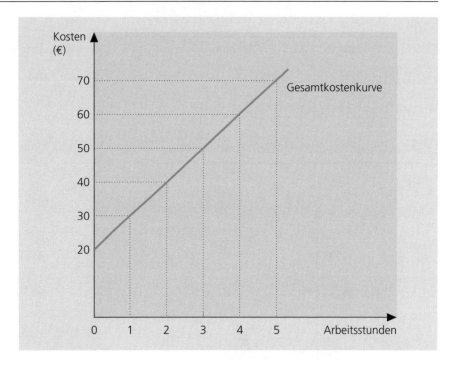

4. Die Firma StaubWeg stellt Staubsauger her und verkauft sie den Kunden direkt an der Haustür. Nachfolgend finden Sie eine Übersicht, die zeigt, wie viele Staubsauger die Firma mit einer bestimmten Anzahl an Arbeitskräften herstellen kann.

Arbeitskräfte	Output	Grenzprodukt	Durchschnittliche Gesamtkosten	Grenzkosten
0	0			
1	20			
2	50			
3	90			
4	120			
5	140			
6	150			
7	155			

a) Tragen Sie die fehlende Werte in die Spalte »Grenzprodukt« ein. Welchen Verlauf des Grenzprodukts können Sie erkennen? Wie könnte man diesen Verlauf erklären?

b) Eine Arbeitskraft koste € 100 pro Tag, und die Firma habe fixe Kosten in Höhe von € 200. Berechnen Sie auf der Grundlage dieser Informationen die durchschnittlichen Gesamtkosten. Welchen Verlauf können Sie erkennen?

c) Nun ergänzen Sie die fehlenden Werte in der Tabelle für die Grenzkosten. Welchen Verlauf können Sie erkennen?

d) Vergleichen Sie die Werte in der Spalte »Grenzprodukt« mit den Werten in der Spalte »Grenzkosten« und den Werten in der Spalte »Durchschnittliche Gesamtkosten«. Erklären Sie die Zusammenhänge.

a) bis c)

Arbeitskräfte	Output	Grenzprodukt	Gesamtkosten	Durchschnittliche Gesamtkosten	Grenz-kosten
0	0	0	200	–	–
1	20	20	300	15	5
2	50	30	400	8	3,3
3	90	40	500	5,6	2,5
4	120	30	600	5	3,3
5	140	20	700	5	5
6	150	10	800	5,3	10
7	155	5	900	5,8	20

Bis zu einem Einsatz von drei Arbeitskräften nimmt das Grenzprodukt zu. Werden mehr als drei Arbeitskräfte in der Produktion eingesetzt, so nimmt das Grenzprodukt ab. Dieser Verlauf lässt sich möglicherweise dadurch erklären, dass die Staubsaugerproduktion ein kleines Team an Arbeitskräften erfordert, damit die Arbeitsteilung gut funktioniert und auf diese Weise Produktivitätssteigerungen realisiert werden können.

Durchschnittliche Gesamtkosten = (Fixe Kosten + Kosten pro Arbeitskraft × Anzahl Arbeitskräfte) / Output

Die durchschnittlichen Gesamtkosten weisen einen u-förmigen Verlauf auf.

Grenzkosten = Änderung der Gesamtkosten / Outputänderung

Auch die Grenzkosten weisen einen u-förmigen Verlauf auf.

d) Die Entwicklung des Grenzprodukts und der durchschnittlichen Gesamtkosten verläuft spiegelbildlich. Die Kombination zunehmender und abnehmender Grenzprodukte führt zu einem u-förmigen Verlauf der Durchschnittskostenkurve. Zunächst geht die Produktion von Staubsaugern mit einem zunehmenden Grenzprodukt einher, und die Grenzkostenkurve fällt. Werden mehr als drei Arbeitskräfte eingesetzt, ist ein abnehmendes Grenzprodukt zu verzeichnen und die Grenzkostenkurve steigt. Die Kombination zunehmender und abnehmender Grenzprodukte führt ebenfalls zu einem u-förmigen Verlauf der Durchschnittskostenkurve.

Der Verlauf der Grenzkosten beeinflusst den Verlauf der durchschnittlichen Gesamtkosten. Solange die Grenzkosten niedriger sind als die Durchschnittskosten (Anzahl der Arbeitskräfte < 5), fallen die Durchschnittskosten. Wo die Grenzkosten höher sind als die Durchschnittskosten (Anzahl der Arbeitskräfte > 5), steigen die Durchschnittskosten an.

5. Studieren Sie die nachfolgenden Informationen zu den Kosten einer Pizzeria:

Q (Dutzend Stück)	Gesamtkosten (€)	Variable Kosten (€)
0	300	0
1	350	50
2	390	90
3	420	120
4	450	150
5	490	190
6	540	240

a) **Wie hoch sind die fixen Kosten der Pizzeria?**
b) **Entwerfen Sie eine Tabelle, in der Sie nach den Zahlenangaben die Grenzkosten pro Dutzend kalkulieren. Geben Sie Erläuterungen dazu.**

a) Die fixen Kosten für eine Pizza betragen € 300.

b)

Menge Q (Dutzend Stück)	Gesamtkosten (€)	Variable Kosten (€)	Grenzkosten (€)
0	300	0	–
1	350	50	50
2	390	90	40
3	420	120	30
4	450	150	30
5	490	190	40
6	540	240	50

Die Pizzaproduktion zeigt erst ein ansteigendes und dann ein abnehmendes Grenzprodukt, sodass die Grenzkosten mit zunehmender Produktionsmenge zunächst sinken und ab einer Produktionsmenge von 5 Stück steigen.

6. Ihrer Kusine Bärbel gehört ein Malergeschäft mit fixen Kosten von insgesamt € 200 und diesen variablen Kosten:

	Gemalerte Wohnungen pro Monat						
	1	2	3	4	5	6	7
Variable Kosten (€)	10	20	40	80	160	320	640

Berechnen Sie die durchschnittlichen fixen Kosten, die durchschnittlichen variablen Kosten und die durchschnittlichen Gesamtkosten für jede Produktionsmenge. Welches ist die effiziente Betriebsgröße des Malergeschäfts?

Gemalerte Wohnungen	Fixe Kosten (€)	Variable Kosten (€)	Gesamtkosten (€)	Grenzkosten (€)
1	200	10	210	10
2	200	20	220	10
3	200	40	240	20
4	200	80	280	40
5	200	160	360	80
6	200	320	520	160
7	200	640	840	320

Gemalerte Wohnungen	Durchschnittliche fixe Kosten (€ je Wohnung)	Durchschnittliche variable Kosten (€ je Wohnung)	Durchschnittliche Gesamtkosten (€ je Wohnung)
1	200,00	10,00	210,00
2	100,00	10,00	110,00
3	66,67	13,33	80,00
4	50,00	20,00	70,00
5	40,00	32,00	72,00
6	33,33	53,33	86,66
7	28,57	91,43	120,00

Die effiziente Betriebsgröße liegt im Minimum der Durchschnittskosten bei 4 Wohnungen.

7. Eine Naturkost-Bar hat folgende Kosten für ihre großen Mixgetränke:

Q (Anzahl Mixgetränke)	Variable Kosten (€)	Gesamtkosten (€)
0	0	30
1	10	40
2	25	55
3	45	75
4	70	100
5	100	130
6	135	165

a) Berechnen Sie die durchschnittlichen variablen Kosten, die durchschnittlichen Gesamtkosten und die Grenzkosten für jede Menge.

b) Zeichnen Sie alle drei Kurven. Wie ist der Zusammenhang zwischen der Grenzkostenkurve und der Durchschnittskostenkurve, zwischen der Kurve der Grenzkosten und der Kurve der durchschnittlichen variablen Kosten? Erläutern Sie die Sachverhalte.

a)

Anzahl der Getränke	Variable Kosten (€)	Gesamt- Kosten (€)	Durchschnittliche variable Kosten (€ je Getränk)	Durchschnittliche Gesamtkosten (€ je Getränk)	Grenzkosten (€)
0	0	30	–	–	–
1	10	40	10,00	40,00	10,00
2	25	55	12,50	27,50	15,00
3	45	75	15,00	25,00	20,00
4	70	100	17,50	25,00	25,00
5	100	130	20,00	26,00	30,00
6	135	165	22,50	27,50	35,00

b)

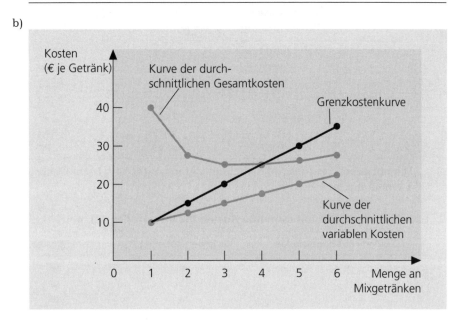

Liegen die Grenzkosten unterhalb der Durchschnittskosten, so führt dies zu fallenden Durchschnittskosten. Sind die Kosten einer zusätzlichen Produktionseinheit größer als die durchschnittlichen Kosten der bisherigen Produktionsmenge, steigen die Durchschnittskosten an. Die Grenzkostenkurve schneidet die Durchschnittskostenkurve in ihrem Minimum. Aufgrund abnehmender Grenzprodukte verläuft die Kurve der durchschnittlichen variablen Kosten unterhalb der Grenzkostenkurve, da die nächste produzierte Einheit immer teurer ist als die vorhergehende.

8. **Betrachten Sie die folgende Tabelle der langfristigen Gesamtkosten von drei Unternehmungen:**

Mengen	1	2	3	4	5	6	7
Firma A	€ 60	€ 70	€ 80	€ 90	€ 100	€ 110	€ 120
Firma B	€ 11	€ 24	€ 39	€ 56	€ 75	€ 96	€ 119
Firma C	€ 21	€ 34	€ 49	€ 66	€ 85	€ 106	€ 129

Sind bei jeder der drei Unternehmungen zunehmende oder abnehmende Skalenerträge festzustellen?

Wenn die langfristigen Durchschnittskosten bei Ausdehnung der Betriebsgröße und der Produktionskapazität sinken, spricht man von zunehmenden Skalenerträgen, steigen die Durchschnittskosten dagegen langfristig an, liegen abnehmende Skalenerträge vor.

	Durchschnittskosten (€ je Stück) bei einer Produktionsmenge von						
	1	2	3	4	5	6	7
Firma A	60,00	35,00	26,66	22,50	20,00	18,33	17,14
Firma B	11,00	12,00	13,00	14,00	15,00	16,00	17,00
Firma C	21,00	17,00	16,33	16,50	17,00	17,66	18,43

Für die Firma A liegen zunehmende, für die Firma B abnehmende Skalenerträge vor. Für die Firma C liegen zunächst zunehmende, später jedoch abnehmende Skalenerträge vor.

Kapitel 14 Unternehmungen in Märkten mit Wettbewerb

Stichwörter

Wettbewerbsmarkt, Konkurrenzmarkt Markt mit vollständiger Konkurrenz Sunk Costs (versunkene Kosten)	Durchschnittserlös Grenzerlös

Wiederholungsfragen

1. **Wie ist die Situation einer Unternehmung auf einem Markt mit vollständiger Konkurrenz?**

   Auf einem Wettbewerbsmarkt sieht sich eine Unternehmung vielen Käufern und Verkäufern gegenüber, die identische Güter handeln. Die Aktivitäten jedes einzelnen Käufers und Verkäufers haben kaum einen merklichen Einfluss auf den Marktpreis. Der Marktpreis wird als gegeben und nicht beeinflussbar betrachtet. Die Marktteilnehmer werden zu Preisnehmern und Mengenanpassern.

2. **Zeichnen Sie die Kostenkurve für eine typische, repräsentative Unternehmung. Erklären Sie anhand der Kurve, wie die Unternehmung das Produktionsniveau zur Maximierung des Gewinns findet.**

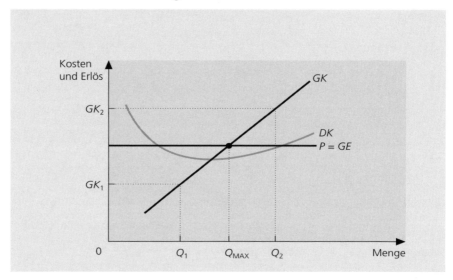

   Die gezeichneten Kostenkurven weisen die typischen Eigenschaften auf: Die Grenzkostenkurve (GK) ist ansteigend, die Durchschnittskostenkurve (DK) verläuft u-förmig und die Grenzkostenkurve schneidet die Durchschnittskostenkurve im Minimum der Durchschnittskosten. Die Preislinie ist eine Gerade, da die Unternehmung als Preisnehmer agiert: Unabhängig von der Angebotsmenge bleibt der Preis gleich. Bei der gewinnmaximierenden Menge sind Grenzerlös und Grenzkosten gleich groß. Bei größeren Produktionsmengen überschreiten die zusätzlichen Kosten den zusätzlichen Erlös und reduzieren den Gewinn. Bei geringeren Produktionsmengen liegt der Erlös einer zusätzlichen Produktionseinheit über seinen Kosten, sodass eine Produktionsausweitung den Gewinn der Unternehmung noch erhöhen kann.

3. **Unter welchen Bedingungen wird sich die Unternehmung für eine zeitweilige Produktionseinstellung entscheiden?**

Eine kurzfristige Produktionseinstellung ist die befristete Entscheidung, mit Blick auf die Marktbedingungen nichts herzustellen. Wenn eine Unternehmung vorübergehend die Produktion einstellt, muss sie weiterhin die fixen Kosten tragen. Die Unternehmung wird die Produktion einstellen, wenn die zu erwartenden Erlöse niedriger sind als die variablen Kosten der Produktion.

4. **Welche Gegebenheiten bringen eine Unternehmung zur Aufgabe und zum Ausscheiden aus dem Markt?**

Der langfristige Marktaustritt bedeutet die endgültige Schließung und Auflösung der Unternehmung. Dabei verliert die Unternehmung alle Erlöse aus dem Verkauf der Produkte, kann aber gleichzeitig alle fixen und variablen Kosten vermeiden. Eine Unternehmung tritt aus dem Markt aus, sofern der zu erwartende Gesamterlös niedriger ist als die Gesamtkosten, der Preis auf Dauer unter den Durchschnittskosten liegt.

5. **Gleicht der Verkaufspreis der Produkte einer Unternehmung kurzfristig, langfristig oder beide Male den Grenzkosten?**

Die Grenzkostenkurve stellt kurzfristig und langfristig ab einem gewissen Punkt (durchschnittliche variable Kosten oder durchschnittliche Gesamtkosten) die Angebotskurve einer Unternehmung bei vollständiger Konkurrenz dar. Der Verkaufspreis muss daher in beiden Fällen (langfristiger und kurzfristiger Zeithorizont) stets den Grenzkosten entsprechen. Liegt der Preis über den Grenzkosten, führt eine Ausweitung der Produktion zu höherem Gewinn, liegt der Preis unterhalb der Grenzkosten, können durch eine Produktionseinschränkung Verluste vermieden werden.

6. **Entspricht der Verkaufspreis der Produkte einer Unternehmung kurzfristig, langfristig oder beide Male dem Minimum der durchschnittlichen Gesamtkosten?**

Märkte sind durch den Ein- und Austritt von Unternehmungen gekennzeichnet. Übersteigt der Preis aufgrund einer Erhöhung der Nachfrage die durchschnittlichen Gesamtkosten, so locken die erzielbaren Gewinne neue Unternehmungen in den Markt. Die daraus resultierende Angebotserhöhung löst einen Preisrückgang aus, der den Preis langfristig an die durchschnittlichen Gesamtkosten angleicht. Wenn der Preis mit beiden Kostengrößen – Grenzkosten und Durchschnittskosten – übereinstimmen soll, müssen beide Kostengrößen übereinstimmen. Diese Bedingung ist im Minimum der durchschnittlichen Gesamtkosten erfüllt.

7. Verlaufen Angebotskurven eher auf kurze Sicht oder eher auf lange Sicht elastisch?

Angebotskurven verlaufen auf lange Sicht elastisch. Auf kurze Sicht sind Angebotskurven durch eine positive Steigung gekennzeichnet. Der Markt ist durch eine konstante Zahl an Unternehmungen gekennzeichnet. Die Marktangebotskurve spiegelt in diesem Fall die individuelle Angebots- und Grenzkostenkurve einer Unternehmung wider. Langfristig führt der Markteintritt und Marktaustritt von Unternehmungen jedoch dazu, dass der Preis dem Minimum der durchschnittlichen Gesamtkosten entspricht. Die Zahl der Unternehmungen gleicht sich in der Weise an, dass zu diesem Preis jegliche Nachfrage befriedigt wird. Die langfristige Marktangebotskurve verläuft bei diesem Preis waagerecht.

Aufgaben und Anwendungen

1. Welches sind die Merkmale eines Konkurrenz- oder Wettbewerbsmarkts? Welche der folgenden Getränke entsprechen am besten diesen Marktbedingungen? Weshalb nicht die anderen?
   a) Leitungswasser
   b) Wasser in Plastikflaschen
   c) Cola
   d) Bier

Ein Konkurrenz- oder Wettbewerbsmarkt ist ein Markt mit vielen Käufern und Verkäufern, auf dem (annähernd) identische Güter gehandelt werden. Unter diesen Bedingungen haben die Aktivitäten eines einzelnen Käufers oder Verkäufers einen kaum merklichen Einfluss auf den Marktpreis, sodass jeder Marktteilnehmer als Preisnehmer und Mengenanpasser agiert.

   a) Der Markt für Leitungswasser kann den Marktbedingungen eines Wettbewerbsmarkts nicht entsprechen, da es nur einen Anbieter (Städtisches Wasserwerk) und vermutlich auch nur wenige Nachfrager (Leitungswasser als Getränk!) gibt.
   b) Der Markt für Wasser in Flaschen entspricht den Marktbedingungen eines Wettbewerbsmarkts.
   c) Der Markt für Cola kann den Marktbedingungen eines Wettbewerbsmarkts nicht entsprechen, da es letztendlich nur zwei große Anbieter gibt.
   d) Der Markt für Bier kann den Marktbedingungen eines Wettbewerbsmarkts aufgrund der Heterogenität des Guts (unterschiedlicher Geschmack) nicht entsprechen.

2. Die langen Stunden Ihrer Zimmerkollegin im Chemielabor haben sich schließlich bezahlt gemacht. Sie entdeckt eine Geheimformel, nach der Menschen in fünf Minuten das geistige Arbeitspensum von bisher einer Stunde erledigen können. Bisher hat sie 200 Dosen des Mittels verkauft, wobei sie diese Durchschnittskosten verzeichnet:

Q (Stück)	Durchschnittskosten (€)
199	199
200	200
201	201

Falls ein neuer Kunde die Zahlung von € 300 für eine Dose anbietet, soll sie auf dieses Angebot eingehen?

Wenn ein neuer Kunde ihr € 300 anbietet, sollte sie das Angebot ablehnen, da ihre Grenzkosten mit 201 Stück × € 201 – 200 Stück × € 200 = € 401 über dem Betrag von € 300 liegen.

3. **Die Lakritzhersteller arbeiten unter vollständiger Konkurrenz. Jede Unternehmung produziert 2 Mio. Lakritzstangen pro Jahr. Die Stangen haben Durchschnittskosten von € 0,20 und werden für € 0,30 verkauft.**
   a) **Wie hoch sind die Grenzkosten einer Stange?**
   b) **Befindet sich die Branche im langfristigen Gleichgewicht? Erörtern Sie Für und Wider.**

   a) Bei vollständiger Konkurrenz entspricht der Marktpreis den Grenzkosten, sodass die Grenzkosten € 0,30 pro Stange betragen.
   b) Eine Branche befindet sich im langfristigen Gleichgewicht, wenn der Preis dem Minimum der gesamten Durchschnittskosten entspricht. Da die durchschnittlichen Gesamtkosten unter dem Marktpreis liegen, kann der Markt sich nicht im langfristigen Gleichgewicht befinden. Die Unternehmungen im Markt machen kurzfristig Gewinne, die Markteintritte anderer Unternehmungen zur Folge haben.

4. **Im Wall Street Journal vom 23. Juli 1991 steht: »Since peaking in 1976, per capita beef consumption in the United States has fallen by 28.6 percent ... [and] the size of the U. S. cattle herd has shrunk to a 30-year low.«**
   a) **Erörtern Sie den Rückgang der Nachfrage nach Rindfleisch und die kurzfristigen Auswirkungen anhand von Unternehmens- und Marktdiagrammen.**
   b) **Diskutieren Sie anhand einer neuen Skizze die langfristigen Effekte des Nachfragerückgangs.**

   a)

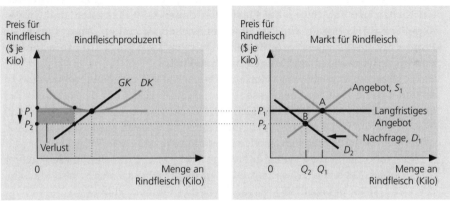

Der Markt befindet sich anfangs im langfristigen Gleichgewicht, keine Unternehmung macht Gewinn. Der Preis P_1 entspricht dem Minimum der durchschnittlichen Gesamtkosten. Ein Nachfragerückgang nach Rindfleisch, der zu einer Verschiebung der Nachfragekurve D_1 auf D_2 führt, verursacht einen Preisverfall für Rindfleisch von P_1 auf P_2, der bei den einzelnen Unternehmungen des Markts einen Verlust verursacht, da die Durchschnittskosten der Produktion durch den gesunkenen Preis P_2 nicht mehr gedeckt sind.

b)

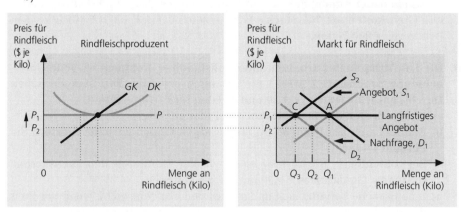

Die auftretenden Verluste in der Rindfleischproduktion führen dazu, dass einige Unternehmungen aus dem Markt langfristig ausscheiden (Marktaustritte). Die damit verbundene Angebotsverknappung (Verschiebung der kurzfristigen Angebotskurve auf S_2) verursacht einen Preisanstieg für Rindfleisch. Die Marktaustritte werden so lange andauern, bis der Preisanstieg das Minimum der gesamten Durchschnittskosten erreicht und die im Markt verbleibenden Unternehmungen keinen Verlust mehr realisieren. Stärkere Preisanstiege wären mit Gewinnen der Unternehmungen verbunden, die wiederum neue Unternehmungen zum Markteintritt anlocken und auf diese Weise zu einer langfristig gewinnlosen Situation beitragen.

5. **Frank betreibt ein kleines, gewinnmaximierendes Serviceunternehmen zum Rasenmähen. Für das Mähen von einem Rasen verlangt er € 27. Seine gesamten Kosten pro Tag liegen bei € 280, von denen € 30 Fixkosten sind. In der Regel schafft es Frank, am Tag 10 Rasenflächen zu mähen. Analysieren Sie Franks Entscheidungen bezüglich einer kurzfristigen Produktionseinstellung und bezüglich eines langfristigen Marktaustritts.**
Frank sollte auf kurze Sicht das Rasenmähen nur dann einstellen, wenn seine zu erwartenden Erlöse geringer als seine variablen Kosten sind. Da Frank pro Tag mit dem Mähen von zehn Rasenflächen € 270 verdienen kann, und er nur € 250 (Gesamtkosten von € 280 abzüglich Fixkosten von € 30) an variablen Kosten hat, sollte er auf kurze Sicht sein Serviceunternehmen weiter betreiben.

Auf lange Sicht muss Frank allerdings auch seine Fixkosten in die Analyse einbeziehen. Da seine Erlöse von € 270 geringer sind als seine Gesamtkosten von € 280, sollte er langfristig sein Serviceunternehmen schließen.

6. **Betrachten Sie die folgenden Gesamtkosten und Gesamterlöse einer Unternehmung:**

Produktionsmenge	0	1	2	3	4	5	6	7
Gesamtkosten (€)	8	9	10	11	13	19	27	37
Gesamterlöse (€)	0	8	16	24	32	40	48	56

a) **Berechnen Sie den Gewinn der Unternehmung für jede Produktionsmenge. Wie viel sollte die Unternehmung produzieren, um ihren Gewinn zu maximieren?**

b) **Berechnen Sie Grenzerlös und Grenzkosten für jede Produktionsmenge. Stellen Sie Grenzerlös und Grenzkosten grafisch dar. Bei welcher Produktionsmenge schneiden sich beide Kurven? Wie passt das Ergebnis Ihrer grafischen Analyse zu Ihrer Antwort in a)?**

c) **Können Sie sagen, ob die Unternehmung in einem Wettbewerbsmarkt agiert? Wenn ja, befindet sich der Markt im langfristigen Gleichgewicht?**

a) und b)

Produktionsmenge	0	1	2	3	4	5	6	7
Gesamtkosten (€)	8	9	10	11	13	19	27	37
Gesamterlöse (€)	0	8	16	24	32	40	48	56
Gewinn	–8	–1	6	13	19	21	21	19
Grenzerlös	–	8	8	8	8	8	8	8
Grenzkosten		1	1	1	2	6	8	10

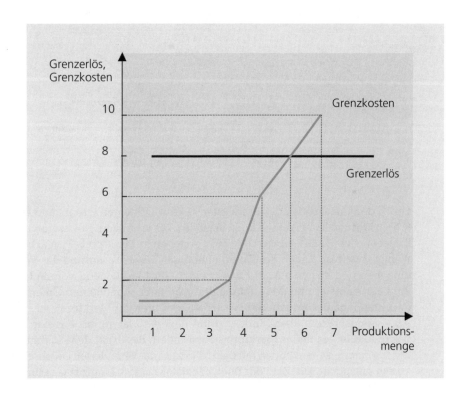

Mit Blick auf den Gewinn ist die Unternehmung indifferent zwischen einer Produktionsmenge von 5 Stück oder einer Produktionsmenge 6 Stück, wenn sie den Gewinn maximieren will.

Eine weitere Möglichkeit, die gewinnmaximale Produktionsmenge zu bestimmten, besteht in der Ableitung der Produktionsmenge, bei der Grenzerlös und Grenzkosten der Produktion gerade gleich groß sind. Die grafische Darstellung der Gewinnmaximierungsregel Grenzerlös = Grenzkosten bestätigt das Ergebnis der mathematischen Analyse.

c) Da der Grenzerlös der Unternehmung konstant ist (und damit dem Preis entspricht), agiert die Unternehmung als Preisnehmer und befindet sich damit in einem Wettbewerbsmarkt.

Der Markt befindet sich jedoch nicht im langfristigen Gleichgewicht, da im langfristigen Gleichgewicht alle Unternehmungen bei Kostendeckung ohne Gewinn agieren. Dies ist hier nicht der Fall.

7. **Zahlreiche kleine Boote werden aus Fiberglas hergestellt, das aus Erdöl gewonnen wird. Angenommen, der Ölpreis steigt.**
   a) **Skizzieren Sie die möglichen Veränderungen der individuellen Kostenkurven der Bootshersteller und der Marktangebotskurve.**
   b) **Wie ändern sich die Gewinne der Bootshersteller kurzfristig? Wie verändert sich langfristig die Zahl der Bootshersteller?**
   a)   und b)

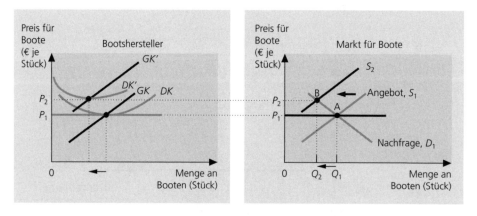

Durch den Preisanstieg des Produktionsfaktors Öl steigen Grenz- und Durchschnittskosten der einzelnen Bootshersteller, die jeweiligen Kostenkurven verschieben sich zu GK′ sowie DK′. Zum gegebenen Marktpreis P_1 machen die Anbieter Verlust. Einige der Unternehmungen werden aufgrund der Verluste aufgeben und aus dem Markt ausscheiden. Ihr Marktaustritt vermindert die Zahl der Anbieter und den Umfang der insgesamt angebotenen Gütermenge (Verschiebung der Angebotskurve auf S_2), wodurch der Marktpreis steigt. Der Anpassungsprozess über Marktaustritte dauert so lange, bis aus der Angebotsreduktion ein neuer Marktpreis P_2 resultiert, der exakt dem Schnittpunkt der veränderten Grenzkosten mit dem Minimum der veränderten Durchschnittskosten entspricht. Die Zahl der Bootshersteller hat sich langfristig reduziert.

8. **Angenommen, die Textilindustrie einer großen Volkswirtschaft arbeitet auf einem Markt mit vollständiger Konkurrenz (und ohne nennenswerten Außenhandel). Im langfristigen Gleichgewicht koste ein Einheitskleidungsstück € 30.**

   a) **Beschreiben Sie das Gleichgewicht grafisch mit einer Zeichnung für den Markt und für den repräsentativen Anbieter.**

   Nun gehen wir davon aus, dass Anbieter anderer Länder das Kleidungsstück in großen Mengen und für € 25 verkaufen wollen.

   b) **Welches sind die kurzfristigen Auswirkungen der Importe auf die im Inland von den einzelnen Unternehmungen erzeugten Mengen, wenn man hohe Fixkosten unterstellt? Wie verändern sich die Gewinne? Geben Sie eine grafische Illustration.**

   c) **Welche langfristigen Auswirkungen auf die Anzahl der inländischen Anbieter ergeben sich?**

a)

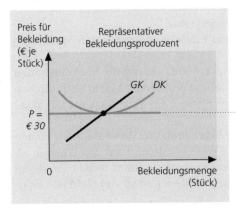 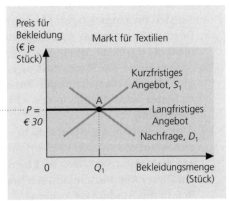

Im langfristigen Gleichgewicht entspricht der Preis dem Minimum der gesamten Durchschnittskosten. Die einzelnen Anbieter machen demzufolge weder Gewinn noch Verlust.

b)

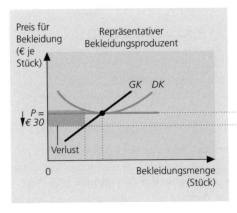 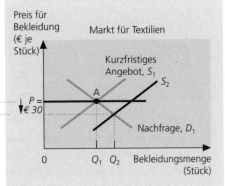

Die Importe führen zu einer Angebotsausweitung und bewirken auf diese Weise einen Preisverfall für Kleidung. Zum neuen Marktpreis machen die inländischen Anbieter mit Blick auf ihre Durchschnittskosten Verlust. In Anbetracht ihrer hohen Fixkosten ist jedoch zu vermuten, dass der neue Marktpreis zumindest über den (geringen) variablen Durchschnittskosten liegt, sodass die inländischen Anbieter trotz der Verluste zunächst im Markt verbleiben.

c) Langfristig werden sich die inländischen Anbieter an ihren durchschnittlichen Gesamtkosten orientieren. Sind diese infolge des gesunkenen Marktpreises nicht gedeckt, kommt es langfristig zu Marktaustritten bei inländischen Anbietern, die nicht mehr gewillt sind, ihre hohen Fixkosten zu tragen.

9. **Angenommen, in München gebe es 1.000 Verkaufsbuden für Weißwürste. Jede Bude habe eine u-förmige Kurve von Durchschnittskosten. Die Marktnachfragekurve nach Weißwürsten hat einen normalen Verlauf (sinkende Nachfrage bei höherem Preis), und der Weißwurstmarkt des Straßenverkaufs befindet sich im langfristigen Marktgleichgewicht.**

   a) **Beschreiben Sie das Gleichgewicht mit Zeichnungen für den Markt und für den repräsentativen Anbieter.**

   b) **Nun verfüge die Stadt, dass es nur noch 800 Lizenzen für Verkaufsbuden gibt. Welche Auswirkungen auf den Markt und die im Markt befindlichen Anbieter wird die Maßnahme haben? Stützen Sie Ihre Antwort mit einer Zeichnung.**

   c) **Angenommen, die Stadt erhebt eine Lizenzgebühr. Welche Effekte gehen davon auf die Anzahl der verkauften Weißwürste und auf den Gewinn eines Anbieters aus? Welche Lizenzgebühr wird die Stadt festsetzen, damit auf Dauer 800 Verkaufsbuden bestehen bleiben und so viel Geld wie möglich in die Stadtkasse kommt?**

a)

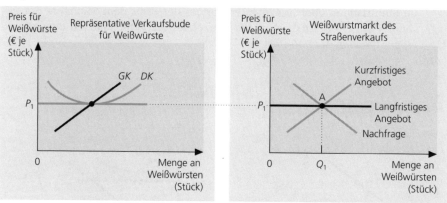

Im langfristigen Gleichgewicht entspricht der Preis dem Minimum der gesamten Durchschnittskosten. Die einzelnen Imbissbuden machen mit dem Straßenverkauf von Weißwürsten demzufolge weder Gewinn noch Verlust.

b) Die Beschränkung der Lizenzen für den Verkauf von Weißwürsten verursacht eine Angebotsverknappung von Weißwürsten, die mit einem Preisanstieg einhergeht. Der Preisanstieg verschafft den verbliebenen Anbietern einen Gewinn, da die Durchschnittskosten der gewinnmaximierenden Menge (bei Preis = Grenzkosten) unter dem neuen Marktpreis liegen.

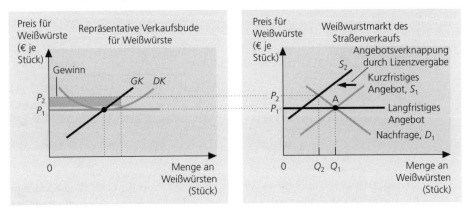

c) Eine Lizenzgebühr stellt zusätzliche fixe Kosten für die Anbieter von Weißwürsten dar. Die Durchschnittskostenkurve verschiebt sich nach oben, der Gewinn der Imbissbudenbesitzer wird geschmälert. Die gewinnmaximierende Menge bleibt von der Erhebung der Lizenzgebühr unberührt, da eine Erhöhung der fixen Kosten keine Auswirkung auf die Grenzkosten impliziert. Die Anzahl der verkauften Weißwürste bleibt somit konstant. Die Stadt kann mit ihrer Lizenzgebühr maximal den Gewinn der Imbissbudenbesitzer aus der Lizenzvergabe einnehmen. Übersteigt die Lizenzgebühr den Gewinn, so machen die Imbissbudenbesitzer Verluste mit der Folge von Marktaustritten.

10. **Angenommen, für die Industrie der Goldgewinnung herrscht vollständige Konkurrenz.**
    a) **Beschreiben Sie das langfristige Gleichgewicht zeichnerisch für den Goldmarkt und für eine repräsentative Goldmine.**
    b) **Unterstellen Sie nun, dass ein Anstieg der Nachfrage nach Schmuck die Nachfrage nach Gold erhöht. Verwenden Sie die Zeichnungen aus a) und klären Sie, welche kurzfristigen Wirkungen sich für den Goldmarkt und die einzelne Goldmine ergeben.**
    c) **Wie würde sich der Preis im Lauf der Zeit entwickeln, wenn die Nachfrage hoch bliebe? Läge der neue langfristige Gleichgewichtspreis über, unter oder genau bei dem kurzfristigen Gleichgewichtspreis von b)?**

a)

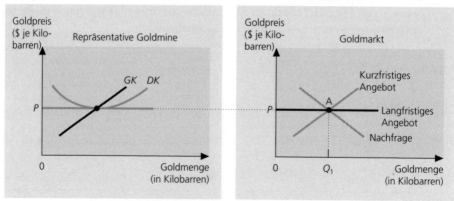

Im langfristigen Gleichgewicht entspricht der Preis für Gold dem Minimum der gesamten Durchschnittskosten der Goldproduktion. Die einzelnen Anbieter von Gold machen demzufolge weder Gewinn noch Verlust.

b) Kurzfristig bewirkt eine gestiegene Nachfrage nach Gold von D_1 auf D_2 zunächst einen Preisanstieg auf P_2, von dem die einzelnen Goldminen profitieren. Die gewinnmaximale Produktionsmenge einer Goldmine steigt, die durchschnittlichen Gesamtkosten des Goldabbaus liegen unter dem Marktpreis, sodass die Goldsucher einen Gewinn erzielen.

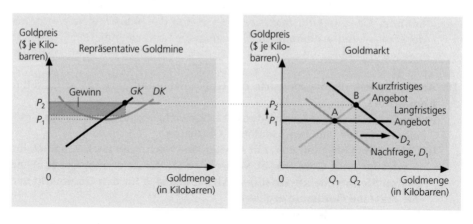

c) Langfristig locken die Gewinne neue Goldsucher an (Markteintritte), deren zusätzliche Goldproduktion das Angebot erhöht und den Preis wieder auf das Minimum der Durchschnittskosten, auf P_1, sinken lässt. Lediglich die Goldproduktion hat sich dauerhaft erhöht. Im langfristigen Gleichgewicht macht keine Unternehmung Gewinn.

Kapitel 15 Monopol

Stichwörter

Monopol	Preisdifferenzierung
natürliches Monopol	Preisdiskriminierung

Wiederholungsfragen

1. **Nennen Sie ein Beispiel für ein vom Staat geschaffenes Monopol. Stellt die Schaffung eines Monopols notwendigerweise eine schlechte Wirtschaftspolitik dar?**

   Eine Unternehmung hält ein Monopol oder ist ein Monopolist, wenn sie der Alleinanbieter eines Guts ist, für das es keine nahen Substitute gibt. Vom Staat geschaffene Monopole können aus einer Lizenzvergabe resultieren, wie z. B. die Entstehung deutscher Tageszeitungen nach dem zweiten Weltkrieg durch Lizenzen der Besatzungsmächte in Westdeutschland. In einigen Fällen wird im öffentlichen Interesse vom Staat ein Monopol gewährt oder geschaffen. Das Patentrecht und die Gesetze für Gebrauchsmusterschutz und Copyrights stellen wichtige Beispiele für eine staatliche Monopolisierung zum Nutzen der Gesamtgesellschaft dar.

2. **Definieren Sie den Begriff des natürlichen Monopols. Was hat die Größe des Markts mit der Frage nach dem natürlichen Monopol zu tun?**

   Ein natürliches Monopol bezeichnet ein Monopol, das deshalb entsteht, weil eine einzelne Unternehmung ein bestimmtes Gut für den gesamten Markt zu niedrigeren Kosten als zwei oder mehr Unternehmungen produzieren kann. In einigen Fällen ist die Größe des Markts ausschlaggebend dafür, ob ein natürliches Monopol vorliegen kann. Mit dem Wachstum eines Markts kann sich ein natürliches Monopol in einen Konkurrenzmarkt verwandeln.

3. **Warum ist der Grenzerlös des Monopolisten niedriger als der Preis des Guts?**

   Für den Monopolisten ist der Grenzerlös deshalb niedriger als der Preis, weil für die Marktform des Monopols eine fallende Nachfragekurve gilt. Zur Steigerung der Absatzmenge muss der Monopolist den Preis senken. Deshalb wird der Monopolist zwecks Verkauf einer weiteren Einheit auch weniger für die zuvor produzierten und verkauften Mengeneinheiten erlösen. Der Grenzerlös eines Monopolisten unterscheidet sich zudem vom Grenzerlös eines Polypolisten. Wenn ein Monopolist die produzierte und zum Verkauf angebotene Menge steigert, so hat das auf den Gesamterlös zunächst einen Mengeneffekt, da mehr verkauft wird. Zusätzlich ergibt sich jedoch ein Preiseffekt aufgrund des gesunkenen Preises.

Bei vollständiger Konkurrenz geht eine Unternehmung mit vielen anderen davon aus, dass sie beliebige Mengen zum herrschenden Marktpreis verkaufen kann. Es gibt also im Wettbewerbsfall keinen Preiseffekt. Wenn die Produktion um eine Einheit erhöht wird, bekommt die Unternehmung den (gleichen) Marktpreis. Die Konkurrenzunternehmung ist ein Preisnehmer. Wenn dagegen der Monopolist die Produktion um eine Einheit erhöht, muss er den Preis für die gesamte Angebotsmenge zurücknehmen, und dieser Preisschritt reduziert den Erlös pro Stück bei allen Einheiten. Der Grenzerlös eines Monopolisten liegt demzufolge unter dem Preis.

4. Zeichnen Sie die Kurven der Nachfrage, des Grenzerlöses und der Grenzkosten für den Monopolisten. Zeigen Sie die Herleitung der gewinnmaximierenden Produktionsmenge und des gewinnmaximierenden Preises.

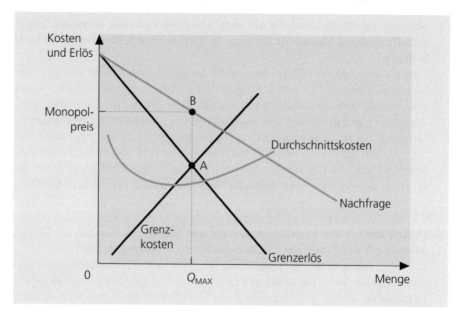

Ein Monopolist maximiert seinen Gewinn mit der Produktionsmenge, bei der Grenzerlös und Grenzkosten gleich groß sind. Anschließend bestimmt er den Preis der Produktionsmenge durch einen Rückgriff auf die Nachfragekurve, die ihm zeigt, welcher Preis die Konsumenten zum Kauf veranlassen wird.

5. **Zeichnen Sie in Ihr Diagramm zu 4. die wohlfahrtsmaximierende Produktionsmenge ein. Bestimmen Sie den Nettowohlfahrtsverlust des Monopols.**

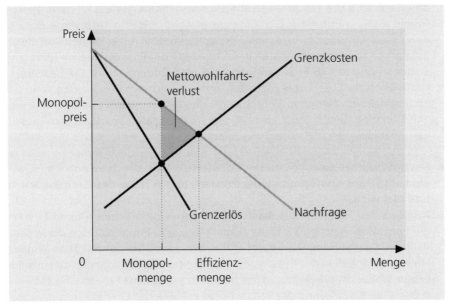

Der Monopolist setzt einen Preis oberhalb der Grenzkosten, sodass nicht alle Konsumenten das Gut kaufen können, deren Zahlungsbereitschaft die Kosten übersteigt. Der Nettowohlfahrtsverlust des ineffizienten Marktergebnisses wird durch die Dreiecksfläche zwischen der Nachfragekurve (Zahlungsbereitschaft der Konsumenten) und der Grenzkostenkurve (Kosten des Monopolisten) ausgedrückt.

6. **Wodurch werden staatliche Stellen in die Lage versetzt, Fusionen zwischen Unternehmungen zu regulieren? Geben Sie vom gesamtwirtschaftlichen Standpunkt aus ein gutes und ein schlechtes Beispiel dafür, dass Unternehmungen eine Fusion anstreben.**

Unternehmenszusammenschlüsse zu Großunternehmen zu verhindern oder zumindest politisch zu überwachen, ist eine wichtige Vorkehrung gegen Monopole. In einem monopolisierten Markt liegt die produzierte und verkaufte Gütermenge unter der Menge, die für das volkswirtschaftliche Maximum von Wohlfahrt und Gesamtrenten erforderlich ist. Der Nettowohlfahrtsverlust drückt aus, um wie viel der gesamtwirtschaftliche Kuchen kleiner ist aufgrund des Monopols. Monopole versagen dabei, Ressourcen effizient aufzuteilen. Aus diesem Marktversagen erwächst die Notwendigkeit zum Eingriff für staatliche Stellen. In Deutschland müssen Zusammenschlüsse von Unternehmungen bestimmter Größenordnungen nach dem Gesetz gegen Wettbewerbsbeschränkungen (GWB) beim Kartellamt angemeldet oder angezeigt werden. Das Kartellamt prüft, ob ein vorgesehener Zusammenschluss zur Entstehung oder Verstärkung einer marktbeherrschenden Stellung auf einem nationalen Markt führt. Dabei ist der relevante Markt abzugrenzen, und es sind bestehende Verflechtungen zu analysieren. Die zu behandelnden Tatbestände sind jedoch wissenschaftlich keineswegs einfach. Wird ein vorgesehener Zusammenschluss vom Bundeskartellamt untersagt, so kann ein Antrag auf Ministererlaubnis gestellt werden (Beispiel: Fusion E.ON – Ruhrgas). Der Bundeswirtschaftsminister trifft seine Entscheidung nach Abwägung von fusionsbedingten Wettbewerbseffekten und darüber hinaus von »gesamtwirtschaftlichen Vorteilen« der Fusion. Positive Effekte von Fusionen zeigen sich in Synergieeffekten, in der Möglichkeit, (im Zeitalter der Globalisierung über Ländergrenzen hinweg) kostensparender und rationeller zu produzieren. Negative Wettbewerbseffekte resultieren aus dem Bestreben von Unternehmen, mithilfe einer Fusion Konkurrenten auszuschalten und eine marktbeherrschende Stellung zu erlangen.

7. Beschreiben Sie zwei besondere Schwierigkeiten, die dann entstehen, wenn ein natürliches Monopol zu einer Preissetzung in Höhe der Grenzkosten verpflichtet wird.

Regulierende Eingriffe des Staats im Fall eines natürlichen Monopols werfen die Frage auf, welchen Preis der Staat setzen soll. Einige würden vorschlagen, dafür die Grenzkosten des Monopolisten heranzuziehen, da auf diese Weise die effiziente Allokation der Ressourcen und die Maximierung der gesamtwirtschaftlichen Wohlfahrt erreicht wird. Es bestehen jedoch zwei praktische Einwände gegen eine Regulierung der Preissetzung in Höhe der Grenzkosten.

Natürliche Monopole haben definitionsgemäß sinkende Durchschnittskosten. Bei sinkenden Durchschnittskosten sind die Grenzkosten jedoch stets niedriger als die Durchschnittskosten, sodass eine Preissetzung in Höhe der Grenzkosten bedeutet, dem Monopolisten einen Verlust aufzuzwingen und ihn auf diese Weise zum Marktaustritt zu veranlassen. Der zweite Einwand gegen eine Preissetzung in Höhe der Grenzkosten richtet sich gegen mangelnde Anreize des Monopolisten zur Kostensenkung. Jede erfolgsorientierte Unternehmung in Wettbewerbsmärkten trachtet durch Prozessinnovationen nach Kostensenkungen, weil auf diese Weise der Gewinn steigt. Wenn jedoch ein Monopolist unter Regulierungsbedingungen weiß, dass er bei Kostensenkungen zu Preissenkungen verpflichtet ist, kann er von Rationalisierungserfolgen nicht profitieren.

8. Geben Sie zwei Beispiele der Preisdifferenzierung. Erläutern Sie jeweils, weshalb der Monopolist dieser Strategie folgen will.

Preisdifferenzierung bezieht sich auf personelle, räumliche, zeitliche, quantitative und qualitative Aspekte der Preisgestaltung. Konkrete Beispiele sind unterschiedliche Tarife bei Kinokarten (Ermäßigungen für Kinder, Studenten, behinderte Menschen) und Bahnfahrkarten (Jahres- und Monatskarten, Bahncard, Gruppenermäßigungen) oder Sonderpreise (z. B. bei der Markteinführung von neuen Zeitschriften) und Mengenrabatte für verschiedene Waren und Dienste. Die Unternehmung versucht, mit individuell angepassten Preisen die unterschiedliche Zahlungsbereitschaft der potenziellen Käufer zu nutzen. Auf diese Weise kann der Monopolist Konsumentenrente abschöpfen.

Aufgaben und Anwendungen

1. Ein Verleger ermittelt für das neue Buch seines Bestsellerautors folgende Nachfragetabelle:

Preis (€)	Nachfrage
100	0
90	100.000
80	200.000
70	300.000
60	400.000
50	500.000
40	600.000
30	700.000
20	800.000
10	900.000
0	1.000.000

Der Autor erhält ein Honorar in Höhe von € 2 Mio. und die Grenzkosten für den Druck eines Buchs betragen konstant € 10.

a) Ermitteln Sie Gesamterlös, Gesamtkosten und Gewinn für die einzelnen Auflagemengen. Welche Auflage würde ein gewinnmaximierender Verleger wählen? Zu welchem Preis würde das Buch angeboten werden?

b) Ermitteln Sie den Grenzerlös. Wie verhält sich der Grenzerlös zum Preis?

c) Stellen Sie Grenzerlös, Grenzkosten und Nachfragekurve grafisch dar. Bei welcher Menge schneiden sich die Grenzerlös- und die Grenzkostenkurve? Was sagt der Schnittpunkt aus?

d) Zeichnen Sie in Ihre grafische Darstellung den Nettowohlfahrtsverlust ein. Erklären Sie, was der Nettowohlfahrtsverlust bedeutet.

e) Wenn der Autor statt € 2 Mio. an Honorar nun € 3 Mio. erhält, wie verändert sich dadurch die Preissetzung des Verlegers?

f) Nehmen Sie an, der Verleger würde nicht das Prinzip der Gewinnmaximierung verfolgen und stattdessen an einer Maximierung der gesamtwirtschaftlichen Wohlfahrt interessiert sein. Welchen Preis würde er in diesem Fall für das Buch verlangen? Wie viel Gewinn würde er dabei noch machen?

a) und b)

Preis (€)	Nachfrage (in 1.000)	Gesamterlös (in 1.000)	Gesamtkosten (in 1.000)	Gewinn (in € 1.000)	Grenzerlös pro Buch (€)
100	0	0	2.000	−2.000	
					90
90	100	9.000	3.000	6.000	
					70
80	200	16.000	4.000	12.000	
					50
70	300	21.000	5.000	16.000	
					30
60	400	24.000	6.000	18.000	
					10
50	500	25.000	7.000	18.000	
					−10
40	600	24.000	8.000	16.000	
					−30
30	700	21.000	9.000	12.000	
					−50
20	800	16.000	10.000	6.000	
					−70
10	900	9.000	11.000	−2.000	
					−90
0	1.000	0	12.000	−12.000	

Ein gewinnmaximierender Verleger würde das Buch zu einem Preis von € 50 verkaufen, da zu diesem Preis der Grenzerlös pro Buch genau den Grenzkosten entspricht. Würde er den Preis weiter senken auf € 40, dann liegt der Grenzerlös für den Verleger unter den Grenzkosten.

Der Grenzerlös des Verlegers (pro Buch) ist stets kleiner als der Buchpreis, da für den Verleger eine fallende Nachfragekurve gilt.

c) und d)

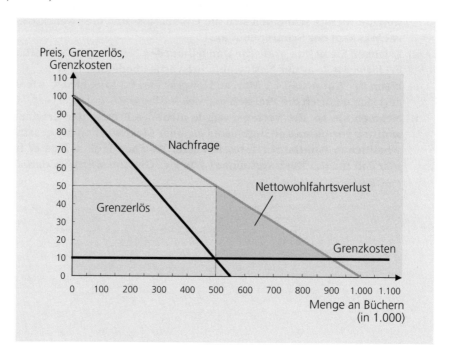

Der Schnittpunkt von Grenzerlös- und Grenzkostenkurve identifiziert die gewinnmaximierende Menge von 500.000 Büchern. Bei einer kleineren Auflage von beispielsweise 300.000 Büchern sind die Grenzkosten niedriger als der Grenzerlös. Durch den Verkauf von zusätzlichen 100.000 Büchern kann der Gewinn weiter gesteigert werden, da die zusätzlichen Erlöse die zusätzlichen Kosten übersteigen. Der Verleger kann also seinen Gewinn durch den Absatz von zusätzlichen Büchern noch steigern und zwar genau bis zu dem Punkt, an dem Grenzerlös und Grenzkosten gleich groß sind.

Der Nettowohlfahrtsverlust ist der Wohlfahrtsverlust der Leser, die nicht in den Genuss des neuen Buchs kommen, obwohl ihre Zahlungsbereitschaft oberhalb der Kosten des Buchs liegt.

e) Wenn der Autor statt € 2 Mio. an Honorar nun € 3 Mio. erhält, bleibt die Preissetzung des Verlegers unverändert, da die Honoraranhebung als fixe Kosten die Grenzkosten des Verlegers (und damit seine Gewinnmaximierungsregel) nicht beeinflusst.

f) Wenn der Verleger nicht das Prinzip der Gewinnmaximierung verfolgt und stattdessen an einer Maximierung der gesamtwirtschaftlichen Wohlfahrt interessiert ist, dann würde er diejenige Menge an Büchern auf den Markt bringen, für die Preis = Grenzkosten gilt. Demzufolge veröffentlicht er das Buch zu einem Preis von € 10. Bei diesem Preis macht er allerdings einen Verlust in Höhe von € 2 Mio.

2. **Angenommen, ein natürlicher Monopolist werde gesetzlich zu einer Preissetzung in Höhe der Durchschnittskosten verpflichtet. Markieren Sie in einer Zeichnung die Preissetzung und den gesellschaftlichen Nettowohlfahrtsverlust im Vergleich zur Preissetzung nach Grenzkosten.**
Da ein natürliches Monopol sinkende Durchschnittskosten aufweist, sind die Grenzkosten stets niedriger als die Durchschnittskosten.

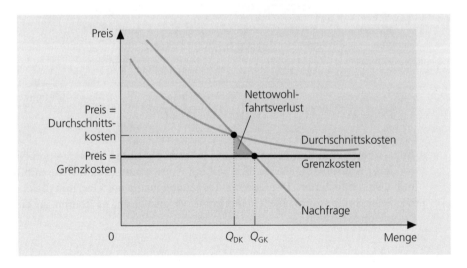

3. **Denken Sie an die Zustellung der Post. Welche Form wird die Kurve der Durchschnittskosten aufweisen? Welche Unterschiede im Kurvenverlauf werden sich
   zwischen entlegenen ländlichen Gegenden und Stadtgebieten mit hoher Bevöl-
   kerungsdichte einstellen? Wie werden sich die Kurven im Zeitablauf verändern?**
   Die Durchschnittskostenkurve weist einen monoton fallenden Verlauf auf, wobei
   sie in ländlichen Gebieten durch die große Streuung der Zustellungen (verbunden mit höheren Kosten der Zustellung) weniger stark fällt als in Stadtgebieten.
   Im Zeitablauf werden Rationalisierungsmaßnahmen zu Kosteneinsparungen führen, sodass sich die Kurve der Durchschnittskosten nach unten verschiebt.

4. **Es gebe in einer kleinen Stadt zahlreiche konkurrierende Supermärkte mit
   konstanten Grenzkosten.**
   a) **Zeichnen Sie ein Diagramm für den Lebensmittelmarkt und zeigen Sie
      damit Konsumentenrente, Produzentenrente und Gesamtrente.**
   b) **Nun unterstellen Sie, dass sich die bislang unabhängigen Supermärkte zu
      einer Handelskette zusammenschließen. Zeichnen Sie ein neues Diagramm
      mit Konsumenten-, Produzenten- und Gesamtrente. Welcher Transfer von
      Konsumenten zu Produzenten ergibt sich bei einem Vergleich mit dem
      Konkurrenzmarkt? Wie groß ist der Nettowohlfahrtsverlust?**

a)

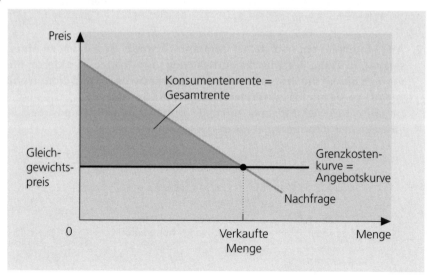

b) Im Vergleich zum Konkurrenzmarkt verlieren die Konsumenten einen Großteil ihrer Konsumentenrente. Ein Teil der Konsumentenrente wird zum Monopolisten transferiert. Der Gewinn des Monopolisten markiert nun gleichsam
   die Produzentenrente. Die Gesamtrente ist gesunken, es kommt zu einem
   Nettowohlfahrtsverlust.

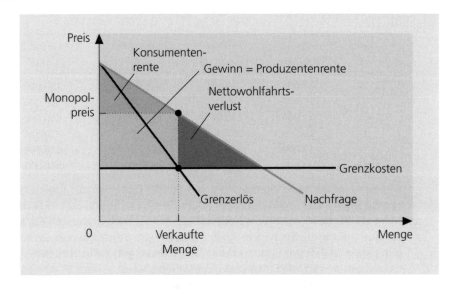

5. Einer neuen CD von Mark Knopfler wird folgende Absatzprognose gestellt:

Preis (in €)	Absatzmenge (in Stück CD)
24	10.000
22	20.000
20	30.000
18	40.000
16	50.000
14	60.000

Es fallen nur variable Kosten von € 5 pro CD und keine fixen Kosten an.

a) Ermitteln Sie die Gesamterlöse für 10.000, 20.000 usw. Stück. Wie hoch sind die Grenzkosten pro 10.000 Stück Zunahme?

b) Welche Menge an CDs würde den Gewinn maximieren? Welches wäre dazu der Preis? Welcher Gewinn ergäbe sich?

c) Angenommen, Sie sind Knopflers Agent. Welches Aufnahmehonorar, das die Plattenfirma zu bezahlen hätte, würden Sie Knopfler empfehlen? Warum?

a)

Preis (€)	Absatz (Stück)	Variable Kosten (€)	Gesamterlös (€)	Grenzkosten (€ pro 10.000 Stück)
24	10.000	50.000	240.000	50.000
22	20.000	100.000	440.000	50.000
20	30.000	150.000	600.000	50.000
18	40.000	200.000	720.000	50.000
16	50.000	250.000	800.000	50.000
14	60.000	300.000	840.000	50.000

Die Grenzkosten pro 10.000 Stück Zunahme betragen € 50.000.

b)

Preis (€)	Absatz (Stück)	Variable Kosten (€)	Gesamterlös (€)	Gewinn (€)
24	10.000	50.000	240.000	190.000
22	20.000	100.000	440.000	340.000
20	30.000	150.000	600.000	450.000
18	40.000	200.000	720.000	520.000
16	**50.000**	250.000	800.000	**550.000**
14	60.000	300.000	840.000	540.000

Die gewinnmaximale Menge liegt bei 50.000 CDs, die mit einem Gewinn von € 550.000 einhergeht.

c) Muss die Plattenfirma Herrn Knopfler ein Aufnahmehonorar zahlen, so stellt die Summe für die Firma fixe Kosten dar, die die gewinnmaximale Ausbringungsmenge (bei der Grenzerlös = Grenzkosten gilt) nicht beeinflussen. Die Grenzkosten je 10.000 Stück Zunahme liegen weiterhin bei € 50.000. Mit Blick auf den höchstmöglichen Gewinn von € 550.000 kann Herr Knopfler demzufolge maximal diese Summe als Honorar verlangen.

6. **Eine Gesellschaft plant den Bau einer Brücke über einen Fluss. Sie hätte dabei € 2 Mio. an Baukosten und keine laufenden Unterhaltskosten. Die nachfolgende Tabelle zeigt die von der Gesellschaft prognostizierte Nachfrage während der Lebenszeit der Brücke.**

P (€ je Überquerung)	Q (Überquerungen in Tausend)
8	0
7	100
6	200
5	300
4	400
3	500
2	600
1	700
0	800

a) **Wenn sich die Gesellschaft zum Bau der Brücke entschließt, welches wäre der gewinnmaximierende Preis? Ergäbe sich dabei das effiziente Outputniveau? Warum oder warum nicht?**

b) **Soll die Gesellschaft die Brücke überhaupt bauen, wenn sie an der Gewinnmaximierung interessiert ist? Wie steht es um Gewinn und Verlust?**

c) **Welchen Preis sollte der Staat verlangen, wenn er den Brückenbau durchführt?**

d) **Soll der Staat die Brücke bauen? Begründung?**

a)

Preis je Über- querungen (€)	Überquerung (in Tausend)	Kosten (€)	Gewinn (€)
8	0	2.000.000	– 2.000.000
7	100	2.000.000	– 1.300.000
6	200	2.000.000	– 800.000
5	300	2.000.000	–500.000
4	400	2.000.000	– 400.000
3	500	2.000.000	– 500.000
2	600	2.000.000	– 800.000
1	700	2.000.000	–1.300.000
0	800	2.000.000	– 2.000.000

Der gewinnmaximierende Preis liegt bei € 4, aus dem jedoch kein effizientes Outputniveau resultiert. In Anbetracht konstanter Grenzkosten von null läge das effiziente Outputniveau bei 800.000 Überquerungen.

b) Die Gesellschaft sollte die Brücke auf keinen Fall bauen, da hier eine Gewinnmaximierung mit Verlustminimierung gleichzusetzen ist. Baut die Gesellschaft die Brücke nicht, so spart sie € 2 Mio. an Baukosten, denen keine äquivalenten Erlöse gegenüberstehen.

c) Führt der Staat im öffentlichen Interesse den Bau der Brücke durch, so sollte dies unter dem Kriterium der Effizienz geschehen, sodass er die effiziente Outputmenge von 800.000 Stück kostenlos realisieren sollte.

d) Nach fiskalischen Gesichtspunkten sollte der Staat aufgrund der zu erwartenden Verluste vom Brückenbau Abstand nehmen. Da den Nachfragern jedoch eine notwendige Flussüberquerung auch von privaten Unternehmungen in Anbetracht des Verlustgeschäfts nicht angeboten wird, muss der Staat hier im öffentlichen Interesse in den Markt eingreifen und die notwendige Versorgung der Konsumenten sicherstellen.

7. **Die Placebo GmbH hat Patente auf verschiedene Erfindungen.**

   a) **Illustrieren Sie die bei der Produktion anfallende gewinnmaximierende Menge und den Preis, wenn Sie von steigenden Grenzkosten ausgehen.**

   b) **Nun erhebe der Staat von jedem produzierten Fläschchen eine Steuer. Skizzieren Sie mit einem neuen Diagramm den neuen Preis und die neue Menge der Placebo GmbH. Diskutieren Sie einen Vergleich der Werte mit a).**

   c) **Die Steuer senkt den Gewinn von Placebo, obwohl man das in der Zeichnung nicht leicht sieht. Begründen Sie, warum dies so sein muss.**

   d) **Statt einer Steuer pro Fläschchen setzt der Staat nun ohne Rücksicht auf die Menge eine Steuer von € 10.000 fest. Erklären Sie, wie dies den Preis, die Menge und die Gewinne der Placebo GmbH beeinflusst.**

a)

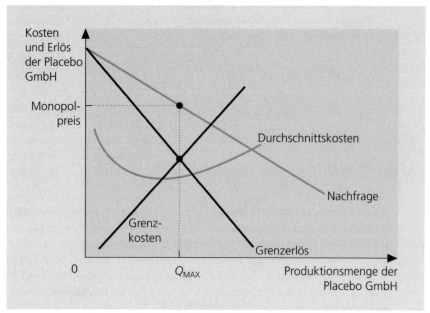

b)

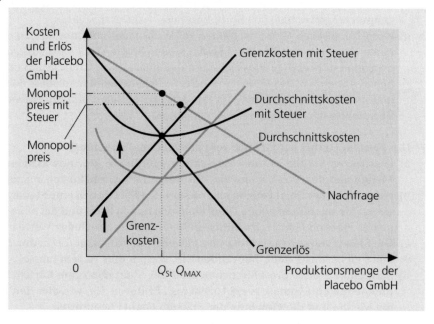

Durch die Erhebung einer Steuer auf jedes produzierte Fläschchen erhöhen sich die Grenz- und Durchschnittskosten. Beide Kurven verschieben sich nach oben, das Angebot wird verteuert. Im neuen Marktgleichgewicht von Grenzerlös und veränderten Grenzkosten realisiert sich ein höherer Preis und eine gesunkene Menge Q_{St}.

c) Die Steuererhebung führt über einen Anstieg der Grenzkosten (in Höhe des Steuersatzes) zu einer Preiserhöhung. Da ein Monopolist stets auf dem elastischen Teil der Nachfragekurve anbietet, verursacht jede Preiserhöhung einen Umsatzrückgang, der, zusammen mit dem Anstieg der Grenzkosten, den Gewinn des Monopolisten schmälert.

d) Eine Besteuerung des Monopolisten von € 10.000 verringert (als eine Art Fixkosten) lediglich seinen Gewinn, Angebotsmenge und Angebotspreis bleiben unverändert.

8. **Die Firma SAP entwickelt einen neuen Chip, auf den sie sofort ein Patent erhält.**
   a) **Zeichnen Sie ein Diagramm, das Produzentenrente, Konsumentenrente und Gesamtrente für den Markt des neuen Chips zeigt.**
   b) **Wie ändern sich die Größen von a), wenn SAP zu vollständiger Preisdifferenzierung in der Lage ist? Wie ändert sich der Nettowohlfahrtsverlust? Welche Transfers stellen sich ein?**

a)

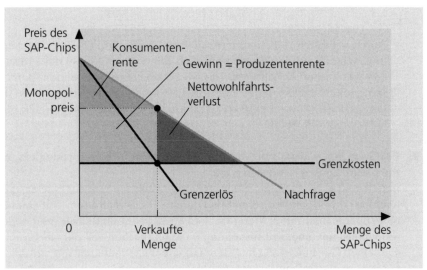

Die Fläche aus Konsumenten- und Produzentenrente bildet die Gesamtrente.

b)

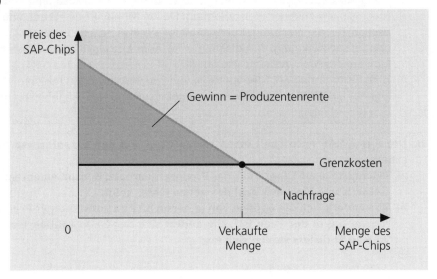

Durch vollständige Preisdifferenzierung ist die Firma SAP in der Lage, die unterschiedliche Zahlungsbereitschaft der Nachfrager bei der Preissetzung adäquat zu berücksichtigen. Die Nachfrager sind gezwungen, dem Produzenten für den Erwerb des Guts ihre gesamte Konsumentenrente zu transferieren. Der Nettowohlfahrtsverlust aus a) verschwindet, die gesamtwirtschaftliche Wohlfahrt steigt.

9. **Erklären Sie, warum ein Monopolist stets eine Menge produziert, bei der die Nachfragekurve elastisch ist.**

   Befindet sich der Monopolist auf dem unelastischen Teil der Nachfragekurve, könnte er durch eine Preisanhebung höhere Erlöse realisieren. Mit einem Rückgang der nachgefragten Menge sinken auch die Produktionskosten, sodass der Monopolist mit einer Preiserhöhung im unelastischen Teil der Nachfragekurve stets einen Gewinnanstieg realisiert. Die optimale Produktionsmenge muss demzufolge im elastischen Bereich der Nachfragekurve liegen, wo der Monopolist zwischen der negativen Wirkung einer Preiserhöhung auf die Verkaufserlöse und der positiven Wirkung auf die Produktionskosten abwägen muss, und genau den Preis setzen wird, bei dem Grenzerlös = Grenzkosten gilt.

10. **Henry, Bea und Romy betreiben die einzige Kneipe in der Stadt. Henry setzt sich zum Ziel, so viele Drinks wie möglich ohne Verlust zu verkaufen. Bea möchte dagegen mit der Kneipe so viel Erlös wie möglich realisieren und Romy den größtmöglichen Profit. Zeigen Sie grafisch die Preis-Mengen-Kombinationen, die sich aus den einzelnen Strategien ergeben.**

    Da Henry, Bea und Romy die einzige Kneipe in der Stadt betreiben, agieren sie als Monopolist und sehen sich einer fallenden Nachfragekurve gegenüber.

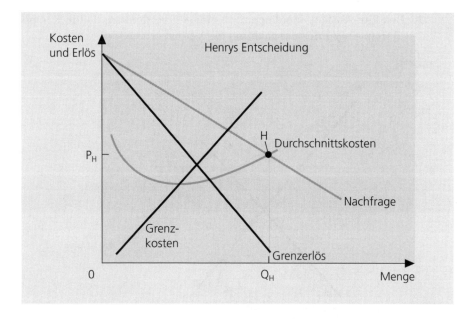

Henry wird so lange Drinks verkaufen, bis die Durchschnittskosten der Kneipe genau dem Preis der Drinks entsprechen. Demzufolge wählt er die Preis-Mengen-Kombination P_H und Q_H im Schnittpunkt H von Nachfrage- und Durchschnittskostenkurve.

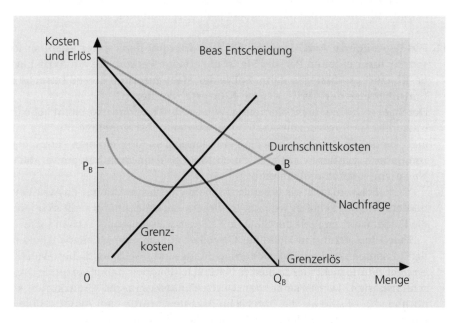

Zur Maximierung der Verkaufserlöse wählt Bea dagegen die Preis-Mengen-Kombination P_B und Q_B im Punkt B, bei der der Grenzerlös des letzten verkauften Drinks gerade null ist. Mit Blick auf die Durchschnittskosten der Kneipe sollte Bea ihre Absicht allerdings noch einmal überdenken, da die Kneipe im Punkt B trotz einer Erlösmaximierung mit Verlust arbeitet.

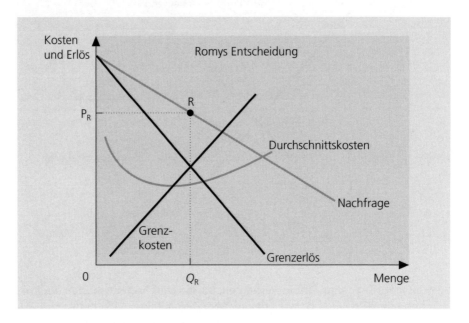

Zur Realisierung des größtmöglichen Profits wird Romy im Punkt R den Monopolpreis P_R fordern und die Monopolmenge Q_R anbieten.

11. **Die Popsängerin Avril Lavigne hat ein Monopol dank einer knappen Ressource: ihrer eigenen Person. Sie ist die einzige Person, die ein Avril-Lavigne-Konzert produzieren kann. Sollte der Staat aufgrund dieser Tatsache die Eintrittspreise der Avril-Lavigne-Konzerte regulieren?**
Der Staat sollte hier nicht eingreifen. Würde Avril Lavigne exorbitant hohe Eintrittspreise für ihre Konzerte verlangen, würden selbst eingefleischte Fans nicht mehr hingehen. Avril Lavigne mag ein Monopol an ihrer eigenen Person besitzen, jedoch existieren auch für einen Monopolisten Prohibitivpreise, die die Nachfrage auf null reduzieren.

Sicherlich wird nicht die gesamtwirtschaftlich effiziente Menge an Avril-Lavigne-Konzerten angeboten werden. In diesem Zusammenhang stellt sich jedoch die Frage, welchen Preis der Staat im Falle einer Regulierung setzten sollte.

Eine Preissetzung in Höhe der Grenzkosten, die eine effiziente Allokation der Ressourcen und eine Maximierung der gesamtgesellschaftlichen Wohlfahrt erreicht, würde nicht funktionieren. Natürlich Monopole haben sinkende Durchschnittskosten. Da bei sinkenden Durchschnittskosten die Grenzkosten stets noch niedriger sind als die Durchschnittskosten, würde man Avril Lavigne bei einer Preissetzung in Höhe der Grenzkosten Verluste aufzwingen. In diesem Fall gäbe es dann kein einziges Avril-Lavigne-Konzert.

Eine Preissetzung in Höhe der Durchschnittskosten wiederum führt zu Nettowohlfahrtsverlusten, und auch Avril Lavigne könnte keinen Gewinn realisieren. Damit ist es im Endeffekt wahrscheinlich am besten, wenn sich der Staat aus der Sache heraushält. Sollten die Preise für Avril-Lavigne-Konzerte wirklich die Schmerzgrenze der Fans überschreiten, so wird sich dies auch langfristig auf die Beliebtheit der Künstlerin auswirken und Substitutionseffekte hin zu anderen Popstarts auslösen.

Und außerdem gibt es für den Staat sicherlich wichtigere Probleme als die Eintrittspreise von Avril-Lavigne-Konzerten.

Kapitel 16 Oligopol

Stichwörter

Oligopol	Nash-Gleichgewicht
monopolistische Konkurrenz	Spieltheorie
Kollusion	Gefangenendilemma
Kartell	dominante Strategie

Wiederholungsfragen

1. **Welche Menge und welchen Preis würde eine Gruppe von Anbietern setzen wollen, die zur Bildung eines Kartells in der Lage ist?**
   Wenn sich ein Kartell gebildet hat und aufrechterhalten werden kann, wird der Markt wie von einem Monopol beliefert. Es realisieren sich Monopolpreis und Monopolmenge, da das Monopolresultat den Gewinn der beteiligten Anbieter maximiert.

2. **Vergleichen Sie Mengen und Preise eines Oligopolmarkts und eines Monopolmarkts im Gleichgewicht.**
   Wenn Oligopolisten ihre individuelle Produktions- und Angebotsmenge zur eigenen Gewinnmaximierung wählen, also ohne sich abzusprechen, werden sie zusammen eine größere Menge als ein Monopolist auf den Markt bringen. Der Marktpreis des Oligopols wäre in diesem Fall niedriger als der Monopolpreis.

3. **Vergleichen Sie Mengen und Preise eines Oligopolmarkts und eines vollständigen Konkurrenzmarkts.**
   Bei eigener Gewinnmaximierung werden die Oligopolisten eine kleinere Menge als ein Polypolist auf den Markt bringen. Der Marktpreis im Oligopol ist somit höher als der Konkurrenzpreis.

4. **Wie beeinflusst die Zahl der am Oligopolmarkt agierenden Unternehmungen das Marktergebnis?**
   Erhöht sich die Zahl der Anbieter auf einem Oligopolmarkt, so ähnelt der Markt immer mehr einem Konkurrenzmarkt. Der Preis nähert sich den Grenzkosten an, und die Produktionsmenge bewegt sich zum volkswirtschaftlich effizienten Niveau hin. Sinkt die Zahl der Anbieter, so steigt die Möglichkeit der Kartellbildung durch einfachere Verhandlungen. Hier würden sich Preis und Menge dem Monopol anpassen.

5. Worin besteht das Gefangenendilemma, und was hat es mit dem Oligopolmarkt zu tun?

Das Gefangenendilemma ist ein besonderes »Spiel« zwischen zwei Gefangenen, das zeigt, warum Kooperation selbst dann schwer fällt, wenn sie für beide Seiten Vorteile bringt. Ein Beispiel für eine derartige Konstellation ist das Oligopol. Das Spiel der Oligopolisten um das Monopolergebnis kann mit dem Spiel der Gefangenen verglichen werden. Das Monopolergebnis ist für die Oligopolisten genauso rational wie das Schweigen für die Gefangenen. Einzeln betrachtet, bestehen in beiden Fällen jedoch Anreize zur Vertragsverletzung. So wie das Eigeninteresse (Vermeidung einer Haftstrafe) die Gefangenen in das Gefangenendilemma und zum Geständnis treibt, macht es das Eigeninteresse für die Oligopolisten (Erhöhung des Gewinns durch den Verkauf zusätzlicher Produktionsmengen) schwer, die Kooperation beizubehalten und durch ein niedriges Produktionsniveau laut Absprache gemeinsam hohe Preise und hohe Gewinne zu erzielen.

6. Geben Sie unabhängig vom Oligopolmarkt zwei Beispiele dafür, wie mit dem Gefangenendilemma Verhalten erklärt werden kann.

Weitere Beispiele für das Gefangenendilemma sind der Rüstungswettlauf und die Frage der Werbestrategie von Unternehmungen.

Beim Rüstungswettlauf haben die beteiligten Staaten zwischen Aufrüstung und Abrüstung zu wählen. Im Hinblick auf die Vergrößerung der eigenen Macht ist für jedes Land die Aufrüstung eine dominante Strategie. Die Fortsetzung des Rüstungswettlaufs endet im Risiko der gemeinsamen Vernichtung. Das Beispiel Werbung setzt dort an, wo zwei Unternehmungen denselben Kundenkreis auf sich aufmerksam machen wollen. Wirbt keine Unternehmung, werden sich beide den Markt teilen. Werben beide, so kommt es ebenfalls zur Marktaufteilung, doch sind die Gewinne aufgrund der Kosten für die Werbung geringer. Wenn jedoch nur eine der beiden Unternehmungen Werbung betreibt und die andere nicht, zieht die werbende Unternehmung von der anderen Firma Kunden ab. Werbung ist demzufolge eine dominante Strategie für jede Unternehmung. Beide Unternehmungen werden werben, obwohl sie ohne Werbung besser gestellt wären.

7. Kennen Sie Beispiele von Vorschriften des Wettbewerbsrechts zur Verhinderung bestimmter Verhaltensweisen?

Auswahl von gesetzlichen Bestimmungen:
– Gesetz gegen Wettbewerbsbeschränkungen
– Gesetz gegen den unlauteren Wettbewerb
– Gesetz zur Regelung des Rechts der Allgemeinen Geschäftsbedingungen
– Warenzeichengesetz
– Patentgesetz

8. Was versteht man unter Preisbindung und warum ist dieses Instrument umstritten?

Wenn der Hersteller eines Produkts dem Handel den Verkaufspreis für sein Produkt vorschreibt, dann spricht man von Preisbindung. Das Instrument der Preisbindung ist umstritten, weil es auf den ersten Blick den Anschein der Wettbewerbswidrigkeit erweckt und demzufolge als nachteilig für die Gesellschaft angesehen werden könnte. Wie eine Absprache zwischen den Beteiligten eines Kartells hält die Preisbindung die Einzelhandelsgeschäfte davon ab, untereinander in einen Preiswettbewerb einzusteigen. Aus diesem Grund sehen die Wettbewerbsbehörden eine Preisbindung oft als Verletzung des Wettbewerbsrechts an. Einige Ökonomen verteidigen dagegen die Preisbindung, da das Ziel der Preisbindung nicht in einer Beschränkung des Wettbewerbs bestehen kann. Wenn ein Produzent tatsächlich über Marktmacht verfügt, dann würde diese Unternehmung ihre Marktmacht eher über einen höheren Großhandelspreis als über eine Preisbindung im Einzelhandel durchsetzen. Zudem hätte der Produzent gar keinen Anreiz, den Wettbewerb im Einzelhandel zu unterbinden. Da ein Kartell eine geringere Produktionsmenge an die Konsumenten verkaufen würde als viele Anbieter bei vollständiger Konkurrenz, wäre der Hersteller bei einer Beschränkung des Wettbewerbs im Einzelhandel schlechter gestellt.

Zudem sind die Ökonomen der Auffassung, dass mit der Preisbindung unter Umständen ein ganz legitimes Ziel verfolgt wird. Einige Produzenten sind daran interessiert, dass der Einzelhandel ihre Produkte mit einer hohen fachlichen Kompetenz verkauft. Ohne eine Preisbindung würden die Kunden die Situation jedoch zu ihren Gunsten nutzen und sich bei einem Fachhändler ausführlich über die Details des Produkts informieren lassen und das Gerät dann anschließend bei einem preiswerteren Anbieter kaufen, der diesen Service nicht anbietet. In einem gewissen Ausmaß ist die fachliche Beratung ein öffentliches Gut im Einzelhandel. Und eine Person, die ein öffentliches Gut anbietet, kann andere nicht vom Konsum dieses Gut ausschließen, auch wenn sie nicht dafür bezahlen. Die Preisbindung ist damit eine Möglichkeit für die Hersteller, das Trittbrettfahrerproblem zu lösen.

Aufgaben und Anwendungen

1. **Am 30.11.1993 berichtete The New York Times, dass »the inability of OPEC to agree last week to cut production has sent the oil market into turmoil ... [leading to] the lowest price for domestic crude oil since June 1990«.**
   a) **Warum wollten die OPEC-Mitglieder Vereinbarungen zur Produktionsminderung treffen?**
   b) **Warum waren die OPEC-Mitglieder wohl nicht in der Lage, Senkungen der Produktionsmengen zu vereinbaren? Warum kam dadurch der Ölmarkt durcheinander?**
   c) **Die Zeitung vermerkte auch den OPEC-Standpunkt, »that producing nations outside the organisation, like Norway and Britain, should do their share and cut production«. Was sagt die Formulierung »do their share« über die von der OPEC gewünschte Beziehung zu Norwegen und Großbritannien aus?**
   a) Die OPEC-Mitgliedstaaten fördern einen Großteil des Rohöls der Welt und haben durch ihren Zusammenschluss ein Kartell gebildet. Die Vereinbarung zur Produktionsminderung sollte das Kartell über die aus der Mengenreduk-

tion resultierende Preiserhöhung für Rohöl näher an die gewinnmaximale Monopollösung heranführen.

b) Jedes einzelne OPEC-Land stand vor der Entscheidung, über eine Steigerung der eigenen Produktionsmenge einen größeren Gewinn zu erzielen. Einige OPEC-Staaten erlagen diesem Anreiz und erhöhten ihre Produktionsmenge (oder senkten sie zumindest nicht). Das vermehrte Angebot an Rohöl führte zu einem Preisverfall.

c) Mit der Formulierung »do their share« ist die Anpassung an das Abkommen, also eine Produktionsminderung der erdölfördernden Länder gemeint, die nicht Mitglied der OPEC sind. Eine Reduktion der Fördermengen der verbleibenden kleinen Anbieter würde die beabsichtigte Strategie der OPEC zur weltweiten Angebotsverknappung und einem damit einhergehenden Preisanstieg zusätzlich unterstützen.

2. **Ein Großteil des Weltangebots an Diamanten kommt von der GUS und von Südafrika. Angenommen, die Grenzkosten der Förderung betragen € 1.000 pro Diamant, und die Diamantennachfrage entspreche dieser Tabelle:**

Preis (€)	Menge (Stück)
8.000	5.000
7.000	6.000
6.000	7.000
5.000	8.000
4.000	9.000
3.000	10.000
2.000	11.000
1.000	12.000

a) **Welcher Preis und welche Menge stellten sich bei sehr vielen Anbietern auf dem Markt ein?**

b) **Wie wären Marktpreis und Menge bei nur einem Anbieter?**

c) **Wie wäre wohl das Marktergebnis (Preis und Menge), wenn Südafrika und die GUS ein Kartell bildeten? Wie hoch wären Produktion und Gewinn von Südafrika bei gleichmäßiger Marktaufteilung? Wie verändert sich der Gewinn von Südafrika, wenn es seine Produktion um 1.000 erhöht, die GUS jedoch die Kartellabsprache einhält?**

d) **Begründen Sie anhand von c), warum Kartellabsprachen oft erfolglos bleiben.**

a) Im Polypol gilt die Gewinnmaximierungsregel Preis gleich Grenzkosten. Daraus resultiert ein Marktpreis von € 1.000 bei einer Produktionsmenge von 12.000 Stück.

b) Im Monopol (nur ein Anbieter) gilt die Gewinnmaximierungsregel Grenzerlös gleich Grenzkosten.

Preis (€)	Menge (Stück)	Erlöse (in €)	Gewinn (€)
8.000	5.000	40.000.000	35.000.000
7.000	6.000	42.000.000	36.000.000
6.000	7.000	42.000.000	35.000.000
5.000	8.000	40.000.000	32.000.000
4.000	9.000	36.000.000	27.000.000
3.000	10.000	30.000.000	20.000.000
2.000	11.000	22.000.000	11.000.000
1.000	12.000	12.000.000	0

Der maximale Gewinn ergibt sich bei einer Produktionsmenge von 6.000 Stück zu einem Preis von € 7.000.

c) Bilden Südafrika und die GUS ein Kartell, so realisiert sich die Monopollösung. Die Produktion von Südafrika bei gleichmäßiger Marktaufteilung beträgt 3.000 Diamanten. Daraus resultiert ein Gewinn (Erlös abzüglich Kosten) in Höhe von € 18.000.000. Erhöht Südafrika dagegen seine Produktion um 1.000 Diamanten und hält sich die GUS an die Kartellabsprache, so erhöht sich der Gewinn von Südafrika auf € 20.000.000 (Erlöse von € 24.000.000 abzüglich Kosten von € 4.000.000).

d) Kartellabsprachen bleiben oft erfolglos, weil es für Beteiligte von Vorteil ist, die eigene Produktionsmenge zu erhöhen. Halten sich die übrigen Beteiligten an die Absprache, so realisiert derjenige, der die Absprache bricht (in unserem Fall Südafrika), einen höheren Gewinn.

3. **Das vorliegende Kapitel behandelt Oligopole auf dem Absatzmarkt. Vieles davon gilt auch für Oligopole auf Beschaffungsmärkten der Unternehmungen. Was ist das entsprechende Ziel von Oligopolisten auf dem Beschaffungsmarkt, wenn Oligopolisten auf dem Absatzmarkt den Verkaufspreis zu erhöhen versuchen?**
Wenn Oligopolisten auf dem Absatzmarkt versuchen, den Verkaufspreis zu erhöhen, so werden Oligopolisten auf dem Beschaffungsmarkt bestrebt sein, die Preise der Inputfaktoren, die sie benötigen, zu senken.

4. **Warum ist die Spieltheorie hilfreich für das Verständnis des Marktgeschehens mit wenigen Unternehmungen, aber nicht mit sehr vielen Unternehmungen?**
Die Anzahl der relevanten Marktteilnehmer würde den Rahmen der Spieltheorie sprengen und die Analyse unübersichtlich machen. Aus vielen Marktteilnehmern mit individuellen Handlungsalternativen resultieren auch dementsprechend viele Entscheidungskonstellationen. In Konkurrenzmärkten können strategische Interaktionen aufgrund des geringen Anteils einer Unternehmung am Marktvolumen zudem vernachlässigt werden.

5. Betrachten wir die Handelsbeziehungen zwischen den Vereinigten Staaten von Amerika und Mexiko. Angenommen, die Führungskreise der beiden Länder schreiben den unterschiedlichen politischen Maßnahmen folgende Bewertung zu:

		Entscheidung USA	
		Niedrige Zölle	Hohe Zölle
Entscheidung Mexiko	Niedrige Zölle	Gewinn USA $ 25 Mrd. Gewinn Mexiko $ 25 Mrd.	Gewinn USA $ 30 Mrd. Gewinn Mexiko $ 10 Mrd.
	Hohe Zölle	Gewinn USA $ 10 Mrd. Gewinn Mexiko $ 30 Mrd.	Gewinn USA $ 20 Mrd. Gewinn Mexiko $ 20 Mrd.

a) Welches ist die dominante Strategie für die USA und für Mexiko?
b) Definieren Sie Nash-Gleichgewicht. Welches ist das Nash-Gleichgewicht in der betrachteten Handelspolitik?
c) Im Jahre 1993 ratifizierte der US-Kongress das »North American Free Trade Agreement« (NAFTA), in welchem die USA und Mexiko eine simultane Reduktion der Handelsschranken vereinbarten. Rechtfertigen die hier veranschlagten Vorteile dieses Abkommen?
d) Greifen Sie bitte auf das Verständnis der Handelsvorteile aus den Kapiteln 3 und 9 zurück und urteilen Sie, ob die hier tabellierten Vorteile tatsächlich die nationale Wohlfahrt bei den vier möglichen Politikkonstellationen widerspiegeln!

a) Die dominante Strategie für die USA und Mexiko besteht in der Erhebung hoher Zölle.
b) Ein Nash-Gleichgewicht ist eine Situation, in der wechselweise verbundene Akteure einzeln ihre bestmögliche Strategie mit Blick auf die Entscheidungen der anderen treffen. Das Nash-Gleichgewicht in der Handelspolitik zwischen den USA und Mexiko liegt bei beiderseits hohen Zöllen und Gewinnen von je $ 20 Mrd.
c) Die hier vorgeschlagenen Vorteile rechtfertigen das NAFTA-Abkommen, da beide beteiligten Parteien bei niedrigen Zöllen ihren Gewinn auf $ 25 Mrd. steigern können.
d) Die tabellierten Vorteile können die nationale Wohlfahrt nicht widerspiegeln, da die Nettowohlfahrtsverluste einer Zollerhebung aufgrund von Preiserhöhungen und Mengenreduktionen im Inland unberücksichtigt bleiben. Beziffert werden lediglich die monetären Einnahmen.

6. Nehmen wir an, in Ihrem Viertel gibt es zwei Bagel-Geschäfte: Markus Monster Bagel und Romys Riesen Bagel. Beide Geschäftsinhaber überlegen, ob Sie Werbung für Ihren Laden machen sollten. Durch Werbung könnten beide neue Kunden hinzugewinnen und ihren gegenwärtigen Gewinn von € 10.000

vergrößern, jedoch nur dann, wenn der andere keine Werbung macht. Wenn also Markus Werbung macht, erzielt er einen höheren Gewinn von € 20.000, wenn Romy keine Werbung macht, während Romys Gewinne auf € 5.000 zurückgehen. Die Gewinne von beiden sinken jedoch auf € 7.500, wenn sich Romy ebenfalls zur Werbung entschließt. Für Romy gilt das Gleiche: Sie kann einen höheren Gewinn von € 20.000 durch Werbung erzielen, wenn Markus nicht für seinen Laden wirbt. Dessen Gewinn sinkt in diesem Fall auf € 5.000. Betreibt sie jedoch Werbung und Markus auch, dann sinken die Gewinne der beiden auf € 7.500. Wenn beide keine Werbung machen, bleiben ihre Gewinne konstant bei € 10.000.

a) Zeichnen Sie die Entscheidungsbox für dieses Spiel.

b) Wie sieht das Nash-Gleichgewicht für dieses Spiel aus?

c) Ist ein Ergebnis denkbar, bei dem beide besser gestellt sind als im Nash-Gleichgewicht? Wie könnte dieses Ergebnis erreicht werden?

a)

		Entscheidung von Markus Monster Bagel	
		Werbung	Keine Werbung
Entscheidung von Romys Riesen Bagel	Werbung	Gewinn von € 7.500 für beide	Gewinn für Romy von € 20.000 Gewinn für Markus von € 5.000
	Keine Werbung	Gewinn von € 5.000 für Romy Gewinn von € 20.000 für Markus	Gewinn von € 10.000 für beide

b) Ein Nash-Gleichgewicht beschreibt eine Situation, in der die beiden Akteure einzeln ihre bestmögliche Strategie mit Blick auf die Entscheidungen des anderen treffen. In diesem Fall besteht das Nash-Gleichgewicht in der Situation, in der beide Werbung betreiben.

Romy wird sich für Werbung entscheiden, weil sie dadurch stets besser gestellt ist. Macht sie Werbung und Markus nicht, dann liegt ihr Gewinn bei € 20.000. Macht Markus dagegen auch Werbung, dann ist es für sie immer noch besser, auch Werbung zu betreiben, da ihr Gewinn in diesem Fall bei € 7.500 liegt. Würde sie keine Werbung betreiben, würde ihr Gewinn auf € 5.000 sinken, wenn sich Markus für Werbung entscheidet.

Für Markus gilt die gleiche Argumentation, sodass sich am Ende beide für Werbung entscheiden werden.

c) Beide wären bessergestellt, wenn sie auf Werbung verzichten würden. Dies setzt jedoch voraus, dass die beiden Ladenbesitzer kooperieren und sich an diese Vereinbarung dann auch halten. Es besteht jedoch stets ein Anreiz zur Vertragsverletzung.

Würde sich die Entscheidung der beiden Ladenbesitzer in regelmäßigen Abständen wiederholen (beispielsweise bei der jährlichen Festlegung des

Werbebudgets), so könnten beide Seiten die Stabilität der Vereinbarung durch eine Zusatzvereinbarung erhöhen, die eine Bestrafung bei Vertragsverletzungen vorsieht. Eine Lösung des »Dilemmas« könnte auch durch ein gesetzliches Verbot der Werbung erreicht werden.

7. **Bauer Meier und Bauer Huber lassen Ihre Rinder auf einer gemeinsamen Weide grasen. Wenn 20 Stück Vieh auf der Weide sind, produziert jede Kuh während ihrer Lebenszeit für € 8.000 Milch. Sofern mehr Kühe auf der Weide sind, erhält jedes Tier weniger Futter, und die Milchproduktion sinkt. Bei 30 Kühen geht der Wert der Milchproduktion pro Tier auf € 6.000 zurück, bei 40 Kühen produziert jede Kuh noch Milch im Wert von € 4.000. Die Kosten pro Stück Rind machen € 2.000 aus.**

   a) **Angenommen, Huber und Meier können entweder je 10 oder 20 Kühe kaufen, doch keiner von beiden kennt im Moment des Kaufs die Kaufentscheidung des anderen. Kalkulieren Sie den Nutzen jedes Ergebnisses.**

   b) **Wie lautet das wahrscheinliche Ergebnis dieses Spiels? Welches wäre das beste Ergebnis?**

   c) **Früher gab es mehr gemeinsame Weidegrundstücke als heutzutage. Warum? Lesen Sie dazu bitte nochmals im Kapitel 11 nach.**

   a)

		Entscheidung Meier	
		10 Kühe	20 Kühe
Entscheidung Huber	**10 Kühe**	Gewinn Meier: € 60.000 Gewinn Huber: € 60.000	Gewinn Meier: € 80.000 Gewinn Huber: € 40.000
	20 Kühe	Gewinn Meier: € 40.000 Gewinn Huber: € 80.000	Gewinn Meier: € 40.000 Gewinn Huber: € 40.000

   b) Das beste Ergebnis läge bei je 10 Kühen und einem Gewinn von je € 60.000. Da die dominante Strategie aber 20 Kühe sind, wird der Gewinn bei je € 40.000 liegen.

   c) Möglicherweise war den Menschen früher die Bedeutung externer Effekte für ihre eigene ökonomische Situation nicht bewusst (Allemendeproblematik), die (langfristigen) Auswirkungen einer Überweidung wurden nicht gesehen.

8. **Die beiden VWL-Studenten Jens und Sabine sollen zum Thema »Oligopol« zusammen ein Referat erarbeiten, für das sie gemeinsam eine Note bekommen. Beide möchten natürlich eine gute Note bekommen, aber dafür auch nur gerade so viel wie nötig tun. Die Entscheidungsmatrix von Jens und Sabine sieht wie folgt aus:**

		Entscheidung von Sabine	
		Arbeiten	Faulenzen
Entscheidung von Jens	Arbeiten	Nutzen Sabine: Note 1, kein Spaß Nutzen Jens: Note 1, kein Spaß	Nutzen Sabine: Note 2, Spaß Nutzen Jens: Note 2, kein Spaß
	Faulenzen	Nutzen Sabine: Note 2, kein Spaß Nutzen Jens: Note 2, Spaß	Nutzen Sabine: Note 4, Spaß Nutzen Jens: Note 4, Spaß

Normalerweise wollen Jens und Sabine vor allem Spaß haben. Keinen Spaß zu haben wird als genauso unangenehm eingeschätzt wie eine Bewertung des Referats, die um zwei Noten schlechter ausfällt.

a) Schreiben Sie aus der Entscheidungsmatrix den Nutzen von Sabine für die einzelnen Konstellationen heraus.

b) Welches Ergebnis ist zu erwarten, wenn keiner der beiden Studenten weiß, wie viel Zeit der andere dem gemeinsamen Referat widmen wird? Kann es von Bedeutung sein, ob die beiden auch in Zukunft für Studienprojekte zusammenarbeiten müssen?

a) Nutzen von Sabine bei Entscheidung von Jens: Arbeiten
Note 1, kein Spaß (Arbeiten) – Note 2, Spaß (Faulenzen)

Nutzen von Sabine bei Entscheidung von Jens: Faulenzen
Note 2, kein Spaß (Arbeiten) – Note 4, Spaß (Faulenzen)

Wenn Jens sich für Arbeiten entscheidet, fährt Sabine besser, wenn sie sich für Faulenzen entscheidet, weil der Nutzengewinn durch den Spaßgewinn für sie schwerer wiegt als die Verschlechterung der Note von 1 auf 2.

Wenn Jens sich für Faulenzen entscheidet, ist es für Sabine egal, ob sie sich für Faulenzen oder für Arbeiten entscheidet. In beiden Fällen ist der Nutzen aus dem Ergebnis für sie gleich groß. Die Verschlechterung der Note von 2 auf 4 wird für sie durch den Spaßgewinn kompensiert.

b) Wenn keiner der beiden Studenten weiß, wie viel Zeit der andere dem gemeinsamen Referat widmen wird, entscheiden sich beide für Faulenzen, da dies für sie die dominante Strategie ist. Egal wie sich der andere entscheidet, mit Faulenzen fahren beide besser. Gehen beide allerdings davon aus, dass sie auch Zukunft bei Projekten zusammenarbeiten werden, besteht die Chance, dass sich beide für Arbeiten entscheiden. Unter diesen Umständen wird keiner von beiden versuchen, sich auf Kosten des anderen besser zu stellen, da negative Auswirkungen einer solchen Entscheidung auf eine zukünftige Zusammenarbeit zu befürchten sind.

Kapitel 17 Monopolistische Konkurrenz

Stichwort

monopolistische Konkurrenz

Wiederholungsfragen

1. **Nennen Sie die drei Merkmale von monopolistischer Konkurrenz. Inwiefern ist monopolistische Konkurrenz mit dem Monopol verwandt? Inwiefern entspricht die monopolistische Konkurrenz der vollständigen Konkurrenz?**

   Monopolistische Konkurrenz beschreibt einen Markt, der einige Charakteristika der Konkurrenz und einige Merkmale des Monopols aufweist. Klassifiziert man einerseits nach der Teilnehmerzahl und andererseits nach dem Vollkommenheitsgrad des Markts, so entspricht monopolistische Konkurrenz dem Polypol auf dem unvollkommenen Markt. Monopolistische Konkurrenz ist durch eine Vielzahl von Anbietern, die mit unterschiedlichen Produkten (Produktdifferenzierung) um die Nachfrager konkurrieren, sowie einen freien Marktzutritt gekennzeichnet. Bei monopolistischer Konkurrenz befinden sich analog zur vollständigen Konkurrenz viele Anbieter auf dem Markt, die in Relation zum Marktvolumen sehr klein sind. Monopolistische Elemente dieser Marktform resultieren aus der Heterogenität der einzelnen Produkte, die eine vollständige Konkurrenz unter den Anbietern verhindert.

2. **Zeichnen Sie für einen Markt mit monopolistischer Konkurrenz das Diagramm des langfristigen Gleichgewichts. Wie hängt der Preis mit den Durchschnittskosten zusammen? Wie ist das Verhältnis zwischen Preis und Grenzkosten?**

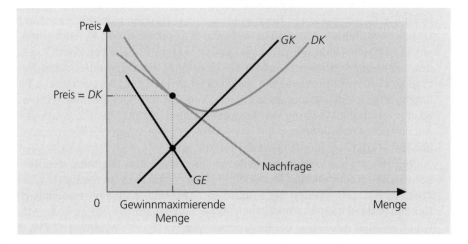

Wie auf einem Monopolmarkt übersteigt der Preis die Grenzkosten, da bei Gewinnmaximierung Grenzerlös und Grenzkosten übereinstimmen, und der Grenzerlös infolge der fallenden Nachfrage stets unter dem Preis liegt. Analog zum Konkurrenzmarkt stimmt der Preis mit den Durchschnittskosten überein, da der fortlaufende Markteintritt oder Marktaustritt von Unternehmungen zu einem Gewinn von null führt.

3. Produziert eine Unternehmung bei monopolistischer Konkurrenz zu viel oder zu wenig, wenn man das effiziente Produktionsniveau als Maßstab anlegt? Welche praktischen Erwägungen machen es für Wirtschaftspolitiker unmöglich, diese Schwierigkeiten zu überwinden?

Markteintritte und Marktaustritte führen jede Unternehmung bei monopolistischer Konkurrenz zum Tangentialpunkt der Nachfrage- und Durchschnittskostenkurve. In diesem Punkt ist die Produktionsmenge kleiner als die Menge bei minimalen Durchschnittskosten. Unter monopolistischer Konkurrenz produzieren die Unternehmungen auf dem fallenden Teil ihrer Durchschnittskostenkurve, sodass sie sich unterhalb der effizienten Betriebsgröße befinden und Überkapazitäten besitzen. Die Nachfrager müssen einen Preis oberhalb der Grenzkosten bezahlen, der einige Kunden vom Kauf abhalten wird. Somit gibt es bei monopolistischer Konkurrenz Nettowohlfahrtsverluste. Für Wirtschaftspolitiker birgt der Eingriff in die monopolistische Konkurrenz große Schwierigkeiten, erfordert doch eine Preissetzung in Höhe der Grenzkosten eine individuelle Kontrolle von Unternehmungen mit unterschiedlichen Produkten. Eine Regulierung der monopolistischen Wettbewerber zieht zudem alle Schwierigkeiten nach sich, die auch bei der Überwindung natürlicher Monopole bestehen. Es ist nahezu unmöglich, die im langfristigen Gleichgewicht gewinnlos arbeitenden Unternehmungen zu fortlaufenden Verlusten zu bewegen. Eine staatliche Subventionierung setzt Steuereinnahmen voraus, sodass man sich lieber mit der Ineffizienz der monopolistischen Preissetzung abfindet.

4. Inwiefern könnte die Werbung die gesamtgesellschaftliche Wohlfahrt senken? Inwiefern trägt Werbung vielleicht zur Wohlfahrtssteigerung bei?

Kritiker der Werbung sind der Auffassung, dass die Unternehmungen mit Werbung den Geschmack und die Präferenzen der Kunden manipulieren und psychisch beeinflussen. Es werden verfehlte Wünsche bei den Konsumenten geweckt, die ansonsten gar nicht vorhanden wären. Zudem behindert Werbung den Leistungswettbewerb, indem sie Konsumenten einzureden versucht, die Produkte seien unterschiedlicher, als sie es tatsächlich sind. Bei gesteigerter Wahrnehmung von Qualitätsunterschieden und verfestigter Markentreue würden die Käufer durch die Werbung von Preisunterschieden ähnlicher Güter abgelenkt, sodass jeder Unternehmung bei einer weniger elastischen Nachfragekurve ein höherer Aufschlag auf die Grenzkosten gelingt.

Befürworter der Werbung sind davon überzeugt, dass Werbung den Kunden notwendige Informationen vermittelt. Reklame transportiere die Existenz neuer Produkte, Güterpreise und Bezugsquellen. Diese Informationen ermöglichen den Kunden bessere Kaufentscheidungen und erhöhen damit die Fähigkeit der Märkte zur effizienten Allokation der Ressourcen. Zudem fördere Werbung den Wettbewerb. Werbung informiert die Kunden umfassender über alle Anbieter, sodass Käufer Preisunterschiede leichter erkennen und ausnutzen können. Damit hat jede Unternehmung eine geringere Marktmacht. Ferner erleichtere Werbung neuen Anbietern den Markteintritt, die über Reklame auf sich aufmerksam machen können und auf diese Weise vorhandenen Anbietern Kunden abwerben können.

5. **Wie vermittelt eine Werbung, die keinen erkennbaren Informationsgehalt aufweist, in der Tat doch Informationen an die Verbraucher?**
    Scheinbar informationslose Werbung vermittelt dem Konsumenten Signale über die Produktqualität. Die Entschlossenheit der Unternehmung zu hohen Geldausgaben für die Werbung kann als Zeichen einer hohen Produktqualität auf den Konsumenten wirken. Die relevante Information ist nicht der Inhalt der Werbung, sondern ihr Vorhandensein und ihre Kosten.

6. **Legen Sie zwei Vorteile dar, die aus dem Gebrauch von Markennamen entstehen.**
    Ökonomen verteidigen den Gebrauch von Markennamen mit Blick auf die Qualitätssicherung der Produkte. Markennamen bieten den Konsumenten Informationen über die Qualität des Produkts, bevor der Kunde selbst das Produkt beurteilen kann. Außerdem vermitteln Markennamen den Herstellern Anreize zur Aufrechterhaltung einer hohen Produktqualität, da die Markennamen und ihre Reputation für die Unternehmungen Vermögenswerte darstellen.

Aufgaben und Anwendungen

1. **Versuchen Sie, die Märkte folgender Güter zu klassifizieren (vollständige Konkurrenz, Monopol, monopolistische Konkurrenz), und begründen Sie ihre Entscheidungen:**
    a) **Lippenstifte**
    b) **Butter**
    c) **Bleistifte**
    d) **Telefon**
    e) **Mineralwasser**
    a) *Lippenstifte:* Das Gut befindet sich in einem Markt monopolistischer Konkurrenz. Es gibt eine Vielzahl von Kosmetikfirmen, deren Produkte hinsichtlich Farbe, Festigkeit, Pflegewirksamkeit u.Ä. differieren.
    b) *Butter:* Das Gut befindet sich in einem Markt vollständiger Konkurrenz mit vielen Anbietern nahezu gleicher Produkte.
    c) *Bleistifte:* Das Gut befindet sich in einem Markt vollständiger Konkurrenz mit vielen Anbietern in den einzelnen Produktsparten (Härte der Bleistifte).
    d) *Telefon:* Bis zum Jahresanfang 1999 herrschte auf dem Telefonmarkt das Monopol der Deutschen Telekom. In der Zwischenzeit hat sich der Telefonmarkt zu einem Markt monopolistischer Konkurrenz gewandelt, auf dem eine Vielzahl von Anbietern (Arcor, Hansenet, 1 & 1, ...) den Konsumenten unterschiedliche Angebote (hinsichtlich Grundgebühren, Zeittakte, Tarife) offerieren.

e) *Mineralwasser:* Das Gut befindet sich in einem Markt vollständiger Konkurrenz. Eine Vielzahl von Anbietern (Volvic, Apollinaris, Selters, Bonaqua, ...) vertreibt ein annähernd identisches Produkt.

2. **Bestimmen Sie für jede der folgenden Aussagen, ob damit eine Unternehmung bei vollständiger Konkurrenz, eine Unternehmung bei monopolistischer Konkurrenz, beide Marktformen oder keine dieser Marktformen beschrieben wird.**
   a) **Die Unternehmung verlangt einen Preis in Höhe der Grenzkosten.**
   b) **Der Grenzerlös der Unternehmung entspricht dem Preis.**
   c) **Die Unternehmung sieht sich Markteintrittsbeschränkungen gegenüber.**
   d) **Die Unternehmung stellt ein Produkt her, das identisch zum Produkt der Wettbewerber ist.**
   e) **Die Unternehmung erzielt langfristig keinen Gewinn.**
   f) **Die Unternehmung produziert in einem Bereich, in dem der Grenzerlös größer als die Grenzkosten ist.**
   a) vollständige Konkurrenz
   b) vollständige Konkurrenz
   c) keine dieser beiden Marktformen
   d) vollständige Konkurrenz
   e) beide Marktformen
   f) keine dieser beiden Marktformen

3. **Bestimmen Sie für jede der folgenden Aussagen, ob damit ein Monopol, eine Unternehmung bei monopolistischer Konkurrenz, beide Marktformen oder keine dieser Marktformen beschrieben wird.**
   a) **Die Unternehmung sieht sich einer fallenden Nachfragekurve gegenüber.**
   b) **Die Unternehmung hat einen Grenzerlös, der kleiner als der Preis ist.**
   c) **Die Unternehmung sieht sich mit dem Markteintritt von neuen Unternehmungen konfrontiert, die ähnliche Produkte verkaufen.**
   d) **Die Unternehmung erzielt langfristig Gewinne.**
   e) **Grenzerlös und Grenzkosten der Unternehmung sind gleich.**
   f) **Die Unternehmung produziert die gesellschaftlich optimale Menge.**
   a) beide Marktformen
   b) beide Marktformen
   c) monopolistische Konkurrenz
   d) Monopol
   e) beide Marktformen
   f) keine dieser beiden Marktformen

4. **Stellen Sie sich den Markt für Zahnpasta vor. »Procto« sei die Marke eines Anbieters, mit der sich der Anbieter im langfristigen Gleichgewicht befindet.**
   a) **Zeichnen Sie ein Diagramm mit der Nachfrage-, der Grenzerlös-, der Durchschnittskosten- und der Grenzkostenkurve. Markieren Sie den gewinnmaximierenden Preis-Mengen-Punkt für »Procto«.**
   b) **Wie hoch ist der Gewinn von »Procto«?**

c) Zeigen Sie anhand Ihres Diagramms die Konsumentenrente, die beim Verkauf von »Procto« entsteht. Zeigen Sie ferner den Nettowohlfahrtsverlust, der im Vergleich zum effizienten Niveau bei vollständiger Konkurrenz entsteht.

d) Was würde aus der Unternehmung, wenn sie staatlich gezwungen würde, die gesamtwirtschaftlich effiziente Menge von »Procto« zu produzieren? Was würde aus den Kunden?

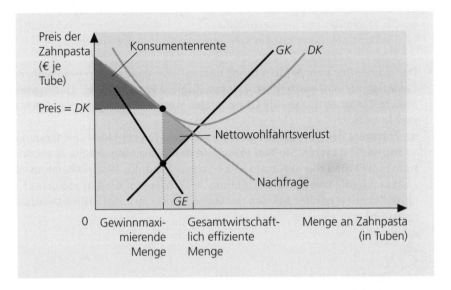

Der Gewinn von »Procto« im langfristigen Gleichgewicht ist null, da Preis und Durchschnittskosten übereinstimmen. Ein Zwang zur Produktion der gesamtwirtschaftlich effizienten Menge treibt die Unternehmung aus dem Markt, da sie bei einer Preissetzung nach der Regel »Preis gleich Grenzkosten« zur fortlaufenden Deckung von Verlusten gezwungen wäre. Die Kunden könnten ihre Nachfrage nach Zahnpasta nicht mehr befriedigen. Um die Unternehmung im Markt zu halten, müsste der Staat die Verluste über Subventionen kompensieren.

5. **Im vorliegenden Kapitel wurde erwähnt, dass Unternehmungen bei monopolistischer Konkurrenz Weihnachtskarten an die Kunden verschicken. Was wollen sie damit erreichen?**
Bei monopolistischer Konkurrenz ist eine Unternehmung ständig um Kundenbindung bemüht. In diesem Sinne werden Weihnachtskarten verschickt, um sich vor den Kunden von anderen Unternehmungen abzuheben und auf diese Weise (als Reaktion der Kunden auf die Weihnachtskarten) Kunden an sich zu binden. In letzter Konsequenz stellt die Weihnachtskartenaktion eine Art Werbung der Unternehmung für sich selbst dar. Da der Preis bei monopolistischer Konkurrenz stets über den Grenzkosten liegt, geht ein zusätzlicher Absatz beim gegebenen Preis mit einem höheren Gewinn einher.

6. **Welche der nachfolgenden Unternehmungen würde sich eher in der Werbung engagieren:**
   a) **ein familieneigener Bauernhof oder eine familieneigene Gaststätte?**
   b) **ein Produzent von Gabelstaplern oder ein Hersteller von Personenautos?**
   c) **eine Unternehmung mit einer neuen und sehr zuverlässigen Armbanduhr oder eine Unternehmung mit einer neuen, aber weniger zuverlässigen Armbanduhr, wenn beide Produkte gleiche Kosten haben?**

   a) eine familieneigene Gaststätte
   b) der Hersteller von Personenautos
   c) die Unternehmung mit der sehr zuverlässigen Armbanduhr

7. **Der Hersteller von Aspirin tätigt beachtliche Werbeausgaben, während für Generika nicht geworben wird. Diese Kunden kaufen nur zu niedrigsten Preisen ein. Nehmen Sie an, die Grenzkosten wären für beiderlei Produkte gleich und konstant.**
   a) **Zeichnen Sie für Aspirin die Nachfrage-, Grenzerlös- und Grenzkostenkurve. Markieren Sie den Preis und den Aufschlag auf die Grenzkosten.**
   b) **Wiederholen Sie a) für ein generisches Produkt. Worin bestehen die Unterschiede? Wer hat den größeren Aufschlag auf die Grenzkosten?**
   c) **Welcher Hersteller hat den größeren Anreiz zu sorgfältiger Qualitätskontrolle?**

   a) und b)

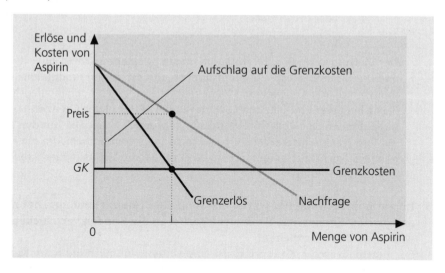

Die umfangreichen Werbeaktivitäten des Herstellers von Aspirin erhöhen den Bekanntheitsgrad der Marke und vermitteln den Konsumenten Informationen über die hohe Produktqualität. Der Hersteller von Aspirin sieht sich daher einer wesentlich größeren Nachfrage gegenüber als der Hersteller von Generika. Es werden größere Mengen Aspirin zu einem höheren Preis als bei Generika verkauft. Infolge der höheren Nachfrage fällt der Aufschlag auf die Grenzkosten für Aspirin wesentlich größer aus. Welcher der beiden Hersteller höhere Gewinne realisiert, hängt von der Höhe der Werbeausgaben für

Aspirin ab, die als fixe Kosten natürlich den Gewinn des Herstellers schmälern.

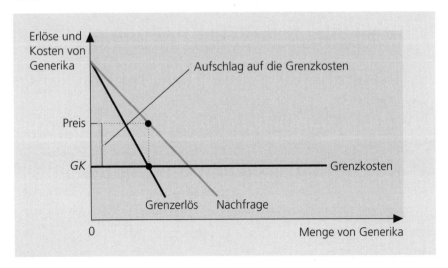

c) Der Hersteller von Aspirin hat den größeren Anreiz zur sorgfältigen Qualitätskontrolle, da er den Ruf seines Produkts aufs Spiel setzt, wenn Qualitätsmängel vorhanden sind. Die Reputation des Produkts Aspirin, aufgebaut durch die immensen Werbeaktivitäten, stellt für die Kunden ein Qualitätssignal zum Kauf dar.

TEIL VI   Arbeitsmarktökonomik

Kapitel 18   Die Märkte für die Produktionsfaktoren

Stichwörter

Produktionsfaktoren	abnehmendes Grenzprodukt
Produktionsfunktion	Wertgrenzprodukt
Grenzprodukt der Arbeit	Kapital

Wiederholungsfragen

1. **Erklären Sie, wie die Produktionsfunktion einer Unternehmung mit dem Grenzprodukt der Arbeit zusammenhängt.**

   Die Produktionsfunktion ist der funktionale Zusammenhang zwischen den im Produktionsprozess verwendeten Faktoreinsatzmengen und den erzielten Produktionsmengen. Das Grenzprodukt der Arbeit bestimmt den Zuwachs an Produktionsmenge je zusätzlicher Arbeitseinheit. Der Verlauf der Produktionsfunktion einer Unternehmung wird demzufolge durch das abnehmende Grenzprodukt der Arbeit determiniert. Der Zuwachs an Produktionsmenge je zusätzlicher Einheit des Produktionsfaktors Arbeit mit wachsender Produktionsausdehnung nimmt ab.

2. **Erklären Sie, wie das Grenzprodukt der Arbeit einer Unternehmung mit dem Wertgrenzprodukt verbunden ist.**

   Das Wertgrenzprodukt oder auch Wert des Grenzprodukts ist das mathematische Produkt aus dem Güterpreis und dem Grenzprodukt eines Produktionsfaktors. Die Annahme eines abnehmenden Grenzprodukts bedingt einen fallenden Verlauf der Kurve des Wertgrenzprodukts bei steigendem Arbeitseinsatz.

3. **Erklären Sie, wie das Wertgrenzprodukt einer Unternehmung von der Nachfrage nach Arbeit abhängt.**

   Die Arbeitsnachfrage determiniert, welche Arbeitsmenge eine Unternehmung bei einem gegebenen Lohnsatz auf dem Arbeitsmarkt nachfragt. Eine gewinnmaximierende Unternehmung wird bei vollständiger Konkurrenz genau bis zu jenem Punkt Arbeitskräfte einstellen, in dem das Wertgrenzprodukt der Arbeit der Entlohnung entspricht, in dem die zusätzlich zu erwartenden Erlöse aus der Tätigkeit einer weiteren Arbeitskraft gerade die zusätzlichen Lohnkosten decken. Die Kurve des Wertgrenzprodukts der Arbeit stellt somit die individuelle Arbeitsnachfragekurve einer Unternehmung dar.

4. Erklären Sie, wie der Lohnsatz das Angebot und die Nachfrage nach Arbeitskräften in Einklang bringt und dabei gleichzeitig dem Wertgrenzprodukt der Arbeit entspricht.

Im Gleichgewicht auf dem Arbeitsmarkt befindet sich der Lohnsatz auf einem Niveau, bei dem Angebot und Nachfrage übereinstimmen. In dieser Situation hat jede Unternehmung so viele Arbeitskräfte eingestellt, wie sie für profitabel hält. Dabei folgt jede Unternehmung der Regel für die Gewinnmaximierung: Jede Unternehmung fragt so lange Arbeitskräfte nach, bis das Wertgrenzprodukt mit dem Lohnsatz übereinstimmt. Insofern muss der Lohnsatz dem Wertgrenzprodukt der Arbeit entsprechen, wenn er Angebot und Nachfrage ins Gleichgewicht gebracht hat.

5. Wenn die Bevölkerung der Bundesrepublik Deutschland plötzlich durch eine große Einwanderungswelle anwachsen würde, was hätte dies für Auswirkungen auf die Löhne? Welche Wirkungen ergäben sich für die Eigentümer von Grundstücken und von Realkapital?

Eine Einwanderungswelle erhöht das Arbeitskräfteangebot und verursacht auf diese Weise Lohnsenkungen, die das verminderte Wertgrenzprodukt der vermehrten Arbeitskräfte widerspiegeln. Mit der Änderung des Arbeitskräfteangebots gehen Auswirkungen auf die Einkommen anderer Produktionsfaktoren einher, da Produktionsfaktoren beim Einsatz in einer Art und Weise verbunden sind, sodass die relativen Mengen die partiellen Produktivitäten bestimmen. Die Erhöhung der Beschäftigungsmenge bewirkt eine relative Verknappung der Produktionsfaktoren Grund und Boden sowie Realkapital, deren Entlohnungssätze daraufhin steigen.

Aufgaben und Anwendungen

1. Angenommen, man will auf gesetzlichem Weg die Krankheitskosten senken und verpflichtet jeden deutschen Bürger, täglich einen Apfel zu essen.
   a) Wie würde dieses Gesetz die Nachfrage und den Preis für Äpfel beeinflussen?
   b) Wie würde das Gesetz das Grenzprodukt und das Wertgrenzprodukt der Apfelpflücker verändern?
   c) Wie würde das Gesetz die Nachfrage nach Apfelpflückern und den Gleichgewichtslohn ändern?

Eine gesetzliche Verpflichtung zum Essen von Äpfeln hätte einen rapiden Nachfrageanstieg nach Äpfeln zur Folge, der den Preis für Äpfel erhöht. Der Preisanstieg ändert nichts am Grenzprodukt der Arbeit der beschäftigten Apfelpflücker, er erhöht jedoch das Wertgrenzprodukt. Durch einen höheren Absatzpreis für Äpfel lohnt es sich, mehr Apfelpflücker einzustellen. Die Arbeitsnachfrage steigt und führt zu einer Erhöhung des Gleichgewichtslohnsatzes.

2. **Erläutern Sie diesen Ausspruch von Henry Ford: »It is not the employer who pays wages – he only handles the money. It is the product that pays wages.«**
   Die Entlohnung des Produktionsfaktors Arbeit entspricht bei einer gewinnmaximierenden Unternehmung dem Wertgrenzprodukt. Die Kosten einer zusätzlichen Arbeitskraft müssen demzufolge über den Verkauf des Produktionsergebnisses verdient werden. Der zusätzliche Verkaufserlös, der Grenzerlös einer weiteren verkauften Produktionseinheit, ist der Preis. Steigen die Absatzpreise auf dem Gütermarkt, kann der Arbeitseinsatz mehr kosten, kann Arbeit höher entlohnt werden. Sinkt dagegen der Absatzpreis, so muss der Arbeitseinsatz bei Gewinnmaximierung auch weniger kosten, der Entlohnungssatz fällt.

3. **Untersuchen Sie die Auswirkung jedes der nachfolgend erwähnten Ereignisse auf den Arbeitsmarkt der Computerbranche:**
   a) **Der Bundesforschungsminister lässt für alle deutschen Schüler und Studenten Computer kaufen.**
   b) **Mehr Studenten wenden sich den Ingenieurwissenschaften und der Informatik zu.**
   c) **Unternehmen der Computerindustrie bauen neue Werke.**
   a) Die gestiegene Nachfrage nach Computern führt über höhere Computerpreise zu einem Beschäftigungsanstieg bei einem gestiegenen Lohnsatz in der Computerbranche.
   b) Eine (langfristige) Erhöhung des Arbeitsangebots in der Computerbranche entfaltet Druck auf die Löhne. Mit dem Anstieg der Beschäftigung im neuen Marktgleichgewicht sinkt das Grenzprodukt und ebenso das Wertgrenzprodukt der Arbeit, der Lohnsatz ist gefallen.
   c) Neue Werke in der Computerbranche stellen eine Erhöhung des Realkapitals dar und führen zu einem Anstieg der Arbeitsnachfrage der Unternehmungen. Der Beschäftigungszuwachs realisiert sich bei einem höheren Lohnsatz.

4. **Nehmen Sie an, ein langer und kalter Winter in Brandenburg hat einen Großteil der Kirschbäume in der Region zerstört.**
   a) **Erläutern Sie die Auswirkungen auf den Preis für Kirschen und das Grenzprodukt der Kirschpflücker. Können Sie vorhersagen, was mit der Nachfrage nach Kirschpflückern passiert?**
   b) **Nehmen Sie an, der Preis für Kirschen verdoppelt sich und das Grenzprodukt fällt um 30 %. Wie entwickelt sich der Gleichgewichtslohnsatz der Kirschpflücker?**
   c) **Nehmen Sie an, der Preis für Kirschen steigt um 30 % und das Grenzprodukt sinkt um 50 %. Wie entwickelt sich nun der Gleichgewichtslohnsatz der Kirschpflücker?**
   a) Wenn ein langer und kalter Winter in Brandenburg einen Großteil der Kirschbäume in der Region zerstört, dann führt dies über eine Verknappung des

Angebots an Kirschen zu einem Preisanstieg für Kirschen. Das Grenzprodukt der Kirschpflücker sinkt, da eine konstant gebliebene Zahl an Kirschpflückern nun deutlich weniger Kirschbäume zum Abpflücken zur Verfügung haben. Ob die Arbeitsnachfrage nach Kirschpflückern sinkt oder steigt, hängt von der Entwicklung des Wertgrenzprodukts der Kirschpflücker ab. Das Wertgrenzprodukt der Kirschpflücker ergibt sich aus dem mathematischen Produkt aus dem Preis für Kirschen und dem Grenzprodukt der Kirschpflücker. Während der Preis für Kirschen infolge des harten und kalten Winters steigt, geht das Grenzprodukt der Kirschpflücker zurück. Welcher der beiden Effekte sich stärker auswirkt, lässt sich nicht ohne Weiteres vorhersagen.

b) Wenn sich der Preis für Kirschen verdoppelt und das Grenzprodukt um 30 % fällt, dann wird der Gleichgewichtslohnsatz der Kirschpflücker um 40 % steigen.

Neuer Lohnsatz = neues Wertgrenzprodukt = neuer Preis × neues Grenzprodukt

Neuer Lohnsatz = (alter Preis × 2) × (altes Grenzprodukt × 0,7) = 1,4 × alter Lohnsatz

c) Wenn der Preis für Kirschen um 30 % steigt und das Grenzprodukt um 50 % fällt, dann wird der Gleichgewichtslohnsatz der Kirschpflücker um 35 % sinken.

Neuer Lohnsatz = neues Wertgrenzprodukt = neuer Preis × neues Grenzprodukt

Neuer Lohnsatz = (alter Preis × 1,3) × (altes Grenzprodukt × 0,5) = 0,65 × alter Lohnsatz

5. **Ihr unternehmungslustiger Onkel eröffnet eine luxuriöse Würstchenbude mit 7 Arbeitskräften. Er bezahlt seinen Arbeitskräften € 6 pro Stunde, und er verkauft die Wurst für € 3. Wenn Ihr Onkel den Gewinn maximieren wollte, wie hoch wäre dann das Wertgrenzprodukt der zuletzt gerade noch eingestellten Arbeitskraft? Wie hoch wäre das Grenzprodukt dieser »Grenzarbeitskraft«?** Das Wertgrenzprodukt beträgt € 6 pro Stunde, da gewinnmaximierendes Verhalten bedeutet, dass der Lohnsatz dem Wertgrenzprodukt entsprechen muss. Das Grenzprodukt der »Grenzarbeitskraft« beläuft sich auf 2 Würste pro Stunde.

6. **Während der 1980er-Jahre erlebten die USA einen bemerkenswerten Kapitalimport aus anderen Ländern. So bauten z. B. BMW, Toyota und andere Automobilunternehmen Niederlassungen in den Vereinigten Staaten.**
   a) **Skizzieren Sie ein Diagramm für den US-Kapitalmarkt und zeigen Sie die Wirkungen des Kapitalzuflusses für den Ertragspreis und die genutzte Menge des Kapitals auf.**
   b) **Zeigen Sie mit einem Diagramm für den US-Arbeitsmarkt die Auswirkungen des Kapitalzuflusses auf den durchschnittlichen Arbeitslohn.**

a)

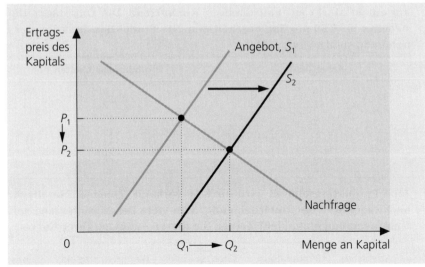

Der Kapitalimport aus anderen Ländern führt zu einer Ausweitung des Kapitalangebots, die Angebotskurve verschiebt sich von S_1 auf S_2. Aus dem Kapitalzufluss resultiert ein sinkender Ertragspreis sowie ein Anstieg in der genutzten Menge des Kapitals.

b)

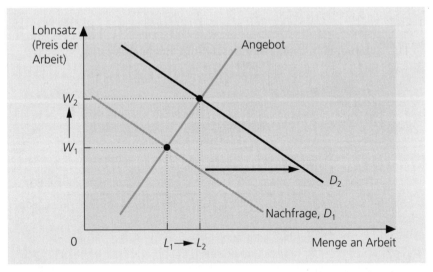

Der Kapitalzufluss und der damit einhergehende Aufbau von Niederlassungen ausländischer Automobilunternehmen führte zu einem Anstieg der Arbeitsnachfrage und nachfolgender Lohnsteigerung.

7. **Angenommen, Arbeit ist der einzige Produktionsfaktor einer Unternehmung auf einem Markt mit vollständiger Konkurrenz. Die Unternehmung kann Arbeiter für € 50 pro Tag beschäftigen. Die Produktionsfunktion der Unternehmung sieht so aus:**

Arbeitstage	Produktionseinheiten
0	0
1	7
2	13
3	19
4	25
5	28
6	29

Jede Produktionseinheit wird für € 10 verkauft. Zeichnen Sie die Arbeitsnachfragekurve der Unternehmung. Wie viele Beschäftigtentage sollte die Unternehmung einkaufen? Zeigen Sie diesen Punkt auf Ihrer Kurve.

Arbeitstage	Produktions-einheiten	Grenzprodukt der Arbeit	Wertgrenzprodukt der Arbeit	Lohnsatz
0	0	–	–	–
1	7	7	70	50
2	13	6	60	50
3	19	6	60	50
4	25	6	60	**50**
5	28	3	30	50
6	29	1	10	50

Die Unternehmung sollte vier Beschäftigtentage einkaufen.

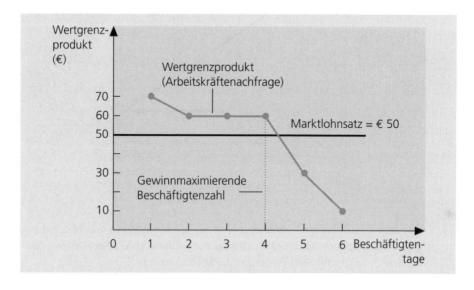

8. Im vorliegenden Kapitel war unterstellt worden, dass die Arbeit individuell und in vollständiger Konkurrenz angeboten wird. In einigen Märkten jedoch wird das Angebot von starken Gewerkschaften bestimmt.

   a) Erläutern Sie, inwiefern die von einer Gewerkschaft dominierte Situation der Lage eines Monopolisten ähnelt.

   b) Das Ziel des Monopolisten besteht in der Gewinnmaximierung. Gibt es ein entsprechendes Ziel für die Gewerkschaft?

   c) Nun dehnen Sie die Analogie zwischen Monopolisten und Gewerkschaften noch ein wenig weiter aus. Wie wird wohl der von der Gewerkschaft bestimmte Lohnsatz im Vergleich zum Konkurrenzlohnsatz ausfallen? Wie wird sich vermutlich die Beschäftigung in den beiden Fällen unterscheiden?

   d) Welche anderen gewerkschaftlichen Ziele könnten dazu führen, dass Gewerkschaften anders als Monopolisten entscheiden?

   a) Die Ähnlichkeit zwischen der Situation der Gewerkschaft und der Lage eines Monopolisten besteht darin, dass eine Gewerkschaft, die einen bestimmten Industriezweig umfasst, für diese Branche ein Angebotsmonopol für die Arbeitskräfte hat. Analog zum Konsumenten im Gütermarkt, der mangels substitutiver Güter nur vom Monopolisten seine gewünschte Gütermenge bekommen kann, sind die Unternehmungen bei der Beschaffung von Arbeitskräften auf die Gewerkschaft angewiesen.

   b) Das Ziel der Gewerkschaft ist mit der Gewinnmaximierung im Monopol vergleichbar. Sie versucht, den Gewinn für ihre Mitglieder, also den Lohn der Arbeitnehmer zu maximieren.

   c) Der Gewerkschaftslohnsatz wird aufgrund der Marktmacht der Gewerkschaft über dem Konkurrenzlohnsatz liegen. Die Folgen für den Beschäftigungsstand sind unmittelbar einleuchtend. Beim Konkurrenzlohnsatz wird die volkswirtschaftlich effiziente Menge beschäftigt, während beim Gewerkschaftslohnsatz weniger Arbeitnehmer einen Arbeitsplatz haben.

   d) Neben dem Ziel der Lohnmaximierung wird die Gewerkschaft im Interesse aller Arbeitnehmer zunächst über eine hohe und dauerhafte Beschäftigung eine Reduktion der Arbeitslosigkeit anstreben. Derartige Zugeständnisse vonseiten der Unternehmungen sind nur durch einen gewissen Lohnverzicht realisierbar. Möglicherweise besteht das Interesse der Gewerkschaft auch in der Einführung bzw. Sicherung bestimmter sozialer Standards, der Verbesserung des Arbeitsschutzes oder der Arbeitszeitverkürzung, die ebenfalls ein Entgegenkommen der Gewerkschaft in Form des Lohnverzichts erfordern.

Kapitel 19   Einkommen und Diskriminierung

Stichwörter

Gewerkschaft	Lohndifferenzierung
Streik	Humankapital
Effizienzlöhne	Diskriminierung

Wiederholungsfragen

1. **Warum werden Grubenarbeitern im Kohlenbergbau höhere Löhne bezahlt als anderen Arbeitern mit vergleichbarer Ausbildung?**

   Manche Tätigkeiten sind einfach, amüsant und sicher; andere schwierig, langweilig und gefährlich. Je vorteilhafter eine Tätigkeit nach diesen nichtmonetären Merkmalen eingeschätzt wird, umso mehr Leute sind bereit, sie auszuüben. Das Arbeitsangebot für vergleichsweise einfache Tätigkeiten ist größer als das Arbeitsangebot für schwierige oder gefährliche Tätigkeiten. Infolgedessen sind die Gleichgewichtslöhne für »gute« Tätigkeiten tendenziell niedriger als für »schlechte« Tätigkeiten. Da die tägliche Arbeit in Kohlengruben schwierig und gefährlich zugleich ist, erhalten Grubenarbeiter höhere Löhne, die sie für die schmutzige und gefährliche Arbeit ebenso wie für die langfristig auftretenden Gesundheitsprobleme entschädigen sollen.

2. **In welcher Hinsicht entspricht Ausbildung einer Art von Kapital?**

   Ausbildung stellt einen wichtigen Bestandteil des Humankapitals dar. Humankapital beschreibt die Summe aller in der Vergangenheit vorgenommenen Erziehungs- und Ausbildungsinvestitionen. Wie alle Formen von Kapital verkörpert die Ausbildung eine Verausgabung von Ressourcen zu einem bestimmten Zeitpunkt, mit dem Ziel, die Produktivität in der Zukunft zu erhöhen. Im Gegensatz zu anderen Kapitalinvestitionen ist die Ausbildung personengebunden und nicht übertragbar, und diese Verbindung macht sie zum Humankapital.

3. **Wie könnte Ausbildung den Lohn einer Arbeitskraft erhöhen, ohne ihre Produktivität zu erhöhen?**

   Dem Ausbildungsniveau wird in der Theorie ein Signaleffekt zugeschrieben. Die so genannte Signaling-Theorie geht davon aus, dass Menschen durch ein bestimmtes Bildungsniveau nicht produktiver werden, sondern potenziellen Arbeitgebern dadurch ihre hohe Begabung signalisieren. Hoch qualifizierte Arbeitskräfte können über diesen Signaleffekt eine höhere Bezahlung erreichen.

4. **Welche Schwierigkeiten treten auf bei der Beurteilung, ob der niedrigere Lohn einer Gruppe von Arbeitskräften durch Diskriminierung verursacht wird?**

Unter Diskriminierung versteht man die ungleiche Behandlung von vergleichbaren Individuen, die sich nur im Hinblick auf Rasse, ethnische Gruppe, Geschlecht, Alter oder andere persönliche Merkmale unterscheiden. Die Schwierigkeiten der Wahrnehmung der Diskriminierung bestehen darin, dass auch auf Arbeitsmärkten ohne Diskriminierung unterschiedliche Menschen unterschiedlich hohe Löhne erhalten. Menschen differieren hinsichtlich ihres Humankapitals und der Arten der Tätigkeiten, die sie ausüben können und wollen. Das alleinige Beobachten von Lohnunterschieden zwischen großen Gruppen erlaubt keine Aussage über die Relevanz der Diskriminierung.

5. **Führen die Kräfte des wirtschaftlichen Wettbewerbs tendenziell zu einer Verschärfung oder zu einer Abschwächung der Diskriminierung aufgrund der Rasse?**

Wettbewerbsfähige Märkte verfügen über ein natürliches Mittel gegen Diskriminierung durch Arbeitgeber. Der Markteintritt von Unternehmungen, die nur an ihrem Gewinn interessiert sind, lässt diskriminierende Lohnunterschiede tendenziell verschwinden.

6. **Geben Sie ein Beispiel, wann Diskriminierung in einem wettbewerbsfähigen Markt fortbestehen könnte.**

Lohnunterschiede können auf wettbewerbsfähigen Märkten lediglich dann fortbestehen, wenn Kunden bereit sind, für die Beibehaltung der diskriminatorischen Praktiken zu bezahlen (unterschiedliche Eintrittspreise im US-amerikanischen Baseball in der Vergangenheit) oder wenn der Staat diese Praktiken vorschreibt (das ehemalige Apartheid-Regime in Südafrika).

Aufgaben und Anwendungen

1. **Studenten arbeiten manchmal in den Semesterferien als Praktikanten bei privaten Unternehmungen oder beim Staat. Viele dieser Tätigkeiten werden schlecht oder gar nicht bezahlt.**
   a) **Worin bestehen die Opportunitätskosten einer derartigen Tätigkeit?**
   b) **Erklären Sie, weshalb Studenten bereit sind, diese Tätigkeiten anzunehmen.**
   c) **Welches Ergebnis würden Sie erwarten, wenn Sie die späteren Einkommen derjenigen, die als Praktikanten gearbeitet haben, mit den späteren Einkommen derjenigen vergleichen würden, die besser bezahlte Ferienjobs ausgeübt haben?**
   a) Die Opportunitätskosten einer derartigen Tätigkeit bestehen in den entgangenen Verdienstmöglichkeiten gewöhnlicher Studentenjobs (Aushilfe in Gaststätten/Restaurants, Copy-Shops, Büro-/Sekretariatsarbeiten), denen die Studenten ansonsten nachgegangen wären.
   b) Praktika bilden für Studenten einen (wichtigen) Teil ihrer Ausbildung, sie sehen derartige Tätigkeiten als Investition in ihre eigene berufliche Zukunft

an. Praktika vermitteln Erfahrungen über Anforderungen im späteren Berufsleben. Die Studenten gewinnen praxisbezogene Kenntnisse, können möglicherweise schon erste Kontakte mit potenziellen Arbeitgebern knüpfen. Durch ihre Erfahrungen in der Berufspraxis werden Studenten für Unternehmungen bei der Stellenvergabe attraktiver.

c) Bei einem Einkommensvergleich würde ich erwarten, dass sich die berufs- und praxisbezogenen Erfahrungen ehemaliger Praktikanten einkommensfördernd auswirken.

2. **Wie in Kapitel 6 ausgeführt, verzerrt ein Mindestlohngesetz den Markt für Niedriglohnarbeit. Um diese Verzerrung zu verringern, plädieren einige Ökonomen für ein zweistufiges Mindestlohnsystem mit einem regulären Mindestlohn für erwachsene Arbeitskräfte und einem darunter liegenden Mindestlohn für jugendliche Arbeitskräfte. Nennen Sie zwei Gründe, weshalb ein einziger Mindestlohn den Arbeitsmarkt für jugendliche Arbeitskräfte mehr verzerren könnte als den Markt für erwachsene Arbeitskräfte.**

Jugendliche Arbeitskräfte weisen sowohl eine geringere Berufserfahrung als auch eine geringere berufliche Qualifikation aus. Sie sind demzufolge für potenzielle Arbeitgeber noch weniger attraktiv. Ein einziger Mindestlohn würde dazu führen, dass die Unternehmungen im Niedriglohnsektor – wenn überhaupt – dann auf erwachsene Arbeitskräfte zurückgreifen, sodass ein Großteil der jugendlichen Arbeitskräfte zum vorgeschriebenen einheitlichen Mindestlohn ohne Beschäftigung wäre.

3. **Eine wesentliche Erkenntnis der Arbeitsmarkttheorie besteht darin, dass bei gleichem Ausbildungsniveau Arbeitskräfte mit größerer Berufserfahrung mehr verdienen als Arbeitskräfte mit geringerer Berufserfahrung. Warum könnte das so sein? Einige Untersuchungen haben außerdem gezeigt, dass die Dauer der Betriebszugehörigkeit einen zusätzlichen positiven Einfluss auf die Löhne hat. Geben Sie eine Erklärung dieses Sachverhalts.**

Neben dem Ausbildungsniveau spielt die Berufserfahrung eines Arbeitnehmers für die Höhe der Entlohnung eine entscheidende Rolle, spiegelt sie doch die Fähigkeit der Arbeitskräfte wider, erlerntes Wissen schnell, konsequent und fehlerfrei anzuwenden und auf unvorhersehbare Ereignisse angemessen zu reagieren. Berufserfahrung ist im Beruf erworbenes Humankapital und wird deshalb entsprechend höher entlohnt. Die Dauer der Betriebszugehörigkeit eines Arbeitnehmers kann als Indikator eines betriebsspezifischen Humankapitals interpretiert werden. Arbeitskräfte, die schon lange Zeit in der Unternehmung arbeiten, sind mit Arbeitsabläufen vollständig vertraut, kennen Zuständigkeitsbereiche genau. Zudem verschafft eine lange Betriebszugehörigkeit bei vielen Arbeitnehmern ein Gefühl der Verantwortung für die Abläufe in der Unternehmung, Störungen oder Unregelmäßigkeiten werden bewusst wahrgenommen und übergeordneten Stellen gemeldet. Eine höhere Entlohnung erscheint demzufolge angemessen.

4. **Als vor beinahe 100 Jahren die ersten Aufzeichnungsgeräte erfunden wurden, konnten Musiker ihre Musik plötzlich einem breiten Publikum kostengünstig zur Verfügung stellen. Wie, glauben Sie, hat sich dieses Ereignis auf das Einkommen der besten bzw. durchschnittlichen Musiker ausgewirkt?**

Die Erfindung von Aufzeichnungsgeräten wird das Einkommen durchschnittlicher Musiker gesenkt und das Einkommen der besten Musiker erhöht haben. Das Musikhören war von nun an kein knappes Gut mehr, mithilfe der Aufzeichnungsgeräte bestand ein kostengünstiger Zugang zur Musik. Die Konsumenten konnten sich zwischen unterschiedlichen Musikern entscheiden und wählten vermutlich die besten Musiker. Die gestiegene Nachfrage nach deren Aufnahmen verschaffte diesen Musikern Einkommenserhöhungen, während Aufnahmen durchschnittlicher Musiker weniger gefragt waren.

5. **Alan betreibt eine Beratungsunternehmung. Er stellt in erster Linie weibliche Volkswirte ein, weil er sich sagt »Frauen werden für weniger Geld arbeiten als Männer mit vergleichbarer Qualifikation, da sie weniger Arbeitsgelegenheiten haben«. Ist Alans Verhaltensweise bewundernswert oder verabscheuungswürdig? Was würde mit dem Lohngefälle zwischen Männern und Frauen passieren, wenn sich mehr Arbeitgeber wie Alan verhalten würden?**

Alans Verhaltensweise ist weder verabscheuungswürdig noch bewundernswert. Er macht sich lediglich die vom Markt gesetzten Einkommensunterschiede zwischen Männern und Frauen zu Nutze. Frauen wird eine tendenziell geringere Berufserfahrung als Männern zugeschrieben, die sich trotz eines äquivalenten Ausbildungsniveaus in einer geringeren Bezahlung manifestiert. Wenn Alan die vermeintlich geringere Berufserfahrung seiner Mitarbeiterinnen verschmerzen kann, handelt er im Sinne einer Minimierung der Gehaltskosten bei gleicher Leistung seiner Mitarbeiterinnen ökonomisch. Verhalten sich mehr Arbeitgeber wie Alan, so erhöht sich auf Dauer die Nachfrage der Unternehmungen nach weiblichen Arbeitskräften, deren Entlohnung ansteigt.

6. **Romy arbeitet für Ralph, den sie allerdings aufgrund seines snobistischen Verhaltens nicht ausstehen kann. Als sie sich jedoch nach einer anderen vergleichbaren Arbeitsstelle umsieht, muss sie feststellen, dass sie lediglich Angebote findet, deren Jahresgehalt um € 5.000 im Jahr unter ihrer derzeitigen Entlohnung liegen. Sollte Romy einen anderen Job annehmen? Analysieren Sie Romys Situation aus ökonomischer Sicht.**

Romy sollte ihren Job bei Ralph nicht aufgeben, da sie ansonsten eine gewisse Form der Diskriminierung unterstützt. Unter Diskriminierung versteht man eine ungleiche Behandlung von vergleichbaren Individuen, die sich nur im Hinblick auf Rasse, ethnische Gruppe, Geschlecht, Alter oder andere persönliche Merkmale unterscheiden. Dass Romy lediglich Angebote für vergleichbare Jobs bekommt, deren Bezahlung unter ihrem derzeitigen Gehalt liegt, ist ein Beleg für eine gewisse Form der Diskriminierung, die gegenüber Ralph als Arbeitgeber im Markt vorliegt. Aufgrund seines snobistischen Verhaltens ist er anscheinend gezwungen, höhere Gehälter zu zahlen, damit die Leute für ihn arbeiten. Wenn Ralph sich als Vorgesetzter ihr gegenüber fachlich und persönlich immer korrekt verhält, gibt es für Romy keinen Grund, den Job zu wechseln und die Diskriminierung gegenüber Ralph auch noch weiter zu verstärken.

7. **Eine Fallstudie in diesem Kapitel verdeutlicht, dass die Diskriminierung durch Zuschauer im Sport für die Einkommen der Sportler bedeutsam zu sein scheint. Beachten Sie, dass dies möglich ist, weil die Sportfans die Eigenschaften der Sportler einschließlich ihrer Rasse kennen. Weshalb ist diese Kenntnis wichtig für die Existenz von Diskriminierung? Nennen Sie einige Beispiele von Branchen, in denen damit zu rechnen ist, dass Diskriminierung durch Kunden die Löhne der Arbeitskräfte beeinflusst bzw. nicht beeinflusst.**

Bevor Nachfrager diskriminieren können, müssen sie Diskriminierungsmerkmale wahrnehmen.

– *Branchen mit (Diskriminierungs-)Einfluss auf die Einkommenshöhe:* Film und Fernsehen, Musikbranche, Gastronomie

– *Branchen ohne (Diskriminierungs-)Einfluss auf die Einkommenshöhe:* Telefondienste, Radio, Online-Dienste, Zeitungs- und Büchermarkt

8. **Nehmen Sie an, alle jungen Frauen würden veranlasst, den Beruf der Sekretärin, der Krankenschwester oder der Lehrerin zu ergreifen; gleichzeitig würden junge Männer ermutigt, neben diesen drei Berufen auch viele andere Berufe zu ergreifen.**

a) **Zeichnen Sie ein Diagramm, das den gemeinsamen Arbeitsmarkt für Sekretärinnen, Krankenschwestern und Lehrerinnen zeigt. Zeichnen Sie ein Diagramm, das den gemeinsamen Arbeitsmarkt für alle anderen Berufe zeigt. In welchem Markt ist der Lohn höher? Erzielen Männer oder Frauen im Durchschnitt höhere Löhne?**

b) **Nehmen Sie nun an, dass sich die Gesellschaft verändert hat und sowohl junge Frauen als auch junge Männer ermutigt werden, einen Beruf aus einer breiten Palette möglicher Berufe zu ergreifen. Welche Auswirkungen würden sich im Zeitablauf von dieser Veränderung auf die Löhne in den beiden Märkten ergeben, die Sie in Teilaufgabe a) dargestellt haben? Wie würde sich diese Veränderung auf die durchschnittlichen Löhne von Männern und Frauen auswirken?**

a)

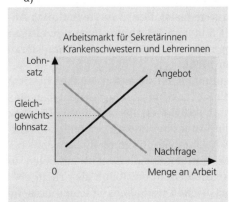
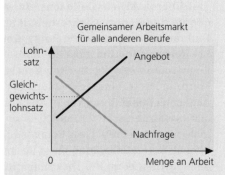

Da sich Frauen lediglich auf die drei Berufe Sekretärin, Krankenschwester und Lehrerin konzentrieren, herrscht im gemeinsamen Arbeitsmarkt aller anderen Berufe ein (relativ) geringeres Arbeitsangebot. Der Lohn für alle anderen Berufe ist somit höher. Da Männer in der Mehrzahl andere Berufe ergreifen, liegt ihr Durchschnittslohn über dem der Frauen.

b) Werden Frauen zu einer breiteren Berufswahl ermutigt, verringert sich das Arbeitsangebot für die drei Berufe Sekretärin, Krankenschwester und Lehrerin und erhöht sich für alle anderen Berufsgruppen. Der Lohnanstieg im Arbeitsmarkt für Sekretärinnen, Krankenschwestern und Lehrerinnen führt zu einem höheren Durchschnittslohn für Frauen, während die Durchschnittslöhne der Männer infolge der Lohnsenkung im Arbeitsmarkt für alle anderen Berufsgruppen, dem sie mehrheitlich zuzurechnen sind, sinken.

9. **Dieses Kapitel betrachtet die wirtschaftlichen Aspekte der Diskriminierung durch Arbeitgeber, Kunden und Staat. Betrachten wir nun die Diskriminierung durch Arbeitskräfte. Stellen Sie sich vor, dass manche brünette Arbeitskräfte nicht mit blonden Arbeitskräften zusammenarbeiten wollten. Denken Sie, diese Art der Diskriminierung könnte niedrigere Löhne für blonde Arbeitskräfte erklären? Was würde ein nach Gewinnmaximierung strebender Unternehmer im Falle eines solchen Lohnunterschieds tun? Was würde im Zeitablauf passieren, wenn es viele solcher Unternehmer gäbe?**

Diese Art der Diskriminierung kann nur dann zu niedrigen Löhnen für blonde Arbeitskräfte führen, wenn brünette Arbeitskräfte gegenüber ihren blonden Kolleginnen für den Arbeitgeber Vorteile (Ausbildung, Fähigkeiten, Berufserfahrung) aufweisen, und sie damit über eine gewisse Macht zur Diskriminierung verfügen. Die Haarfarbe müsste demzufolge Aussagen über die Qualifikation der Arbeitskräfte zulassen. Anderenfalls würde der Arbeitgeber den Problemen dadurch entgehen, dass er statt brünetter Arbeitskräfte Arbeitnehmer mit einer anderen Haarfarbe engagiert. Existieren dennoch niedrigere Löhne für blonde Arbeitskräfte, so fragt ein gewinnmaximierender Unternehmer verstärkt blonde Arbeitskräfte nach (gleiche Qualifikation vorausgesetzt). Gibt es viele solcher Unternehmer, so verursacht die erhöhte Arbeitsnachfrage nach blonden Arbeitskräften einen Lohn- und Beschäftigungsanstieg.

Kapitel 20   Die Einkommensverteilung

Stichwörter

Armutsrisikoquote	egalitärer Liberalismus
Armutsgrenze	Maximin-Kriterium
Lebenszyklus	Libertarismus
permanentes Einkommen	negative Einkommensteuer
Utilitarismus	Sachtransfers
Nutzen	

Wiederholungsfragen

1. Welche Bevölkerungsgruppe lebt am häufigsten in Armut?

Alleinerzieherhaushalte leben am häufigsten in Armut.

2. Warum verursachen transitorische Einkommensänderungen sowie Einkommensänderungen im Lauf des Lebens einer Person Schwierigkeiten bei der Beurteilung des Ausmaßes der Einkommensungleichheit?

Die Höhe des Einkommens eines Menschen ändert sich nicht nur in voraussagbarer Weise im Lauf seines Lebens, sondern ist ebenfalls von Jahr zu Jahr zufälligen und vorübergehenden Schwankungen unterworfen. Einkommensänderungen im Lauf des Lebens führen zu einer ungleichen Verteilung des Jahreseinkommens, stellen aber keine wirkliche Ungleichheit im Hinblick auf den Lebensstandard dar. Für die Beurteilung der Ungleichheit im Hinblick auf den Lebensstandard ist die Verteilung des permanenten Einkommens bedeutsamer als die Verteilung des Jahreseinkommens. Obwohl es Schwierigkeiten bereitet, das permanente Einkommen zu messen, stellt es ein wichtiges Konzept dar. Da das permanente Einkommen transitorische Einkommensänderungen ausschließt, ist es gleichmäßiger verteilt als das gegenwärtige Einkommen.

3. Wie würden ein Utilitarist, ein Vertreter des egalitären Liberalismus und ein Libertarist das zulässige Ausmaß der Einkommensungleichheit bestimmen?

Der Utilitarismus ist eine politische Philosophie, wonach der Staat Maßnahmen ergreifen sollte, die den gesamten Nutzen, d. h. das Maß für Glück und Zufriedenheit aller Gesellschaftsmitglieder, maximieren. Der Staat sollte versuchen, eine gleichmäßigere Einkommensverteilung, also weniger Ungleichheit, zu erreichen. Eine vollständige Gleichverteilung des Einkommens wird aus anreiztechnischen Gründen abgelehnt, sodass ein gewisses Maß an Einkommensungleichheit verbleibt. Der Staat muss die Gewinne einer größeren Gleichheit und die Verluste infolge verzerrter Anreize gegeneinander abwägen.

Der egalitäre Liberalismus als politische Philosophie geht davon aus, dass der Staat Maßnahmen ergreifen sollte, die von einem unparteiischen Beobachter hinter einem »Schleier des Nichtwissens« für gerecht erachtet werden. Die Gestaltung staatlicher Maßnahmen zielt in diesem Sinne darauf ab, die Wohlfahrt der am schlechtesten gestellten Personen in der Gesellschaft zu erhöhen (Maximin-Kriterium). Das Kriterium rechtfertigt Maßnahmen, die die Einkommensverteilung gleichmäßiger gestalten. Das Maximin-Kriterium lässt jedoch Einkommensdisparitäten zu, da diese Arbeitsanreize steigern und dadurch die Fähigkeit der Gesellschaft erhöhen, den Armen zu helfen.

Der Libertarismus als politische Philosophie postuliert, dass der Staat Verbrechen bestrafen und für die Einhaltung freiwilliger Verträge sorgen, nicht aber Einkommen umverteilen sollte. Es wird demzufolge der Prozess der Entstehung der Einkommensungleichheit beurteilt. Kommen diese Ungleichheiten unrechtmäßig zu Stande, dann hat der Staat das Recht und die Pflicht, das Problem zu beheben. Ist der Prozess der Festsetzung der Einkommensverteilung rechtmäßig, ist die resultierende Verteilung gerecht, egal wie ungleich sie auch sein mag. Die Gleichheit der Möglichkeiten wird höher als die Gleichheit der Einkommen geschätzt.

4. Worin bestehen die Vor- und Nachteile einer Gewährung von Sachleistungen anstelle von Geldleistungen für die Armen?

Mit einer Gewährung von Sachleistungen kann der Staat unmittelbar sicherstellen, dass Arme auch jene Güter konsumieren, derer sie bedürfen. Kein Bedürftiger würde hungern, frieren oder krank dahinsiechen. Dem Missbrauch der staatlichen Unterstützung für den Erwerb von Alkohol oder Drogen, die die Probleme der Bedürftigen in letzter Konsequenz nur verschlimmern, kann auf diese Weise begegnet werden. Befürworter einer Gewährung von Geldleistungen kritisieren die Ineffizienz und den entwürdigenden Charakter von Sachleistungen. Die Regierung kann nicht wissen, welche Güter die Armen am dringendsten benötigen. Eine Vielzahl der Bedürftigen ist durch unglückliche Umstände in diese Lage geraten, kann jedoch noch gut entscheiden, was für sie selbst das Beste ist. Anstelle von Sachleistungen, die sie weder wollen noch brauchen, sollte ihnen der Staat besser Geld zur Befriedigung ihrer grundlegenden Bedürfnisse zur Verfügung stellen.

Aufgaben und Anwendungen

1. Tabelle 20-2 zeigt den Anstieg der Einkommensungleichheit in der Bundesrepublik Deutschland. Einige Faktoren, die zu dieser Entwicklung beigetragen haben, wurden in Kapitel 19 diskutiert. Um welche handelt es sich?

Im Kapitel 19 wurde der zunehmende Einkommensabstand auf den steigenden Wert der beruflichen Qualifikation (Humankapital) zurückgeführt. Internationaler Handel sowie der technologische Wandel haben einen (relativen) Nachfrageanstieg nach qualifizierter Arbeit (gegenüber unqualifizierter Arbeit) im Zeitablauf bewirkt, der zu einer entsprechenden Veränderung in der Entlohnung geführt hat.

2. **Volkswirte betrachten oftmals die Einkommensschwankungen im Laufe des Lebens einer Person als vorübergehende Einkommensänderungen, bezogen auf das Lebenszeiteinkommen oder das permanente Einkommen der Person. Wie stellt sich Ihr gegenwärtiges Einkommen im Verhältnis zu Ihrem permanenten Einkommen dar? Glauben Sie, dass Ihr gegenwärtiges Einkommen Ihren Lebensstandard exakt widerspiegelt?**

   Bei Studenten ist das gegenwärtige Einkommen meist deutlich geringer als das (zu erwartende) permanente Einkommen, das ihre Humankapitalinvestitionen der Vergangenheit angemessen entlohnt. Einkünfte aus Aushilfsjobs (oft unqualifizierte Arbeit) sollen dem Studenten lediglich die finanzielle Absicherung des Lebensunterhalts während des Studiums gewährleisten und besitzen keinerlei Bezug zum Lebenszeiteinkommen. Mit Blick auf ihre zukünftigen Verdienstmöglichkeiten könnten Studenten einen Kredit aufnehmen, sodass ihr Lebensstandard stärker von ihrem Lebenszeiteinkommen als von dem (geringen) Einkommen während des Studiums bestimmt wird.

3. **In diesem Kapitel wurde die Bedeutung der wirtschaftlichen Mobilität diskutiert.**

   a) **Welche Maßnahmen könnte der Staat durchführen, um die wirtschaftliche Mobilität im Lauf eines Menschenlebens zu erhöhen?**

   b) **Welche Maßnahmen könnte der Staat durchführen, um die wirtschaftliche Mobilität über die Generationen zu erhöhen?**

   c) **Sind Sie der Meinung, wir sollten die Ausgaben für das System der sozialen Sicherung reduzieren und stattdessen mehr Geld für Maßnahmen zur Erhöhung der wirtschaftlichen Mobilität ausgeben? Worin bestünden einige der Vor- und Nachteile eines solchen Vorgehens?**

   a) Maßnahmen zur Erhöhung der wirtschaftlichen Mobilität im Lauf eines Menschenlebens:
   - Aus- und Weiterbildung von Arbeitslosen
   - Arbeitsbeschaffungsmaßnahmen und Beschäftigungsförderung von Langzeitarbeitslosen
   - finanzielle und unbürokratische Förderung von Existenzgründungen

   b) Maßnahmen zur Erhöhung der wirtschaftlichen Mobilität über die Generationen umfassen in erster Linie staatliche Maßnahmen strukturpolitischer Art:
   - Intensivierung der schulischen und beruflichen Ausbildung von Kindern und Jugendlichen
   - Sicherung eines funktionsfähigen Wettbewerbs durch die Gewährleistung offener Märkte (Deregulierung, Privatisierung, Abbau von Handelshemmnissen)

   c) Die Ausgaben für soziale Sicherung sollten nicht a priori reduziert werden. Vielmehr kommt es darauf an, die Signalwirkung des sozialen Sicherungssystems zu überprüfen. Von Bedeutung ist eine Klärung der Frage, ob das System der sozialen Sicherung die Anreize zur Aufnahme einer Beschäftigung durch den Arbeitssuchenden verzerrt. Eine Förderung der wirtschaftlichen Mobilität könnte auf der einen Seite die Kosten der sozialen Sicherung senken (Einsparungen durch weniger Bedürftige) und auf der anderen Seite die Steuereinnahmen des Staats forcieren (infolge höherer Einkommen). Dennoch ist die Notwendigkeit einer sozialen Absicherung unbestritten, da auch eine höhere wirtschaftliche Mobilität nicht verhindern kann, dass Personen aufgrund von transitorischen Einkommensänderungen kurzfristig mit Armut konfrontiert werden.

4. **Betrachten Sie zwei Gemeinschaften. In der einen Gemeinschaft verfügen zehn Haushalte jeweils über ein Einkommen von € 100 und zehn Haushalte jeweils über ein Einkommen von € 20. In der anderen Gemeinschaft verfügen zehn Haushalte jeweils über ein Einkommen von € 200 und zehn Haushalte jeweils über ein Einkommen von € 22.**

   a) **In welcher Gemeinschaft ist das Einkommen ungleicher verteilt? In welcher Gemeinschaft ist das Armutsproblem wahrscheinlich schlimmer?**

   b) **Welche Einkommensverteilung würde Rawls vorziehen? Begründen Sie Ihre Antwort.**

   c) **Welche Einkommensverteilung ziehen Sie vor? Begründen Sie Ihre Antwort.**

   a) Die Einkommensverteilung der zweiten Gemeinschaft von [€ 200; € 22] ist ungleicher, da hier größere Diskrepanzen zwischen dem Durchschnittseinkommen und den Einkommen der Gemeinschaftsmitglieder bestehen. Absolut betrachtet scheint das Armutsproblem in der ersten Gemeinschaft schlimmer, da hier zehn Haushalte nur über ein Einkommen von € 20 verfügen. In Relation zur Armutsgrenze einer Gemeinschaft gesehen erweist sich jedoch das Armutsproblem in der zweiten Gemeinschaft als gravierender. Hier verfügt die Hälfte der Haushalte nur über ein Einkommen, das gerade einmal 20 % des Durchschnittseinkommens beträgt. In der ersten Gemeinschaft verfügen dagegen 50 % der Haushalte über ein Einkommen, das sich immerhin auf ein Drittel des Durchschnittseinkommens beläuft.

   b) Rawls würde sich für die zweite Einkommensverteilung entscheiden. Diese wird dem Maximin-Kriterium, d.h. der Wohlfahrtsmaximierung der am schlechtesten gestellten Gesellschaftsmitglieder, eher gerecht.

   c) Aufgrund des absolut höheren Wohlstands der ärmeren Gemeinschaftsmitglieder und der gleichzeitigen Chance auf ein höheres Einkommen könnte man die zweite Einkommensverteilung vorziehen.

5. **In diesem Kapitel wurde die Analogie zu einem »undichten Eimer« hergestellt, um eine Grenze der Einkommensumverteilung zu verdeutlichen. Erläutern Sie, welche Elemente des Systems der Einkommensumverteilung in Deutschland die undichten Stellen im Eimer bewirken.**

   – Kosten der Umverteilung (Verwaltungsapparat)
   – Anreizeffekte auf Bezieher hoher Einkommen (Wechsel des Wohnsitzes) und geringer Einkommen (»Genuss des Wohlfahrtsstaats«)
   – Mitnahmeeffekte durch Personen, die ihre Bedürftigkeit lediglich vortäuschen (Schwarzarbeit)

6. **Angenommen, es gibt zwei mögliche Einkommensverteilungen in einer Gesellschaft von zehn Menschen. Im Fall der ersten Verteilung verfügen neun Leute jeweils über ein Einkommen von € 30.000 und eine Person über ein Einkommen von € 10.000. Im Fall der zweiten Verteilung verfügen alle zehn Personen über ein Einkommen von € 25.000.**

   a) **Wie würde für den Fall der ersten Einkommensverteilung das utilitaristische Argument für eine Umverteilung des Einkommens lauten?**

   b) **Welche Einkommensverteilung würde Rawls für gerechter ansehen? Begründen Sie Ihre Antwort.**

   c) **Welche Einkommensverteilung würde Nozick für gerechter ansehen? Begründen Sie Ihre Antwort.**

   a) Das Argument der Utilitaristen für die Einkommensumverteilung basiert auf der Annahme des abnehmenden Grenznutzens. Ein Euro zusätzliches Einkommen wird dem Einkommensbezieher von € 10.000 einen größeren Nutzen stiften als es ein Euro weniger Einkommen dem Einkommensbezieher von € 30.000 an Nutzenverlust verursacht. Eine Gleichverteilung wird jedoch aus Anreizgründen abgelehnt, sodass auch nach der Umverteilung Einkommensunterschiede bestehen bleiben.

   b) Rawls würde die zweite Einkommensverteilung vorziehen, da diese dem Maximin-Kriterium, d. h. der Wohlfahrtsmaximierung der am schlechtesten gestellten Gesellschaftsmitglieder, besser gerecht wird.

   c) Der Libertarismus würde die Einkommensverteilung präferieren, die unter Einhaltung freiwilliger Verträge, unter Recht und Gesetz zu Stande gekommen ist. Die Gleichheit der Möglichkeiten der Einkommenserzielung ist wichtiger als die Gleichheit der Einkommen. Unter der Annahme, dass beide Einkommensverteilungen rechtmäßig zu Stande gekommen sind, ist demzufolge keine der beiden Verteilungen der anderen vorzuziehen.

7. **Angenommen, die Steuerschuld eines Haushalts ist gleich der Hälfte seines Einkommens abzüglich € 10.000. Unter diesen Umständen würden manche Haushalte Steuern an den Staat bezahlen, andere würden infolge einer »negativen Einkommensteuer« Geld vom Staat erhalten.**

   a) **Betrachten Sie Haushalte mit einem Bruttoeinkommen von € 0, € 10.000, € 20.000, € 30.000 und € 40.000. Erstellen Sie eine Tabelle mit dem Bruttoeinkommen (Einkommen vor Steuer), der an den Staat bezahlten Steuer bzw. vom Staat empfangenen Transferzahlung sowie dem Nettoeinkommen (Einkommen nach Steuer) eines jeden Haushalts.**

   b) **Wie hoch ist der Grenzsteuersatz bei dieser Einkommensteuer? (Für die Definition des Grenzsteuersatzes siehe Kapitel 12.) Wie hoch darf das Einkommen eines Haushalts maximal sein, damit er Geld vom Staat erhält?**

   c) **Nehmen Sie nun an, der Steuertarif hätte sich geändert und die Steuerschuld eines Haushalts wäre nun gleich einem Viertel seines Einkommens abzüglich € 10.000. Wie hoch ist jetzt der Grenzsteuersatz? Wie hoch darf das Einkommen eines Haushalts maximal sein, damit er Geld vom Staat erhält?**

   d) **Worin liegt der Hauptvorteil eines jeden der hier diskutierten Steuertarife?**

a)

Bruttoeinkommen (€)	Steuer/Transferzahlung (€)	Nettoeinkommen (€)
0	− 10.000	10.000
10.000	− 5.000	15.000
20.000	0	20.000
30.000	5.000	25.000
40.000	10.000	30.000

b) Der Grenzsteuersatz beziffert das Verhältnis einer Veränderung der Steuerschuld und der sie auslösenden Einkommensänderung. Er beträgt 50 %.

Aus der Beziehung *0,5 × Einkommen – € 10.000 < 0* ergibt sich ein Wert von € 20.000, den das Einkommen nicht erreichen darf, damit ein Haushalt vom Staat Geld erhält.

c)

Bruttoeinkommen (€)	Steuer/Transferzahlung (€)	Nettoeinkommen (€)
0	− 10.000	10.000
10.000	− 7.500	17.500
20.000	− 5.000	25.000
30.000	−2.500	32.500
40.000	0	40.000

Der Grenzsteuersatz beträgt nun 25 %, das maximale Einkommen muss unter € 40.000 liegen.

d) Unabhängig vom Bruttoeinkommen garantieren beide Steuersysteme ein Mindestnettoeinkommen von € 10.000 und stellen auf diese Weise einen geeigneten Beitrag zur staatlichen Armutsbekämpfung dar. Das erste Steuersystem basiert jedoch auf einer Äquivalenz von Steuereinnahmen und »Steuerausgaben« des Staats, während das zweite System einer Finanzierung bedarf.

8. **John und Jeremy sind beide Utilitaristen. John ist der Ansicht, dass das Arbeitsangebot in hohem Maße elastisch ist, während Jeremy glaubt, dass das Arbeitsangebot ziemlich unelastisch ist. Wie werden sich ihre Ansichten im Hinblick auf die Umverteilung des Einkommens unterscheiden?**

Ist das Arbeitsangebot in hohem Maße elastisch, gehen geringe Lohnänderungen mit einer sprunghaften Veränderung des Arbeitsangebots einher. Versucht der Staat, eine Einkommensumverteilung durch eine Erhöhung der Einkommensteuer zu realisieren, hätte dies bei einem in hohem Maße elastischen Arbeitsangebot einen drastischen Angebotsrückgang zur Folge. Das Einkommen der Gesellschaft würde stark sinken und damit der gesamte Nutzen. Reagiert das Arbeitsangebot auf die Steuererhöhung dagegen ziemlich unelastisch, so ergibt sich nur ein geringer Rückgang des Arbeitsangebots. Der Nutzenverlust der Gesellschaft aus der Besteuerung wäre in diesem Fall geringer als der Nutzengewinn aus den zusätzlich möglichen Transferzahlungen des Staats an Bedürftige. John würde sich demzufolge gegen eine (weitere) einkommensteuergestützte Umverteilung aussprechen, Jeremy dagegen dafür.

9. **Betrachten Sie die folgenden Aussagen. Stimmen Sie zu oder nicht? Was implizieren Ihre Ansichten im Hinblick auf die Ausgestaltung bestimmter staatliche Maßnahmen, wie z. B. die Besteuerung oder die Regelung der Vererbung?**

   a) **»Alle Eltern haben das Recht, hart zu arbeiten und zu sparen, um ihren Kindern ein besseres Leben zu ermöglichen.«**

   b) **»Kein Kind sollte aufgrund der Faulheit oder des Pechs seiner Eltern benachteiligt werden.«**

Die formale Zustimmung zu beiden Aussagen macht eine Analyse von Anreizwirkungen und zukünftiger Einkommensverteilung durch Erbschaften notwendig. Gesteht man Eltern das Recht zu, ihren eigenen Kindern durch Vererbung ihrer Ersparnisse aus harter Arbeit ein besseres Leben zu ermöglichen, so darf eine Erbschaftsbesteuerung diese Bemühungen nicht bestrafen. Anderenfalls reduzieren sich die Anreize der Eltern zur Einkommenserzielung. Gleichermaßen muss verhindert werden, dass die Erbschaft auf die Erben eine negative Anreizwirkung zur eigenen Einkommenserzielung verursacht. Eine adäquate Behandlung von Erbschaften erfordert zudem eine Berücksichtigung der Tatsache, dass Kinder ohne ein (finanzielles) Erbe ihrer Eltern von Beginn an durch die ungleiche Einkommensverteilung benachteiligt wären. Beschränkte Ausbildungs- und Berufsmöglichkeiten aufgrund bescheidener finanzieller Mittel könnten die bestehenden Einkommensdiskrepanzen weiter zementieren. Die Behandlung von Erbschaften muss demzufolge ein Gleichgewicht zwischen dem Ziel einer Chancengleichheit und den Anreizen zur Einkommenserzielung wahren.

TEIL VII   Themen zur weiteren Vertiefung

Kapitel 21   Die Theorie der Konsumentscheidungen

Stichwörter

Budgetbeschränkung	normales Gut
Indifferenzkurve	inferiores Gut
Grenzrate der Substitution	Einkommenseffekt
vollkommene Substitute	Substitutionseffekt
vollkommene Komplemente	Giffen-Gut

Wiederholungsfragen

1. Ein Verbraucher hat ein Einkommen von € 3.000. Ein Glas Wein kostet € 3, ein Pfund Käse kostet € 6. Zeichnen Sie die Budgetbeschränkung des Konsumenten. Welche Steigung weist diese Budgetbeschränkung auf?

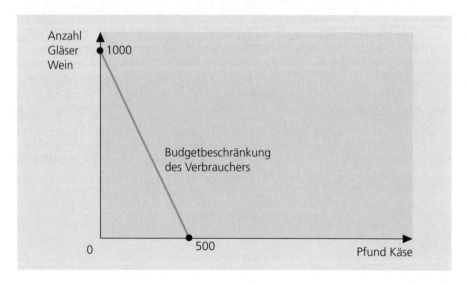

Die Steigung der Budgetbeschränkung entspricht dem relativen Preis beider Güter. Ein Stück Käse kostet doppelt so viel wie ein Glas Wein. Demzufolge kann der Verbraucher ein Stück Käse gegen zwei Gläser Wein tauschen, die Steigung der Budgetgerade beträgt 2.

2. Zeichnen Sie die Indifferenzkurven für Wein und Käse. Beschreiben und erläutern Sie die vier Eigenschaften dieser Indifferenzkurven.

Vier Eigenschaften von Indifferenzkurven:

a) *Höher liegende Indifferenzkurven werden gegenüber niedriger liegenden bevorzugt.* Die Konsumenten ziehen höhere Mengen eines Guts niedrigeren Mengen vor. Diese Präferenz für höhere Mengen wird durch die Indifferenzkurven dargestellt.

b) *Indifferenzkurven weisen eine negative Steigung auf.* Die Steigung einer Indifferenzkurve gibt das Verhältnis an, zu dem ein Konsument bereit ist, das eine Gut gegen das andere zu tauschen. Daher muss bei einer Verminderung der Menge eines Guts die Menge des anderen Guts ansteigen, um den Konsumenten gleichermaßen zufriedenzustellen.

c) *Indifferenzkurven schneiden sich nicht.* Würden sich Indifferenzkurven schneiden, wäre die Eigenschaft a) nicht erfüllbar.

d) *Indifferenzkurven verlaufen konvex.* Da die Menschen eher bereit sind, von demjenigen Gut etwas zu tauschen, das ihnen im Überfluss zur Verfügung steht, und nur in geringerem Ausmaß bereit sind, von demjenigen Gut, von dem sie sowieso schon wenig haben, etwas herzugeben, sind die Indifferenzkurven nach innen gekrümmt (verlaufen also konvex).

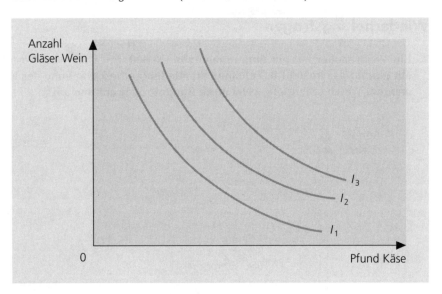

3. **Wählen Sie einen beliebigen Punkt auf der Indifferenzkurve und verdeutlichen Sie die Grenzrate der Substitution. Was gibt die Grenzrate der Substitution an?**

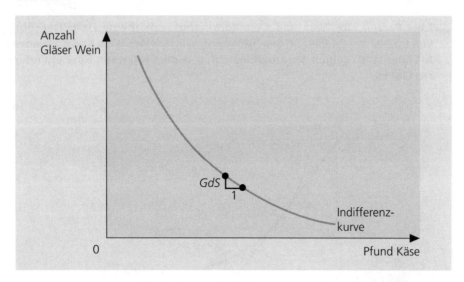

Die Grenzrate der Substitution misst die Steigung einer Indifferenzkurve. Sie gibt das Verhältnis wieder, zu dem der Verbraucher bereit ist, ein Pfund Käse gegen Wein zu tauschen.

4. **Zeichnen Sie eine Budgetgerade des Konsumenten und die Indifferenzkurven für Wein und Käse. Zeigen Sie den optimalen Verbrauchspunkt, den der Konsument wählt. Wenn der Preis eines Glases Wein € 3 und der Preis eines Pfunds Käse € 6 betragen, wie hoch ist dann die Grenzrate der Substitution in diesem Optimum?**

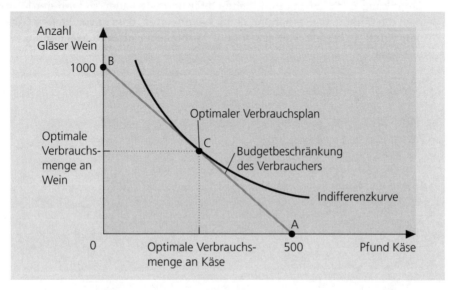

Im Optimum, dem Tangentialpunkt der Indifferenzkurve mit der Budgetbeschränkung, sind die Steigungen beider Kurven gleich. Die Grenzrate der Substitution entspricht somit der Steigung der Budgetgerade und beträgt zwei.

5. **Eine Person, die Wein und Käse konsumiert, erhält eine Gehaltserhöhung von € 3.000 auf € 4.000. Zeigen Sie, was passiert, wenn Wein und Käse normale Güter sind. Zeigen Sie anschließend, was passiert, wenn Käse ein inferiores Gut ist.**

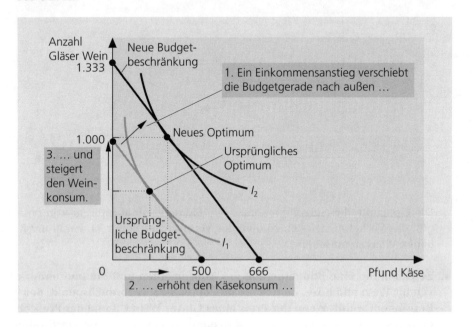

Steigt das Einkommen des Verbrauchers, so verschiebt sich seine Budgetbeschränkung nach außen. Sind beide Güter normale Güter, so wird der Konsument die Einkommenserhöhung damit beantworten, dass er von beiden Gütern mehr kauft. In diesem Fall erwirbt der Verbraucher größere Mengen an Wein und Käse.

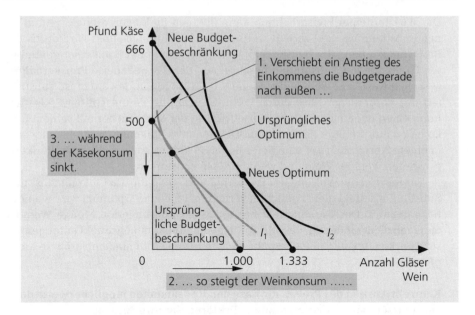

Ein Gut ist dann ein inferiores Gut, wenn der Verbraucher bei einem Einkommensanstieg weniger davon kauft. In diesem Fall ist Käse ein inferiores Gut. Wenn das Einkommen des Konsumenten ansteigt und die Budgetbeschränkung sich nach außen verschiebt, kauft der Konsument mehr Wein, aber weniger Käse.

6. **Der Preis für ein Pfund Käse steigt von € 6 auf € 10, während der Preis für ein Glas Wein bei € 3 belassen wird. Zeigen Sie, wie sich der Konsum von Wein und Käse eines Verbrauchers verändert, der ein konstantes Einkommen von € 3.000 erhält. Zerlegen Sie diese Veränderung in den Einkommens- und Substitutionseffekt.**

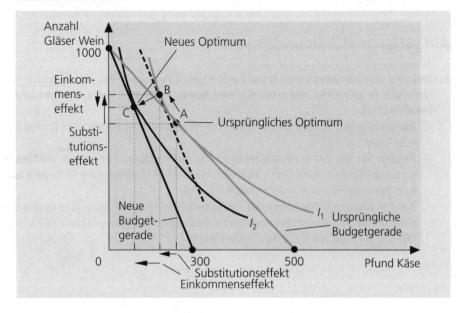

Die Wirkung einer Preiserhöhung kann in einen Einkommenseffekt und in einen Substitutionseffekt zerlegt werden. Der Substitutionseffekt wird durch die Bewegung entlang der Indifferenzkurve I_1 hin zum Punkt B mit einer veränderten Grenzrate der Substitution beschrieben, der das geänderte Preisverhältnis zwischen Käse und Wein widerspiegelt. Da Käse teurer geworden ist, substituiert der Verbraucher Käse durch Wein. Gleichzeitig verursacht die Preiserhöhung einen negativen Einkommenseffekt, da der Verbraucher mit seinem Einkommen nun weniger kaufen kann. Der negative Einkommenseffekt zeigt sich in einem Abrutschen auf eine tiefer liegende Indifferenzkurve I_2 zum Punkt C, es werden weniger Wein und weniger Käse konsumiert.

Für Käse ist die Wirkung der Preiserhöhung eindeutig, da Einkommens- und Substitutionseffekt gleich gerichtet verlaufen. Im neuen Optimum wird weniger Käse gekauft. Der Gesamteffekt bezüglich der konsumierten Menge Wein ist dagegen nicht eindeutig, da Substitutions- und Einkommenseffekt entgegengesetzt wirken. Im obigen Fall ergäbe sich im neuen Optimum eine größere Menge Wein.

7. **Kann ein Anstieg des Preises für Käse den Konsumenten möglicherweise dazu veranlassen, mehr Käse zu kaufen? Erklären Sie Ihre Antwort.**
Ein Preisanstieg für Käse veranlasst den Konsumenten, mehr Käse zu kaufen, wenn Käse ein Giffen-Gut ist. Giffen-Güter sind inferiore Güter, bei denen der Einkommenseffekt den Substitutionseffekt dominiert. Steigt also der Preis für Käse, so wird der Verbraucher ärmer. Der Einkommenseffekt bewirkt, dass der Konsument weniger Wein und mehr Käse kaufen möchte, da Käse ein inferiores Gut ist. Gleichzeitig bewirkt der Substitutionseffekt, dass der Verbraucher mehr Wein und weniger Käse kaufen möchte, da Käse relativ teurer geworden ist. Überwiegt der Einkommenseffekt den Substitutionseffekt, so reagiert der Verbraucher auf den erhöhten Käsepreis, indem er letztlich weniger Wein und mehr Käse nachfragt.

Aufgaben und Anwendungen

1. **Jennifer teilt ihr Einkommen auf Kaffee und Croissants auf. Ein früher Frosteinbruch in Brasilien verursacht einen starken Anstieg des Kaffeepreises in Deutschland.**
   a) **Zeigen Sie die Auswirkungen des Frosteinbruchs auf Jennifers Budgetbeschränkung.**
   b) **Zeigen Sie die Auswirkungen des Frosteinbruchs auf Jennifers optimales Konsumbündel unter der Annahme, dass der Substitutionseffekt den Einkommenseffekt für Croissants überwiegt.**
   c) **Zeigen Sie die Auswirkungen des Frosteinbruchs auf Jennifers optimales Konsumbündel unter der Annahme, dass der Einkommenseffekt den Substitutionseffekt für Croissants überwiegt.**

a)

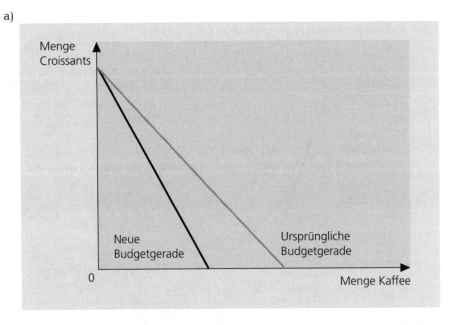

Eine Erhöhung des Kaffeepreises verringert die maximale Menge an Kaffee, die Jennifer mit ihrem gegebenen Budget konsumieren kann.

b) Überwiegt der Substitutionseffekt den Einkommenseffekt, so wird Jennifer weniger Kaffee und dafür mehr Croissants nachfragen.

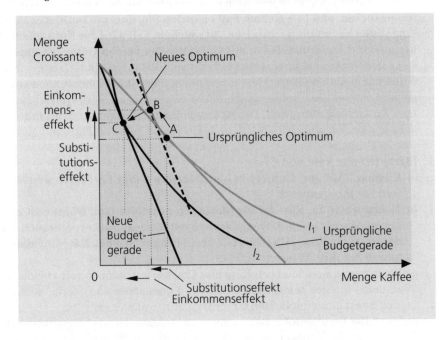

c) Überwiegt der Einkommenseffekt den Substitutionseffekt, so fragt Jennifer nicht nur weniger Kaffee, sondern auch weniger Croissants nach.

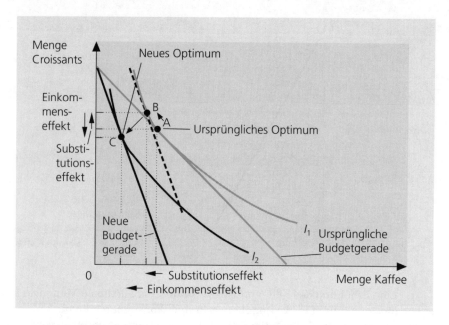

2. **Vergleichen Sie die folgenden Paare von Gütern: Coke und Pepsi sowie Skier und Skibindungen. In welchem Fall erwarten Sie annähernd lineare Indifferenzkurven, und in welchem Fall erwarten Sie, dass die Indifferenzkurven eine starke Krümmung aufweisen? In welchem Fall wird der Konsument stärker auf eine Änderung des relativen Preises der beiden Güter reagieren?**
   Coke und Pepsi sind annähernd vollkommen substitutive Güter, sodass ihre Indifferenzkurven annähernd linear verlaufen. Skier und Skibindungen sind dagegen Komplemente, sodass ihre Indifferenzkurven eine starke (fast rechtwinklige) Krümmung aufweisen. Der Konsument wird demzufolge wesentlich stärker auf eine Änderung des relativen Preises von Coke und Pepsi reagieren.

3. **Mario isst nur Käse und Cracker.**
   a) **Können Käse und Cracker beides inferiore Güter für Mario sein? Erläutern Sie Ihre Antwort.**
   b) **Nehmen wir an, Käse ist für Mario ein normales Gut, während Cracker ein inferiores Gut sind. Was geschieht mit Marios Crackerverbrauch, wenn der Preis für Käse fällt? Was passiert bezüglich seines Käsekonsums? Erklären Sie Ihre Antwort.**
   a) Wenn Mario ausschließlich Käse und Cracker isst, können nicht beide Güter zugleich inferior sein. Erhöht sich das Einkommen von Mario, so wird er zumindest eines der beiden Güter stärker konsumieren.
   b) Wenn der Preis für Käse fällt, besitzt das Einkommen von Mario eine größere Kaufkraft. Da Cracker ein inferiores Gut sind, geht sein Konsum von Crackern zurück. Der Konsum von Käse steigt dagegen an.

4. **Jim kauft ausschließlich Milch und Kekse.**
   a) **Im Jahr 2007 verdiente Jim € 100, Milch kostete € 2 pro Liter, ein Dutzend Kekse kostete € 4. Zeichnen Sie Jims Budgetbeschränkung.**
   b) **Nehmen Sie nun an, im Jahr 2008 steigen alle Preise um 10 %, und Jims Einkommen steigt ebenfalls um 10 %. Zeichnen Sie Jims neue Budgetgerade. Wie sieht Jims optimale Kombination aus Milch und Keksen im Jahr 2008 im Vergleich zur optimalen Kombination des Jahres 2007 aus?**

a)

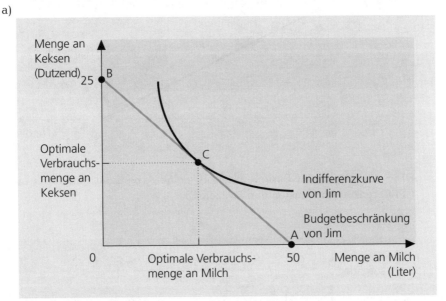

Für € 100 kann sich Jim maximal 50 Liter Milch (Punkt A) oder 25 Dutzend Kekse (Punkt B) leisten.

b) Aufgrund eines äquivalenten Preis- und Einkommensanstiegs verändert sich Jims Budgetgerade für das Jahr 2008 nicht. Die positive Wirkung des Einkommensanstiegs (Verschiebung der Budgetgerade nach außen) wird durch die negative Wirkung des Preisanstiegs für beide Güter (Verschiebung der Budgetgerade nach innen) vollständig kompensiert. Die Steigung der Budgetgerade bleibt konstant, der optimale Verbrauchsplan unverändert.

5. **Betrachten Sie Ihre Entscheidung, wie viele Stunden Sie arbeiten wollen.**
   a) **Zeichnen Sie Ihre Budgetbeschränkung unter der Annahme, Sie zahlten keine Steuern auf Ihr Einkommen. Zeichnen Sie in dasselbe Diagramm eine weitere Budgetbeschränkung, die der Annahme unterliegt, sie müssten 15 % Steuern zahlen.**
   b) **Zeigen Sie, wie die Steuer Sie dazu veranlassen kann, mehr oder weniger Stunden zu arbeiten als im Fall ohne Besteuerung. Erläutern Sie Ihre Skizzen.**
   a) Eine Besteuerung des Arbeitseinkommens reduziert meine maximal möglichen Konsumausgaben, sodass sich meine Budgetgerade nach innen dreht.

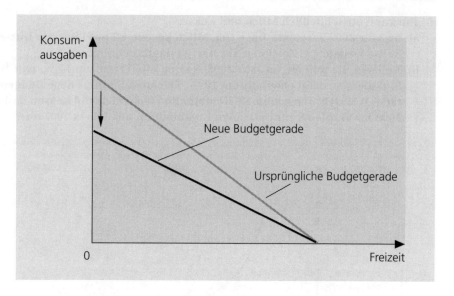

b) Die Wirkungen der Besteuerung auf meine Arbeitszeit hängt von meinen Präferenzen für Konsum und Freizeit ab.

Bild 1

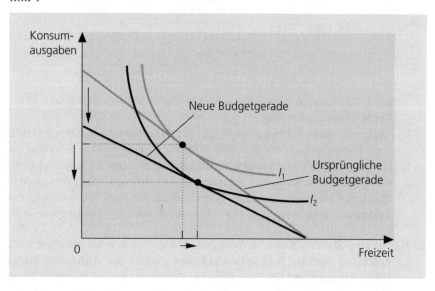

Müssen 15 % Steuern gezahlt werden, so werden Konsumausgaben relativ teuer und Freizeit relativ billig, sodass der Arbeitnehmer Konsumausgaben durch Freizeit substituieren wird. Übertrifft dieser Substitutionseffekt den negativen Einkommenseffekt der Besteuerung, arbeitet der Arbeitnehmer weniger als vorher (Bild 1). Überwiegt jedoch der negative Einkommenseffekt den Substitutionseffekt, so wird die Einkommenseinbuße infolge der Besteuerung den Arbeitnehmer dazu veranlassen, mehr zu arbeiten und weniger Freizeit zu konsumieren (Bild 2).

Bild 2

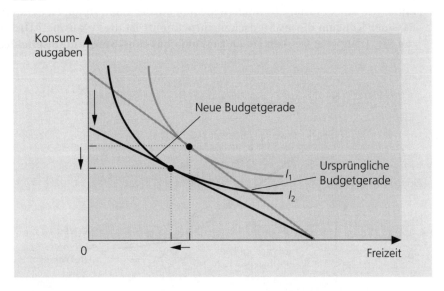

Gleichen sich Einkommens- und Substitutionseffekt aus, so verändert die Steuererhebung die Arbeitszeit nicht.

6. **Sarah ist 100 Stunden in der Woche wach. Zeichnen Sie in ein gemeinsames Diagramm Sarahs jeweilige Budgetbeschränkung, wenn sie einen Stundenlohn von € 6, € 8 und € 10 erhält. Zeichnen Sie nun zusätzlich in dieses Diagramm Indifferenzkurven derart ein, dass Sarahs Arbeitsangebotskurve für Stundenlöhne zwischen € 6 und 8 steigend und für Stundenlöhne zwischen € 8 und 10 fallend verläuft.**

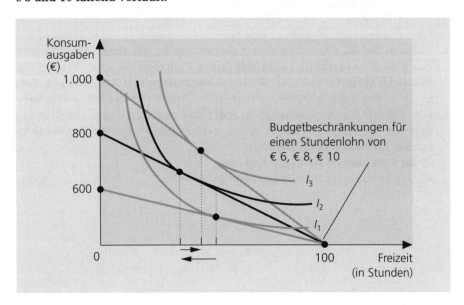

7. Zeichnen Sie eine Indifferenzkurve für einen Menschen, der sich entscheiden muss, wie viel er arbeitet. Nehmen Sie nun an, der Lohn steigt. Ist es möglich, dass der Konsum dieses Menschen zurückgeht? Ist dies plausibel? Diskutieren Sie. (Hinweis: Denken sie an Einkommens- und Substitutionseffekte.)

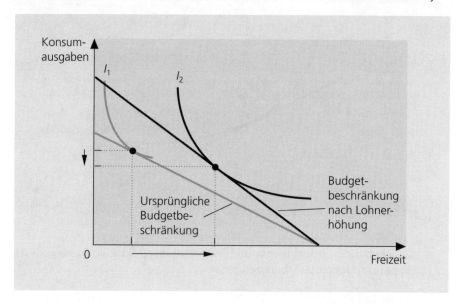

Ein Lohnanstieg kann dann einen Rückgang der Konsumausgaben bewirken, wenn der Güterkonsum für ihn inferior ist. Mit steigendem Einkommen wird weniger Güterkonsum und mehr Freizeit nachgefragt. Übertrifft der Einkommenseffekt der Lohnerhöhung den Substitutionseffekt, so hat die betreffende Person nach dem Lohnanstieg geringere Konsumausgaben als vorher. Der Güterkonsum wird damit zum Giffen-Gut.

8. Nehmen Sie an, Sie treten eine Arbeitsstelle an, die Ihnen ein Einkommen von € 30.000 verschafft; einen Teil dieses Einkommens legen Sie auf einem Sparbuch beiseite, das eine jährliche Verzinsung von 5 % erbringt. Zeigen Sie in einer Grafik mithilfe von Budgetbeschränkung und Indifferenzkurven, wie sich Ihr Konsumverhalten in jeder der nachfolgenden Situationen ändert. Um die Dinge einfach zu halten, nehmen Sie an, Sie würden keine Steuern auf Ihr Einkommen zahlen.
a) Ihr Einkommen steigt auf € 40.000.
b) Der Zinssatz für Ihre Ersparnisse steigt auf 8 %.

a)

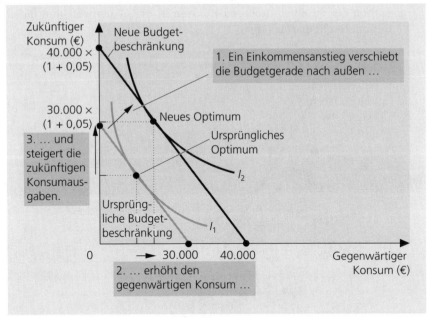

Die Erhöhung des gegenwärtigen Einkommens auf € 40.000 stellt einen Einkommenseffekt dar, der sich positiv auf gegenwärtigen und zukünftigen Konsum auswirkt.

b) Die Wirkung eines höheren Zinssatzes auf das Konsumverhalten ist dagegen nicht eindeutig. Die Zinserhöhung verursacht zunächst einen Substitutionseffekt zugunsten des zukünftigen Konsums. Sparen wird in Relation zum heutigen Konsum attraktiver, sodass ein größerer Teil des Einkommens zum Sparen verwendet wird.

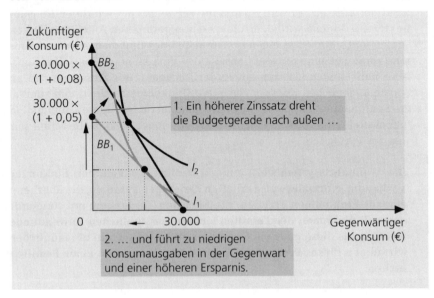

Mit der Erhöhung des Zinssatzes geht jedoch auch ein Einkommenseffekt einher, der zu einem höheren Konsum in der Gegenwart und damit einer geringeren Ersparnis führt.

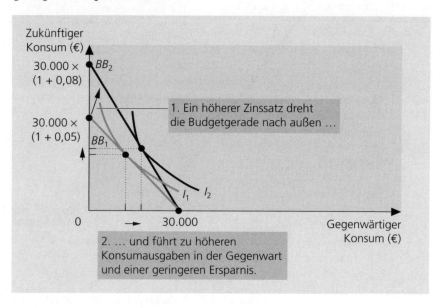

9. **Wie im Text erläutert, kann man das Leben eines Menschen in zwei hypothetische Perioden unterteilen: »Jugend« und »Alter«. Nehmen Sie an, der betrachtete Mensch erzielt nur in der Jugend ein Einkommen und spart einen Teil davon, um im Alter Konsum zu ermöglichen. Was wird voraussichtlich bezüglich des Konsums in jungen Jahren passieren, wenn der Zinssatz für Spareinlagen sinkt? Können Sie sagen, was mit dem Konsum im Alter geschehen wird? Erläutern Sie Ihre Überlegungen.**

Sinkt der Zinssatz, so wird Sparen im Vergleich zum sofortigen Konsum unattraktiv. Die Jugend wird demzufolge einen geringeren Anteil des Einkommens sparen und stattdessen einen größeren Teil des Einkommens sofort konsumieren (Voraussetzung: Substitutionseffekt > Einkommenseffekt). Der Konsum im Alter muss sinken, da zum einem der Rückgang des Zinssatzes den im Alter maximal möglichen Konsum verringert (Einkommenseffekt) und zum anderen die Sparneigung und damit die Sparsumme in jungen Jahren abnimmt (Substitutionseffekt). Im Alter stehen deswegen geringere finanzielle Mittel zum Konsum zur Verfügung.

10. **Das Wohlfahrtssystem stellt einigen bedürftigen Familien Einkommen zur Verfügung. Normalerweise erhalten diejenigen Familien, die überhaupt kein eigenes Einkommen erzielen, die höchsten Zahlungen; mit steigendem eigenen Einkommen der Familien sinken die staatlichen Zuwendungen allmählich, bis diese ganz verschwinden. Wir wollen nun die möglichen Auswirkungen dieses Programms auf das Arbeitsangebot einer Familie untersuchen.**

a) **Zeichnen Sie eine Budgetbeschränkung für eine Familie unter der Annahme, dass das Wohlfahrtssystem nicht existiert. Zeichnen Sie in dasselbe Diagramm eine Budgetbeschränkung, die die Existenz des Wohlfahrtsstaats widerspiegelt.**

b) **Fügen Sie Indifferenzkurven zu dieser Abbildung hinzu, und zeigen Sie, wie das Wohlfahrtssystem die Anzahl der Arbeitsstunden einer Familie möglicherweise reduzieren kann. Erläutern Sie Ihre Ideen unter Berücksichtigung des Einkommens- und Substitutionseffekts.**

c) **Zeigen Sie anhand Ihrer Zeichnung aus Aufgabenteil (b) den Einfluss des Wohlfahrtssystems auf den Wohlstand der Familie.**

a) und b)

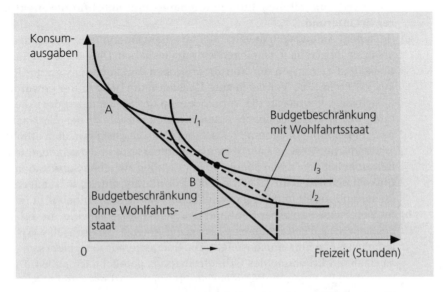

Eine Analyse der Auswirkungen des Wohlfahrtssystems erfordert zunächst eine Differenzierung zwischen Empfängern und Nichtempfängern der Wohlfahrtzahlungen. Liegt das Einkommen der Familie oberhalb der Einkommensgrenze für Wohlfahrtszahlungen (Punkt A auf I_1), so beinhaltet die Einführung des Wohlfahrtssystems keinerlei Wirkungen auf das Arbeitsangebot der Familie. Befindet sich das Familieneinkommen dagegen innerhalb der Einkommensgrenzen (Punkt B auf I_2), so führen Wohlfahrtszahlungen zunächst zu einem Substitutionseffekt zugunsten der Freizeit, da Freizeit im Vergleich zu den Konsumausgaben infolge der Wohlfahrtszahlungen für die Familie billiger geworden ist. Der Einkommenseffekt der Wohlfahrtszahlungen erhöht die Kaufkraft der Familie, die nun sowohl mehr Freizeit als auch mehr Konsumgüter nachfragt. Übertrifft die Wirkung des Einkommenseffekts den des Substitutionseffekts, so resultiert aus den Wohlfahrtzahlungen neben einer gestiegenen Freizeit, der das Arbeitsangebot der Familie reduziert, auch ein erhöhter Güterkonsum (Punkt C auf I_3).

c) Das Wohlfahrtssystem erhöht den Wohlstand von begünstigten Familien, da diese eine höhere Indifferenzkurve I_3 erreichen.

11. **Nehmen Sie an, eine Person muss auf die ersten verdienten € 10.000 keine Steuern zahlen, jegliches weitere Einkommen wird mit 15 % versteuert. Nehmen Sie nun an, dass der Staat zwei unterschiedliche Ansätze in Betracht zieht, die Steuerlast zu reduzieren: entweder eine Reduktion des Steuersatzes oder eine Erhöhung der Summe, die nicht der Besteuerung unterliegt.**

   a) **Welche Wirkung hätte eine Verminderung des Steuersatzes auf das individuelle Arbeitsangebot, wenn das Anfangsgehalt € 30.000 beträgt? Verwenden Sie in Ihrer Erklärung die Worte Einkommens- und Substitutionseffekt. Sie müssen keine Skizze anfertigen.**

   b) **Welche Wirkung hätte eine Anhebung des Betrags, der nicht versteuert werden muss, auf das individuelle Arbeitsangebot? Verwenden Sie auch hier wiederum die Begriffe Einkommens- und Substitutionseffekt in Ihrer Erläuterung.**

   a) Bei einem Anfangsgehalt von € 30.000 erhöht eine Verminderung des Steuersatzes die maximal möglichen Konsumausgaben. Dies löst einen Substitutionseffekt zugunsten der Konsumausgaben und zuungunsten der Freizeit aus, da Freizeit im Vergleich zum Konsum nun relativ teurer geworden ist. Gleichzeitig verursacht die Verminderung des Steuersatzes über die Erhöhung des Nettoeinkommens einen Einkommenseffekt, der die Nachfrage nach den normalen Gütern Freizeit und Konsum gleichermaßen erhöht. Die letztendliche Wirkung eines gesenkten Steuersatzes auf das individuelle Arbeitsangebot der Person hängt von der Relation zwischen Substitutions- und Einkommenseffekt ab. Überwiegt der Substitutionseffekt, so ist mit einer reduzierten Freizeit und einem damit steigenden Arbeitsangebot zu rechnen.

   b) Im Unterschied zu einer Senkung des Steuersatzes bewirkt die Erhöhung des steuerfreien Betrags für eine Person mit einem Anfangsgehalt von € 30.000 lediglich einen Einkommenseffekt. Die Budgetgerade verschiebt sich um das Ausmaß der Erhöhung des Grundfreibetrags parallel nach außen. Die Wirkung des alleinigen Einkommenseffekts auf das Arbeitsangebot ist eindeutig. Die betreffende Person wird sowohl mehr konsumieren als auch mehr Stunden mit Freizeit verbringen, sodass das individuelle Arbeitsangebot sinkt.

12. **Betrachten wir eine Person, die eine Entscheidung treffen muss, wie viel sie konsumieren soll und wie viel sie für das Alter sparen soll. Diese Person hat spezielle Präferenzen: Das niedrigere der beiden in den jeweiligen Lebensabschnitten erzielte Konsumniveau bestimmt den Nutzen. Formal heißt das: Nutzen = Minimum {Konsum in jungen Jahren, Konsum im Alter}.**

   a) **Zeichnen Sie die Indifferenzkurven dieser Person. (Hinweis: Erinnern Sie sich daran, dass die Indifferenzkurven diejenigen Konsumkombinationen beider Lebensperioden aufzeigen, die denselben Nutzen stiften.)**

   b) **Zeichnen Sie die Budgetbeschränkung und das Optimum.**

   c) **Wird diese Person bei einem Anstieg des Zinssatzes mehr oder weniger sparen? Erläutern Sie Ihre Antwort unter Verwendung des Substitutions- und Einkommenseffekts.**

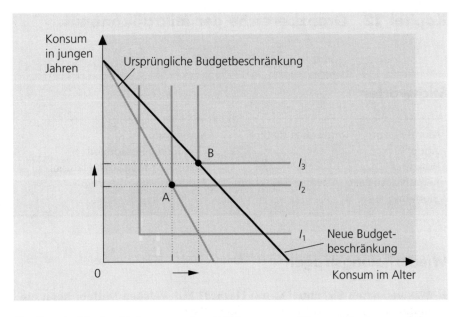

Bestimmt sich der Nutzen aus dem Minimum von {Konsum in jungen Jahren, Konsum im Alter}, stellen Konsum in jungen Jahren und Konsum im Alter komplementäre Güter für die betreffende Person dar. Die Indifferenzkurven verlaufen rechtwinklig. Das Optimum befindet sich zunächst im Tangentialpunkt A der ursprünglichen Budgetgerade mit der Indifferenzkurve I_2. Ein Anstieg des Zinssatzes dreht die Budgetgerade nach außen, sodass Sparen im Vergleich zum Konsum in jungen Jahren nun relativ billiger geworden ist. Dennoch wird die betreffende Person auf das veränderte Preisverhältnis beider Güter nicht mit einem Substitutionseffekt reagieren, da beide Alternativen vollkommene Komplemente darstellen, und eine Reduktion des Konsums in jungen Jahren der Person einen geringeren Nutzen (im Vergleich zur Ausgangssituation) bringen würde. Wirkung zeigt lediglich der Wohlstandszuwachs des Einkommenseffekts, der den Konsum in jungen Jahren und im Alter gleichermaßen erhöht und im Punkt B auf diese Weise den Sprung auf eine höher liegende Indifferenzkurve I_3 ermöglicht.

Kapitel 22   Grenzbereiche der Mikroökonomik

Stichwörter

Moral Hazard (Moralisches Risiko)	Screening
Agent	Condorcet-Paradoxon
Prinzipal	Arrows Unmöglichkeitstheorem
negative Auslese (Adverse Selektion)	Medianwählertheorem
Signaling	

Wiederholungsfragen

1. Was verstehen Sie unter Moral Hazard? Mit welchen Mitteln kann ein Arbeitgeber diesem Problem entgegenwirken?

Moral Hazard (moralisches Risiko) tritt auf, wenn eine Person, der Agent, für eine andere Person, den Prinzipal, tätig wird. Da der Prinzipal die Handlungen seines Agenten nicht lückenlos überwachen kann, wird der Agent vielleicht geringere Anstrengungen unternehmen, als dies der Prinzipal erwartet. Der Begriff des moralischen Risikos leitet sich aus einem unehrenhaften oder sonstwie unangemessenen Verhalten des Agenten ab.

In einem Beschäftigungsverhältnis hat der Arbeitgeber als Prinzipal verschiedene Möglichkeiten, das Auftreten von moralischem Risiko bei seinem Agenten, dem Arbeiter oder Angestellten, zu reduzieren.

Bessere Überwachung: Mit einer besseren Überwachung der Handlungen des Agenten kann der Prinzipal versuchen, ein unangemessenes Verhalten des Agenten zu verhindern.

Höhere Löhne: Nach der Effizienzlohntheorie kann es für den Prinzipal von Vorteil sein, dem Agenten einen Lohn zu zahlen, der oberhalb des Gleichgewichtsniveaus auf dem Arbeitsmarkt liegt. Ein Arbeiter, der einen höheren Lohn erhält, wird weniger bummeln, da er im Falle einer Entlassung keine Möglichkeit hat, einen vergleichbar gut bezahlten Job zu finden.

Verspätete Lohnzahlungen: Unternehmen könnten einen Teil der Lohnzahlungen an die Arbeiter und Angestellten zurückhalten, sodass die Beschäftigten bei einer Entlassung aufgrund eines zu geringen Arbeitseinsatzes eine finanzielle Einbuße erleiden. Ein Beispiel für eine derartige Vorgehensweise ist das Weihnachtsgeld (oder das so genannte 13. Monatsgehalt), das nur dann in vollem Umfang ausgezahlt wird, wenn der Arbeitnehmer das ganze Jahr beim Arbeitgeber beschäftigt war.

2. Was verstehen Sie unter negativer Auslese? Nennen Sie einen Markt, in dem negative Auslese (Adverse Selektion) ein Problem darstellen kann.

Das Problem der negativen Auslese tritt dann auf, wenn ein Vertragspartner mehr Informationen besitzt als der andere Vertragspartner und die weniger gut unterrichtete Person dem Risiko ausgesetzt ist, von seinem Vertragspartner getäuscht zu werden. Wenn der Verkäufer eines Guts besser über dessen Eigenschaften informiert ist als der Käufer, so besteht die Gefahr, dass dem Käufer ein Gut mit minderer Qualität zu einem unangemessenen Preis verkauft wird.

Als klassisches Beispiel für das Problem der adversen Selektion fungiert der Markt für Gebrauchtwagen. Die Verkäufer von Gebrauchtwagen wissen besser über die Qualität ihres eigenen Pkws Bescheid als potenzielle Käufer. Da die (unzufriedenen) Eigentümer qualitativ schlechter Autos viel eher zum Verkauf neigen als die (zufriedenen) Eigentümer qualitativ guter Gebrauchtwagen, scheuen viele Leute den Kauf von Gebrauchtwagen.

3. Definieren Sie die Begriffe Signaling und Screening.

Die Marktteilnehmer reagieren in vielfältiger Weise auf das Vorliegen von asymmetrischen Informationen. *Signaling* beschreibt den Versuch der besser informierten Marktseite, der schlechter informierten Marktseite durch verschiedene Handlungen in glaubwürdiger Weise fehlende Informationen zu enthüllen (Beispiel: Referenzen des Arbeitnehmers bei der Bewerbung um eine neue Arbeitsstelle). Den Versuch der schlechter informierten Marktseite, der besser informierten Marktseite fehlende Information zu entlocken, bezeichnet man dagegen als *Screening*. So könnte ein Gebrauchtwagenkäufer beispielsweise darauf bestehen, das Kaufobjekt vor dem Kauf in einer Kfz-Werkstatt begutachten zu lassen.

4. Was verstehen Sie unter dem Condorcet-Paradoxon?

Die Anwendung der einfachen Mehrheitsregel führt nicht immer zu einer eindeutigen Entscheidung bei Wahlen. Das Condorcet-Paradoxon bezeichnet das Versagen der Mehrheitsregel, beim Auftreten von zyklischen Mehrheiten einen eindeutigen Gewinner zu ermitteln, da keine transitiven Präferenzen für die Gesellschaft erzeugt werden können.

5. Erklären Sie, warum die Mehrheitsregel die Präferenzen des Medianwählers berücksichtigt.

Nach der einfachen Mehrheitsregel gilt diejenige Alternative als gewählt, die mehr als die Hälfte der Stimmen auf sich vereint. Unterhalb und oberhalb des Medianwählers ist die gleiche Anzahl an Stimmen vorhanden. Es ist demzufolge der Medianwähler, der einer bestimmten Alternative durch seine Stimme zur Mehrheit (50 % + x) verhilft. Damit geben die Präferenzen des Medianwählers den Ausschlag über die gewählte Alternative.

6. Beschreiben Sie das Ultimatum-Spiel. Welches Spielergebnis würde die ökonomische Theorie der Nutzenmaximierung vorhersagen? Bestätigen Experimente diese Vorhersage? Warum oder warum nicht?

Beim Ultimatum-Spiel können zwei Personen, Spieler A und Spieler B, eine bestimmte Geldsumme gewinnen, beispielsweise € 100. Dazu muss Spieler A eine Entscheidung darüber treffen, wie der Geldbetrag von € 100 auf beide Spieler aufgeteilt werden soll. Spieler B hat anschließend lediglich die Möglichkeit, dem Vorschlag von A zuzustimmen oder aber ihn abzulehnen. Stimmt Spieler B dem Vorschlag von Spieler A zu, so erhalten beide Spieler genau den Geldbetrag, den Spieler A vorgeschlagen hat. Lehnt Spieler B dagegen den Vorschlag von Spieler A ab, so bekommen beide Spieler nichts.

Nach dem Prinzip der Nutzenmaximierung würde Spieler A eine Aufteilung des Geldbetrags in [€ 99; € 1] vorschlagen. Spieler B sollte diesen Vorschlag akzeptieren, da er auch durch die (geringste) Zahlung von nur € 1 besser gestellt ist. Spieler A hat wiederum keinerlei Veranlassung, eine andere Aufteilung vorzuschlagen, da er weiß, dass Spieler B mit seinem Vorschlag einverstanden sein wird.

Experimente mit realen Personen haben jedoch andere Ergebnisse hervorgebracht. Personen, die sich in der Rolle des Spielers B befanden, haben in der Regel jeden Vorschlag abgelehnt, der ihnen nur € 1 oder einen ähnlich kleinen Betrag eingebracht hätte. Im Bewusstsein dieses Verhaltens haben Personen in der Rolle des Spielers A einen wesentlich höheren Betrag angeboten. Die meisten Vorschläge beinhalteten einen Betrag von € 30 bis € 40 für Spieler B, der anschließend auch akzeptiert wurde. Die Erklärung für dieses von der ökonomischen Theorie der Nutzenmaximierung abweichende Verhalten liegt in einem angeborenen Sinn für Gerechtigkeit. Eine Aufteilung [€ 99; € 1] wird von vielen als so ungerecht empfunden, dass sie eine derartige Aufteilung ablehnen, auch wenn sie dadurch einen Nachteil erleiden. Eine Aufteilung [€ 70; € 30] ist zwar immer noch ungerecht, aber diese Ungerechtigkeit wird nicht als so stark empfunden, als dass die Leute ihr Eigeninteresse aufgeben.

Aufgaben und Anwendungen

1. Jede der folgenden Situationen schließt moralisches Risiko ein. Bestimmen Sie jeweils den Agenten und den Prinzipal, und erklären Sie, warum asymmetrische Informationen vorliegen. Auf welche Weise reduziert das Verhalten des Prinzipals das moralische Risiko?

a) Vermieter verlangen von ihren Mietern Kautionen.

b) Unternehmungen entlohnen Spitzenmanager teilweise mit Aktienoptionen zu einem festen künftigen Kurs.

c) Kfz-Versicherer bieten bei Diebstahlsicherungen Rabatte an.

a) In diesem Fall ist der Vermieter der Prinzipal und der Mieter der Agent. Eine asymmetrische Informationsverteilung liegt vor, da der Vermieter den sorgsamen Umgang des Mieters mit dem Mietobjekt nicht vollständig beobachten kann und keinerlei Informationen über dessen Gewohnheiten hat. Die Hinterlegung einer Mietkaution hält den Mieter von einer mutwilligen oder fahrlässigen Beschädigung des Mietobjekts ab.

b) Hier verkörpert die Unternehmung (bzw. deren Anteilseigner) den Prinzipal und der Manager den Agenten. Die asymmetrische Informationsverteilung besteht in den beschränkten Kontrollmöglichkeiten der Tätigkeit und Ziele des Managers durch die Unternehmung. Das Handeln des Managers sollte im Interesse der Unternehmung erfolgen. Die Entlohnung mittels Aktienoptionen kann diese Konformität erhöhen, da die Entlohnung des Managers auf diese Weise an den Unternehmenserfolg gekoppelt ist. Finanzskandale der Vergangenheit um gefälschte Unternehmensbilanzen (Enron, WorldCom) zeigen jedoch die Kehrseite einer (zu starken) Koppelung der Entlohnung von Spitzenmanagern an den Aktienkurs ihrer Unternehmung.

c) Der Kfz-Versicherer ist der Prinzipal und der Fahrzeughalter ist der Agent. Die asymmetrische Informationsverteilung besteht in den beschränkten Kontrollmöglichkeiten des Kfz-Versicherers in Bezug auf das umsichtige Verhalten des Versicherungsnehmers. Über die Gewährung von Rabatten erhöht der Kfz-Versicherer den Anreiz für den Kfz-Halter, durch eigene Anstrengungen (Einbau einer Diebstahlsicherung) einen Diebstahl und damit einen Versicherungsfall zu vermeiden.

2. **Angenommen, die »Bleibe gesund«-Krankenversicherung verlangt jährlich € 5.000 für eine Familienversicherungspolice. Um den Gewinn der Unternehmung zu steigern, schlägt der Vorstand eine Erhöhung der jährlichen Zahlung auf € 6.000 vor. Welches Problem könnte auftreten, wenn die Unternehmung dem Vorschlag folgt? Werden die zukünftigen Versicherten der Unternehmung im Durchschnitt eher eine gute gesundheitliche Konstitution oder eher eine schlechte gesundheitliche Konstitution aufweisen? Wird sich der Gewinn der Unternehmung notwendigerweise erhöhen?**

Es tritt das Problem der adversen Selektion auf. Eine Erhöhung der jährlichen Versicherungszahlung auf € 6.000 würde dazu führen, dass einige Versicherte der »Bleibe gesund«-Krankenversicherung den Rücken kehren werden. Dabei handelt es sich jedoch gerade um die Versicherten, die im Durchschnitt eher eine gute gesundheitliche Kondition aufweisen. Da diese Versicherten selten Leistungen ihrer Krankenversicherung in Anspruch nehmen, werden sie nicht bereit sein, dafür einen höheren Preis zu zahlen und stattdessen aus der eigenen Tasche für ihre Heilbehandlungskosten aufkommen (oder zu einer Krankenversicherung mit geringeren Beiträgen wechseln). Versicherte mit einer eher schlechten gesundheitlichen Konstitution werden dagegen in der Versicherung verbleiben, da sie tendenziell viele Leistungen der Versicherung in Anspruch nehmen.

Durch die Erhöhung der Krankenversicherungsbeiträge wird sich der Gewinn der Versicherung nicht notwendigerweise erhöhen. Im Gegenteil, die gestiegenen durchschnittlichen Kosten pro Versichertem können sogar dazu führen, dass der Gewinn des Versicherungsunternehmens sinkt.

3. **In diesem Kapitel wurde beschrieben, wie ein Junge einem Mädchen seine Liebe mithilfe eines Geschenks signalisieren kann. Glauben Sie, dass ein »I love you« auch als Signal dienen kann? Warum oder warum nicht?**

Ein »I love you« wird in der Regel nicht als ein glaubhaftes Signal dienen können. Sagen kann man viel. Es kostet die betreffende Person weder Zeit noch

Geld, diesen Satz zu sagen. Zudem ist die Aussage »I love you« viel zu allgemein, um dem Gegenüber seine Liebe, die quasi personenspezifisch ist, glaubhaft machen zu können. Es sei denn, die andere Person wünscht sich nichts sehnlicher, als diese drei Worte zu hören.

4. **Einige AIDS-Aktivisten sind der Auffassung, dass es Krankenversicherungen in den USA nicht erlaubt sein sollte, zukünftige Versicherte nach einer HIV-Infektion zu befragen. Würde diese Regelung den HIV-infizierten Personen nutzen? Wie würde sich diese Regelung auf alle anderen krankenversicherten Personen auswirken? Verringert sich dadurch das Problem der negativen Auslese? Wird die Anzahl der Personen ohne eine Krankenversicherung nach dieser Regelung zu- oder abnehmen?**

Die Befragung von zukünftigen Versicherten nach einer möglich HIV-Infektion stellt eine Form von *Screening* seitens der Krankenversicherungen dar, um Informationen über den Gesundheitszustand (und damit über die zu erwartenden Heilbehandlungskosten) der Versicherten zu erhalten. Ein Verbot dieser Befragung verstärkt das Problem der negativen Auslese im Krankenversicherungsmarkt und würde es auf diesem Weg HIV-infizierten Personen ermöglichen, sich krankenversichern zu lassen. Die Krankenversicherungen würden ihrerseits auf ein derartiges Verbot mit Beitragsanhebungen reagieren, da sie zukünftig mit steigenden Behandlungskosten rechnen müssen. Alle anderen krankenversicherten Personen werden sich demzufolge höheren Krankenversicherungsbeiträgen gegenübersehen. Die Erhöhung der Versicherungsbeiträge kann trotz einer gestiegenen Zahl an krankenversicherten HIV-infizierten Personen in letzter Konsequenz dazu führen, dass die Anzahl von Personen ohne eigene Krankenversicherung steigt, da viele Personen mit einer guten gesundheitlichen Kondition und Personen mit einem geringen Einkommen möglicherweise nicht mehr bereit sein werden, den höheren Beitragssatz zu zahlen.

5. **Der Staat zieht zwei Möglichkeiten zur Unterstützung von Armen in Betracht: die Gewährung von Geldleistungen oder die Vergabe von Sachleistungen (kostenlose Mahlzeiten in öffentlichen Suppenküchen, Kleiderspenden). Worin besteht der Vorteil einer Gewährung von Geldleistungen? Eine asymmetrische Informationsverteilung vorausgesetzt, warum wäre die Vergabe von Sachleistungen der Gewährung von Geldleistungen vorzuziehen?**

Durch die Vergabe von kostenlosen Mahlzeiten und Bekleidung kann der Staat sicherstellen, dass den Bedürftigen das lebensnotwendige Existenzminimum zur Verfügung gestellt wird, sie weder hungern noch frieren müssen. Befürworter von Geldleistungen kritisieren jedoch die Ineffizienz und den entwürdigenden Charakter von Sachleistungen. Vielleicht besitzt ein Bedürftiger bereits ausreichend Kleidung oder hat genug zu essen? Die politischen Entscheidungsträger können nicht wissen, ob eine warme Mahlzeit oder Kleidung tatsächlich zu den dringendsten Bedürfnissen der Armen zählt. Eine Vielzahl der Betroffenen ist durch unglückliche Umstände in diese Lage geraten, kann jedoch noch selbst entscheiden, was für sie das Beste ist.

Pessimistisch betrachtet, kann der Staat allerdings auch nicht nachvollziehen, ob ein Hilfeempfänger das Geld tatsächlich für lebensnotwendige Güter ausgibt oder etwa zweckentfremdet und für den Erwerb von Alkohol oder Drogen missbraucht. Mit dieser asymmetrischen Informationsverteilung liegt also auch ein ökonomischer und sozialer Grund zur Gewährung von Sachleistungen vor.

6. **Romy geht in eine Eisdiele.**
   Bedienung: Wir haben heute Vanilleeis und Schokoladeneis im Angebot.
   Romy: Ich nehme zwei Kugeln Vanille.
   Bedienung: Fast hätte ich es vergessen. Erdbeereis gibt es auch noch.
   Romy: Dann nehme ich natürlich zwei Kugeln Schokoladeneis.
   Können Sie Romys Entscheidung verstehen?

   Romys Präferenzen verletzen die Transitivitätsannahme. Bei Vorliegen von intransitiven Präferenzen führt die Abstimmung in Form einer paarweisen Entscheidung nicht immer zu einem eindeutigen Ergebnis.

   Entscheidung 1: Vanilleeis (V) > Schokoladeneis (S)

   Als dritte Alternative muss Romy nun noch Erdbeereis in ihre Entscheidung einbeziehen:

   Entscheidung 2: Erdbeereis (E) > Vanilleeis (V)

   Damit Romy am Ende Schokoladeneis kauft, muss sie folgende Präferenz haben:

   Entscheidung 3: Schokoladeneis (S) > Erdbeereis (E)

   Bei Vorliegen von transitiven Präferenzen hätte sich Romy dagegen für Erdbeereis entschieden:

   $$E > V > S \quad \rightarrow \quad E > S$$

   Die Reihenfolge der Abstimmung entscheidet über ihre endgültige Entscheidung. Hätte sie sich zunächst zwischen Erdbeereis und Vanilleeis entscheiden müssen und anschließend Schokoladeneis in ihre Entscheidung einbezogen, hätte Romy zwei Kugeln Vanilleeis gekauft.

7. **Drei Freunde wollen ein Musikkonzert besuchen und überlegen gerade, für welches Konzert sie Karten kaufen sollen. Dabei haben Sie folgende Präferenzen:**

	Romy	Isabell	Frank
1. Wahl	Silbermond	Silbermond	Die Ärzte
2. Wahl	Die Ärzte	Die Ärzte	Sammy Deluxe
3. Wahl	Sammy Deluxe	Sammy Deluxe	Juli
4. Wahl	Juli	Juli	Silbermond

   a) **Angenommen, die drei Freunde verwenden die Borda-Methode, um ihre Entscheidung zu fällen. In welches Konzert gehen sie?**

b) Nachdem sie herausgefunden haben, dass die Konzerte von Sammy Deluxe und Juli schon ausverkauft sind, entscheiden sie nochmals mithilfe der Borda-Methode. Welches Ergebnis kommt jetzt heraus?

c) In welcher Beziehung stehen Ihre Antworten zu den Fragen a) und b) zu Arrows Unmöglichkeitstheorem?

a) Nach der Borda-Regel werden den einzelnen Alternativen Punkte entsprechend der Platzierung in der individuellen Rangliste zugeordnet. Die Alternative auf dem letzten Platz (4. Wahl) erhält einen Punkt, die Alternative auf dem vorletzten Platz (3. Wahl) erhält zwei Punkte, die zweitbeste Wahl erhält drei Punkte und die bevorzugte Alternative erhält 4 Punkte. Danach ergibt sich folgende Punkteverteilung:

Silbermond:	4 Punkte	+ 4 Punkte	+ 1 Punkt	= 9 Punkte
Die Ärzte:	4 Punkte	+ 3 Punkte	+ 3 Punkte	= 10 Punkte
Sammy Deluxe:	2 Punkte	+ 2 Punkte	+ 3 Punkte	= 7 Punkte
Juli:	1 Punkt	+ 1 Punkt	+ 2 Punkte	= 4 Punkte

Nach der Borda-Regel werden die drei Freunde in das Konzert der Ärzte gehen.

b) Wenn die Konzerte von Sammy Deluxe und Juli schon ausverkauft sind, verändern sich die individuellen Ranglisten wie folgt:

	Romy	Isabell	Frank
1. Wahl	Silbermond	Silbermond	Die Ärzte
2. Wahl	Die Ärzte	Die Ärzte	Silbermond

Daraus ergibt sich folgende Punkteverteilung:

Silbermond:	2 Punkte	+ 2 Punkte	+ 1 Punkt	= 5 Punkte
Die Ärzte:	1 Punkt	+ 1 Punkt	+ 2 Punkte	= 4 Punkte

In diesem Fall werden die drei Freunde in das Konzert von Silbermond gehen.

c) Arrows Unmöglichkeitstheorem besagt, dass es bei bestimmten angenommenen Randbedingungen kein Abstimmungsverfahren zur Aggregation individueller Präferenzen zu gültigen sozialen Präferenzen gibt. Das trifft auch für die obige Entscheidung der drei Freunde nach der Borda-Regel zu.

Die Borda-Auszählung versagt mit Blick auf die wünschenswerte Unabhängigkeit von irrelevanten Alternativen. Die Entscheidung der drei Freunde über den Konzertbesuch sollte nicht von irgendwelchen anderen Alternativen abhängen. Diese Bedingung ist jedoch nicht erfüllt, da die Entscheidung der drei Freunde zwischen den Ärzten und Silbermond augenscheinlich davon abhängt, welche anderen Alternativen noch zur Verfügung stehen (Sammy Deluxe und Juli), obwohl diese Alternativen an sich für die Freunde gar nicht in der engeren Wahl sind.

8. **Warum könnte es eine politische Partei in einem Zwei-Parteien-System vorziehen, sich nicht in Richtung des Medianwählers zu bewegen? (Hinweis: Denken Sie an Nichtwähler und Parteispenden.)**

Das Medianwählertheorem unterstellt ein Modell mit einem Zwei-Parteien-System, in dem alle Wähler ihre Stimme abgeben. Berücksichtigt man jedoch die Möglichkeit, dass es auch Nichtwähler gibt, die zu großen Teilen extreme Alternativen präferieren, muss eine politische Partei zwischen den Zugewinnen in der Mitte und den Verlusten am Rand (durch Nichtwähler) abwägen. Es ergibt sich damit eine Tendenz weg vom Median hin zum Modus (der Wert der Stimmenverteilung, der am häufigsten gemessen wird).

Auch die (finanzielle) Abhängigkeit von Geldgebern kann dazu führen, dass die politischen Parteien nicht mehr dem Ziel der Wahlstimmenmaximierung folgen. Die Parteien ordnen sich stattdessen den Präferenzen ihrer Geldgeber unter und bieten den Wählern ein Parteiprogramm an, das von den Wünschen des Medianwählers abweicht. In diesem Fall wird jene Partei die Wahl gewinnen, deren Programm den Präferenzen des Medianwählers gerade noch am nächsten kommt.

9. **Zwei Eisverkäufer müssen sich entscheiden, an welcher Stelle des 2 km langen Strands sie ihren Verkaufsstand hinsetzen. Jede Person am Strand kauft ein Eis am Tag genau an dem Verkaufsstand, der ihm am nächsten liegt. Jeder Eisverkäufer ist wiederum bestrebt, die maximale Anzahl an Eistüten zu verkaufen. Wo werden die beiden Eisverkäufer ihren Stand platzieren?**

Analog zum Wahlkampf der Parteien im Zwei-Parteien-System um den Medianwähler werden die beiden Eisverkäufer ihren Verkaufsstand genau in der Mitte des 2 km langen Strands platzieren. Stehen beide Verkaufsstände zunächst am jeweiligen Ende des Strands, so können sie mit (50 % – x) Kunden rechnen. Während sich alle Kunden aus der ersten Strandhälfte ein Eis beim Verkaufsstand am Anfang des Strands holen werden, gehen alle Kunden aus der zweiten Strandhälfte an den Verkaufsstand am Ende des Strands. Diejenigen Personen, die sich gerade in der Mitte des Strands befinden, sind indifferent gegenüber beiden Verkaufsständen. Bis zu beiden Verkaufsständen beträgt die Entfernung genau 1 km. Der Wettbewerb der Eisverkäufer um die »Mediankunden« wird nun dazu führen, dass sich beide Verkaufsstände genau bis in die Mitte des Strands bewegen werden. Wer am Ende mehr Eis verkaufen wird, ist Zufall.

10. **Nach den riesigen Schäden der Flutkatastrophe vom Sommer 2002, vornehmlich in Sachsen, Sachsen-Anhalt und Bayern, wurde schnell der Ruf nach einer Pflichtversicherung gegen Hochwasserschäden laut. Ist diese Forderung aus ökonomischer Sicht rational?**

Aus ökonomischer Sicht ist der Ruf nach einer Pflichtversicherung gegen Hochwasserschäden aufgrund der Flutkatastrophe vom Sommer 2002 nicht rational. Überschwemmungen eines derartigen Ausmaßes und mit derartigen Schäden sind sehr, sehr selten (nicht umsonst wurde schnell der Begriff Jahrhundertflut laut). Menschen denken und handeln jedoch nicht immer rational. Die Wahrscheinlichkeit für das wiederholte Auftreten eigener Beobachtungen und Erfahrungen wird subjektiv aufgewertet und besitzt damit aus ökonomischer Perspektive ein (zu) starkes Gewicht bei Entscheidungen.

Eine Pflichtversicherung gegen Hochwasserschäden ist zudem angebotsseitig mit dem Problem eines fehlenden Risikoausgleichs konfrontiert. Regelmäßige Schadensregulierungen in »alljährlichen Überschwemmungsgebieten« (bspw. an Rhein oder Mosel) würden die Beitragszahlungen der Versicherten in eine exorbitante Höhe treiben. Personen in Gegenden mit einem geringen Hochwasserrisiko wären aufgrund der hohen Beitragszahlungen durch eine derartige Pflichtversicherung langfristig möglicherweise sogar schlechter gestellt als ohne Versicherungsschutz.

Mit Blick auf die gesamtgesellschaftlichen Ursachen des Klimawandels (Treibhausgasemissionen von Industrie, Haushalten und Verkehr) wäre es jedoch denkbar, von staatlicher Seite einen Unterstützungsfonds für die witterungsbedingten Folgen des Klimawandels anzubieten. Die Finanzierung eines derartigen Fonds könnte beispielsweise aus den Einnahmen der Ökosteuer erfolgen.

TEIL VIII   Die makroökonomischen Daten

Kapitel 23   Die Messung des Volkseinkommens

Stichwörter

Mikroökonomik	Staatsausgaben/-konsum
Makroökonomik	Nettoexporte
Bruttoinlandsprodukt (BIP)	nominales BIP
Bruttonationaleinkommen,	reales BIP
Bruttosozialprodukt (BSP)	BIP-Deflator
Konsum	
Investitionen	

Wiederholungsfragen

1. **Erklären Sie, warum das Einkommen einer Volkswirtschaft deren Ausgaben entsprechen muss.**

   Unabhängig davon, ob ein Haushalt, der Staat oder eine Unternehmung ein Gut erwirbt und verkauft, hat jede Transaktion immer zwei Seiten: einen Käufer und einen Verkäufer. Jede Geldeinheit, die von einem Käufer ausgegeben wird, ist ein Euro Einkommen für einen Verkäufer. Daher sind für die Volkswirtschaft als Ganzes betrachtet Ausgaben und Einkommen immer gleich.

2. **Was trägt in höherem Maße zum BIP bei – die Herstellung eines sparsamen Autos oder die Herstellung eines Luxuswagens? Warum?**

   Das Bruttoinlandsprodukt (BIP) umfasst den Marktwert aller für den Endverbrauch bestimmter Waren und Dienstleistungen, die in einem Land zu einem bestimmten Zeitabschnitt hergestellt werden. Demzufolge trägt der Luxuswagen im höheren Maße zum BIP bei, da sein Marktwert größer ist.

3. **Ein Bauer verkauft Mehl an einen Bäcker für € 2. Der Bäcker verwendet dieses Mehl zum Backen von Brot, welches er für € 3 verkauft. Was trägt in welcher Höhe zum BIP bei?**

   Lediglich der Bäcker trägt mit seinem Brotverkauf in Höhe von € 3 zum BIP bei. Nur das Brot ist für den Endverbrauch bestimmt und stellt ein Endprodukt dar.

Der Wert des Zwischenprodukts Mehl (€ 2) ist bereits im Preis des Endprodukts enthalten und darf nicht zum Marktwert des Endprodukts hinzugerechnet werden, da es sonst zu einer Doppelzählung käme.

4. Vor vielen Jahren hat Peggy insgesamt € 500 für ihre Plattensammlung ausgegeben. Nun hat sie diese für € 100 auf dem Flohmarkt verkauft. Wie beeinflusst dieser Verkauf das laufende BIP?
Der Verkauf der Plattensammlung auf dem Flohmarkt beeinflusst das BIP nicht. Das BIP umfasst Waren und Dienstleistungen, die gerade hergestellt werden. Es umfasst keine Transaktionen, die in der Vergangenheit produzierte Dinge beinhalten.

5. Zählen Sie die vier Bestandteile des BIP auf. Geben Sie zu jeder Kategorie ein Beispiel an.
Konsum/Privater Verbrauch: Ausgaben der Haushalte für Waren und Dienstleistungen mit der Ausnahme des Erwerbs von Grundstücken und Gebäuden sowie des Neubaus von Häusern und Wohnungen → Kauf einer Schrankwand, Mittagessen in der Schulküche.

Investitionen: Ausgaben für Kapitalausstattung, Lagerbestände und Bauten einschließlich der Ausgaben der Haushalte für den Erwerb von Grundstücken und Gebäuden sowie den Neubau von Häusern und Wohnungen → Bau einer neuen Produktionsstätte, Kauf neuer Maschinen.

Staatsausgaben: Ausgaben der Gebietskörperschaften (Länder, Städte und Gemeinden) und des Gesamtstaats für Waren und Dienstleistungen → Kauf eines U-Bootes für die Marine.

Nettoexporte: Ausgaben von Ausländern für im Inland produzierte Güter und Dienstleistungen (Exporte) abzüglich der Ausgaben von Inländern für im Ausland produzierte Güter (Importe) → Verkauf einer inländischen Unternehmung an einen ausländischen Kunden, Verkauf von im Inland hergestellten Flugzeugen ins Ausland.

6. Im Jahr 2007 produzierte eine Volkswirtschaft 100 Laibe Brot, die für € 2 je Stück verkauft wurden. Im Jahr 2008 stellt diese Volkswirtschaft 200 Laibe Brot her, die für € 3 je Laib verkauft werden. Berechnen Sie das nominale BIP für die Jahre 2007 und 2008. Berechnen Sie das reale BIP und den BIP-Deflator für das Jahr 2008. Um welchen Prozentsatz steigen das nominale BIP und das Preisniveau von einem Jahr zum nächsten?
Das nominale BIP bewertet die Produktion von Waren und Dienstleistungen mit laufenden Preisen:
Nominales BIP (2007) = 100 Stück × € 2 pro Stück = € 200
Nominales BIP (2008) = 200 Stück × € 3 pro Stück = € 600

Das reale BIP bewertet die Produktion von Waren und Dienstleistungen zu konstanten Preisen (Vorjahrespreisbasis):
Reales BIP (2008) = 200 Stück × € 2 pro Stück = € 400

Der BIP-Deflator misst die Entwicklung des Preisniveaus:

BIP-Deflator = (nominales BIP / reales BIP) × 100

BIP-Deflator (2008) = (€ 600 / € 400) = 150

Das nominale BIP steigt um 200 %, das Preisniveau um 50 %.

7. **Warum ist für ein Land ein hohes BIP wünschenswert? Geben Sie ein Beispiel für etwas, das zwar das BIP erhöht, jedoch nicht wünschenswert ist.**

Das BIP misst sowohl das Gesamteinkommen als auch die gesamten Ausgaben für Güter und Dienstleistungen einer Volkswirtschaft. Das BIP pro Kopf gibt demzufolge das Einkommen und die Ausgaben eines Durchschnittsmenschen der entsprechenden Volkswirtschaft an. Da die meisten Menschen es vorziehen, ein höheres Einkommen zu erhalten und höhere Ausgaben zu tätigen, scheint das BIP pro Kopf ein natürlicher Maßstab für das Wohlergehen, für den Wohlstand der Volkswirtschaft zu sein. Das BIP ist jedoch bei weitem kein perfekter Maßstab für den Wohlstand. Wichtige Dinge, die die Lebensqualität beeinflussen, bleiben ausgeklammert – Freizeit, Qualität der Umwelt, Aktivitäten außerhalb der Märkte wie Kindererziehung oder ehrenamtliche Tätigkeiten. So würde die Produktion von Gütern unter Inkaufnahme von Umweltverschmutzung das BIP einer Volkswirtschaft zwar erhöhen, das Wohlergehen der Gesellschaftsmitglieder jedoch schmälern.

Aufgaben und Anwendungen

1. **Welche der Komponenten des BIP (wenn überhaupt) werden durch die folgenden Transaktionen berührt? Erläutern Sie Ihre Antwort.**
   a) **Eine Familie kauft einen neuen Kühlschrank.**
   b) **Tante Jane kauft ein neues Haus.**
   c) **Volkswagen verkauft ein Auto aus seinen Lagerbeständen.**
   d) **Sie kaufen eine Pizza.**
   e) **Das Bundesland Sachsen lässt eine Straße ausbessern.**
   f) **Ihre Eltern kaufen eine Flasche kalifornischen Weins.**
   g) **Sony erweitert eine seiner deutschen Produktionsstätten.**
   a) Konsum – Ausgaben der Haushalte für Waren
   b) Investitionen – Ausgaben der Haushalte für den Erwerb von Gebäuden
   c) ohne Berührung – BIP umfasst keine Transaktionen, die in der Vergangenheit produzierte Dinge beinhalten
   d) Konsum – Ausgaben der Haushalte für Waren
   e) Investitionen – Ausgaben für Infrastruktur (Bauten)
   f) Nettoexport/Import – Ausgaben von Inländern für im Ausland produzierte Güter
   g) ausländische Direktinvestitionen – Ausgaben von Ausländern für den Erwerb von inländischen Bauten und Ausrüstungen

2. **Die Komponente »Staatsausgaben« des BIP enthält (abgesehen von Sachleistungen der Sozialversicherung u.Ä.) keine Transferzahlungen, wie z. B. Sozialhilfeleistungen. Erklären Sie anhand der Definition des BIP, wieso Transferzahlungen nicht im BIP enthalten sein sollten.**

   Das Bruttoinlandsprodukt misst den Marktwert aller für den Endverbrauch bestimmten Güter und Dienstleistungen. Transferzahlungen steht jedoch kein Austausch von Gütern gegenüber. Vom makroökonomischen Standpunkt aus gesehen sind solche Transferzahlungen vergleichbar mit Steuererstattungen. Wie Steuern verändern Transferleistungen das Einkommen eines Haushalts, aber sie spiegeln keine volkswirtschaftliche Produktionsleistung wider. Da das BIP dazu dienen soll, das Einkommen aus der (und die Ausgaben für die) Produktion von Waren und Dienstleistungen zu messen, werden Transferzahlungen nicht als Teil der Staatsausgaben gezählt.

3. **Warum zählt Ihrer Meinung nach der Erwerb neuer Häuser oder Wohnungen seitens der Haushalte zu den Investitionen und nicht zum Konsum? Können Sie sich eine Begründung dafür vorstellen, warum der Kauf neuer Autos auch eher zu den Investitionen als zum Konsum gezählt werden sollte? Auf welche anderen Konsumgüter ließe sich diese Logik auch anwenden?**

   Ausgaben für den Kauf von Grundstücken und Gebäuden bzw. den Neubau von Häusern und Wohnungen sind eine Art Haushaltsausgaben, die per Konvention eher den Investitionsausgaben als den Konsumausgaben zugerechnet werden. Die Intention für diese Vorgehensweise könnte darin bestehen, dass eine zukünftige produktive Nutzung derartiger Güter als Bürogebäude, Fabrikgelände u.Ä. im Bereich des Möglichen liegt, aus der ein Produktionsertrag resultiert. In diesem Sinne könnte auch der Kauf neuer Autos als Investition betrachtet werden, da Kraftfahrzeuge als Transportmittel im Produktionsprozess eingesetzt werden können. Diese Logik ließe sich – im Unterschied zu Verbrauchsgütern (Lebensmittel) – auf alle (dauerhaften) Gebrauchsgüter anwenden, deren produktive Verwendung nicht auszuschließen ist.

4. **Wie wir in diesem Kapitel gesehen haben, enthält das BIP nicht den Wert von wieder-/weiterverkauften gebrauchten Gütern. Warum wäre das BIP unter Einbeziehung solcher Transaktionen ein Maß von geringerem Informationsgehalt für den ökonomischen Wohlstand?**

   Die Einbeziehung des Werts von wieder-/weiterverkauften gebrauchten Gütern impliziert eine Doppelzählung im BIP, dessen Niveau ansteigt, ohne dass sich der ökonomische Wohlstand der Volkswirtschaft verändert hat. Es wurden ja keinerlei neue Werte geschaffen, die ein zusätzliches Einkommen in der Gesellschaft verursachen.

5. Für das Schlaraffenland seien folgende Daten gegeben:

Jahr	Preis für Milch (€)	Milchmenge (Liter)	Preis für Honig (€)	Honigmenge (Liter)
2005	1	100	2	50
2006	1	200	2	100
2007	2	200	4	100

a) Berechnen Sie das nominale BIP für jedes Jahr. Berechnen Sie das reale BIP für die Jahre 2006 und 2007 (Vorjahrespreisbasis).

b) Berechnen Sie den BIP-Deflator für die Jahre 2006 und 2007. Was lässt sich bezüglich der Preisentwicklung im Schlaraffenland feststellen?

c) In welchem Jahr ist der ökonomische Wohlstand höher, in 2006 oder in 2007?

a) Berechnung des nominalen BIP

  Jahr 2005
      (€ 1 pro Liter Milch × 100 Liter Milch)
  + (€ 2 pro Liter Honig × 50 Liter Honig)
  = € 200

  Jahr 2006
      (€ 1 pro Liter Milch × 200 Liter Milch)
  + (€ 2 pro Liter Honig × 100 Liter Honig)
  = € 400

  Jahr 2007
      (€ 2 pro Liter Milch × 200 Liter Milch)
  + (€ 4 pro Liter Honig × 100 Liter Honig)
  = € 800

  Berechnung des realen BIP (Vorjahrespreisbasis)

  Jahr 2006
      (€ 1 pro Liter Milch × 200 Liter Milch)
  + (€ 2 pro Liter Honig × 100 Liter Honig)
  = € 400

  Jahr 2007
      (€ 1 pro Liter Milch × 200 Liter Milch)
  + (€ 2 pro Liter Honig × 100 Liter Honig)
  = € 400

b) Berechnung der Preisentwicklung (des BIP-Deflators)

  BIP-Deflator = (nominales BIP / reales BIP) × 100

  Jahr 2006   (€ 400/€ 400) × 100 = 100
  Jahr 2007   (€ 800/€ 400) × 100 = 200

Für das Jahr 2006 hat der BIP-Deflator einen Wert von 100. Damit ist das Preisniveau gegenüber dem Vorjahr unverändert geblieben. Für das Jahr 2007 hat der BIP-Deflator einen Wert von 200. Damit hat sich das Preisniveau gegenüber dem Vorjahr verdoppelt.

c) Da das reale BIP die Produktion an Gütern einer Volkswirtschaft misst, ist es damit auch ein Spiegel für die Fähigkeit einer Volkswirtschaft, die Bedürfnisse und Wünsche der Bewohner zu befriedigen. Daher stellt das reale BIP einen besseren Maßstab für das ökonomische Wohlergehen dar als das nominale BIP.

Auf der Grundlage des realen BIP kann man feststellen, dass der ökonomische Wohlstand in den Jahren 2006 und 2007 gleich groß gewesen ist.

6. Betrachten Sie die folgenden Angaben zum deutschen BIP:

Jahr	nominales BIP (in Mrd. €)	BIP-Deflator
2005	2.244,6	105,77
2006	2.322,2	106,38

a) **Berechnen Sie die Wachstumsrate des Nominaleinkommens zwischen 2005 und 2006. (Hinweis: Die Wachstumsrate ist die prozentuale Änderung von einer Periode zur nächsten.)**

b) **Wie hoch ist das Realeinkommen im Jahr 2005 ausgefallen?**

c) **Wie hoch ist das Realeinkommen im Jahr 2006 ausgefallen?**

d) **Berechnen Sie die Wachstumsrate des Realeinkommens zwischen 2005 und 2006.**

e) **Welche Wachstumsrate war höher, die des nominalen oder die des realen Einkommens? Erklären Sie Ihr Ergebnis.**

a) $Wachstumsrate = \dfrac{nominales\ BIP\ (2006) - nominales\ BIP\ (2005)}{nominales\ BIP\ (2005)} \times 100\ \%$

Die Wachstumsrate des Nominaleinkommens betrug 3,46 % zwischen 2005 und 2006.

b) $Realeinkommen\ (2005) = \dfrac{nominales\ BIP\ (2005)}{BIP\text{-}Deflator\ (2005)} \times 100$

Das reale BIP betrug im Jahr 2005 rund € 2.122,1 Mrd.

c) $Realeinkommen\ (2006) = \dfrac{nominales\ BIP\ (2006)}{BIP\text{-}Deflator\ (2006)} \times 100$

Das reale BIP betrug im Jahr 2006 rund € 2.182,9 Mrd.

d) Die Wachstumsrate des Realeinkommens betrug 2,86 % zwischen 2005 und 2006.

e) Da die Preise einer Volkswirtschaft in der Regel steigen, ist das Nominaleinkommen stärker gewachsen als das Realeinkommen.

7. **Bei einem Anstieg der Preise steigt das Einkommen der Menschen aus dem Verkauf von Gütern. Das Wachstum des realen BIP jedoch ignoriert diese Gewinne. Warum ziehen dann Ökonomen das reale BIP als Maßstab für das ökonomische Wohlergehen vor?**

Das Ziel der Ökonomen besteht darin, ein von Preisänderungen unbeeinflusstes Maß für die Menge an Waren und Dienstleistungen zu erhalten. Dazu dient das reale BIP, das die Produktion von Waren und Dienstleistungen bewertet zu konstanten Preisen angibt. Erhöht sich das (nominale) BIP lediglich aufgrund von Preissteigerungen, so steht diesem Anstieg keine Veränderung in der Menge der produzierten Güter gegenüber. Die Fähigkeit einer Volkswirtschaft zur Befriedigung der Bedürfnisse und Wünsche der Bewohner bleibt gleich und damit auch das ökonomische Wohlergehen.

8. **Revidierte Schätzungen des deutschen BIP werden in der Regel am Ende eines jeden Monats vom Statistischen Bundesamt bekannt gegeben. Gehen Sie in eine Bibliothek und suchen Sie nach einer Veröffentlichung, die die neuesten Zahlen enthält. Beschreiben und erklären Sie die Veränderungen im realen und nominalen BIP sowie in dessen Zusammensetzung.**

Quelle: Statistisches Bundesamt, Fachserie 18, Reihe 1.5.

Verwendung des Bruttoinlandsprodukts in jeweiligen Preisen

	Veränderung gegenüber dem Vorjahr in %		
	2004	2005	2006
Bruttoinlandsprodukt	2,2	1,5	3,5
Konsum	1,3	1,4	2,0
Bruttoinvestitionen	0,2	1,7	7,6
Außenbeitrag (Nettoexporte)	29,2	2,1	11,5
Export	9,9	8,3	14,0
Import	7,5	9,2	14,3

Die Veränderungsrate des nominalen Bruttoinlandsprodukts ist nach einem Rückgang im Jahr 2005 auf 3,5 % im Jahr 2006 angestiegen. Getragen wurde das nominale Wachstum des BIP in 2006 in erster Linie durch den Außenbeitrag und die Investitionen. Die nominalen Konsumausgaben sind dagegen weniger stark angewachsen als das BIP.

Verwendung des Bruttoinlandsprodukts (preisbereinigt)

	Veränderung gegenüber dem Vorjahr in %		
	2004	2005	2006
Bruttoinlandsprodukt	1,1	0,8	2,9
Konsum	−0,2	0,1	0,9
Bruttoinvestitionen	−1,5	0,5	0,9
Außenbeitrag			
Export	5,8	5,9	8,1
Import	4,6	5,3	6,6

Nach einer Stagnation im Jahr 2005 ist das reale Bruttoinlandsprodukt im Jahr 2006 kräftig um 2,9 % gestiegen. Getragen wurde dieses Wachstum durch das überproportionale Wachstum der Exporte (Außenbeitrag). Die realen Konsumausgaben und die realen Bruttoinvestitionen sind dagegen nur gering gewachsen.

9. **Verkauft ein Bauer dieses Jahr die gleiche Menge an Korn wie vergangenes Jahr, jedoch zu einem höheren Preis, so ist sein Einkommen angewachsen. Können Sie daraus schließen, dass es ihm besser geht? Erläutern Sie Ihre Überlegungen.**

Das nominale Einkommen des Bauern ist zwar gewachsen, jedoch geht aus dieser Tatsache nicht hervor, ob er für sein höheres Einkommen auch eine größere Menge an Waren und Dienstleistungen erwerben kann, ob sein Einkommen real mehr wert ist. Dem Bauern wird es dann wirklich besser gehen, wenn er sich mit seinem gestiegenen Einkommen mehr leisten kann, und nicht auch einen höheren Preis für die von ihm nachgefragten Güter zahlen muss.

10. **Ein Freund erzählt Ihnen, dass das BIP Chinas dreimal so hoch ist wie das BIP Schwedens. Beinhaltet diese Tatsache, dass es China ökonomisch gesehen besser geht als Schweden? Warum oder warum nicht?**

Ohne Zweifel stellt das BIP einen (wenn auch nicht perfekten) Maßstab für den Wohlstand einer Volkswirtschaft dar. Ein Wohlstandsvergleich zwischen zwei Ländern erfordert jedoch den Übergang zu einer Pro-Kopf-Betrachtung, die offenbart, wie hoch das Wohlergehen eines Durchschnittsmenschen in der jeweiligen Volkswirtschaft ist. Muss der ökonomische Wohlstand eines Landes unter mehr Menschen aufgeteilt werden, so geht es den Menschen dieses Landes ökonomisch schlechter. Da die Bevölkerung Chinas mehr als hundertdreißigmal größer ist als die Bevölkerung Schwedens, sollte das BIP auch entsprechend größer ausfallen, damit in beiden Ländern ein gleicher ökonomischer Wohlstand herrscht.

11. **Güter und Dienstleistungen, die nicht über Märkte gehandelt werden, wie Lebensmittel, die zu Hause hergestellt und auch dort konsumiert werden, fließen in der Regel nicht in das BIP ein. Können Sie sich denken, warum diese Tatsache die Zahlen in der zweiten Spalte der Tabelle 23-3 so irreführend erscheinen lässt, wenn man mit deren Hilfe den ökonomischen Wohlstand Deutschlands mit demjenigen Indiens vergleichen möchte?**

In Indien lebt ein Großteil der Bevölkerung auf dem Land und versorgt sich durch den Anbau von Reis und Gemüse selbst mit den lebensnotwendigen Dingen. Derartige Aktivitäten außerhalb des Markts fließen nicht in das BIP ein, sodass das BIP pro Kopf in Indien irreführend klein im Vergleich zu Deutschland erscheint und auf einen (zu) geringen ökonomischen Wohlstand in Indien schließen lässt. Nichtsdestotrotz bewegt sich der ökonomische Wohlstand Indiens tatsächlich auf einem bescheidenen Niveau.

12. **Die Beteiligung von Frauen am Erwerbsleben hat in den letzten Jahrzehnten in Deutschland stark zugenommen (insbesondere nochmals nach der deutschen Vereinigung).**

   a) **Wie hat sich dies Ihrer Meinung nach auf das BIP ausgewirkt?**

   b) **Stellen Sie sich nun ein Wohlstandsmaß vor, das Hausarbeit und Freizeit mit einbezieht. Wie würde sich dieses Maß im Vergleich zur Veränderung des BIP verhalten?**

   c) **Können Sie sich andere Wohlstandsaspekte vorstellen, die mit einer erhöhten Erwerbsbeteiligung von Frauen verbunden sind? Wäre es sinnvoll, ein Wohlstandsmaß zu entwickeln, das solche Aspekte mit umfasst?**

   a) Durch die Beteiligung der Frauen am Erwerbsleben hat die Wirtschaftsaktivität des Landes zugenommen, sodass das BIP angestiegen ist.

   b) Das Wohlstandsmaß würde sich deutlich weniger verändern, da die Zuflüsse aus den wirtschaftlichen Aktivitäten der Erwerbsbeteiligung mit den Wohlstandsverlusten der geringeren Freizeit und Hausarbeit zu verrechnen sind.

   c) Andere Wohlstandsaspekte wären beispielsweise ein gesunkenes ehrenamtliches Engagement oder eine verminderte Kinderbetreuung. Im ökonomischen Sinne ist die Konzeption eines derartigen Wohlstandsmaßes kaum praktikabel, da eine objektive Bewertung der Wohlstandswirkungen dieser Tätigkeiten immense Schwierigkeiten bereitet. Was ist eine Stunde Fußballspielen mit seinen Kindern wert und was die Leitung eines Sportvereins?

Kapitel 24   Die Messung der Lebenshaltungskosten

Stichwörter

Verbraucherpreisindex	Indexierung
Inflationsrate	Nominalzinssatz
Erzeugerpreisindex	Realzinssatz

Wiederholungsfragen

1. **Was, denken Sie, hat eine größere Auswirkung auf den Verbraucherpreisindex: ein Anstieg des Preises für Hähnchen um 10 % oder eine Erhöhung des Kaviarpreises um 10 %? Begründen Sie Ihre Anwort.**
   Der Preisanstieg der Hähnchen hat einen größeren Einfluss auf den Preisindex, da Hähnchen in einem größeren Umfang im Warenkorb der Lebenshaltung enthalten sind. Der Warenkorb umfasst in repräsentativer Weise die detaillierten Verbrauchsgewohnheiten der Konsumenten.

2. **Beschreiben Sie die drei Probleme, aufgrund derer der Verbraucherpreisindex ein unvollkommenes Maß für die Lebenshaltungskosten darstellt.**
   Substitutionsverzerrung: Bei Preisänderungen von einem Jahr zum nächsten verändern sich nicht alle Preise gleichermaßen, manche Preise steigen mehr als andere. Die Konsumenten reagieren auf diese unterschiedlichen Preisbewegungen, indem sie geringere Mengen derjenigen Güter kaufen, deren Preise erheblich gestiegen sind bzw. größere Mengen derjenigen Güter, deren Preise weniger stark gestiegen oder gar gefallen sind. Konsumenten ersetzen teurer gewordene Güter durch vergleichsweise preiswertere Güter. Der Verbraucherpreisindex wird jedoch auf der Basis eines konstanten Warenkorbs berechnet. Da mögliche Änderungen im Konsumverhalten nicht berücksichtigt werden, überzeichnet der Index den Anstieg der Lebenshaltungskosten von einem Jahr zum nächsten.
   Einführung neuer Güter: Wird ein neues Gut auf den Markt gebracht, dann können die Konsumenten ihre Auswahl aus einem vergrößerten Warenangebot treffen. Ein vielfältigeres Angebot erhöht seinerseits den Wert jedes Euro, sodass die Konsumenten weniger Geld benötigen, um einen gegebenen Lebensstandard aufrechtzuerhalten. Da die Berechnung des Verbraucherpreisindexes jedoch auf einem konstanten Warenkorb basiert, spiegelt er diese Kaufkraftänderung des Euro nicht wider.

Nicht erfasste Qualitätsänderungen: Verschlechtert sich die Qualität eines Guts von einem Jahr zum nächsten, dann sinkt der Wert eines Euro, selbst wenn der Preis des Guts unverändert bleibt. Entsprechend erhöht sich der Wert eines Euro, wenn die Qualität von einem Jahr zum nächsten ansteigt. Wenn sich die Qualität eines Guts aus dem Warenkorb ändert, korrigiert das Statistische Bundesamt den Preis des Guts, um der Qualitätsänderung Rechnung zu tragen. Es versucht im Wesentlichen, den Preis eines Warenkorbs mit Gütern konstanter Qualität zu berechnen. Ungeachtet dessen bleiben Qualitätsänderungen ein Problem, da Qualität nur schwer gemessen werden kann.

3. **Wird der BIP-Deflator oder der Verbraucherpreisindex durch einen Preisanstieg für Marine-U-Boote beeinflusst? Begründen Sie Ihre Antwort.**
   Bei einer Preisänderung für dieses Gut wird sich der BIP-Deflator verändern. Das Gut »U-Boot« fließt über die Staatsausgaben in das BIP ein, nicht aber in den Verbraucherpreisindex. Ein U-Boot gehört mit Sicherheit nicht zu den von einem »durchschnittlichen« Konsumenten gekauften Waren und Dienstleistungen.

4. **Im Laufe einer längeren Periode ist der Preis für eine Zuckerstange von € 0,10 auf € 0,60 angestiegen. Im gleichen Zeitraum hat sich der Verbraucherpreisindex von 150 auf 300 erhöht. Um wie viel hat der Preis für eine Zuckerstange inflationsbereinigt zugenommen?**

   Preis einer Zuckerstange (heute)

   $$= \text{Preis einer Zuckerstange (gestern)} \times \frac{\text{Preisniveau heute}}{\text{Preisniveau gestern}}$$

   Die Inflation verursacht einen Preisanstieg auf € 0,20. Inflationsbereinigt hat der Preis einer Zuckerstange demzufolge um € 0,40 zugenommen.

5. **Erklären Sie, was unter dem Nominalzinssatz und dem Realzinssatz zu verstehen ist. In welcher Beziehung stehen diese beiden Größen zueinander?**
   Der Zinssatz ohne eine Bereinigung um Wirkungen der Inflation wird als Nominalzinssatz bezeichnet, während der Realzinssatz den Zinssatz wiedergibt, der um die Wirkungen der Inflation korrigiert ist. Die Beziehung zwischen Nominalzinssatz, Realzinssatz und Inflationsrate kann durch folgende Gleichung ausgedrückt werden: *Realzinssatz = Nominalzinssatz – Inflationsrate.* Der Realzinssatz entspricht somit der Differenz zwischen Nominalzinssatz und Inflationsrate.

Aufgaben und Anwendungen

1. Stellen Sie sich vor, dass die privaten Haushalte lediglich die drei in der folgenden Tabelle aufgeführten Güter kaufen:

	Tennisbälle	Tennisschläger	Gatorade
2006 Preis (€/Stück)	4	200	2
2006 Menge	100	10	200
2007 Preis (€/Stück)	4	300	4
2007 Menge	100	10	200

a) Wie hoch ist die prozentuale Preisänderung bei jedem der drei Güter? Wie hoch ist die prozentuale Änderung des allgemeinen Preisniveaus?
b) Werden die Tennisschläger relativ zu Gatorade teurer oder billiger? Verändert sich die Wohlfahrt mancher Leute relativ zu der Wohlfahrt anderer Leute? Begründen Sie Ihre Antwort.

a) Prozentuale Preisänderung je Gut: Tennisbälle: 0 %
 Tennisschläger: 50 %
 Gatorade: 100 %

Die prozentuale Änderung des allgemeinen Preisniveaus beträgt 50 %, da die Ausgaben für den Warenkorb Tennisbälle, Tennisschläger und Gatorade von € 2.800 im Jahr 2006 auf € 4.200 im Jahr 2007 angestiegen sind.

b) Tennisschläger werden relativ zu Gatorade billiger. Konsumieren alle Leute die Güter Tennisbälle, Tennisschläger und Gatorade in den Mengenrelationen des Warenkorbs, so bleibt die Wohlfahrt der Leute unverändert. Konsumieren Leute überdurchschnittlich viele Tennisbälle, können sie einen Wohlfahrtsgewinn realisieren, konsumieren sie dagegen eine überdurchschnittlich große Menge an Gatorade, erleiden sie einen Wohlfahrtsverlust.

2. Nehmen Sie an, die Einwohner von »Veggieland« geben ihr gesamtes Einkommen für Blumenkohl, Brokkoli und Karotten aus. 2006 kaufen sie 100 Stück Blumenkohl für € 200, 50 Bund Brokkoli für € 75 und 500 Karotten für € 50. 2007 kaufen sie 75 Stück Blumenkohl für € 225, 80 Bund Brokkoli für € 120 und 500 Karotten für € 100. Das Basisjahr sei 2006. Wie hoch ist in den beiden Jahren jeweils der Verbraucherpreisindex? Wie hoch ist die Inflationsrate 2007?

	Blumenkohl	Brokkoli	Karotten
2006 Preis (€/Stück)	2,00	1,50	0,10
2006 Menge	100	50	500
2007 Preis (€/Stück)	3,00	1,50	0,20
2007 Menge	75	80	500

Da 2006 als Basisjahr fungiert, beträgt der Verbraucherpreisindex 100. Der Verbraucherpreisindex 2007 ergibt sich aus den Ausgaben für den Warenkorb des Basisjahres im Jahr 2007 in Relation zu den Ausgaben 2006.

$$Preisindex\ 2007 = \frac{€\,3 \times 100 + €\,1,50 \times 50 + €\,0,20 \times 500}{€\,200 + €\,75 + €\,50} \times 100 = 146,15$$

Im Jahr 2007 beträgt der Verbraucherpreisindex 146,15 – die Inflationsrate beläuft sich demzufolge auf rund 46 %.

3. **Unterscheidet sich Ihr Warenkorb von dem eines durchschnittlichen Haushalts? Liegt Ihre »persönliche« Inflationsrate damit oberhalb oder unterhalb des Verbraucherpreisindex aus der amtlichen Statistik?**

   Als Nichtraucher enthält mein Warenkorb beispielsweise keine Tabakwaren (Anteil von 2 % am statistischen Warenkorb). Zudem konsumiere ich wesentlich weniger Fleisch- und Wurstwaren (Anteil von 2,1 % am statistischen Warenkorb), dafür mehr Obst und Gemüse (Anteil von 2,0 % am statistischen Warenkorb). Als Fußball- und Eishockeyfan und durch regelmäßiges Training im Fitnessstudio gebe ich wesentlich mehr Geld für Sport- und Erholungsdienstleistungen aus (Anteil von 0,7 % am statistischen Warenkorb).

   Ob meine persönliche Inflationsrate damit oberhalb oder unterhalb des Verbraucherpreisindex aus der amtlichen Statistik liegt, ist schwer zu sagen. Zumindest im Jahr 2006 könnte der starke Preisanstieg bei Obst und Gemüse dazu geführt haben, dass meine »persönliche Inflationsrate« über dem Preisindex der amtlichen Statistik liegt.

4. **Erläutern Sie anhand der nachfolgenden Sachverhalte die Probleme bei der Ermittlung des Verbraucherpreisindex.**
   a) **Die Erfindung des MP3-Players.**
   b) **Die Einführung des Airbags in Personenkraftwagen.**
   c) **Eine Zunahme der Käufe von PC als Folge eines Preisrückgangs.**
   d) **Ein zunehmender Einsatz kraftstoffsparender Autos infolge eines Anstiegs des Benzinpreises.**

   a) Die Erfindung des MP3-Players berührt das Problem der Einführung neuer Güter. Das neue Gut MP3-Player hat die Wohlfahrt der Konsumenten erhöht, da ihre Konsummöglichkeiten erweitert wurden. Ein perfekter Verbraucherpreisindex sollte diese Änderung durch einen Kostenrückgang widerspiegeln. Der Verbraucherpreisindex wird sich jedoch zunächst nicht verringern, da das neue Gut MP3-Player noch nicht zum Warenkorb zählt. Eine Änderung in der Zusammensetzung des Warenkorbs ist unabdingbar.

   b) Die Einführung des Airbags stellt eine deutliche Qualitätsänderung des Guts Auto dar, die zu einem Anstieg im Wert eines Euro führt, auch wenn der Preis des Guts unverändert bleibt. In dieser Situation ist eine exogene Preisanpassung notwendig, damit der Warenkorb weiterhin Güter mit konstanter Qualität enthält. Trotzdem bleiben Qualitätsänderungen ein Problem, da Qualität nur schwer gemessen werden kann.

   c) Die Zunahme der Käufe von PC als Folge eines Preisrückgangs berührt das Problem der Substitutionsverzerrung. Der Warenkorb enthält aufgrund des ursprünglich hohen Preises nur eine geringe Verbrauchsmenge für Computer. Der Preisrückgang findet demzufolge keinen äquivalenten Widerhall im Preisindex, der Index wird den Anstieg der Lebenshaltungskosten überzeichnen.

d) Der verstärkte Einsatz kraftstoffsparender Autos wird den Benzinverbrauch senken, sodass die Haushalte vom Anstieg des Benzinpreises nicht ganz so stark betroffen sind. Der Verbraucherpreisindex kann diesen Tatbestand infolge des Substitutionseffekts jedoch nicht angemessen widerspiegeln, da der Warenkorb einen höheren Benzinkonsum voraussetzt. Auch in diesem Fall wird der Anstieg der Lebenshaltungskosten überschätzt.

5. **In den USA kostete die New York Times $ 0,15 im Jahr 1970 und $ 0,75 im Jahr 2000. Der durchschnittliche Stundenlohn im verarbeitenden Gewerbe betrug $ 3,36 im Jahr 1970 und $ 14,26 im Jahr 2000.**
   a) **Um welchen Prozentsatz hat sich der Zeitungspreis erhöht?**
   b) **Um welchen Prozentsatz ist der Lohn gestiegen?**
   c) **Wie viele Minuten musste ein Arbeiter in den beiden Jahren jeweils arbeiten, um sich eine Zeitung leisten zu können?**
   d) **Ist die Kaufkraft der Arbeiter, gemessen in Zeitungen, gestiegen oder gesunken?**

   a) Der Zeitungspreis hat sich im Laufe der Jahre um 400 % erhöht.
   b) Der durchschnittliche Stundenlohn ist um 324 % gestiegen.
   c) Im Jahre 1970 musste ein Arbeiter 2 Minuten und 41 Sekunden für eine Zeitung arbeiten, im Jahr 2000 dagegen 3 Minuten und 9 Sekunden.
   d) Die Kaufkraft der Arbeiter, gemessen in Zeitungen, ist gesunken, da die Arbeiter nun länger für eine Zeitung arbeiten müssen.

6. **Nehmen Sie an, ein Kreditnehmer und ein Kreditgeber sind sich über den für einen Kredit zu bezahlenden Nominalzinssatz einig. Später stellt sich heraus, dass die Inflation höher ist, als die beiden erwartet haben.**
   a) **Ist der Realzinssatz für diesen Kredit höher oder niedriger als erwartet?**
   b) **Kommt es für den Kreditgeber zu einem Gewinn oder zu einem Verlust aufgrund der unerwartet hohen Inflation? Wie sieht es für den Kreditnehmer aus?**
   c) **In den USA war die Inflation im Laufe der 1970er-Jahre weit höher als von den meisten Leuten zu Beginn des Jahrzehnts erwartet. Welche Folgen hatte dies für Hausbesitzer, die in den 1960er-Jahren Hypotheken zu festgesetzten Zinssätzen aufgenommen haben, und welche für die Banken, die das Geld verliehen haben?**

   a) Der Realzinssatz ist die Differenz zwischen Nominalzinssatz und Inflationsrate. Steigt nun die Inflationsrate unerwartet an, dann ist der Realzinssatz des Kredits geringer als erwartet.
   b) Aufgrund der unerwartet hohen Inflation kommt es für den Kreditgeber zu Verlusten, da die Kaufkraft der Kreditsumme, die er zurückerhält, geringer als erwartet ist. Der Kreditnehmer macht dagegen Gewinne, da der Wert der Kreditsumme, die er bekommen hat, größer war als der Wert des zurückzuzahlenden Betrags.
   c) Die Hausbesitzer hatten infolge der Inflation real gesunkene Kreditkosten, die Banken hatten real gesunkene Einnahmen aus dem Kreditgeschäft. Zusätzlich hat sich der Wert der Kreditsummen stärker reduziert als erwartet.

TEIL IX   Die langfristige realökonomische Entwicklung

Kapitel 25   Produktion und Wachstum

Stichwörter

Produktivität	technologisches Wissen
Realkapital	abnehmende Grenzerträge
Humankapital	Catch-up-Effekt
natürliche Ressourcen	ausländische Direktinvestition
	ausländische Portfolioinvestition

Wiederholungsfragen

1. **Welche zwei Dinge werden durch das BIP gemessen? Was sagt uns diese doppelte Bedeutung über die Bestimmungsfaktoren des Lebensstandards einer Gesellschaft?**
Das BIP misst sowohl die gesamten Einkommen, die in einer Volkswirtschaft entstehen, als auch die gesamten Ausgaben für den Erwerb der produzierten Waren und Dienstleistungen. Das Einkommen der Volkswirtschaft entspricht dem Output. Ein Land kann nur dann einen hohen Lebensstandard erreichen, wenn es in der Lage ist, eine große Menge an Waren und Dienstleistungen zu produzieren. Der Lebensstandard hängt somit von der Fähigkeit ab, Waren und Dienstleistungen herzustellen, d. h. also von der Produktivität.

2. **Nennen und beschreiben Sie die vier Bestimmungsfaktoren der Produktivität.**
Realkapital: Das Realkapital umfasst den Bestand an produzierten Produktionsmitteln, die für die Produktion von Waren und Dienstleistungen verwendet werden. Ein wichtiges Merkmal des Realkapitals besteht darin, dass es ein produzierter Produktionsfaktor ist. Realkapital stellt somit einen Input des Produktionsprozesses dar, der in der Vergangenheit ein Output des Produktionsprozesses war.
Humankapital: Humankapital verkörpert das Wissen und die Fähigkeiten, die Arbeitskräfte durch Ausbildung und Berufserfahrung erwerben. Humanka-

pital erhöht wie Realkapital die Fähigkeit eines Landes zur Produktion von Waren und Dienstleistungen. Es stellt ebenfalls einen produzierten Produktionsfaktor dar. Das Humankapital betrifft die Ressourcen, die aufgewendet werden, um den Arbeitskräften das Verständnis der Gesellschaft, wie die Welt funktioniert, zu vermitteln.

Natürliche Ressourcen: Natürliche Ressourcen sind bei der Produktion von Waren und Dienstleistungen eingesetzte Inputs, die von der Natur bereitgestellt werden. Es werden zwei Arten unterschieden: regenerierbare und nichtregenerierbare Ressourcen. Unterschiede im Hinblick auf natürliche Ressourcen sind verantwortlich für einige der Unterschiede hinsichtlich des Lebensstandards in der Welt. Natürliche Ressourcen sind wichtig für eine hohe Produktivität, jedoch nicht notwendig.

Technologisches Wissen: Technologisches Wissen ist das Wissen der Gesellschaft um die besten Wege zur Herstellung von Waren und Dienstleistungen. Es gibt unterschiedliche Formen des technologischen Wissens, wie allgemeines, privates oder zeitlich geschütztes Wissen. Das technologische Wissen betrifft im Gegensatz zum Humankapital das Verständnis der Gesellschaft, wie die Welt funktioniert.

3. Inwiefern stellt ein Universitätsabschluss eine Form von Kapital dar?

Ein Universitätsabschluss stellt akkumuliertes Humankapital dar. Er verkörpert das erworbene Wissen, die erlernten Fähigkeiten während des Studiums, die die betreffende Person in die Lage versetzen, produktiver zu arbeiten als vorher.

4. Erklären Sie, wie höhere Ersparnisse zu einem höheren Lebensstandard führen. Was könnte einen Politiker von dem Versuch abhalten, die Sparquote zu erhöhen?

Da Kapital einen produzierten Produktionsfaktor darstellt, kann eine Gesellschaft ihre Kapitalausstattung verändern. Wenn die Volkswirtschaft heute eine große Menge neuer Kapitalgüter produziert, dann wird sie in der Zukunft einen größeren Kapitalstock besitzen und in der Lage sein, mehr Waren und Dienstleistungen herzustellen. Ein Weg, die zukünftige Produktivität zu erhöhen, besteht darin, mehr der laufenden Ressourcen in die Produktion von Kapital zu investieren. Da Ressourcen knapp sind, erfordert ein höherer Einsatz von Ressourcen zur Produktion von Kapital, dass weniger Ressourcen zur Herstellung von Waren und Dienstleistungen für den laufenden Konsum eingesetzt werden. Wachstum durch Kapitalakkumulation verlangt somit, dass die Gesellschaft ihren gegenwärtigen Konsum einschränkt, also mehr spart, um einen höheren Konsum in der Zukunft zu ermöglichen. Ein Politiker könnte vor der Erhöhung der Sparquote zurückschrecken, da der unweigerliche Konsumverzicht möglicherweise die Stimmung in der Bevölkerung verschlechtert. Seine Popularität unter den Wählern würde sinken und auf diese Weise seine Wahlchancen verringern.

5. Führt eine höhere Sparquote vorübergehend oder dauerhaft zu einem höheren Wachstum?

Aufgrund der abnehmenden Skalenerträge führt ein Anstieg der Sparquote lediglich vorübergehend zu einem höheren Wachstum. In dem Maße, wie die gestiegene Sparquote eine höhere Akkumulation des Kapitals ermöglicht, wird der Nutzen einer zusätzlichen Einheit Kapital im Zeitablauf geringer, und damit verlangsamt sich das Wachstum. Langfristig hat eine gestiegene Sparquote ein höheres Niveau bei Produktivität und Einkommen zur Folge, nicht aber ein schnelleres Wachstum dieser Größen.

6. **Warum würde der Abbau einer Handelsschranke, wie z. B. eines Zolls, zu einem schnelleren Wirtschaftswachstum führen?**
    Handel stellt in gewisser Hinsicht eine Art von Technologie dar. Ein Land, das Handelsschranken abbaut, wird daher das gleiche Wirtschaftswachstum erfahren wie nach einem größeren technologischen Fortschritt. Durch den Abbau von Handelsschranken sollte es auch möglich sein, eine Kapitalakkumulation durch ausländische Investitionen zu erreichen.

7. **Wie beeinflusst die Rate des Bevölkerungswachstums die Höhe des BIP pro Kopf?**
    Ein hohes Bevölkerungswachstum verringert das BIP pro Kopf. Bei einem schnellen Wachstum der Zahl der Arbeitskräfte müssen die anderen Produktionsfaktoren auf eine größere Zahl von Arbeitskräften verteilt werden. Es wird schwieriger, jede Arbeitskraft mit einer (ausreichend) großen Menge an Kapital auszustatten. Eine geringere Menge Kapital pro Arbeitskraft hat eine geringere Produktivität und ein niedrigeres BIP pro Arbeitskraft zur Folge.

Aufgaben und Anwendungen

1. **Die meisten Länder importieren beträchtliche Mengen von Waren und Dienstleistungen aus anderen Ländern. In diesem Kapitel wurde jedoch gesagt, dass ein Land nur dann einen höheren Lebensstandard erreichen kann, wenn es selbst eine große Menge an Waren und Dienstleistungen herstellen kann. Können Sie diese beiden Aussagen miteinander in Einklang bringen?**
    Handel stellt in gewisser Weise eine Art von Technologie dar. Exportiert ein Land beispielsweise Reis und importiert Maschinen, so profitiert das Land von diesem Handel genauso, als wenn es eine Technologie zur Umwandlung von Reis in Maschinen erfunden hätte. Ein Land, das importiert, wird aufgrund der produktivitätserhöhenden Wirkung des größeren technologischen Fortschritts einen Wachstumsschub erfahren. Die Ausnutzung komparativer Vorteile wirkt sich positiv auf den Lebensstandard aus.

2. **Nennen Sie die Kapitalinputs, die für die Herstellung jedes der nachfolgenden Güter notwendig sind:**
    a) **Autos**
    b) **Universitätsausbildung**
    c) **Flugreise**
    d) **Obst und Gemüse**
    a) *Autos:* Produktionsanlagen (Realkapital), technologisches Know-how (Humankapital), Arbeitskräfte, Material (natürliche Ressourcen)

b) *Universitätsausbildung:* Hörsäle (Realkapital), Professoren (Arbeit), Wissen (Humankapital)

c) *Flugreise:* Flugzeug, Flughafen (Realkapital), Flugbetreuung (Arbeit), Kerosin (natürliche Ressourcen), Flugkenntnisse (Humankapital)

d) *Obst und Gemüse:* Gartengeräte, Erntemaschinen (Realkapital), Anbaufläche, Wasser (natürliche Ressourcen), Arbeitskräfte, Kenntnisse über den Obst- und Gemüseanbau (Humankapital)

3. **Das Durchschnittseinkommen in Deutschland beträgt heute etwa das Fünf-zehnfache des entsprechenden Werts vor 130 Jahren. Für viele andere Länder ist ebenfalls ein beträchtliches Wachstum im Lauf dieser Periode festzu-stellen. In welcher Weise unterscheidet sich Ihr Lebensstandard von dem Ih-rer Urgroßeltern?**

   Mein Lebensstandard unterscheidet sich von dem meiner Urgroßeltern in vielfäl-tiger Weise, da sich die Erhöhung des Lebensstandards in verschiedenen Fakto-ren ausdrückt. Mir steht ein größeres Einkommen (real) zum Güterkonsum zur Verfügung, die Produktauswahl hat sich erheblich ausgeweitet. Auch der Zugang zu Bildungsmöglichkeiten sowie die Gesundheitsversorgung haben sich verbes-sert, um nur einige von vielen Gesichtspunkten zu nennen.

4. **In diesem Kapitel wurde dargelegt, dass in der Landwirtschaft die Beschäfti-gung relativ zum Output abgenommen hat. Können Sie sich einen anderen Bereich der Volkswirtschaft vorstellen, in dem dasselbe Phänomen kürzlich eingetreten ist? Würden Sie die Veränderung der Beschäftigung in diesem Bereich als Zeichen für einen Erfolg oder für einen Misserfolg vom Stand-punkt der Gesellschaft als Ganzes betrachten?**

   Eine vergleichbare Entwicklung hat in der letzten Zeit in der Industrie stattge-funden. Sie ist Ausdruck der hohen Produktivität durch neue Technologien, die in der Industrieproduktion mittlerweile erreicht wurde und die den Bedarf an Arbeitskräften in diesem Sektor erheblich verringert hat. Die Veränderung der Beschäftigung ist vom Standpunkt der Gesellschaft als Erfolg zu werten, resul-tiert sie doch aus einer gewachsenen Produktivität, die zu einem höheren Le-bensstandard der Gesellschaft beiträgt. Die eingesparte Beschäftigung könnte in anderen Sektoren zur Produktion von Waren und Dienstleistungen eingesetzt werden.

5. **Nehmen Sie an, dass die Gesellschaft entschieden hat, den Konsum zu ver-ringern und die Investitionen zu erhöhen.**

   a) **Wie würde sich diese Veränderung auf das Wirtschaftswachstum auswir-ken?**

   b) **Welche Gruppen in der Gesellschaft würden von dieser Veränderung pro-fitieren? Welche Gruppen würden Nachteile erleiden?**

   a) Eine Erhöhung des Spar- und Investitionsanreizes stellt einen Weg dar, das Wirtschaftswachstum zu fördern und, auf lange Sicht, den Lebensstandard der Volkswirtschaft zu steigern.

   b) Uneingeschränkt profitieren Unternehmungen, denen ein Anstieg der Spar-quote eine höhere Kapitalakkumulation ermöglicht, die zu einer Ausweitung der Kapitalausstattung führt. Kurzfristig würden die Verbraucher Nachteile erleiden, da sie aufgrund der höheren Ersparnis ihren Konsum von Waren und Dienstleistungen einschränken (müssen). Langfristig profitiert die gesamte Gesellschaft. Ein größerer Kapitalstock ermöglicht eine höhere Produktion von Waren und Dienstleistungen, die auch den Verbrauchern zugute kommt.

6. **Gesellschaften entscheiden, welcher Teil ihrer Ressourcen für Konsum und welcher Teil für Investitionen aufgewendet wird. Einige dieser Entscheidungen betreffen die privaten Ausgaben; andere betreffen die Ausgaben des Staats.**
   a) **Beschreiben Sie einige Formen von privaten Ausgaben, die Konsum darstellen, und einige Formen, die Investitionen darstellen.**
   b) **Beschreiben Sie einige Formen von Ausgaben des Staats, die Konsum darstellen, und einige Formen, die Investitionen darstellen.**

   a) *private Ausgaben als Konsum:* Kauf von Lebensmitteln, Kinobesuche, Restaurantbesuche
   private Ausgaben als Investitionen: Kauf von Häusern und Grundstücken, Finanzierung einer Ausbildung
   b) *Staatsausgaben als Konsum:* Verteidigungsausgaben (Kauf von Panzern, U-Booten), Lohn- und Gehaltszahlungen an Staatsbedienstete
   Staatsausgaben als Investitionen: Ausgaben für Infrastruktur (Straßenbau), Bildungsausgaben

7. **Worin bestehen die Opportunitätskosten einer Investition in Realkapital? Denken Sie, dass ein Land in Realkapital »überinvestieren« kann? Worin bestehen die Opportunitätskosten einer Investition in Humankapital? Denken Sie, dass ein Land in Humankapital »überinvestieren« kann? Begründen Sie Ihre Antwort.**

Die Opportunitätskosten einer Investition in Realkapital bestehen in den entgangenen Konsummöglichkeiten sowie den entgangenen Möglichkeiten einer Investition in Humankapital. Eine Volkswirtschaft kann durchaus in Realkapital »überinvestieren«, wenn die Entwicklung anderer Produktionsfaktoren wie Humankapital, aber auch Arbeit, nicht Schritt hält. Mit zunehmenden Investitionen in Realkapital wird der Nutzen einer zusätzlichen Einheit Kapital im Zeitablauf geringer (abnehmende Grenzerträge). Was nützt ein riesiger Bestand an Maschinen, den niemand bedienen kann und mit dem mangels Arbeitskräften auch niemand arbeiten wird?! Die Opportunitätskosten einer Investition in Humankapital bestehen ebenfalls in entgangenen Konsummöglichkeiten und in entgangenen Investitionen in Realkapital. Im Gegensatz zum Realkapital kann ein Land in Humankapital nicht »überinvestieren«. Zusätzliches Wissen erhöht stets die Fähigkeit einer Volkswirtschaft zur Produktion von Waren und Dienstleistungen (positive externe Effekte), entweder über eine bessere (produktivere) Nutzung vorhandener Maschinen und Anlagen oder durch die Konzeption neuer Produktionskapazitäten.

8. **Stellen Sie sich vor, ein Automobilhersteller, der vollständig im Besitz deutscher Staatsbürger ist, eröffnet eine neue Fabrikanlage in South Carolina.**
   a) **Um welche Art von Auslandsinvestitionen handelt es sich hierbei?**
   b) **Wie würde sich diese Investition auf das BIP der Vereinigten Staaten auswirken? Wäre die Auswirkung auf das BSP höher oder geringer?**

   a) Eine Investition, die von einem ausländischen Wirtschaftssubjekt finanziert und durchgeführt wird, bezeichnet man als ausländische Direktinvestition.
   b) Das BIP der Vereinigten Staaten würde sich erhöhen, da das Einkommen von In- und Ausländern im Inland steigt. Die Auswirkungen auf das BSP wären geringer, da ein Teil des Einkommens Ausländern zufließt, der durch das BSP nicht erfasst wird.

9. **In den 1980er-Jahren haben japanische Investoren beträchtliche Direkt- und Portfolioinvestitionen in den Vereinigten Staaten getätigt. Damals waren viele Amerikaner unglücklich über diese Investitionen.**
   a) **In welcher Hinsicht war es für die Vereinigten Staaten von Vorteil, dass diese japanischen Investitionen vorgenommen wurden?**
   b) **In welcher Hinsicht wäre es aber besser gewesen, die Amerikaner hätten diese Investitionen selbst getätigt?**

   a) Ausländische Portfolio- und Direktinvestitionen erhöhen den Kapitalstock der USA. Die Ressourcen dafür werden vom Ausland (Japan) bereitgestellt. Mit japanischen Ersparnissen werden auf diese Weise Investitionen in das US-amerikanische Realkapital finanziert. Der vergrößerte Kapitalstock erhöht die US-amerikanische Produktivität sowie das amerikanische BIP.
   b) Hätten die Amerikaner selbst investiert, wäre ein Teil der erzielten Erträge aus der Kapitalanlage nicht ins Ausland (Japan) abgeflossen.

10. **In den Ländern Südasiens kamen 1992 in höheren Schulen auf 100 junge Männer lediglich 56 junge Frauen. Beschreiben Sie verschiedene Wege, auf denen eine Verbesserung der Ausbildungsmöglichkeiten für junge Frauen zu einem höheren Wirtschaftswachstum in diesen Ländern führen könnte.**
    Eine Verbesserung der Ausbildungsmöglichkeiten für junge Frauen erhöht unmittelbar den Humankapitalbestand der gesamten Gesellschaft und verbessert demzufolge die Fähigkeit eines Landes, Waren und Dienstleistungen herzustellen. Zudem könnten bessere Ausbildungsmöglichkeiten die Erwerbsbeteiligung junger Frauen deutlich erhöhen, was einen Anstieg der gesamtwirtschaftlichen Produktion und des Einkommens zur Folge hätte. Wird ein Teil der zusätzlich produzierten Güter wieder in Realkapital investiert, erhöht sich langfristig das Wirtschaftswachstum des Landes.

11. **Internationale Daten zeigen einen positiven Zusammenhang zwischen politischer Stabilität und Wirtschaftswachstum.**

    a) **Inwiefern könnte politische Stabilität zu einem hohen Wirtschaftswachstum führen?**

    b) **Inwiefern könnte ein hohes Wirtschaftswachstum zu politischer Stabilität führen?**

    a) Politische Stabilität ist gleichbedeutend mit einer Sicherung der Eigentumsrechte, die die Grundvoraussetzung für ein reibungsloses Funktionieren der Märkte bildet. Ein effizientes Rechtssystem und eine stabile Staatsform wirken sich auf diese Weise positiv auf die wirtschaftliche Entwicklung eines Landes aus, inländische und ausländische Investoren werden zu Investitionen ermutigt, das Wirtschaftswachstum steigt.

    b) Andererseits begünstigt ein hohes Wirtschaftswachstum auch die politische Stabilität eines Landes. Der Lebensstandard der Bevölkerung erhöht sich kontinuierlich, sodass die Mitglieder der Gesellschaft mit ihrer eigenen ökonomischen Situation zufrieden sein werden. Sie haben keinen Anreiz, politische Instabilität zu verursachen. Die Gefahr, dass sie ihren gewonnenen Lebensstandard wieder verlieren, wäre für sie viel zu groß.

Kapitel 26   Sparen, Investieren und das Finanzsystem

Stichwörter

Finanzsystem	private Ersparnis
Finanzmärkte	staatliche Ersparnis
Anleihe/Rentenpapier	Budgetüberschuss
Aktie	Budgetdefizit
Finanzintermediäre	Markt für ausleihbare Mittel/Kreditmarkt
Investmentgesellschaft	Crowding-out
gesamtwirtschaftliche Ersparnis	

Wiederholungsfragen

1. **Welches ist die Aufgabe des Finanzsystems? Bezeichnen und beschreiben Sie zwei Märkte, die Teile des Finanzsystems einer Volkswirtschaft darstellen. Benennen und beschreiben Sie zwei Finanzintermediäre.**

   Das Finanzsystem besteht aus denjenigen Institutionen einer Volkswirtschaft, die dazu beitragen, die Ersparnisse einer Person mit den Investitionswünschen einer anderen Person in Übereinstimmung zu bringen. Es kanalisiert die knappen Ressourcen einer Volkswirtschaft von den Sparern hin zu den Schuldnern. Das Finanzsystem umfasst verschiedene Institutionen, die zu einer Koordination von Sparern und Schuldnern beitragen. Finanzinstitutionen können in zwei Kategorien eingeteilt werden – Finanzmärkte und Finanzintermediäre.

   Finanzmärkte sind diejenigen Institutionen, über die eine Person, die sparen möchte, Mittel direkt an eine Person weitergeben kann, die Geld aufnehmen möchte.

   Anleihemarkt (Rentenmarkt): Auf dem Anleihemarkt werden Anleihen (Rentenpapiere) gehandelt. Eine Anleihe ist eine Schuldverschreibung, die die Verpflichtung des Emittenten der Anleihe gegenüber dem Käufer der Anleihe hinsichtlich Fälligkeit, Kapitalschuld und Laufzeit spezifiziert.

   Aktienmarkt: Auf dem Aktienmarkt werden Eigentumsanteile an Unternehmen gehandelt.

   Finanzintermediäre sind Finanzinstitutionen, über welche Sparer finanzielle Mittel auf indirektem Wege an Schuldner weiterleiten lassen können.

   Banken: Banken sind diejenigen Finanzintermediäre, die den Menschen am geläufigsten sind. Eine Hauptaufgabe der Banken besteht darin, Einlagen von denjenigen anzunehmen, die sparen wollen, und diese Einlagen zur Kreditvergabe an diejenigen zu verwenden, die Geld aufnehmen möchten. Zusätzliche

Aufgabe der Banken ist es, Tauschmittel zur Abwicklung von Transaktionen bereitzustellen.

Investmentgesellschaften: Eine Investmentgesellschaft ist eine Institution, die Anteilsscheine an die Öffentlichkeit vergibt und die Einnahmen daraus dazu verwendet, ein Portfolio von verschiedenen Aktien, Anleihen oder einer Kombination beider Anlageformen zu kaufen.

2. **Was ist die gesamtwirtschaftliche Ersparnis? Was ist die private Ersparnis? Was ist die staatliche Ersparnis? Wie sind diese drei Variablen verbunden?**

Die gesamtwirtschaftliche Ersparnis beziffert das Gesamteinkommen einer Volkswirtschaft, das nach Abzug der Ausgaben für Konsum und Staatsverbrauch übrigbleibt. Sie setzt sich zusammen aus der privaten und der öffentlichen Ersparnis. Die private Ersparnis ist das Einkommen, das den Haushalten nach Abzug von Steuern und Konsumausgaben verbleibt, während die öffentliche Ersparnis den Betrag an Steuereinnahmen spezifiziert, der dem Staat nach Zahlung seiner Ausgaben verbleibt.

3. **Was sind Investitionen? In welchem Zusammenhang stehen diese zur gesamtwirtschaftlichen Ersparnis?**

Investitionen sind Ausgaben für Kapitalausstattung, Lagerbestände und Bauten einschließlich der Ausgaben von Haushalten für den Erwerb von Grundstücken und Gebäuden sowie den Neubau von Häusern und Wohnungen. Investitionen beziehen sich auf den Kauf von neuen Kapitalgütern. Für eine Volkswirtschaft muss die Ersparnis den Investitionen entsprechen.

4. **Beschreiben Sie eine Änderung in der Steuergesetzgebung, die dazu führt, dass die private Ersparnis ansteigt. Wenn diese Maßnahme durchgeführt würde, wie würde dies den Kreditmarkt beeinflussen?**

Ein Beispiel für eine Änderung der Steuergesetzgebung hin zu höheren Sparanreizen stellen steuerliche Ausnahmeregelungen für spezielle Spararten dar. Der erhöhte Sparanreiz beeinflusst die angebotene Menge an kreditfähigen Mitteln (Rechtsverschiebung der Angebotskurve). Das neue Gleichgewicht auf dem Kreditmarkt realisiert sich bei einem geringeren Zinssatz und einer größeren Menge an Kreditmitteln (höhere Investitionen).

5. **Was ist ein staatliches Budgetdefizit? Welche Wirkung übt ein solches auf Zinssätze, Investitionen und Wirtschaftswachstum aus?**

Ein Budgetdefizit liegt vor, wenn die Steuereinnahmen des Staats geringer ausfallen als seine Ausgaben. Eine Erhöhung des staatlichen Budgetdefizits stellt eine Verringerung der öffentlichen Ersparnis dar und verursacht damit einen Angebotsrückgang an Kreditmitteln (Linksverschiebung der Angebotskurve). Durch die Verringerung des Angebots an Kreditmitteln steigt der Zinssatz und sinkt die Kreditnachfrage. Der Rückgang an Investitionen aufgrund staatlicher Kreditaufnahme wird als *Crowding-out* (Verdrängung) bezeichnet. Private Schuldner, die versuchen, Investitionen zu finanzieren, werden verdrängt. Da Investitionen wichtig für das langfristige Wachstum sind, verringern staatliche Budgetdefizite die Wachstumsrate einer Volkswirtschaft.

Aufgaben und Anwendungen

1. **Von welcher der beiden jeweils angebotenen Anleihen würden Sie eine höhere Verzinsung erwarten? Erläutern Sie ihre Antwort.**
   a) **eine deutsche Staatsanleihe oder eine Anleihe eines osteuropäischen Landes,**
   b) **eine Anleihe, die im Jahr 2009 fällig wird, oder eine Anleihe, die im Jahr 2029 fällig wird,**
   c) **eine Coca-Cola-Anleihe oder eine Anleihe einer Software-Unternehmung, die Sie in ihrer Garage betreiben.**

   a) Für die Anleihe eines osteuropäischen Landes kann man eine höhere Verzinsung erwarten, da der Käufer in diesen Länder von einer unsicheren politischen und ökonomischen Entwicklung ausgeht. Um für das höhere Risiko entschädigt zu werden, erhält der Käufer eine höhere Verzinsung. Im Gegensatz dazu wird eine deutsche Staatsanleihe als sehr sicher eingeschätzt, sodass auf deutsche Staatsanleihen tendenziell niedrige Zinsen gezahlt werden.

   b) Eine Anleihe mit längeren Laufzeiten weist in der Regel eine höhere Verzinsung auf, da Anleihen mit langen Laufzeiten riskanter sind als Anleihen mit kurzen Laufzeiten. Die Halter der Anleihen müssen hier länger auf die Rückzahlung der zur Verfügung gestellten Summe warten. Die Anleihe, die im Jahr 2029 fällig wird, lässt demzufolge eine höhere Verzinsung erwarten.

   c) Eine Anleihe meiner Software-Unternehmung müsste eine deutlich höhere Verzinsung aufweisen, da mein Kreditausfallrisiko (vermutlich) wesentlich größer ist als das von Coca-Cola.

2. **Nehmen Sie an, das BIP beträgt € 5 Bio., die Steuereinnahmen belaufen sich auf € 1,5 Bio., die private Ersparnis ist € 0,5 Bio. und die öffentliche Ersparnis ist € 0,2 Bio. Berechnen Sie unter der Annahme einer geschlossenen Volkswirtschaft die Höhe der Konsumausgaben, die Höhe der Staatsausgaben, die Höhe der gesamtwirtschaftlichen Ersparnis sowie die Höhe der Investitionen.**

   Gesamtwirtschaftliche Ersparnis = private Ersparnis + öffentliche Ersparnis
   Gesamtwirtschaftliche Ersparnis = € 0,5 Bio. + € 0,2 Bio. = € 0,7 Bio.

   Gesamtwirtschaftliche Ersparnis = Investitionen
   Investitionen = € 0,7 Bio.

   Öffentliche Ersparnis = Staatseinnahmen (Steuern) – Staatsausgaben
   Staatsausgaben = € 1,5 Bio. – € 0,2 Bio. = € 1,3 Bio.

   BIP = Konsum + Investitionen + Staatsausgaben
   Konsum = € 5 Bio. – € 0,7 Bio. – € 1,3 Bio. = € 3 Bio.

3. **Theodore Roosevelt äußerte einmal: »Es gibt keinen moralischen Unterschied zwischen Kartenspielen, Lotterien, Pferdewetten und Börsenspekulationen.« Welcher soziale Zweck ist Ihrer Meinung nach mit dem Aktienmarkt verbunden?**

Mit dem Kauf von Aktien erwirbt der Käufer einen Eigentumsanteil an einer Unternehmung. Der Besitz von Aktien verspricht demzufolge nicht nur eine gewisse Rendite aufgrund von Dividendenzahlungen und Kurssteigerungen (die im Zeitalter einer privaten Rentenvorsorge von steigender Bedeutung sind), er ermöglicht dem Aktionär auch einen direkten Eingriff in die Unternehmenspolitik. Wichtige Entscheidungen über die Zukunft einer Unternehmung müssen von den Aktionären auf der jährlichen Hauptversammlung gebilligt werden. Jedem Aktionär wird durch den Kauf von Aktien demzufolge auch ein Stück soziale Verantwortung übertragen. Mit seinen Entscheidungen über die weitere Entwicklung des Unternehmens beeinflusst er gleichsam die Zukunft der Mitarbeiter der Unternehmung und ihrer Familien.

4. **Ein Rückgang der Börsenkurse wird manchmal als Vorbote eines zukünftigen Rückgangs des realen BIP gesehen. Warum könnte dies stimmen?**

Fallende Aktienkurse sind ein Zeichen für sinkende Ertragsaussichten der betreffenden Unternehmung. Ein Rückgang der Börsenkurse auf breiter Front lässt darauf schließen, dass sich die Zukunftsaussichten großer Teile der Wirtschaft verschlechtert haben. Schrumpfende Umsätze und abnehmende Gewinne wirken sich negativ auf das Niveau des (realen) Bruttoinlandsprodukts aus, das sich aus der Summe aller (realen) Einkommen in der Volkswirtschaft zusammensetzt.

5. **In diesem Kapitel wurde gesagt, dass Investmentgesellschaften es Anlegern mit wenig Geld ermöglichen, ein breit gestreutes Portfolio an Aktien und Anleihen zu erwerben. Worin liegt der Vorteil des Erwerbs eines Portfolios im Gegensatz zum Kauf von Aktien oder Anleihen einer einzigen Unternehmung?**

Da die Wertentwicklung einer einzelnen Aktie oder Anleihe vom Geschick der Unternehmung abhängt, ist es sehr riskant, nur eine Art von Anleihen oder Aktien zu halten. Ein breiter gestreutes Portfolio steht einem geringeren Risiko gegenüber, denn hier werden nur kleine Anteile an verschiedenen Unternehmungen gehalten (Risikomischung). Investmentgesellschaften machen diese Art der Diversifikation einfach. Selbst mit einem geringen Betrag kann der Anleger Anteile an einer Investmentgesellschaft erwerben und damit indirekt Anteilseigner vieler Unternehmungen werden.

6. **Zumindest in den Vereinigten Staaten besitzen viele Arbeiter und Angestellte Aktien der Unternehmung, bei der sie beschäftigt sind. Haben Sie eine Vermutung, warum Unternehmungen ein solches Verhalten fördern? Unter welchen Umständen ist es denkbar, dass eine Person gerade keine Aktien der Unternehmung, bei der sie beschäftigt ist, halten möchte?**

Besitzen Mitarbeiter Aktien an der eigenen Unternehmung, partizipieren sie direkt an deren Entwicklung. Die Unternehmung erhofft sich davon einen zusätzlichen Arbeitsanreiz, da die Mitarbeiter über Dividendenzahlungen und

Kurssteigerungen unmittelbar von einer positiven Unternehmensentwicklung profitieren. Die Ausgabe von Mitarbeiteraktien stellt demzufolge eine Form der Gewinnbeteiligung von Mitarbeitern dar.

Ob eine Person Aktien der Unternehmung, bei der sie beschäftigt ist, hält oder nicht, hängt letzten Endes von der erwarteten Rendite ab. Ist die Unternehmung sehr erfolgreich und schüttet jährlich einen hohen Gewinn an die Anteilseigner aus, dann werden die Mitarbeiter auch in Aktien der eigenen Unternehmung investieren. Verläuft die Unternehmungsentwicklung eher durchschnittlich, dann werden die Mitarbeiter nach Anlagealternativen suchen, die eine höhere Rendite versprechen, und sich für diese Anlage entscheiden.

Im Extremfall hält ein Mitarbeiter dann keine Aktien der Unternehmung, bei der er arbeitet, wenn er von deren Zukunftsaussichten nicht überzeugt ist. Als Mitarbeiter kennt er das Potenzial seiner Firma möglicherweise genauer als Außenstehende und vermeidet auf diese Weise zu erwartende Kursverluste.

7. **Erklären Sie den Unterschied zwischen Sparen und Investieren, wie er von Makroökonomen definiert wird. Welche der folgenden Situationen stellen Investitionen dar? Welche Ersparnis? Erläutern Sie.**
   a) **Ihre Familie nimmt eine Hypothek auf und kauft ein neues Haus.**
   b) **Sie verwenden € 200 Ihres Gehalts für den Kauf von Telekom-Aktien.**
   c) **Ihre Mitbewohnerin verdient € 100 und zahlt diese auf ihr Sparkonto bei der Bank ein.**
   d) **Sie leihen sich € 1.000 von der Bank, um ein Auto für den von Ihnen betriebenen Pizzaservice zu kaufen.**

Investitionen sind Ausgaben für Kapitalausstattung, Lagerbestände und Bauten einschließlich der Ausgaben der Haushalte für den Erwerb von Grundstücken und Gebäuden sowie den Neubau von Häusern und Wohnungen. Investitionen beziehen sich auf den Kauf von neuem Kapital. Sparen resultiert aus der Differenz zwischen Einkommen und Konsumausgaben.

   a) Der Hauskauf ist nach obiger Definition eindeutig als Investition zu identifizieren.
   b) Der Kauf von Telekom-Aktien stellt Sparen dar, da ich dafür einen Teil meines Einkommens, der nicht für den Konsum ausgegeben wird, verwende.
   c) Die Einzahlung der Entlohnung auf ein Sparkonto stellt ebenfalls Sparen dar.
   d) Die Aufnahme eines Kredits zur Finanzierung eines Autos ist eine Investition, da das Auto zur Kapitalausstattung einer Unternehmung (Pizzaservice) gehört.

8. **Nehmen Sie an, die BASF wolle eine neue Raffinerieanlage errichten.**
   a) **Wenn wir annehmen, dass die BASF auf eine Mittelaufnahme am Anleihemarkt angewiesen ist, warum würde dann ein Anstieg der Zinsen die Entscheidung der BASF, ob sie die Raffinerie bauen soll oder nicht, beeinflussen?**
   b) **Hätte die BASF genug interne Mittel, um die neue Anlage ohne externe Finanzierung zu bauen, würde dann ein Zinsanstieg immer noch die Entscheidung über den Bau der Anlage beeinflussen? Erklären Sie.**

   a) Durch eine höhere Verzinsung der Anleihen würde sich diese Finanzierungsform für die BASF verteuern. In Anbetracht höherer Finanzierungskosten muss die BASF über ihr Vorhaben eines Neubaus und dessen Rentabilität nachdenken.

b) Auch hier würde der Zinsanstieg einen Einfluss ausüben, da die Zinsen die Opportunitätskosten für den Bau der Anlage determinieren. Anstatt mit eigenen Mitteln eine Raffinerie zu bauen, könnte die BASF die Summe auf einem Sparkonto anlegen. Ein Zinsanstieg erhöht demzufolge die Opportunitätskosten des Vorhabens und führt möglicherweise zu einer negativen Entscheidung über den Bau.

9. **Nehmen Sie an, der Staat benötige am Kapitalmarkt nächstes Jahr € 20 Mrd. mehr als dieses Jahr.**

   a) **Verwenden Sie ein Angebots-Nachfrage-Schema, um diese Maßnahme zu untersuchen. Fällt oder steigt der Zinssatz?**

   b) **Was passiert mit den Investitionen? Was mit der privaten Ersparnis? Was mit der staatlichen Ersparnis? Was mit der gesamtwirtschaftlichen Ersparnis? Vergleichen Sie die Höhe der Änderungen mit den € 20 Mrd. an zusätzlicher staatlicher Kreditaufnahme.**

   c) **Wie wird die (Zins-)Elastizität des Kreditangebots die Größenordnungen dieser Änderungen beeinflussen? (Hinweis: Schlagen Sie in Kapitel 5 für eine Wiederholung der Definition von Elastizitäten nach.)**

   d) **Wie wird die Elastizität der Kreditnachfrage die Größenordnungen dieser Änderungen beeinflussen?**

   e) **Nehmen Sie an, die Haushalte glauben, dass die höhere staatliche Kreditaufnahme heute höhere Steuern in Zukunft beinhaltet, um die Staatsschuld abzutragen. Was würde dies für die private Ersparnis und das Kreditangebot heute bedeuten? Werden dadurch die Effekte, die Sie in den Abschnitten a) und b) untersucht haben, verstärkt oder gemindert?**

   a)

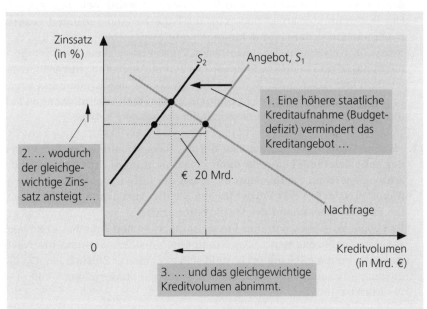

b) Der erhöhte Kapitalbedarf des Staats, der einer verringerten staatlichen Ersparnis entspricht, reduziert das verfügbare Kreditangebot. Die steigenden Zinsen werden die private Ersparnis erhöhen, allerdings um einen geringeren Betrag als die € 20 Mrd., sodass die gesamtwirtschaftliche Ersparnis insgesamt sinkt und damit auch das Kreditangebot. Die privaten Investitionen gehen infolge des Crowding-out-Effekts zurück. Der Anstieg der privaten Ersparnis infolge der Zinserhöhung verhindert jedoch eine vollständige Verdrängung der privaten Investitionen um € 20 Mrd.

c) Je elastischer das Kreditangebot ist, umso stärker reagiert die private Ersparnis auf den Zinsanstieg, sodass der Rückgang der gesamtwirtschaftlichen Ersparnis geringer ausfällt. Die privaten Investitionen werden demzufolge nicht so stark zurückgedrängt.

d) Je elastischer die Kreditnachfrage auf Zinsänderungen reagiert, desto stärker werden die privaten Investitionen durch den staatlichen Kapitalbedarf zurückgedrängt. Der Zinsanstieg aufgrund des staatlichen Kapitalbedarfs fällt geringer aus, sodass die privaten Ersparnisse nicht so stark ansteigen und die gesamtwirtschaftliche Ersparnis deutlicher abnimmt.

e) Glauben die Haushalte an höhere Steuern in der Zukunft, so reduziert dies ihre Sparneigung. Das Kreditangebot würde weiter zurückgehen und die negativen Effekte – Rückgang der gesamtwirtschaftlichen Ersparnis, Zinsanstieg, Investitionsrückgang – verstärken.

10. Im Laufe der letzten Jahre hat es die neue Informationstechnologie vielen Unternehmungen ermöglicht, die Lagerbestände, die diese pro Euro an Verkäufen halten, erheblich zu reduzieren. Verdeutlichen Sie die Auswirkungen dieser Veränderung auf den Kreditmarkt. (Hinweis: Ausgaben für Lagerhaltung sind eine Art von Investitionen.) Welches werden Ihrer Meinung nach die Auswirkungen auf Bau- und Ausrüstungsinvestitionen gewesen sein?

Der Rückgang der Investitionen für die Lagerhaltung verringert zunächst die Kreditnachfrage der Unternehmungen und verursacht eine Senkung des Zinssatzes. In Anbetracht der gesunkenen Zinsen ist es denkbar, dass die Unternehmungen nun beabsichtigen, ihre Bau- und Ausrüstungsinvestitionen zu erweitern. Der Anstieg der Kreditnachfrage könnte den Kreditmarkt wieder auf sein altes Marktgleichgewicht bringen, in dem die Unternehmungen lediglich ihre Investitionsausgaben untereinander substituiert haben.

11. »Einige Ökonomen sorgen sich darum, dass die alternden Bevölkerungen der Industrieländer gerade dann damit beginnen, ihre Ersparnisse abzuschmelzen, wenn der Investitionshunger der Entwicklungsländer anwächst.« (Economist, 6. 5. 1995) Verdeutlichen Sie die Auswirkungen des geschilderten Phänomens anhand des Weltkreditmarkts.

Es kommt zu einer konträren Entwicklung zwischen Angebot und Nachfrage auf dem Weltkreditmarkt. Das Kreditangebot sinkt, während die Nachfrage steigt. Im neuen Gleichgewicht stellt sich ein höherer Zinssatz ein. Ob die Kreditsumme zunimmt oder abnimmt, hängt von der Stärke in den Reaktionen beider Marktseiten ab.

12. **In diesem Kapitel wurde gesagt, dass Investitionen sowohl durch eine Verringerung der privaten Steuerlast als auch durch eine Zurückführung des staatlichen Budgetdefizits erhöht werden können.**

  a) **Warum wird es schwierig sein, beide Maßnahmen zur gleichen Zeit durchzuführen?**

  b) **Was müssten Sie über die private Ersparnis wissen, um beurteilen zu können, welche der beiden Maßnahmen die effektivere wäre, um die Investitionstätigkeit zu erhöhen?**

  a) Die Schwierigkeit ergibt sich daraus, dass eine Rückführung des Budgetdefizits einen Überschuss der Staatseinnahmen über die Staatsausgaben erfordert, Steuersenkungen jedoch die Staatseinnahmen senken und die Beseitigung des Defizits somit erschweren.

  b) Ob Steuersenkungen oder die Beseitigung des Haushaltsdefizits effektiver in Bezug auf eine Erhöhung der Investitionen sind, hängt von der Reaktion der Ersparnis auf die Steuersenkung ab. Führt die Steuersenkung (private Ersparnis) oder die Rückführung des Budgetdefizits (staatliche Ersparnis) zu einer stärkeren Ausweitung des Kreditangebots?

Kapitel 27 Grundlagen der Finanzierung

Stichwörter

Finanzierung	unternehmensspezifisches Risiko
Barwert	Marktrisiko
Endwert	Fundamentalanalyse
Aufzinsung	Effizienzmarkthypothese
risikoavers	informationseffizient
Diversifikation	Zufallspfad (Random Walk)

Wiederholungsfragen

1. **Der Zinssatz beträgt 7 %. Möchten Sie lieber nach zehn Jahren € 200 erhalten oder nach zwanzig Jahren € 300?**

   Barwert von € 200 in 10 Jahren: $200 / (1 + 0{,}07)^{10} = € 101{,}67$

   Barwert von € 300 in 20 Jahren: $300 / (1 + 0{,}07)^{20} = € 77{,}53$

   Demzufolge möchte ich lieber nach zehn Jahren eine Zahlung von € 200 erhalten.

2. **Was verstehen Sie unter Diversifikation? Nimmt die Diversifikation eines Aktienportfolios stärker zu, wenn die Anzahl der verschiedenen Wertpapiere im Portfolio von 1 auf 10 oder von 100 auf 200 steigt?**
   Diversifikation führt zu einer Reduktion des Risikos eines Portfolios (einer Vermögensposition), indem ein einzelnes Risiko durch eine Vielzahl anderer, miteinander nicht korrelierter Risiken ersetzt wird, die sich kompensieren sollen. Steigt die Anzahl der in einem Aktienportfolio enthaltenen Wertpapiere von eins auf zehn, so reduziert sich das Risiko um rund 50 %. Steigt die Anzahl der verschiedenen Aktien dagegen von 100 auf 200, so ist nur noch eine geringe Reduktion des Risikos zu erwarten, da bei 100 Aktien bereits ein hoher Diversifikationsgrad erreicht ist.

3. **Welche Finanzanlage ist mit einem höheren Risiko verbunden: der Kauf von Aktien oder der Kauf von Staatsanleihen? Welches Wertpapier generiert eine höhere durchschnittliche Rendite?**
   Aktien haben im Vergleich zu Staatsanleihen ein höheres Risiko. Nach dem bekannten positiven Zusammenhang zwischen Risiko und Rendite eines Wertpapiers generieren Aktien demzufolge auch eine höhere Rendite. Damit wird dem Anleger die Investition in ein risikobehaftetes Wertpapier schmackhaft gemacht.

4. Welche Faktoren sollte ein Aktienanalyst berücksichtigen, wenn er den Wert einer Aktie bestimmt?

Aktienanalysten bestimmen den Wert einer Aktie oft mithilfe einer Fundamentalanalyse. Die Fundamentalanalyse dient dazu, all diejenigen Faktoren zu identifizieren und zu evaluieren, die die Profitabilität des Unternehmens, also die Fähigkeit, Gewinne zu erzielen, beeinflussen. In eine Fundamentalanalyse fließt eine Vielzahl eng miteinander verknüpfter Faktoren ein:

- Entwicklung der Nachfrage nach dem Produkt des Unternehmens
- finanzielle Ausstattung des Unternehmens
- Wettbewerbsposition des Unternehmens
- Stärke der Kundenbindung
- Einfluss der Gewerkschaften im Unternehmen
- Höhe der Steuerbelastung
- Auswirkungen von gesetzlichen Regelungen (bspw. umweltpolitische Vorgaben).

5. Beschreiben Sie die Effizienzmarkthypothese. Warum stehen einige Ökonomen dieser Annahme skeptisch gegenüber?

Die Effizienzmarkthypothese besagt, dass der Preis einer Vermögensposition alle öffentlich zugänglichen Informationen über den Wert der Vermögensposition widerspiegelt. Aus der Effizienzmarkthypothese folgt, dass Aktienkurse einem *Random Walk* (Zufallspfad) folgen, d. h. zukünftige Kursänderungen sind nicht prognostizierbar.

Einige Ökonomen vertreten jedoch die Auffassung, dass Kursänderungen zum Teil psychologische Ursachen haben. Sie weisen darauf hin, dass sich Aktienmärkte oft in eine Richtung bewegen, die durch eine rationale Bewertung nur schwer zu erklären ist. Befürworter der Effizienzmarkthypothese argumentieren dagegen, dass niemand die korrekte rationale Bewertung eines Unternehmens kennt und demzufolge auch niemand die voreilige Schlussfolgerung ziehen sollte, die eine oder andere Bewertung sei irrational.

Aufgaben und Anwendungen

1. Vor 400 Jahren verkauften die Indianer die Insel von Manhattan für $ 24. Angenommen, sie hätten diesen Betrag zu einem Zinssatz von 7 % p. a. angelegt, über welche Summe könnten sie heute verfügen?

$$\$ 24 \times (1 + 0{,}07)^{400} = \$ 13.605.744.645.293{,}70$$

Die Nachverfahren der Ureinwohner könnten heute über einen Betrag von $ 13,6 Billionen verfügen.

2. Eine Unternehmung muss über ein Investitionsprojekt entscheiden, das heute $ 10 Mio. kostet und in vier Jahren einen Ertrag von $ 14 Mio. verspricht.

a) Sollte die Unternehmung das Investitionsprojekt realisieren, wenn sich der Zinssatz auf 11 % beläuft? Ändert sich die Entscheidung, wenn der Zinssatz lediglich 8 % beträgt?

b) Können Sie den Zinssatz bestimmen, der über die Rentabilität des Investitionsprojekts entscheidet?

a) $ 10 Mio. $\times (1 + 0{,}11)^4$ = $ 15.180.704,10

$ 10 Mio. $\times (1 + 0{,}08)^4$ = $ 13.604.889,60

Beläuft sich der Zinssatz auf 11 %, so sollte das Unternehmen das Investitionsprojekt nicht realisieren, da es mit einer Geldanlage (über 4 Jahre) einen Ertrag von $ 15,2 Mio. erreichen könnte. Beträgt der Zinssatz dagegen nur 8 %, so sollte das Investitionsprojekt durchgeführt werden, da der Ertrag von $ 14 Mio. den Ertrag aus der Geldanlage von $ 13,6 Mio. in diesem Fall überschreitet.

b) Der Zinssatz, der über die Rentabilität des Investitionsprojekts entscheidet, lässt sich ganz einfach durch Umstellen der Formel aus a) nach dem Zinssatz berechnen.

$ 10 Mio. $\times (1 + r)^4$ = $ 14.000.000,00

r = ($ 14 Mio. / $ 10 Mio.$)^{1/4} - 1$

$r = 0{,}0877$

Bis zu einem Zinssatz von 8,77 % ist es für das Unternehmen vorteilhafter, das Investitionsprojekt zu realisieren. Liegt der Zinssatz dagegen über 8,77 %, sollte das Unternehmen den Betrag von $ 10 Mio. stattdessen zur Geldanlage verwenden.

3. **Stellen Sie sich vor, der Bundestag kommt zu der Auffassung, dass die Kleiderordnung der Bürger von großer Bedeutung für die Gesellschaft sei und beschließt Steuervergünstigungen für eine »Kleider-Versicherung«. Diese neue Versicherung übernimmt gegen die Zahlung einer jährlichen Versicherungsprämie 80 % der Ausgaben für Kleidung des Versicherten. Der Versicherte kann zudem seine Versicherungsprämie steuerlich geltend machen.**

a) **Wie würde diese neue Versicherung die Ausgaben für Kleidung beeinflussen? Wie schätzen Sie diese Veränderung unter dem Gesichtspunkt der ökonomischen Effizienz ein?**

b) **Wer würde eine solche »Kleider-Versicherung« abschließen?**

c) **Nehmen wir an, eine Person gibt durchschnittlich € 2.000 für Kleidung im Jahr aus. Würde die »Kleider-Versicherung« mehr oder weniger als € 2.000 kosten?**

d) **Sind Sie der Meinung, dass diese Initiative des Bundestages eine gute Idee wäre?**

a) Die neue Versicherung würde dazu führen, dass die Ausgaben für Kleidung steigen. Unter dem Gesichtspunkt der Effizienz ist diese Veränderung als negativ einzuschätzen, da die neue Versicherung und deren steuerliche Begünstigung durch eine Verzerrung von Anreizen zu Verhaltensänderungen führt. Die steuerliche Begünstigung einer »Kleider-Versicherung« wäre nur dann zu befürworten, wenn durch die Kleiderordnung der Leute positive externe Effekte auf die Gesellschaft ausgehen.

b) Der Markt für Versicherungen ist generell mit dem Problem der ungünstigen Auswahl von Risiken (adverse Selektion) konfrontiert. Danach wird eine Person, die einem größeren Risiko ausgesetzt ist, eher eine Versicherung nachfragen als eine Person, die mit einem geringen Risiko konfrontiert ist. Demzufolge wäre eine Kleiderversicherung in erster Linie für Menschen mit hohen Ausgaben für Bekleidung interessant.

c) Neben dem Problem der adversen Selektion ist der Markt für Versicherungen mit einem zweiten Problem konfrontiert, dem moralischen Risiko (Moral Hazard). Nach dem Abschluss einer Versicherung ändern die Menschen möglicherweise ihr Verhalten. Für sie besteht nun kein Anlass mehr, dem Risiko durch entsprechendes Verhalten aus dem Weg zu gehen. Menschen, die eine »Kleider-Versicherung« abschließen, werden also tendenziell ihre Ausgaben für Bekleidung erhöhen.

Die Versicherungsunternehmen sind sich der Probleme im Markt für Versicherungen bewusst, und der Preis einer Versicherung spiegelt das tatsächliche Risiko wider, das ein Versicherungsunternehmen nach Abschluss der Versicherung tragen muss. Demzufolge wird eine »Kleider-Versicherung« mehr als € 2.000 kosten, da sich zum einen eher Menschen mit hohen Ausgaben für Bekleidung versichern werden (adverse Selektion) und zum anderen die Versicherten ihre Ausgaben für Bekleidung tendenziell erhöhen werden (Moral Hazard).

d) Diese Initiative des Bundestages wäre keine gute Idee, da das Ziel einer besseren Kleiderordnung in der gesamten Gesellschaft kaum erreicht wird. Menschen mit einer schlechten Kleiderordnung haben entweder ein zu geringes Einkommen, um sich bessere Kleidung leisten zu können, oder sie legen auf gute Bekleidung keinen Wert (andere Präferenzen). Für beide Personengruppe wäre eine »Kleider-Versicherung« zu teuer, sodass diese Menschen die »Kleider-Versicherung« gar nicht in Anspruch nehmen.

Dem Ziel einer besseren Kleiderordnung in der Gesellschaft käme der Staat eher durch eine Subventionierung von Bekleidung näher. Dabei stellt sich allerdings die Frage, wie Subventionsausgaben (gerecht) finanziert werden sollen.

4. Sie beabsichtigen, Ihre Ersparnisse in Aktien anzulegen. Sollten Sie Aktien von Unternehmungen aus einer Branche bevorzugen?

Wenn man beabsichtigt, seine Ersparnisse in Aktien anzulegen, sollte man keinesfalls nur Unternehmungen aus einer Branche bevorzugen. Die bessere Anlagestrategie besteht darin, die Ersparnisse über viele Unternehmungen aus verschiedenen Branchen zu streuen, um ein diversifiziertes Aktienportfolio zu erhalten. Konzentriert man sich dagegen beim Aktienkauf auf eine Branche, so läuft man Gefahr, im Falle einer ökonomischen Krise in der betreffenden Branche (Beispiel: Zusammenbruch des »Neuen Markts«) einen Großteil seiner Ersparnisse zu verlieren.

5. Von welcher Aktie erwarten Sie eine höhere durchschnittliche Rendite?
   a) Aktie einer stark konjunkturabhängigen Branche (z.B. Automobilindustrie) oder
   b) Aktie einer konjunkturunabhängigen Branche (Wasserwerk).
   Begründen Sie Ihre Entscheidung.

Nach dem positiven Zusammenhang zwischen Rendite und Risiko einer Vermögensposition werden Aktien einer stark konjunkturabhängigen Branche in der

Regel eine höhere Rendite generieren, da ihnen aufgrund von Konjunktur-
schwankungen auch ein höheres (konjunkturelles) Risiko innewohnt.

6. **Eine Unternehmung sieht sich zwei Arten von Risiko gegenüber. Das unternehmensspezifische Risiko bezeichnet die Möglichkeit, dass ein Wettbewerber in den Markt eintritt und Kunden der Unternehmung abwirbt. Das Marktrisiko beschreibt die Gefahr, dass die Volkswirtschaft in eine Rezession ab-
gleitet und die Unternehmung unter sinkenden Absätzen zu leiden hat. Welches der beiden Risiken wird die Anteilseigner dazu veranlassen, eine höhere Rendite zu fordern?**

Es ist das unternehmensspezifische Risiko, das den Anteilseigner dazu veranlassen wird, eine höhere Rendite zu fordern. Dem Marktrisiko sind alle Unternehmungen einer Volkswirtschaft gleichermaßen ausgesetzt. Die Wahrscheinlichkeit, dass ein Wettbewerber in den Markt eintritt und Kunden einer Unternehmung abwirbt, differiert jedoch in den einzelnen Märkten einer Volkswirtschaft. Je größer diese Gefahr für eine Unternehmung ist, desto höher wird die
Rendite sein, die die Anteilseigner fordern. Geht ein höheres unternehmensspe-
zifisches Risiko nicht mit einer höheren Rendite einher, so werden Anteilseigner
Aktien von Unternehmungen in Märkten präferieren, in denen ein Markteintritt
von Konkurrenten weniger wahrscheinlich ist.

7. **Sie haben zwei Bekannte, Bea und Henry, die Aktien kaufen.**
   a) **Bea kauft nur Aktien von Unternehmungen, von denen jeder erwartet,
      dass sie in Zukunft einen kräftigen Gewinnanstieg realisieren. Welches
      Kurs-Gewinn-Verhältnis erwarten Sie für diese Unternehmungen im Ver-
      gleich zu allen anderen Unternehmungen? Welchen Nachteil beinhaltet
      Beas Aktienstrategie?**
   b) **Henry kauft dagegen nur Aktien von Unternehmungen, die ein geringes
      Kurs-Gewinn-Verhältnis aufweisen. Welche Ertragsperspektiven erwar-
      ten Sie für derartige Unternehmungen im Vergleich zu allen anderen Un-
      ternehmungen? Welchen Nachteil beinhaltet Henrys Aktienstrategie?**

   a) Kauft Bea nur Aktien von Unternehmungen, von denen jeder erwartet, dass
      sie in Zukunft einen kräftigen Gewinnanstieg realisieren, so werden diese
      Aktien im Vergleich zu anderen Aktien ein hohes Kurs-Gewinn-Verhältnis
      (KGV) aufweisen. Hohe Gewinnerwartungen der breiten Masse für die Zu-
      kunft führen aufgrund der zunehmenden Nachfrage zu steigenden Aktien-
      kursen und erhöhen auf diese Weise das KGV. Der Nachteil dieser Anlage-
      strategie liegt darin, dass Bea aufgrund der hohen Bewertung einen hohen
      Preis für die Aktien zahlen muss, der natürlich die mögliche Rendite schmä-
      lert. Zudem sagen Gewinnerwartungen noch lange nichts über tatsächlich
      realisierte Gewinne aus (Beispiel: Aktien am damaligen »Neuen Markt«).
   b) Aktien mit einem geringen KGV besitzen eine weitaus ungünstigere Ertrags-
      perspektive als Aktien anderer Unternehmungen. Die Anleger rechnen für
      diese Aktien mit fallenden Gewinnen in der Zukunft, sodass sinkende Ak-
      tienkurse (aufgrund der verringerten Nachfrage) zu einem Rückgang des KGV
      geführt haben. Im Unterschied zu Bea kauft Henry seine Aktien zu einem
      günstigen Preis. Aufgrund der reduzierten Gewinnerwartungen ist es

allerdings auch weniger wahrscheinlich, dass ihm diese Aktien eine adäquate Rendite generieren.

8. **Wenn Unternehmensangehörige privat Aktien auf der Grundlage von Informationen kaufen bzw. verkaufen, die sie aufgrund ihrer Tätigkeit im Unternehmen haben, dann betreiben sie Insiderhandel.**
   a) **Geben Sie ein Beispiel für Informationen, die ihnen beim Kauf bzw. Verkauf von Aktien nützlich sein können.**
   b) **Personen, die in einen Insiderhandel involviert sind, realisieren in der Regel einen sehr hohen Gewinn. Verletzt dieser Tatbestand die Hypothese von effizienten Märkten?**
   c) **Insiderhandel ist gesetzlich verboten. Warum?**
   a) Informationen über Umsatz und Gewinn des Unternehmens im abgelaufenen Geschäftsjahr sowie Umsatz- und Ertragsperspektiven für das neue Geschäftsjahr sind neben vielen anderen Informationen (Kostenmanagement, Beschäftigtenzahl, Tarifabschlüsse, Wechselkurse, …) bei einer Entscheidung über den Kauf bzw. Verkauf von Aktien wichtig.
   b) Nein. Die Effizienzmarkthypothese besagt, dass die Aktienkurse alle öffentlich zugänglichen Informationen widerspiegeln. Im Falle von Insiderhandel besitzen einige Marktteilnehmer jedoch einen Informationsvorsprung gegenüber allen anderen. Wären die Insiderinformationen allen öffentlich zugänglich, so würden sich diese Informationen durch die entsprechenden Reaktionen der Marktteilnehmer alsbald im Aktienkurs widerspiegeln. Die Insider können nur deshalb einen hohen (Kurs-)Gewinn realisieren, da alle übrigen Marktteilnehmer aufgrund der fehlenden Informationen nicht reagieren und sich die Aktienkurse demzufolge nicht an den veränderten Informationsstand anpassen können.
   c) Aus juristischer Perspektive ist zu konstatieren, dass aus dem Handel der Insider eine Schädigung derjenigen Anleger resultieren kann, die nicht über Insiderwissen verfügen. Die betroffenen Anleger müssen einen Vermögensverlust hinnehmen, ohne die Möglichkeit besessen zu haben, auf die neuen (Insider-)Informationen selbst zu reagieren. Sie werden quasi vor vollendete Tatsachen gestellt. Es sollte für alle Anleger Chancengleichheit beim Zugang zu relevanten Informationen bestehen.

   Aus ökonomischer Sicht vermeidet ein Verbot von Insiderhandel mögliche Wohlfahrtsverluste. Bei Existenz von Insiderhandel werden die Anleger zum Risikoausgleich eine höhere Risikoprämie verlangen oder sogar den Kapitalmarkt verlassen. Die Unternehmen sehen sich aufgrund der höheren Risikoprämien und der geringeren Liquidität im Markt höheren Kapitalkosten gegenüber. In letzter Konsequenz wirkt sich Insiderhandel negativ auf die Funktion von Kapitalmärkten – die (Re-)Allokation von Kapital in eine effiziente Verwendung – aus.

Kapitel 28 Die natürliche Arbeitslosenquote

Stichwörter

Arbeitskräftepotenzial	Gewerkschaft
Erwerbslosenquote	Kollektivverhandlungen
Erwerbsquote	Streik
natürliche Arbeitslosenquote	Effizienzlohn
zyklische Arbeitslosigkeit	Arbeitsplatzsuche
friktionelle Arbeitslosigkeit	Arbeitslosenversicherung

Wiederholungsfragen

1. In welche Kategorien kann man die Bevölkerung eines Landes bei Arbeitsmarktfragen unterteilen? Wie bestimmt man das Arbeitskräftepotenzial, die Erwerbslosenquote und die Erwerbsquote?

Die Bevölkerungszahl eines Landes lässt sich statistisch untergliedern in die potenziell arbeitsfähigen Menschen der Altersjahrgänge von 15 bis 65 Jahren (Arbeitskräftepotenzial) – dazu zählen Beschäftigte oder Erwerbstätige sowie Arbeitslose – und in die Nicht-Erwerbspersonen oder Nur-Konsumenten.

Das *Arbeitskräftepotenzial* eines Landes umfasst die Gesamtzahl der Arbeitskräfte zu einem bestimmten Zeitpunkt, d. h. die beschäftigten und die arbeitslosen Menschen.

Die *Erwerbslosenquote* misst den Anteil der Erwerbslosen in Prozent des Arbeitskräftepotenzials, während die *Erwerbsquote* das Arbeitskräftepotenzial in Prozent der Bevölkerung (Wohnbevölkerung eines Landes zu einem bestimmten Zeitpunkt) angibt.

2. Ist Arbeitslosigkeit typischerweise ein kurzfristiges oder ein langfristiges Phänomen?

Die Frage der Dauer von Arbeitslosigkeit ist entscheidend für die Dimension des Problems aus gesellschaftlicher Sicht. Untersuchungen von Nationalökonomen und Statistikern zeigen Resultate, die scheinbar widersprüchlich sind: Die meisten Angaben zur Arbeitslosigkeit lauten auf »kurzfristig« (Häufigkeit der Angaben), und die zu beliebigen Zeitpunkten empirisch ermittelte Arbeitslosigkeit ist überwiegend »langfristig« (Anteil am Merkmalsbetrag Arbeitslosigkeit). Viele Arbeitslose finden rasch wieder eine neue Stelle. Trotzdem ist der größte Teil des gesellschaftlichen Phänomens der Arbeitslosigkeit den vergleichsweise wenigen Leuten zuzusprechen, die zu den so genannten Langzeitarbeitslosen gehören.

3. **Für welche Teile der Bevölkerung eignen sich Mindestlohnvorschriften in erster Linie zur Erklärung von Arbeitslosigkeit?**

Mindestlöhne eignen sich nicht zur generellen Erklärung hoher Arbeitslosigkeit; sie spielen jedoch für einige Gruppen mit besonders hohen Arbeitslosenquoten eine wichtige Rolle. Hauptsächlich Leute ohne Berufsausbildung und ohne berufliche Erfahrungen, manchmal auch jugendliche Schulabbrecher sind von den Mindestlohneffekten betroffen. Nur für diesen Personenkreis liefern Mindestlohnvorschriften die wissenschaftliche Erklärung von Arbeitslosigkeit. Bei ihnen liegt das Arbeitseinkommen unter dem Niveau der vorgeschriebenen Mindestlöhne.

4. **Wie beeinflussen Gewerkschaften die natürliche Arbeitslosenquote?**

Durch gewerkschaftlichen Verhandlungsdruck wird das Entlohnungsniveau über das Marktgleichgewicht hinaus erhöht. Die angebotene Menge an Arbeit erhöht sich und die nachgefragte Menge sinkt, sodass Arbeitslosigkeit entsteht. Den weiterhin beschäftigten Arbeitskräften geht es in Anbetracht der Lohnsteigerungen besser als zuvor, während ein anderer Teil der Arbeitskräfte seinen Arbeitsplatz verliert. Die natürliche Arbeitslosenquote steigt.

5. **Inwiefern sind Gewerkschaften nützlich für eine Volkswirtschaft?**

Gegner von Gewerkschaften behaupten, dass Gewerkschaften nichts weiter als Kartelle darstellen. Sie erhöhen Löhne und Gehälter über das Marktgleichgewicht, es entsteht Arbeitslosigkeit. Das Ergebnis ist ineffizient und begünstigt einige Arbeitskräfte zulasten anderer. Befürworter sehen dagegen in den Gewerkschaften eine notwendige Gegenkraft zur Marktmacht der Unternehmungen bei der Beschäftigung von Arbeitskräften. Ferner sind Gewerkschaften für die Unternehmungen wichtig, um effizient auf Belange der Arbeitnehmer reagieren zu können. Im Ergebnis der Verhandlungen mit den Gewerkschaften kommt es dazu, dass Unternehmungen die richtige Mischung an Merkmalen des Arbeitsplatzes bereitstellen. So wird die Belegschaft über optimale Arbeitsbedingungen angehalten, hohe Leistungen zu bringen.

6. **Erläutern Sie vier Wege, wie Unternehmungen mit höheren Löhnen und Gehältern ihren Gewinn steigern können.**

a) Durch ein höheres Einkommen verbessert sich der Gesundheitszustand der Arbeitskräfte. Besser entlohnte Arbeitskräfte erfreuen sich demzufolge einer besseren Gesundheit und sind leistungsfähiger.

b) Je höher die Lohn- und Gehaltszahlungen einer Unternehmung an ihre Beschäftigten ausfallen, umso weniger werden sich ihre Arbeitskräfte zur Kündigung entschließen. Durch bessere Bezahlung kann die Häufigkeit des Arbeitsplatzwechsels gesenkt werden und damit auch die Kosten für Neueinstellungen.

c) Höhere Löhne und Gehälter steigern die Motivation der Beschäftigten am Arbeitsplatz und entfalten dadurch Anreize für die Menschen, ihre Arbeitsleistung zu verbessern. Auf diese Weise lässt sich für die Unternehmung eine kostspielige Überwachung der Beschäftigten vermeiden.

d) Über ein hohes Lohnniveau übt eine Unternehmung eine Anziehungskraft auf Bewerber mit höherer Qualifikation aus, deren tatsächliches Qualifikationsniveau sie aufgrund einer asymmetrischen Informationsverteilung nicht zuverlässig einschätzen kann.

7. Warum lässt sich Sucharbeitslosigkeit nicht vermeiden? Welche staatlichen Maßnahmen könnten zur Verringerung der Sucharbeitslosigkeit beitragen?
Sucharbeitslosigkeit ist oft das Ergebnis von Verschiebungen der Arbeitskräftenachfrage zwischen verschiedenen Unternehmungen. Regionalökonomische Umstrukturierungen und sektorale Nachfrageverschiebungen gehen mit temporärer Arbeitslosigkeit einher. Sie lassen sich jedoch nicht vermeiden, da die Volkswirtschaft in einem ständigen Strukturwandel lebt. Eine Verringerung der Sucharbeitslosigkeit über eine Verkürzung der Suchzeit kann durch staatliche Arbeitsvermittlung erreicht werden.

Aufgaben und Anwendungen

1. Die Bevölkerung eines Landes, die von Jahr zu Jahr um Geburten und Einwanderungen zunimmt sowie um Todesfälle und Auswanderungen abnimmt, wird sich nicht völlig gleichmäßig, ausgewogen und stetig verändern. Welche Einflüsse könnten von der demografischen Entwicklung auf die Erwerbsquote und Erwerbslosenquote ausgehen?
Lässt ein Bevölkerungsanstieg die Zahl der Erwerbspersonen unverändert, so resultiert daraus ein Rückgang der Erwerbsquote. Geht mit dem Bevölkerungswachstum auch eine Zunahme der Erwerbspersonen einher (beispielsweise durch Zuwanderungen), so hängt die Veränderung der Erwerbsquote vom Ausmaß der Zunahme der Erwerbspersonen ab. Steigt die Zahl der Erwerbspersonen, so führt dies bei einer unveränderten Zahl an Erwerbstätigen zu einer höheren Arbeitslosenzahl und auch zu einer höheren Erwerbslosenquote.

2. Von 1998 bis 2004 ist die Zahl der Erwerbslosen in der Bundesrepublik Deutschland um 0,585 Millionen Menschen gestiegen. Die Zahl der Erwerbstätigen hat sich jedoch im gleichen Zeitraum um 0,958 Millionen Menschen erhöht. Erläutern Sie den Zusammenhang beider Entwicklungen.
Obwohl die Zahl der Erwerbstätigen gestiegen ist, hat sich die Zahl der Erwerbslosen erhöht, weil im gleichen Zeitraum die Zahl der Erwerbspersonen (Arbeitskräftepotenzial) ebenfalls zugenommen hat, um 1,543 Millionen Personen. Die Änderung der Erwerbslosenzahl (von plus 0,585 Millionen) hat eine entlastende Beschäftigungskomponente (von plus 0,958 Millionen) und eine belastende demografische Komponente (von plus 1,543 Millionen). Veränderungen der Erwerbslosenzahl resultieren somit aus den demografischen Veränderungen der Erwerbspersonenzahl und den arbeitsmarktbestimmten Veränderungen der Erwerbstätigenzahl.

3. Rechnen die nachfolgenden Fälle von Arbeitslosigkeit eher zum kurzfristigen oder zum langfristigen Phänomen der Arbeitslosigkeit?
   a) Ein Bauarbeiter wird wegen anhaltenden schlechten Wetters entlassen.
   b) Eine Fabrikarbeiterin verliert ihren Posten als Maschinistin.

c) **Ein Postkutscher wird im Konkurrenzkampf mit der Eisenbahn entlassen.**

d) **Einem Koch wird gekündigt, als ein neues Restaurant auf der anderen Straßenseite eröffnet.**

e) **Ein angelernter Schweißer büßt seine Stelle ein, als ein Schweißautomat angeschafft wird.**

a) schlechtes Wetter: kurzfristiges Phänomen (Saisoneinfluss)

b) Arbeitsplatz einer Maschinistin: langfristiges Phänomen (Strukturwandel)

c) Postkutscher: langfristiges Phänomen (technischer Fortschritt)

d) neues Restaurant: kurzfristiges Phänomen (Konkurrenzkampf)

e) Anschaffung eines Schweißautomaten: langfristiges Phänomen (technischer Fortschritt)

4. **Zeigen Sie anhand eines Diagramms für den Arbeitsmarkt, wie sich eine Erhöhung von Mindestlöhnen auf die Lohnzahlungen, auf die Zahl der angebotenen und der nachgefragten Arbeitskräfte und das Ausmaß der Arbeitslosigkeit auswirkt.**

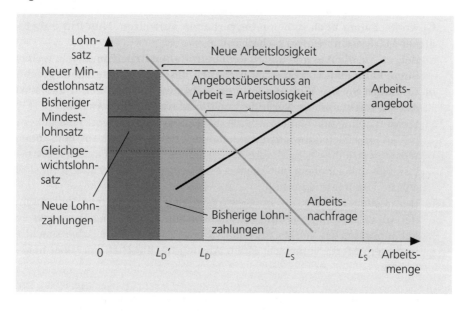

Ein Anstieg des Mindestlohnsatzes vergrößert den bestehenden Angebotsüberschuss am Arbeitsmarkt zwischen dem Angebot L_S und der Nachfrage L_D über ein höheres Arbeitsangebot L_S' und eine geringere Arbeitsnachfrage L_D'. Die bereits vorhandene Arbeitslosigkeit dehnt sich aus. Die Veränderung der Lohnzahlungen wird durch die Elastizität der Arbeitsnachfrage der Unternehmungen determiniert. Reagiert die Arbeitsnachfrage elastisch, so resultiert aus der Lohnerhöhung eine proportional größere Reduktion der nachgefragten Arbeitsmenge, und die (gesamten) Lohnzahlungen sinken. Im Fall einer unelastischen Arbeitsnachfrage der Unternehmungen steigen dagegen die Lohnzahlungen, da der Anstieg des Mindestlohnsatzes nur von einer proportional kleineren Verknappung der nachgefragten Arbeitsmenge begleitet wird.

5. **Sind Sie der Meinung, dass Unternehmungen in Kleinstädten mehr Markt-macht auf dem Arbeitsmarkt haben als in großen Städten? War diese Markt-macht vor 50 Jahren größer oder kleiner? Welche Bedeutung hat Ihre Ant-wort für Überlegungen zur Gewerkschaftsgeschichte?**

Unternehmungen in Kleinstädten haben eine größere Marktmacht auf dem Ar-beitsmarkt als Unternehmungen in Großstädten. In Kleinstädten ist die Zahl der Arbeit nachfragenden Unternehmungen begrenzt, bei denen die Arbeitsanbie-ter Arbeit finden können.

Die Marktmacht von Unternehmungen ist in den letzten 50 Jahren kontinu-ierlich gesunken (wachsende Mobilität des Arbeitsangebots, Strukturwandel, Einführung eines staatlichen Systems sozialer Sicherung, zunehmender Unter-nehmenswettbewerb, Schaffung rechtlicher Instanzen für Streitfälle). Mit der sinkenden Marktmacht der Unternehmungen verlor auch die Rolle der Gewerk-schaften als notwendige Interessensvertretung der Arbeitnehmer stetig an Be-deutung.

6. **Stellen Sie sich eine Volkswirtschaft mit zwei Arbeitsmärkten vor, die weder Gewerkschaften noch Arbeitgeberverbände aufweisen. Nun tritt auf einem dieser Märkte eine Gewerkschaft auf.**

a) **Zeigen Sie die Auswirkung in dem betroffenen Arbeitsmarkt. In welchem Sinne kann man von einer ineffizienten Beschäftigungsmenge sprechen?**

b) **Erläutern Sie die Wirkung auf den nicht gewerkschaftlich organisierten Arbeitsmarkt und die Veränderung des Marktgleichgewichts.**

a) Werden Löhne und Gehälter durch die Tätigkeit der Gewerkschaft über das bestehende Gleichgewichtsniveau hinaus erhöht, steigt das Arbeitsangebot, während sich die nachgefragte Arbeitsmenge reduziert. Es entsteht Arbeits-losigkeit und somit ein ineffizientes Marktergebnis, das einige Arbeitskräfte zulasten anderer begünstigt.

b) Der gestiegene Lohnsatz im Gewerkschaftsmarkt wird eine Verschiebung der Arbeitsnachfrage der Unternehmungen zugunsten des nicht gewerkschaft-lich organisierten Markts zur Folge haben. Die steigende Arbeitsnachfrage in diesem Markt verursacht einen Anstieg der Beschäftigung bei höheren Löhnen.

7. **Man kann zeigen, dass die Nachfrage eines Sektors nach Arbeitskräften dann elastischer wird, wenn die Nachfrage nach den Produkten des Sektors elasti-scher wird. Denken wir kurz über die US-Autoindustrie und die Gewerk-schaften nach.**

a) **Wie verändert sich die Elastizität der Nachfrage nach US-amerikanischen Autos, wenn Japan eine leistungsstarke Autoindustrie entwickelt? Wie be-einflusst dies die Nachfrage nach US-amerikanischen Automobilarbeitern?**

b) **Eine Gewerkschaft steht vor der Alternative, hohe Lohnsteigerungen zu verlangen, weil dies im Interesse der Beschäftigten liegt, oder niedrigere Lohnsteigerungen zu verfechten, weil dabei der Beschäftigungsrückgang kleiner ausfällt. Wie dürfte der Anstieg japanischer Autoimporte in die USA den für die Gewerkschaften bestehenden Lohn-Beschäftigungs-Kon-flikt verändert haben?**

a) Eine leistungsstarke Automobilindustrie in Japan verschlechtert die Wettbewerbsposition US-amerikanischer Anbieter. Die Nachfrage nach US-amerikanischen Autos reagiert wesentlich elastischer auf Preiserhöhungen, da die Konsumenten mit japanischen Autos eine Alternative (substitutives Gut) besitzen. Mit der höheren Elastizität der Nachfrage nach US-amerikanischen Autos steigt auch die Elastizität der Nachfrage nach US-amerikanischen Automobilarbeitern. Starke Mengenreaktionen im Automobilmarkt (Absatzeinbrüche, Produktionsrückgang) führen zu gleich gerichteten, starken Mengenanpassungen auf dem Arbeitsmarkt (Entlassungen).

b) Die gestiegene Elastizität der Arbeitsnachfrage infolge der japanischen Autoimporte wird eine Strategieänderung aufseiten der Gewerkschaften zur Folge haben. Aus Lohnsteigerungen resultiert nun ein größerer Arbeitsplatzverlust, sodass die Gewerkschaften für gemäßigte Lohnsteigerungen zur Beschäftigungssicherung eintreten werden.

8. **Angenommen, der Bundestag beschließt ein Gesetz, wonach Arbeitgeber ihren Beschäftigten eine Zulage (etwa für die Gesundheitsfürsorge) zu gewähren haben, durch die eine Beschäftigtenstunde um € 4 teurer wird.**
   a) **Welche Auswirkung wird diese Verpflichtung der Arbeitgeber auf die Nachfrage nach Arbeitskräften nach sich ziehen?**
   b) **Welche Auswirkungen auf das Arbeitsangebot könnten sich einstellen, wenn die Angestellten den Vorteil genau mit den Kosten bewerten und veranschlagen?**
   c) **Wie beeinflusst diese Zulage das freie Spiel der Marktkräfte im Gleichgewicht? Sind Arbeitgeber oder Arbeitnehmer besser gestellt?**
   d) **Welche Auswirkungen der Zulage muss man bei einer bereits bestehenden Mindestlohnvorschrift erwarten?**
   e) **Nun nehmen Sie bitte an, dass die Beschäftigten die Zulage nicht bewerten. Wie verändern sich dadurch Ihre Antworten b), c) und d)?**

   a) Die Nachfrage nach Arbeitskräften geht zurück. Die Unternehmungen werden nur noch bereit sein, den Arbeitskräften einen um € 4 geringeren Lohn (ohne Zuschlag) zu zahlen.

   b) Bewerten die Angestellten den Vorteil der Gesundheitszulage exakt mit den Kosten in Höhe von € 4, so erhöht sich ihr Arbeitsangebot. Die Arbeitnehmer sind bereit, die gleiche Menge Arbeit zu einem um € 4 niedrigeren Lohnsatz (ohne Zuschlag) anzubieten.

   c) Im neuen Gleichgewicht ergibt sich ein konstantes Beschäftigungsniveau, da das Arbeitsangebot genau in dem Maße angestiegen ist, in dem die Arbeitsnachfrage gesunken ist. Der Lohnsatz (ohne Gesundheitszuschlag) ist um exakt € 4 gesunken, sodass der effektive Lohnsatz (mit Gesundheitszuschlag) gleich geblieben ist und weder Arbeitgeber noch Arbeitnehmer besser gestellt sind.

   d) Besteht eine Vorschrift für Mindestlöhne, erhöht sich der gezahlte Lohnsatz vollständig um den Gesundheitszuschlag, da der Lohnsatz (ohne Gesundheitszuschlag), der aus den Reaktionen von Angebot (Ausweitung) und Nachfrage (Verknappung) resultiert, unter dem bisherigen Lohnniveau und damit auch unter dem Mindestlohnniveau liegt. Der Gesundheitszuschlag von € 4 wird also einfach auf den bestehenden Mindestlohnsatz aufgeschlagen. Dieser Lohnanstieg verursacht eine Ausdehnung der Arbeitslosigkeit, die durch die Verschiebung der Kurven der Arbeitsnachfrage und des Arbeitsangebots noch verstärkt wird. Diejenigen Angestellten, die noch Arbeit haben, profitieren bei einem Mindestlohnsatz von der Maßnahme, während Arbeitgeber und arbeitslos gewordene Arbeitnehmer eindeutig schlechter als vorher gestellt sind.

e) Messen die Angestellten dem Gesundheitszuschlag keinerlei Wert bei, bleibt ihr Arbeitsangebot unverändert. Im neuen Gleichgewicht ist die Beschäftigungsmenge infolge der Verknappung der Arbeitsnachfrage zurückgegangen, der Lohnsatz (ohne Zuschlag) liegt unter, der Lohnsatz (mit Zuschlag) über dem bisherigen Lohnniveau. Bei Existenz einer Mindestlohnvorschrift steigt der Lohnsatz exakt um den Betrag des Gesundheitszuschlags. Jedoch fällt die Erhöhung der Arbeitslosigkeit geringer als im Fall c) aus, da die Arbeitnehmer ihr Arbeitsangebot nun unverändert lassen.

TEIL X   Die langfristige Betrachtung von Geld und Preisen

Kapitel 29   Das monetäre System

Stichwörter

Tauschhandel	Europäische Zentralbank
Geld	(Mindest-)Reserven
Tausch-/Zahlungsmittel	Überschussreserven
Recheneinheit	partielles Reservesystem
Wertaufbewahrung	Reservesatz
Liquidität	Geldschöpfungsmultiplikator
Warengeld	definitive Offenmarktgeschäfte
Rechengeld	(Wertpapier-)Pensionsgeschäft
Bargeld	Spitzenrefinanzierungssatz
Giroeinlagen	Hauptrefinanzierungssatz
Zentralbank	Geldmarkt
Geldangebot	Diskontsatz
Geldpolitik	Mindestreserveanforderungen

Wiederholungsfragen

1. **Was unterscheidet Geld von anderen Aktiva in einer Volkswirtschaft?**
   Geld ist ein Bündel von Aktiva, die die Menschen einer Volkswirtschaft regelmäßig dazu verwenden, Waren und Dienstleistungen von anderen Menschen zu erwerben. Nach der ökonomischen Definition beinhaltet Geld demnach nur wenige Formen von Reichtum, die von Verkäufern regelmäßig im Austausch für Güter akzeptiert werden. Geld unterscheidet sich von anderen Aktiva durch seine Funktionen als Tauschmittel, Recheneinheit und Wertaufbewahrungsmittel und ist das liquideste verfügbare Aktivum.

2. **Was ist Warengeld? Was ist Rechengeld? Welches von beiden benutzen wir?**
   Warengeld bezeichnet Geld in Form einer Ware mit intrinsischem (innerem/eigenem) Wert. Intrinsisch bedeutet, dass der entsprechende Gegenstand auch von Wert wäre, wenn er nicht als Geld verwendet würde.

Rechengeld stellt dagegen Geld ohne intrinsischen Wert dar, das vom Staat per Befehl oder Erlass zu Geld erklärt wird und den Erwartungen und gesellschaftlichen Konventionen entspricht. Rechengeld benötigt Akzeptanz.

Die Euro-Scheine und Euro-Münzen, die wir im täglichen Leben benutzen, sind Rechengeld.

3. Was sind Giroeinlagen, und wieso sollten diese zur Geldmenge gezählt werden?

Giroeinlagen (Buchgeld) sind Einlagen auf Bankkonten, die sofort liquidierbar sind. Sie werden zur Geldmenge gezählt, da sie Aktiva darstellen, mit denen man problemlos Güter erwerben kann. Giroeinlagen stellen eine Art von Zahlungsmittel dar.

4. Wie wird die Zentralbank vorgehen, wenn sie das Geldangebot durch Offenmarktgeschäfte erhöhen möchte?

Zur Erhöhung der Geldmenge kauft die Zentralbank am Markt Wertpapiere (Offenmarktpapiere) auf. Sie bezahlt mit »eigenem«, sozusagen selbst gedrucktem Geld. Die Ausgaben der Zentralbank erhöhen die im Umlauf befindliche Geldmenge.

5. Was ist der Spitzenrefinanzierungssatz, und was ist der Hauptrefinanzierungssatz? Was geschieht mit dem Geldangebot, wenn die EZB den Hauptrefinanzierungssatz anhebt?

Der Spitzenrefinanzierungssatz ist der Zinssatz, zu dem die Europäische Zentralbank über Nacht Liquidität für Banken im Euroraum zur Verfügung stellt.

Der Hauptrefinanzierungssatz ist der Zinssatz, zu dem die Europäische Zentralbank für einen Zeitraum von einer Woche Liquidität für Banken im Euroraum zur Verfügung stellt.

Hebt die Zentralbank den Hauptrefinanzierungssatz an, so verteuert sich dadurch für die Banken die kurzfristige Beschaffung von Liquidität bei der Zentralbank, sodass die Banken ihre Kreditvergabe einschränken werden und das Geldangebot verknappt wird.

6. Was sind Mindestreserveanforderungen? Wie verändert sich das Geldangebot, wenn die Zentralbank die Mindestreservesätze erhöht?

Mindestreserven sind Einlagen, die die Banken als Reserven bei der Zentralnotenbank halten müssen, also nicht verleihen können. Die Mindestreservepolitik beinhaltet die Festsetzung und die Variation der Prozentsätze minimaler Pflichteinlagen der Geschäftsbanken bei der Zentralbank. Eine Erhöhung des Mindestreservesatzes wirkt kontraktiv, da der Kreditvergabespielraum der Banken eingeschränkt wird und sich auf diese Weise die umlaufende Geldmenge verringert. Der Geldschöpfungsmultiplikator sinkt.

7. **Warum kann eine Zentralbank das Geldangebot nicht vollständig kontrollieren?**

Das Geldangebot kann nicht vollständig kontrolliert werden, da die Zentralbank mit zwei Problemen konfrontiert ist. Erstens kann die Zentralbank nicht diejenige Menge an Geld kontrollieren, die private Haushalte als Einlagen im Bankensystem halten. Je höher diese Einlagen ausfallen, desto mehr Geld können die Geschäftsbanken schöpfen und umgekehrt. Das Geldangebot verändert sich ohne den Eingriff der Zentralbank. Das zweite Problem bei der Kontrolle der Geldmenge besteht darin, dass die Zentralbank nur einen geringen Einfluss darauf hat, wie viel die Banken an Krediten ausleihen. Eine zusätzliche Reservehaltung (Überschussreserve) verringert die Wirkung des multiplen Geldschöpfungsprozesses. Es wird ohne Eingreifen der Zentralbank weniger Geld geschöpft. Die Geldmenge hängt in einem partiellen Reservesystem demnach zum Teil vom Verhalten der Einleger und der Geschäftsbanken ab.

Aufgaben und Anwendungen

1. **Welche der im Folgenden angeführten Punkte zählen zum Geld in der Europäischen Währungsunion? Bei welchen handelt es sich nicht um Geld? Erläutern Sie Ihre Antwort unter Berücksichtigung der drei Funktionen des Geldes.**

   a) **ein Eurocent**

   b) **ein mexikanischer Peso**

   c) **ein Gemälde von Picasso**

   d) **eine Plastikkreditkarte**

   a) Ein Eurocent als Bargeld zählt zum Geld in der Europäischen Währungsunion, da er ein akzeptiertes Zahlungsmittel ist.

   b) Ein mexikanischer Peso zählt nicht zum Geld in der Europäischen Währungsunion. Er ist zwar Tausch- und Zahlungsmittel, wird aber in der Europäischen Währungsunion beim Erwerb von Waren und Dienstleistungen nicht akzeptiert.

   c) Ein Gemälde von Picasso ist zwar ein Wertaufbewahrungsmittel, jedoch kein Tausch- oder Zahlungsmittel und zählt deshalb nicht zum Geld.

   d) Auch wenn es auf den ersten Blick so scheinen mag, zählen Kreditkarten nicht zum Geld in der Eurozone. Kreditkarten sind in keinem Geldmengenmaß enthalten. Der Grund dafür liegt darin, dass Kreditkarten nicht wirklich eine Zahlungsweise darstellen, sondern vielmehr eine Aufschiebung der Zahlung beinhalten.

2. **Jeden Monat veröffentlicht eine US-amerikanische Zeitschrift namens »Yankee« eine Tauschspalte. Hier ein Beispiel: »Möchte handgearbeitetes Brautkleid und bis zu 6 Brautjungfernkleider gegen einen Hin- und Rückflug für zwei Personen sowie drei Übernachtungen mit Vollpension in der englischen Provinz tauschen.«**

   a) **Warum wäre es schwierig, die gesamte Volkswirtschaft über solche Tauschspalten zu organisieren?**

b) Warum mag dann wohl – im Lichte Ihrer Ausführungen unter (a) – die Tauschspalte im »Yankee« existieren?

a) Durch die Vielzahl der Transaktionen in einer modernen Volkswirtschaft wäre das Ausmaß einer Tauschspalte enorm und nicht zu bewältigen. Zudem stellt sich das unmittelbare Problem eines Bewertungsmaßstabs, den Geld als Recheneinheit liefert. Eine effiziente Allokation der knappen Ressourcen wäre schwierig.

b) Die Tauschspalte versucht die Realisation einer spezifischen Allokation zu erreichen, die aus speziellen Präferenzen der Konsumenten (unterschiedliche Zahlungsbereitschaften) resultiert und demzufolge nicht vom Markt über Preise gewährleistet wird.

3. Welche Charakteristika eines Aktivums machen es als Zahlungsmittel wertvoll? Welche Eigenschaften sollte ein Wertaufbewahrungsmittel aufweisen?

Seine Liquidität macht ein Aktivum als Zahlungsmittel wertvoll. Sie beschreibt die Leichtigkeit, mit der ein Aktivum in das Tausch- bzw. Zahlungsmittel der entsprechenden Volkswirtschaft umgewandelt werden kann.

Ein Wertaufbewahrungsmittel muss die Eigenschaft besitzen, Kaufkraft von der Gegenwart in die Zukunft (ohne Wertverlust) zu transferieren.

4. Ihr Onkel zahlt einen Kredit in Höhe von € 100 an seine Bank zurück, indem er eine Überweisung von seinem Girokonto bei eben dieser Bank veranlasst. Verwenden Sie T-Konten, um die Wirkungen dieser Transaktion auf die Bank und auf Ihren Onkel zu verdeutlichen. Ist Ihr Onkel reicher geworden?

Situation vor Rückzahlung

Aktiva		Onkel	Passiva
Sichteinlagen	€ 1.000	Kredit	€ 100
		Sonstige Passiva	€ 900

Aktiva		Bank	Passiva
Kredit Onkel	€ 100	Sichteinlagen Onkel	€ 1.000
Sonstige Kredite	€ 1.400	Sonstige Passiva	€ 500

Situation nach Rückzahlung

Aktiva		Onkel	Passiva
Sichteinlagen	€ 900	Kredit	€ 0
		Sonstige Passiva	€ 900

Aktiva		Bank	Passiva
Kredit Onkel	€ 0	Sichteinlagen Onkel	€ 900
Sonstige Kredit	€ 1.400	Sonstige Passiva	€ 500

Mein Onkel ist natürlich nicht reicher geworden.

5. Eine Bank hat € 250 Mio. an Einlagen und einen Reservesatz von 10 %.

   a) Zeichnen Sie ein T-Konto für diese Bank.

   b) Nehmen Sie nun an, der größte Kunde dieser Bank ziehe seine Einlagen in Höhe von € 10 Mio. ab (ihm wird Bargeld ausgezahlt). Wenn die Bank sich entschließt, die Reservehaltung in Höhe von 10 % der Einlagen danach durch eine Reduzierung der Kreditvergabe wiederherzustellen, wie sieht dann das neue T-Konto der Bank aus?

   c) Erläutern Sie, welche Auswirkungen diese Handlung der Bank auf die anderen Banken der Volkswirtschaft haben wird.

   d) Warum wird es der Bank möglicherweise schwerfallen, die unter (b) beschriebene Aktion durchzuführen? Überlegen Sie sich einen anderen Weg, wie die Bank zu einer Reservehaltung gemäß ihres ursprünglichen Reservesatzes zurückgelangen könnte.

   a)

Aktiva		Bank	Passiva
Reserven	€ 25.000.000	Einlagen	€ 250.000.000
Kredit	€ 225.000.000		

   b)

Aktiva		Bank	Passiva
Reserven	€ 24.000.000	Einlagen	€ 240.000.000
Kredit	€ 216.000.000		

   c) Die Verknappung des Kreditangebots kann sich über den multiplen Geldschöpfungsmultiplikator restriktiv auf die Kreditvergabe anderer Banken auswirken. Die Reduktion der Kreditvergabe auf € 216 Mio. verringert das Geldangebot und reduziert möglicherweise die Einlagen anderer Banken, sodass deren Kreditvergabe bei einem konstanten Reservesatz ebenfalls sinkt. Mit der Verknappung der Kreditvergabe geht eine Erhöhung des Kreditzinses einher.

   d) Ist die Kreditvergabe der Bank durch Kreditverträge mit verbindlichen Laufzeiten gekennzeichnet, so wird es der Bank nicht möglich sein, das Volumen der Kreditvergabe sofort zu reduzieren, da die bestehenden Kreditverträge zunächst erfüllt werden müssen. Zur Aufrechterhaltung des ursprünglichen Reservesatzes von 10 % müsste die Bank versuchen, ihre Einlagen wieder zu erhöhen, also Kunden zur Geldanlage zu bewegen.

6. Sie hatten € 100 in Bargeld unter Ihrem Kopfkissen versteckt und zahlen diese nun bei einer Bank ein. Wenn diese € 100 im Bankensystem verbleiben und die Bank Reserven in Höhe von 10 % ihrer Einlagen hält, um wie viel wird dann die gesamte Einlagensumme im Bankensystem steigen? Um wie viel erhöht sich das Geldangebot?

   Die Erhöhung der gesamten Einlagesumme ergibt sich aus dem Produkt des Geldschöpfungsmultiplikators (1/Reservesatz, bei einer Bargeldhaltung von 0) mit der (erhöhten) Einlage.

   Steigerung der Einlagensumme = 10 × € 100 = € 1.000

Die Erhöhung des Geldangebots resultiert aus der Erhöhung der Kreditvergabe und beträgt € 900.

7. Die EZB führt einen Ankauf von Wertpapieren am offenen Markt in Höhe von € 10 Mio. durch. Wie hoch kann der maximal mögliche Anstieg des Geldangebots ausfallen, wenn der geforderte Mindestreservesatz 10 % beträgt? Welches wäre der minimal mögliche Anstieg des Geldangebots? Erläutern Sie Ihre Antworten.

Der maximal mögliche Anstieg des Geldangebots ergibt sich als Produkt des Geldschöpfungsmultiplikators mit der unmittelbaren Erhöhung des Geldangebots. Er beträgt € 100 Mio. Der minimale Anstieg des Geldangebots beträgt € 10 Mio., wenn kein multipler Geldschöpfungsprozess stattfindet.

8. Nehmen Sie an, das T-Konto der Ersten Bank sehe folgendermaßen aus:

A	Erste Bank	P
Reserven € 100.000	Einlagen	€ 500.000
Kredite € 400.000		

a) Wie hoch sind die Überschussreserven, die die Erste Bank hält, wenn die EZB einen Mindestreservesatz von 5 % festlegt?

b) Nehmen Sie an, alle anderen Banken hielten nur die geforderten Mindestreserven. Wenn die Erste Bank sich dazu entschließt, ihre Reserven auf das Mindestmaß zu reduzieren, um wie viel würde das Geldangebot in der Volkswirtschaft ansteigen?

a) Bei einem Mindestreservesatz von 5 % muss die Bank € 25.000 an Reserven halten. Die Überschussreserve beläuft sich demzufolge auf € 75.000.

b) Das Geldangebot steigt um das Produkt aus Geldschöpfungsmultiplikator und erhöhter Kreditvergabe, also um € 1,5 Mio.

9. Nehmen Sie an, der Mindestreservesatz beträgt 10 % und die Banken hielten keinerlei Überschussreserven.

a) Wie wirkt sich ein Verkauf von Staatsanleihen seitens der EZB in Höhe von € 1 Mio. auf die Höhe der Reserven und das Geldangebot aus?

b) Nehmen Sie nun an, die EZB senkt den Mindestreservesatz auf 5 %, die Banken entschließen sich jedoch dazu, weitere 5 % der Einlagensumme als Überschussreserven zu halten. Warum könnten die Banken so handeln? Welche Gesamtwirkung hätte dies auf den Geldschöpfungsmultiplikator und das Geldangebot?

a) Ein Verkauf der Staatsanleihen reduziert das Geldangebot um € 10 Mio., die Mindestreserven sinken um € 1 Mio. (Umkehr des Geldschöpfungsprozesses).

b) Eine Überschussreserve seitens der Banken spiegelt ein vorsichtiges Verhalten gegenüber schwankenden Einlagesummen wider. Für die Banken besteht die Gefahr, dass eine Reservehaltung exakt in Höhe der Mindestreservepflicht die vorgeschriebene Mindestreserve unterschreitet, wenn sich die Einlagensumme kurzfristig ändert. Es werden demzufolge weniger Kredite vergeben und stattdessen höhere Reserven gehalten. Der Geldschöpfungsmultiplikator bleibt bei 10, da der effektive Reservesatz der Banken immer noch 10 % beträgt. Das Geldangebot bleibt demzufolge konstant.

10. **Die Gesamtsumme der Reserven des Bankensystems beläuft sich auf € 100 Mrd. Nehmen Sie an, der Mindestreservesatz beträgt 10 % der Einlagen, die Banken halten keine Überschussreserven und die Haushalte halten kein Bargeld.**
    a) **Wie lautet der Geldschöpfungsmultiplikator? Wie hoch ist das Geldangebot?**
    b) **Wie würden sich die Reserven und das Geldangebot verändern, wenn die EZB den Mindestreservesatz auf 20 % erhöhen würde?**
    a) Der Geldschöpfungsmultiplikator beträgt 10. Das Geldangebot beläuft sich auf € 1.000 Mrd.
    b) Beträgt der Reservesatz 20 %, müssen fünfmal so viel Einlagen wie Reserven im Bankensystem vorhanden sein. Der Geldschöpfungsmultiplikator beträgt 5, das Geldangebot beläuft sich bei einer Gesamtsumme der Reserven von € 100 Mrd. auf € 500 Mrd.

11. **Nehmen Sie an, in einer fiktiven Volkswirtschaft gebe es 2000 1-Euro-Stücke. Wie hoch ist die Geldmenge,**
    a) **wenn die Bewohner das gesamte Geld als Bargeld halten?**
    b) **wenn die Bewohner das gesamte Geld auf Girokonten halten und der Mindestreservesatz bei 100 % liegt?**
    c) **wenn die Bewohner zu gleichen Teilen Bargeld und Giroeinlagen besitzen und der Mindestreservesatz bei 100 % liegt?**
    d) **wenn die Bewohner das gesamte Geld auf Girokonten halten und der Mindestreservesatz 10 % beträgt?**
    e) **wenn die Bewohner zu gleichen Teilen Bargeld und Giroeinlagen besitzen und der Mindestreservesatz 10 % beträgt?**
    Die Geldmenge setzt sich aus der Summe von Bargeld und Sichteinlagen zusammen. Sind die Sichteinlagen größer null und der Mindestreservesatz kleiner 100 %, muss der multiple Geldschöpfungsprozess berücksichtigt werden. Der Geldschöpfungsmultiplikator lässt sich in Abhängigkeit des Mindestreservesatzes R und der Bargeldquote c (Anteil der Bargeldhaltung an der gesamten Geldmenge) mit $1/[R + c \times (1 - R)]$ berechnen.
    a) Die Geldmenge beträgt genau € 2.000, da keinerlei Sichteinlagen gehalten werden und damit keine Sekundärgeldschöpfung stattfindet.
    b) Auch in diesem Fall beträgt die Geldmenge genau € 2.000, da ein Mindestreservesatz von 100 % eine Sekundärgeldschöpfung verhindert.
    c) Bei einem Mindestreservesatz von 100 % findet keine Sekundärgeldschöpfung statt. Die Geldmenge beträgt somit € 2.000.
    d) Bei c = 0 und R = 0,1 beträgt die Geldmenge € 20.000.
    e) Bei c = 0,5 und R = 0,1 beträgt die Geldmenge € 3.636.

Kapitel 30   Geldmengenwachstum und Inflation

Stichwörter

Quantitätstheorie des Geldes	Quantitätsgleichung
nominale Variablen	Inflationssteuer
reale Variablen	Fisher-Effekt
klassische Dichotomie	Schuhsohlen-Kosten
Neutralität des Geldes	Speisekarten-Kosten
Umlaufgeschwindigkeit des Geldes	

Wiederholungsfragen

1. **Erklären Sie, inwiefern sich ein Anstieg des Preisniveaus auf den realen Wert des Geldes auswirkt.**

   Wenn das Preisniveau steigt, müssen die Wirtschaftssubjekte beim Kauf von Waren und Dienstleistungen mehr bezahlen. Das Preisniveau verkörpert demnach ein (inverses) Maß für den Geldwert. Ein Anstieg des Preisniveaus reduziert den Wert des Geldes, da mit jedem Euro nur noch eine geringere Menge an Waren und Dienstleistungen gekauft werden kann. Mathematisch ausgedrückt: Ist P der in Geld gemessene Preis der Waren und Dienstleistungen, dann ist $1/P$ der in Gütern gemessene Wert des Geldes. Ein Anstieg des Preisniveaus hat somit einen Rückgang des Geldwerts zur Folge.

2. **Worin besteht nach der Quantitätstheorie des Geldes die Auswirkung einer Erhöhung der Geldmenge?**

   Die *Quantitätstheorie* des Geldes besagt, dass die verfügbare Geldmenge das Preisniveau und die Wachstumsrate der Geldmenge die Inflation bestimmt. Eine Ausweitung der Geldmenge führt zu einem Überangebot an Geld und erhöht auf diese Weise die Nachfrage nach Waren und Dienstleistungen. Bei einem konstanten Güterangebot kann die gestiegene Nachfrage lediglich durch einen Preisanstieg abgebaut werden. Die Erhöhung des Preisniveaus wiederum bewirkt einen Anstieg der nachgefragten Geldmenge, da die Konsumenten für Waren und Dienstleistungen mehr bezahlen müssen. Im Endeffekt erreicht die Volkswirtschaft ein neues Gleichgewicht, in dem die nachgefragte Geldmenge aufgrund des Preisanstiegs wieder der angebotenen Geldmenge entspricht. Der Geldwert ist gesunken.

3. **Erklären Sie den Unterschied zwischen nominalen und realen Variablen, und geben Sie jeweils zwei Beispiele. Welche Variablen werden nach dem Prinzip der Neutralität des Geldes durch Änderungen der Geldmenge beeinflusst?**
Nominale Variablen sind Variablen, die in Geldeinheiten ausgedrückt werden, wie zum Beispiel Güterpreise oder (Geld-)Löhne. Reale Variablen sind Variablen, die in Mengeneinheiten ausgedrückt werden. Dazu zählen u. a. Produktionsmengen, die nachgefragte/angebotene Gütermenge oder der angebotene/nachgefragte Arbeitseinsatz. Nach dem Prinzip der Neutralität des Geldes beeinflussen Änderungen des Geldangebots lediglich nominale Variablen, nicht jedoch reale Größen.

4. **Inwiefern stellt Inflation eine Art Steuer dar? Wie kann die Sichtweise der Inflation als eine Art von Steuer dazu beitragen, Hyperinflationen zu erklären?**
Wenn der Staat Einnahmen durch das Drucken von Geld erzielt, spricht man von einer Inflationssteuer. Wenn der Staat Geld druckt, erhöht sich das Preisniveau, und der Euro verliert an Wert. Die Inflationssteuer stellt daher eine Steuer auf das Halten von Geld dar. Fast alle Hyperinflationen folgen dem gleichen Muster: Der Staat hat hohe Ausgaben, die Steuereinnahmen sind unzulänglich, und die Möglichkeiten der Kreditaufnahme begrenzt. Infolgedessen druckt der Staat Geld, um seine Ausgaben zu finanzieren. Der massive Anstieg der Geldmenge führt zu extremer Inflation (Hyperinflation).

5. **Wie wirkt sich nach dem Fisher-Effekt ein Anstieg der Inflationsrate auf den Real- und den Nominalzinssatz aus?**
Auf lange Sicht sollte eine Änderung des Wachstums der Geldmenge keinen Einfluss auf den Realzinssatz haben. Damit der Realzinssatz unverändert bleibt, muss sich der Nominalzinssatz eins zu eins an die Änderungen der Inflationsrate anpassen. Eine Erhöhung des Geldmengenwachstums hat damit sowohl eine höhere Inflationsrate als auch einen höheren Nominalzinssatz zur Folge. Diese Anpassung des Nominalzinssatzes an die Inflationsrate wird als *Fisher-Effekt* bezeichnet.

6. **Welches sind die Kosten der Inflation? Welche dieser Kosten sind Ihrer Meinung nach für die deutsche Wirtschaft am wichtigsten?**
»*Schuhsohlen-Kosten*«: umfassen die Ressourcen, die verschwendet werden, wenn die Menschen aufgrund der Inflation ihre Kassenhaltung verringern.
»*Speisekarten-Kosten*«: bezeichnen die Kosten von Preisveränderungen für die Unternehmungen, bestehend aus den Kosten für die Bekanntmachung der neuen Preise (Preiskennzeichnung, Preislisten) oder Kosten der Preisentscheidung.
Variabilität der relativen Preise und Fehlallokation der Ressourcen: Bei einer Verzerrung der relativen Preise durch die Inflation werden auch die Konsumentenentscheidungen verzerrt. Eine effiziente Allokation der Ressourcen über die Märkte ist nicht mehr möglich.
Inflationsbedingte Steuerverzerrungen: Inflationseffekte werden in den Steuergesetzen häufig ignoriert. Inflation verändert jedoch die Steuerbelastung auf eine Art und Weise, die vom Gesetzgeber nicht beabsichtigt war. So führt Infla-

tion zu einer Überzeichnung der Höhe der Kapitalgewinne und erhöht auf diese Weise die Steuerbelastung bei dieser Art von Einkommen. Gleichzeitig erhöht Inflation die Steuerbelastung der Ersparnisse und verringert auf diese Weise über eine niedrige Sparneigung tendenziell die Rate des langfristigen Wirtschaftswachstums. Vor diesem Hintergrund erweisen sich die volkswirtschaftlichen Kosten inflationsbedingter Steuerverzerrungen von besonderer Bedeutung.

Verwirrung und Unannehmlichkeiten: Durch die Inflation wird es komplizierter, Einnahmen und Gewinne zu berechnen. Für Investoren wird es daher schwieriger, erfolgreiche Unternehmungen von weniger erfolgreichen zu unterscheiden. Finanzmärkte werden in ihrer Funktion behindert, die Ersparnisse der Volkswirtschaft alternativen Arten von Investitionen zuzuführen.

Willkürliche Vermögensumverteilung: Unerwartete Inflation führt zu einer Umverteilung von Vermögen unter der Bevölkerung auf eine Art und Weise, die weder mit Leistung noch mit Bedarf zu tun hat. Es kommt zu diesen Umverteilungen, da viele Kredite über nominale Beträge aufgenommen werden. Unerwartete Preisänderungen verteilen das Vermögen zwischen Schuldner und Gläubiger um. Ein Kredit ist bei der Rückzahlung weniger wert als bei der Aufnahme. Dadurch wird der Schuldner besser, der Gläubiger schlechter gestellt.

Aufgrund der moderaten Inflationsrate in Deutschland sind eher die Kosten der Inflation von Bedeutung, die über einen längeren Zeitraum entstehen, wie beispielsweise inflationsbedingte Steuerverzerrungen und willkürliche Vermögensumverteilungen.

7. **Wer profitiert davon, wenn die Inflationsrate niedriger ist als erwartet – die Schuldner oder die Gläubiger? Begründen Sie Ihre Antwort.**

Ist die Inflationsrate niedriger als erwartet, so profitiert der Gläubiger davon, da der Realwert der Kreditsumme weniger sinkt als erwartet. Der Kreditnehmer muss eine Kreditschuld tilgen, die mehr wert ist als erwartet, ihn also stärker belastet.

Aufgaben und Anwendungen

1. **Nehmen wir an, dass die Politik der Zentralbank darauf abzielt, die Inflationsrate auf 0 % zurückzuführen. Angenommen, die Umlaufgeschwindigkeit des Geldes ist konstant. Macht das Ziel einer Inflationsrate von 0 % eine Wachstumsrate der Geldmenge von 0 % erforderlich? Wenn ja, erklären Sie, warum. Wenn nein, erklären Sie, wie hoch die Wachstumsrate der Geldmenge sein sollte.**

Das Ziel einer Inflationsrate von 0 % setzt nicht auch eine Wachstumsrate der Geldmenge von 0 % voraus. Anhand der Quantitätsgleichung $M \times V = P \times Y$ ist leicht zu erkennen, dass bei einer konstanten Umlaufgeschwindigkeit V das Preisniveau P genau dann gleich bleibt, wenn die Veränderung der Geldmenge M der Veränderung der Outputmenge Y entspricht.

2. **Nehmen Sie an, die Geldmenge in einer Volkswirtschaft beträgt heute € 500 Mrd., das nominale BIP ist € 10 Bio. und das reale BIP beläuft sich auf € 5 Bio.**

   a) **Wie hoch ist das Preisniveau? Wie groß ist die Umlaufgeschwindigkeit des Geldes?**

   b) **Nehmen Sie an, die Umlaufgeschwindigkeit des Geldes bliebe konstant und das Produktionsniveau der Volkswirtschaft wächst um 5 % pro Jahr. Wie entwickeln sich nominales BIP und Preisniveau, wenn die Zentralbank die Geldmenge unverändert lässt?**

   c) **Welche Geldmenge sollte die Zentralbank festsetzen, wenn sie für das kommende Jahr ein stabiles Preisniveau anstrebt?**

   a) Preisniveau = nominales BIP / reales BIP = 2
   Umlaufgeschwindigkeit = Nominales BIP (Preisniveau × Output) / Geldmenge = 20

   b) Wenn die Umlaufgeschwindigkeit des Geldes konstant bleibt und die Geldmenge ebenfalls unverändert ist, dann muss nach der Quantitätsgleichung des Geldes auch das nominale BIP konstant bleiben. Bei einem konstanten nominalen BIP und einem Produktionsniveau, das um 5 % wächst, wird das Preisniveau entsprechend um 5 % sinken.

   c) Strebt die Zentralbank für das kommende Jahr ein stabiles Preisniveau an, dann muss die Erhöhung der Geldmenge bei einer konstanten Umlaufgeschwindigkeit der Änderung des Outputs entsprechen. Dementsprechend muss die Zentralbank eine Erhöhung der Geldmenge um 5 % festlegen. Damit beträgt die Geldmenge im nächsten Jahr € 525 Mrd.

3. **Im vorhergehenden Kapitel wurde gezeigt, dass es mehrere Maße für den Geldbestand gibt, wobei die größeren Maße mehr Vermögenswerte umfassen als die kleineren. Wie kann die Quantitätsgleichung all diese Maße umfassen?**

   Quantitätsgleichung und Quantitätstheorie integrieren alle Maße des Geldbestands in der Komponente M, der Geldmenge. Welcher Geldmengenbegriff mit M tatsächlich assoziiert wird, hängt von der individuellen Betrachtungsweise ab.

4. **Der Volkswirt John Maynard Keynes hat geschrieben: »Es heißt, dass Lenin behauptet habe, der beste Weg, das kapitalistische System zu zerstören bestehe darin, die Währung zu verderben. Bei einem fortgesetzten Inflationsprozess könne der Staat, heimlich und unbeobachtet, einen beträchtlichen Teil des Vermögens seiner Bürger beschlagnahmen.« Erklären Sie Lenins Behauptung.**

   Dieses Zitat steht in einem unmittelbaren Zusammenhang mit der Inflationssteuer. Bei einem fortgesetzten Inflationsprozess durch ein permanentes Wachstum der Geldmenge verliert das Geldvermögen der Bevölkerung laufend an Wert, während der Staat das neu gedruckte Geld zur Deckung seiner Ausgaben verwendet. In letzter Konsequenz bedeutet eine fortgesetzte Inflation die Besteuerung der Geldhaltung.

5. **Stellen Sie sich vor, die Inflationsrate eines Landes steigt stark an. Was geschieht mit der Inflationssteuer? Warum ist Vermögen, das in Form von Sparbüchern gehalten wird, nicht von einer Änderung der Inflationssteuer betroffen? Können Sie sich vorstellen, wie die Besitzer von Sparbüchern durch einen Anstieg der Inflationsrate Schaden erleiden könnten?**

   Bei einem starken Anstieg der Inflationsrate erhöht sich die Inflationssteuer, da der Wert des Geldes rapide sinkt. Vermögen, das in Form von Sparbüchern gehalten wird, ist zunächst nicht durch die Erhöhung der Inflationssteuer betroffen, da das hohe Preisniveau erst dann den Wertverlust des Geldes offenbart, wenn es ausgegeben wird. Schaden erleiden die Besitzer von Sparbüchern, wenn der starke Anstieg der Inflationsrate nicht durch einen äquivalenten Anstieg des Nominalzinssatzes kompensiert wird. Mit der realen Verzinsung sinkt auch der Geldwert der Guthaben.

6. **Hyperinflationen treten in Ländern mit einer von der Regierung unabhängigen Zentralbank äußerst selten auf. Was könnte der Grund hierfür sein?**

   Bei Existenz einer unabhängigen Zentralbank ist es der Regierung nicht möglich, Budgetdefizite einfach über eine Ausweitung der Geldmenge zu finanzieren und auf diese Weise Inflation zu verursachen. Die Regelung der Geldmenge obliegt in diesem Fall der Zentralbank, die das Wachstum der Geldmenge lediglich an realwirtschaftliche Gegebenheiten (Wachstum der Outputmenge) anpassen wird.

7. **Stellen Sie sich vor, Bob und Rita sind Bauern. Bob baut Bohnen an, Rita Reis. Bob und Rita sind die einzigen Menschen in der Volkswirtschaft und konsumieren beide immer die gleichen Mengen an Reis und Bohnen. 2006 lag der Bohnenpreis bei € 1 und der Reispreis bei € 3.**

   a) **Angenommen, 2007 betrug der Preis für Bohnen € 2 und der Preis für Reis € 6. Wie hoch war die Inflation? Wurde Bob durch die Preisänderungen besser oder schlechter gestellt oder blieb seine Lage unverändert? Wie sah es für Rita aus?**

   b) **Nehmen wir nun an, 2007 betrug der Preis für Bohnen € 2 und der Preis für Reis € 4. Wie hoch war die Inflation? Wurde Bob durch die Preisänderungen besser oder schlechter gestellt oder blieb seine Lage unverändert? Wie sah es für Rita aus?**

   c) **Nehmen wir abschließend an, 2007 betrug der Preis für Bohnen € 2 und der Preis für Reis € 1,50. Wie hoch war die Inflation? Wurde Bob durch die Preisänderungen besser oder schlechter gestellt oder blieb seine Lage unverändert? Wie sah es für Rita aus?**

   a) Die Inflation betrug 100 %. Rita und Bob werden durch die Preiserhöhungen weder besser noch schlechter gestellt, da den höheren Einnahmen äquivalente höhere Ausgaben gegenüberstehen.

   b) Setzt sich der Warenkorb der Volkswirtschaft zu gleichen Teilen aus Bohnen und Reis zusammen, so betrug die Inflation 50 %. In diesem Fall ist Bob besser gestellt und Rita schlechter gestellt, da die Einnahmen von Bob stärker gestiegen sind als seine Ausgaben, während die Einnahmen von Rita geringer gestiegen sind als ihre Ausgaben.

c) Die Inflation betrug –12,5 %. Bob wurde durch diese Entwicklung wesentlich besser gestellt, da er höhere Einnahmen und gesunkene Ausgaben hat. Rita wurde dagegen wesentlich schlechter gestellt.

8. **In diesem Kapitel wurde der Realzinssatz als Nominalzinssatz abzüglich Inflationsrate definiert. Da nach dem deutschen Einkommensteuerrecht nominale Zinseinkünfte besteuert werden, können wir den Realzinssatz nach Steuer als Nominalzinssatz nach Steuer abzüglich Inflationsrate definieren.**

   a) **Nehmen Sie an, die Inflationsrate beträgt 0 %, der Nominalzinssatz 3 % und der Steuersatz 33 %. Wie hoch ist der Realzinssatz vor Steuern? Wie hoch ist der Realzinssatz nach Steuern? Wie hoch ist der effektive Steuersatz auf die realen Zinseinkünfte (die prozentuale Verringerung der realen Zinseinkünfte aufgrund der Steuer?)**

   b) **Nehmen Sie nun an, die Inflationsrate steigt auf 3 %, der Nominalzinssatz auf 6 % Wie hoch ist jetzt der Realzinssatz vor Steuern? Wie hoch ist der Realzinssatz nach Steuern? Wie hoch ist der effektive Steuersatz auf die realen Zinseinkünfte?**

   c) **Einige Volkswirte vertreten die Ansicht, dass die Inflation aufgrund unserer Einkommensteuer zu einer Verringerung des Sparanreizes führe. Erklären Sie diese Sichtweise unter Zuhilfenahme Ihrer Antworten zu den Teilfragen a) und b).**

   a) Da keine Inflation herrscht, entspricht der Realzinssatz vor Steuern dem Nominalzinssatz von 3 % und der Realzinssatz nach Steuern dem Nominalzinssatz nach Steuern von 2 %. Der effektive Steuersatz auf reale Zinseinkünfte beläuft sich auf 33 %.

   b) Der Realzinssatz vor Steuern verbleibt bei 3 %, der Realzinssatz nach Steuern sinkt auf 1 %. Der effektive Steuersatz auf reale Zinseinkünfte erhöht sich somit auf 66 %.

   c) Vor dem Hintergrund der Ergebnisse aus a) und b) ist dieser Ansicht zuzustimmen, da die Inflation bei gleichem Realzinssatz zu einer Verdopplung des effektiven Steuersatzes auf reale Zinseinkünfte geführt hat.

9. **Worin bestehen Ihre »Schuhsohlen-Kosten«? Wie könnten Sie diese Kosten in Euro messen? Wie unterscheiden sich Ihrer Meinung nach die »Schuhsohlen-Kosten« Ihres Universitätspräsidenten von Ihren eigenen?**

   »Schuhsohlen-Kosten« bestehen in Ressourcen, die verschwendet werden, wenn Leute aufgrund der Inflation ihre Kassenhaltung verringern. Eine Messung dieser Kosten müsste an den Opportunitätskosten der Anstrengungen zur Inflationsvermeidung ansetzen. Diese Kosten fallen für Personen mit einem höheren Geldvermögen und deswegen höherer Geldhaltung infolge größerer Anstrengungen und somit höheren Opportunitätskosten deutlich größer aus. Die »Schuhsohlen-Kosten« des Universitätspräsidenten, seine Zeit und seine Unannehmlichkeiten der Inflationsvermeidung werden demzufolge wesentlich höher sein.

10. **Erinnern Sie sich, dass Geld drei Funktionen in der Volkswirtschaft erfüllt. Worin bestehen diese Funktionen? Wie wirkt sich Inflation auf die Fähigkeit des Geldes aus, jede dieser Funktionen zu erfüllen?**

Geld als Tauschmittel/Zahlungsmittel: Liegt Geld als Rechengeld vor, so wird die Funktion als Zahlungsmittel durch eine starke Inflation beeinträchtigt. Verkäufer werden im Falle einer Hyperinflation in Anbetracht des ständig sinkenden Geldwerts Geld nicht mehr oder nur noch in geringerem Umfang als Zahlungsmittel akzeptieren und stattdessen eine Bezahlung in Form von Warengeld verlangen.

Geld als Recheneinheit: Auch diese Funktion wird durch Inflation beeinträchtigt, da die Preiserhöhungen zu einer Verzerrung der relativen Preise führen, wenn – wie es in der Regel geschieht – sich die Preise verschiedener Güter in unterschiedlichem Maße erhöhen.

Geld als Wertaufbewahrungsmittel: Diese Funktion wird durch Inflation ebenfalls stark beeinträchtigt, da der Wert des Geldes ständig sinkt. Die Wirtschaftssubjekte werden verstärkt zur Haltung von nichtmonetärem Vermögen übergehen.

11. **Stellen Sie sich vor, die Deutschen erwarten eine Inflation von 3 % für 2004, tatsächlich steigen die Preise aber um 5 %. Inwiefern würde sich diese unerwartet hohe Inflation vorteilhaft oder nachteilig auswirken für:**
    a) die Bundesregierung,
    b) einen Hausbesitzer mit einem festen Hypothekenzinssatz,
    c) eine Universität, die einen Teil ihrer Mittel aus Stiftungen in Schatzbriefe investiert hat?

    a) Inwiefern sich eine unerwartet hohe Inflation vorteilhaft oder nachteilig für die Bundesregierung auswirkt, kann nicht abschließend geklärt werden. Auf der einen Seite verringert sich der Geldwert der jährlichen Zinszahlungen im Schuldendienst, und die Einnahmen aus der Umsatzsteuer steigen. Auf der anderen Seite sinkt der Geldwert der Einnahmen aus der Einkommensteuer in Relation zu den gestiegenen Ausgaben für Sachaufwendungen.

    b) Ein Hausbesitzer mit einem festen Hypothekenzinssatz profitiert von der unerwartet hohen Inflation, da der Geldwert der Zinszahlungen und des Rückzahlungsbetrags bei einem konstanten nominalen Zinssatz sinken.

    c) Die unerwartet hohe Inflation wirkt sich nachteilig auf die Universität aus, da der Geldwert der Kuponzahlungen der Schatzbriefe sinkt.

12. **Erläutern Sie eine schädliche Wirkung, die mit unerwarteter Inflation, nicht aber mit erwarteter Inflation verbunden ist. Erläutern Sie eine schädliche Wirkung, die sowohl mit erwarteter als auch mit unerwarteter Inflation verbunden ist.**

    Unerwartete Inflation führt zu einer Umverteilung von Vermögen unter der Bevölkerung auf eine Art und Weise, die weder mit Leistung noch mit Bedarf zu tun hat. Es kommt zu diesen Umverteilungen, da viele Kredite in der Volkswirtschaft über nominale Beträge aufgenommen werden und eine unerwartete Inflation nicht in den Rückzahlungsmodalitäten berücksichtigt wird. Eine erwartete Inflation fließt dagegen über eine Erhöhung des (Nominal-)Zinssatzes in die Modalitäten der Kreditverträge ein. Andere schädliche Wirkungen der Inflation, die sich in »Schuhsohlen-Kosten«, »Speisekarten-Kosten«, einer Fehlallokation von Ressourcen oder einer Verzerrung der Steuerbelastung widerspiegeln, treten bei erwarteter und unerwarteter Inflation gleichermaßen auf.

13. **Sind die folgenden Aussagen wahr, falsch oder ungewiss? Begründen Sie Ihre Antworten.**

   a) **»Inflation benachteiligt Kreditnehmer und begünstigt Kreditgeber, da die Kreditnehmer einen höheren Zinssatz bezahlen müssen.«**

   b) **»Wenn sich die Preise in einer Art und Weise ändern, die das allgemeine Preisniveau unverändert lässt, dann wird niemand besser oder schlechter gestellt.«**

   c) **»Inflation verringert die Kaufkraft der meisten Arbeitskräfte nicht.«**

   a) Diese Aussage ist falsch. Eine höhere Verzinsung benachteiligt den Kreditnehmer keinesfalls, da sie nur ein Äquivalent für den Wertverlust der Kreditsumme aufgrund der Inflation darstellt. Wenn Inflation jemanden begünstigt, dann sind es die Kreditnehmer. Dies gilt jedoch nur, wenn der Kredit mit einem Nominalzinssatz ausgestattet ist, der während der Kreditlaufzeit nicht verändert wird.

   b) Konsumieren alle exakt den Warenkorb des allgemeinen Preisindex, so trifft diese Aussage zu. Anderenfalls können Verschiebungen in den relativen Preisen zwischen einzelnen Gütern durchaus eine Benachteiligung bestimmter Konsumentengruppen bewirken.

   c) Diese Aussage gilt, wenn das Einkommen der Arbeitskräfte an die Inflationsrate angepasst ist. Da die meisten Leute ihr Einkommen damit verdienen, dass sie ihre Dienste verkaufen, ist eine Inflation bei den Preisen mit einer Inflation bei den Einkommen verbunden. Die reale Kaufkraft der Bevölkerung bleibt unverändert.

TEIL XI   Die Makroökonomik der offenen Volkswirtschaft

Kapitel 31   Grundsätzliches über die offene Volkswirtschaft

Stichwörter

geschlossene Volkswirtschaft	Leistungsbilanzausgleich
offene Volkswirtschaft	Nettokapitalabfluss
Exporte	nominaler Wechselkurs
Importe	Aufwertung
Nettoexporte/Außenbeitrag	Abwertung
Leistungsbilanz	realer Wechselkurs
Leistungsbilanzüberschuss	Kaufkraftparität
Leistungsbilanzdefizit	Gemeinsamer Währungsraum

Wiederholungsfragen

1. **Definieren Sie die Begriffe Nettoexporte und Nettokapitalabfluss. Erläutern Sie, wie und warum diese Begriffe miteinander in Verbindung stehen.**
   Die Nettoexporte beziffern den Wert der Exporte eines Landes abzüglich des Werts seiner Importe. Die Nettoexporte werden auch als Außenbeitrag bezeichnet. Der Nettokapitalabfluss misst den Erwerb ausländischer Aktiva durch Inländer abzüglich des Erwerbs inländischer Aktiva durch Ausländer. Nettokapitalabfluss und Nettoexporte stimmen stets überein: *Nettokapitalabfluss = Nettoexporte*. Jede Transaktion, die eine Seite der Gleichung betrifft, beeinflusst auch die andere Seite der Gleichung in gleicher Höhe. Die Gleichheit beider Größen resultiert aus der Tatsache, dass jede internationale Transaktion einen Austausch zwischen Waren und Dienstleistungen und Aktiva darstellt. Die internationalen Waren- und Dienstleistungsströme und die internationalen Kapitalströme sind also zwei Seiten ein und derselben Medaille.

2. Erklären Sie die Beziehungen zwischen Ersparnis, Investitionen und Nettokapitalabfluss.

Die Ersparnis eines Landes entspricht dessen inländischen Investitionen zuzüglich des Nettokapitalabflusses. Das Einkommen eines Landes, das nach Abzug der Ausgaben für den laufenden Konsum und den Staatsverbrauch verbleibt, kann alternativ für Investitionen im In- oder Ausland verwendet werden.

3. Wenn ein japanisches Auto 500.000 Yen und ein vergleichbares US-amerikanisches Auto 10.000 Dollar kostet und wenn ein Dollar 100 Yen wert ist, wie lauten dann der nominale und der reale Wechselkurs aus Sicht der USA?

Der nominale Wechselkurs ist das Verhältnis, zu dem die Währung eines Landes gegen die Währung eines anderen Landes getauscht werden kann. Er beträgt in diesem Fall Yen 100 (Mengennotierung). Der reale Wechselkurs bestimmt dagegen das Verhältnis, zu dem Waren und Dienstleistungen eines Landes gegen Waren und Dienstleistungen eines anderen Landes getauscht werden können.

$$\text{Realer Wechselkurs (Mengennotierung)} = \frac{\text{nominaler Wechselkurs} \times \text{inländischer Preis}}{\text{ausländischer Preis}}$$

Der reale Wechselkurs (Mengennotierung) beträgt zwei japanische Autos für ein US-amerikanisches Auto.

$$\text{Realer Wechselkurs (Preisnotierung)} = \frac{\text{nominaler Wechselkurs} \times \text{ausländischer Preis}}{\text{inländischer Preis}}$$

Der reale Wechselkurs (Preisnotierung) beträgt 0,5 US-amerikanische Autos für ein japanisches Auto.

4. Beschreiben Sie die ökonomische Logik, die der Kaufkraftparitätentheorie zu Grunde liegt.

Die Theorie der Kaufkraftparität basiert auf dem Grundsatz des Gesetzes vom einheitlichen Preis. Dieses Gesetz besagt, dass ein Gut sich allerorten zum gleichen Preis verkaufen muss. Ansonsten gäbe es nicht ausgenutzte Gewinnmöglichkeiten durch Arbitrage. Gemäß dieser Theorie muss eine Währungseinheit in allen Ländern die gleiche Kaufkraft haben, sie muss denselben realen Wert besitzen.

5. Wenn die EZB große Mengen inländischen Geldes druckt, was passiert dann mit der Menge an ausländischen Geldeinheiten, die man für eine inländische Geldeinheit erhalten kann?

Das Drucken großer Geldmengen durch die Zentralbank hat zur Folge, dass für eine Einheit an Auslandswährung mehr Einheiten der inländischen Währung gezahlt werden müssen bzw. mit einer inländischen Geldeinheit eine geringere Menge an Auslandswährung erworben werden kann, da der Wert des inländischen Geldes gesunken ist.

Aufgaben und Anwendungen

1. **Wie werden die folgenden Transaktionen die deutschen Exporte, Importe und Nettoexporte beeinflussen?**
   a) **Ein deutscher Professor verbringt seinen Sommerurlaub in den Rocky Mountains.**
   b) **Eine große Anzahl Pariser Studenten schaut sich die neueste deutsche Komödie im Kino an.**
   c) **Ihr Onkel kauft einen neuen Volvo.**
   d) **Ein Londoner Supermarkt verkauft deutsches Nutella.**
   e) **Ein Japaner kauft in Deutschland Parfüm ein, um die japanischen Steuern zu umgehen.**

   a) Der Sommerurlaub eines deutschen Professors stellt einen Import von Dienstleistungen aus den USA dar und verschlechtert die deutsche Leistungsbilanz. Die Nettoexporte sinken.
   b) Die Aufführung eines deutschen Kinofilms in Paris setzt einen Export von Deutschland nach Frankreich voraus, sodass die deutschen Nettoexporte steigen.
   c) Der Kauf eines schwedischen Volvos ist ein Import aus Schweden nach Deutschland, die deutschen Nettoexporte sinken.
   d) Der Verkauf von Nutella in London stellt den Export eines Guts von Deutschland nach England dar und erhöht so die Nettoexporte.
   e) Kauft ein Japaner in Deutschland Parfüm ein, so handelt es sich um einen Export von Deutschland nach Japan, der die Nettoexporte erhöht.

2. **Nennen Sie einige Gründe, warum jedes der unten aufgeführten Produkte heute stärker international gehandelt wird als früher.**
   a) **Weizen**
   b) **Bankdienstleistungen**
   c) **Computersoftware**
   d) **Autos**

   a) Abbau von Handelshemmnissen, verbesserte Transportmöglichkeiten
   b) rasantes Wachstum des Sektors für Finanzdienstleistungen (Abbau von Handels- und Transporthemmnissen durch technischen Fortschritt)
   c) technischer Fortschritt führt zur Entwicklung neuer Produkte (neue Präferenzen der Verbraucher)
   d) Abbau von Handelshemmnissen, Erhöhung des Lebensstandards in den Industrieländern

3. **Wie werden die folgenden Transaktionen den deutschen Nettokapitalabfluss beeinflussen?**
   a) **Eine deutsche Mobilfunk-Unternehmung eröffnet ein Büro in der tschechischen Republik.**
   b) **Das englische Kaufhaus Harrods verkauft Aktien an den Pensionsfonds von Volkswagen.**
   c) **Honda eröffnet eine deutsche Produktionsstätte.**

d) Eine deutsche Investmentgesellschaft verkauft ihre General-Motors-Aktien an einen französischen Investor.

a) Die Eröffnung eines Büros in der tschechischen Republik durch eine deutsche Mobilfunk-Unternehmung stellt eine deutsche Direktinvestition in Tschechien dar, die den deutschen Nettokapitalabfluss erhöht.

b) Verkauft das englische Kaufhaus Aktien an den Pensionsfonds von Volkswagen, so handelt es sich bei dem Kauf um eine Portfolioinvestition, die ebenfalls den deutschen Nettokapitalabfluss erhöht.

c) Der Eröffnung einer deutschen Produktionsstätte von Honda ist eine japanische Direktinvestition in Deutschland. Der Erwerb inländischer Aktiva durch Ausländer verringert den Nettokapitalabfluss.

d) Der Verkauf der Aktien an einen französischen Investor reduziert über die Verringerung der Portfolioinvestitionen den Nettokapitalabfluss.

4. **Wird ein Anstieg des Nettokapitalabflusses bei konstanter inländischer Ersparnis die Akkumulation inländischen Kapitals eines Landes erhöhen, senken oder unbeeinflusst lassen?**

Bei konstanter inländischer Ersparnis muss der Anstieg des Nettokapitalabflusses die Akkumulation inländischen Kapitals (inländische Investitionen) reduzieren.

5. **Der Wirtschaftsteil der meisten größeren Zeitungen enthält eine Wechselkursübersicht. Suchen Sie eine solche Übersicht und beantworten Sie mit deren Hilfe die folgenden Fragen.**

a) **Werden dort nominale oder reale Wechselkurse angegeben? Erklären Sie.**

b) **Wie lauten die Wechselkurse zwischen der Eurozone und den Vereinigten Staaten und zwischen der Eurozone und Japan? Berechnen Sie den Wechselkurs zwischen den Vereinigten Staaten und Japan.**

c) **Wenn im Verlauf des nächsten Jahres die Inflation in der Eurozone über der US-amerikanischen liegt, würden Sie dann eine Aufwertung oder eine Abwertung des Euro gegenüber dem Dollar erwarten?**

a) Im Wirtschaftsteil sind lediglich die nominalen Wechselkurse zu finden, die das Verhältnis angeben, zu dem die Währung eines Landes gegen die Währung eines anderen Landes getauscht werden kann.

b) Am 18. Januar 2008 gab es folgende Wechselkurse (Mengennotierungen): € 1 = $ 1,4601 und € 1 = Yen 156,1232. Daraus lässt sich der Wechselkurs zwischen den USA und Japan über den Quotienten Yen 156,1232 / $ 1,4601 mit $ 1 = Yen 106,9264 bestimmen.

c) Liegt die Inflation in der Eurozone im Verlauf des nächsten Jahres über der Inflation in den USA, so verliert der Euro stärker an Wert als der Dollar. Demzufolge werde ich weniger Dollar für einen Euro bekommen. Der Euro wird gegenüber dem Dollar also abgewertet.

6. **Welche der folgenden Gruppen würde sich über eine Aufwertung des Dollar freuen, welche würde sich ärgern? Erläutern Sie Ihre Antwort.**
   a) **Niederländische Pensionsfonds, die US-amerikanische Staatsanleihen halten,**
   b) **das Verarbeitende Gewerbe der USA,**
   c) **australische Touristen, die eine Reise in die USA planen,**
   d) **ein US-amerikanisches Unternehmen, das in Europa Eigentum erwerben möchte.**

   a) Die niederländischen Pensionsberechtigten würden sich über eine Aufwertung des Dollars freuen, da die US-amerikanischen Staatsanleihen nun mehr wert sind und höhere Pensionszahlungen möglich machen.

   b) Das Verarbeitende Gewerbe in den USA wäre über eine Aufwertung verärgert, da deren Produkte für andere Länder teurer werden. Die Exportchancen sinken.

   c) Australische Touristen, die eine Reise in die USA planen, wären von einer Aufwertung ebenfalls nicht begeistert, da sie für ihre Reise nun mehr (in Australischen Dollars) bezahlen müssten.

   d) Ein US-amerikanisches Unternehmen, das in Europa Eigentum erwerben will, profitiert von einer Aufwertung, da der Dollar gegenüber den europäischen Währungen mehr wert ist. Die Unternehmung kann demzufolge für die gleiche Summe an Dollar mehr Eigentum in Europa erwerben.

7. **Was passiert mit dem realen Wechselkurs der Europäischen Währungsunion (in Mengennotierung) in jeder der folgenden Situationen? Erläutern Sie Ihre Antwort.**
   a) **Der nominale Wechselkurs des Euro gegenüber dem Ausland ist unverändert, aber die Preise steigen in der Eurozone schneller als im Ausland.**
   b) **Der nominale Wechselkurs des Euro gegenüber dem Ausland ist unverändert, aber die Preise steigen im Ausland schneller als in der Eurozone.**
   c) **Der nominale Wechselkurs des Euro gegenüber dem Ausland sinkt (Abwertung des Euro), die Preise im In- und Ausland bleiben unverändert.**
   d) **Der nominale Wechselkurs des Euro gegenüber dem Ausland sinkt (Abwertung des Euro), und die Preise im Ausland steigen schneller als im Inland.**

   a) Der reale Wechselkurs steigt, da sich das Verhältnis, zu dem inländische Güter in ausländische Güter getauscht werden können, erhöht.

   b) Der reale Wechselkurs fällt, da sich das Verhältnis, zu dem inländische Güter in ausländische Güter getauscht werden können, sinkt.

   c) Der reale Wechselkurs sinkt, da der Euro nun weniger wert ist und man für die gleiche Menge an Euro nun weniger ausländische Güter kaufen kann.

   d) Der reale Wechselkurs sinkt, da zum einen der Euro weniger wert ist und man zum anderen für die gleiche Menge an inländischen Gütern nun weniger ausländische Güter erhält.

8. **Führen Sie drei Güter an, für die das Gesetz von der Einheitlichkeit des Preises wahrscheinlich Gültigkeit haben wird, und drei Güter, für die es voraussichtlich nicht gilt. Begründen Sie Ihre jeweilige Wahl.**

Für Güter, die wie Kleidung, elektronische Geräte oder Musik-CDs leicht handelbar sind und für die annähernd vollständige Substitute in anderen Ländern existieren, wird das Gesetz von der Einheitlichkeit des Preises wahrscheinlich Gültigkeit haben. Für Güter, die dagegen nur eingeschränkt handelbar sind und für die spezielle Konsumentenpräferenzen bestehen, wie beispielsweise Friseurbesuche, Theateraufführungen oder Bier, werden wahrscheinlich keine einheitlichen Preise vorliegen.

9. **Eine Dose Sprudel kostet $ 0,75 in den Vereinigten Staaten und € 0,60 in Frankreich. Wie lautet der Dollar-Euro-Wechselkurs, wenn die Kaufkraftparitätentheorie gültig ist?**

Gilt die Kaufkraftparitätentheorie, so spiegelt der nominale Wechselkurs die unterschiedlichen Preisniveaus zweier Länder wider. Der Dollar-Euro-Wechselkurs beträgt demzufolge $ 1,25 für einen Euro.

10. **Nehmen Sie an, eine Tonne Weizen kostet in Deutschland € 50, in den USA dagegen $ 90, und der nominale Wechselkurs beträgt $ 1,50 pro Euro.**
    a) **Erläutern Sie, wie Sie aus dieser Situation Profit schlagen könnten. Wie hoch wäre Ihr Gewinn pro Tonne Weizen? Wenn auch andere Leute diese Profitmöglichkeit nutzen würden, was würde mit dem Weizenpreis in Deutschland und in den Vereinigten Staaten passieren?**
    b) **Nehmen Sie an, Weizen wäre das einzige Gut in der Welt. Was würde mit dem realen Wechselkurs zwischen Deutschland und den USA passieren?**

    a) Ein Profit könnte durch Arbitragegeschäfte entstehen. Auf der Grundlage des gegebenen Wechselkurses kostet eine Tonne Weizen in den USA € 60. Kauft man den Weizen in Deutschland für € 50 und verkauft ihn anschließend in den USA zu $ 90 (= € 60), so realisiert man pro Tonne einen (Arbitrage-)Gewinn von € 10, abzüglich möglicher Kosten für Transport und Lagerung. Nutzen auch andere Leute diese Möglichkeit, führt die vermehrte Nachfrage nach Weizen in Deutschland zu steigenden Preisen. Gleichzeitig führt das steigende Angebot an Weizen in den USA zu sinkenden Preisen. Im Endeffekt werden sich beide Preise nach dem Gesetz der Einheitlichkeit des Preises angleichen.

    b) Der reale Wechselkurs des Euro (Mengennotierung) wird steigen, da der Preis für Weizen in Deutschland steigt und der Preis für Weizen in den USA sinkt.

11. **Eine Fallstudie in diesem Kapitel analysierte auf der Grundlage der »Big Mac«-Parität die Gültigkeit der Kaufkraftparitätentheorie für verschiedene Länder. Nachfolgend finden Sie die Daten für einige weitere Länder:**

Land	Preis eines Big Mac	Wechselkurs (in $)
Indonesien	15.900 Rupien	9.015
Ungarn	600 Forint	180
Tschechien	52,90 Kronen	21,1
Kanada	3,88 Can $	1,05

a) **Warum ist ein Big Mac möglicherweise ein gutes Produkt für diesen Zweck?**

b) **Welchen Wechselkurs würden Sie auf der Grundlage der Big-Mac-Daten für jedes Land vorhersagen (1 Big Mac kostete in den USA im Juli 2007 $ 3,41). Wie gut kann die Kaufkraftparitätentheorie die Wechselkurse erklären?**

c) **Wie hoch ist der Wechselkurs zwischen dem ungarischen Forint und dem kanadischen Dollar auf der Grundlage der Kaufkraftparitätentheorie? Wie groß ist der tatsächliche Wechselkurs?**

a) Mit dem Big Mac verkauft McDonald's ein standardisiertes Produkt mit identischer Rezeptur in fast allen Ländern der Welt.

b)

Land	Wechselkurs (in $)	»Big Mac«-Parität	Abweichung gegenüber dem Wechselkurs (in %)
Indonesien	9.015 Rupien	(15.900 / 3,41) = 4.662,76	– 48,3
Ungarn	180 Forint	(600 / 3,41) = 175,95	– 2,2
Tschechien	21,1 Kronen	(52,90 / 3,41) = 15,51	– 26,5
Kanada	1,05 Can$	(3,88 / 3,41) = 1,14	– 8,6

Die Erklärungsgüte der Kaufkraftparitätentheorie ist unterschiedlich. Im Fall von Ungarn kann man mithilfe der »Big Mac«-Parität den Wechselkurs relativ genau abschätzen, während die gleiche Vorgehensweise für Indonesien zu deutlichen Abweichungen führt.

c) Berechneter Wechselkurs:
175,95 Forint je US$ / 1,14 Can$ je US$ = 154,34 Forint je Can$
Tatsächlicher Wechselkurs:
180,00 Forint je US$ / 1,05 Can$ je US$ = 171,43 Forint je Can$

Kapitel 32 Eine makroökonomische Theorie der offenen Volkswirtschaft

Stichwörter

Handelspolitik	Kapitalflucht

Wiederholungsfragen

1. **Beschreiben Sie Angebot und Nachfrage auf dem Kreditmarkt und dem Devisenmarkt. Wie stehen diese Märkte miteinander in Verbindung?**

   Das Angebot an Kreditmitteln stammt aus der inländischen Ersparnis. Inländische Investitionen und Nettokapitalabfluss bilden die Quelle der Kreditnachfrage. Angebotene und nachgefragte Kreditvolumina hängen vom Realzinssatz ab. Der reale Wechselkurs wird durch das Angebot und die Nachfrage nach Devisen bestimmt. Das Angebot an Euros, die die Marktteilnehmer in Auslandswährung umtauschen möchten (Devisennachfrage), stammt aus dem Nettokapitalabfluss. Da der Nettokapitalabfluss nicht vom realen Wechselkurs abhängt, verläuft die Euro-Angebotskurve vertikal. Die Nachfrage nach Euros resultiert aus den Nettoexporten. Da ein höherer realer Wechselkurs (Abwertung des Euro) die Nettoexporte fördert (und damit die Menge an Euros, die zur Bezahlung dieser Nettoexporte nachgefragt werden, erhöht), verläuft die Nachfragekurve steigend. Beide Märkte stehen über den Nettokapitalabfluss in Verbindung, der auf dem Kreditmarkt die Nachfrage determiniert und auf dem Devisenmarkt die Quelle des Angebots an Euros zum Devisentausch bildet.

2. **Warum bezeichnet man die gleichzeitige Existenz eines Haushaltsdefizits und eines Leistungsbilanzdefizits als Zwillingsdefizit (»twin deficit«)?**

   Ein staatliches Budgetdefizit ist nichts anderes als eine negative öffentliche Ersparnis. Dadurch wird die gesamtwirtschaftliche Ersparnis (die Summe aus privater und öffentlicher Ersparnis) reduziert. Damit verringert sich das Angebot an Kreditmitteln, der Zinssatz steigt und bremst die Investitionstätigkeit.

   In einer offenen Volkswirtschaft hat der Rückgang im Kreditangebot jedoch noch zusätzliche Wirkungen. Der Zinsanstieg reduziert den Nettokapitalabfluss. Da die Ersparnis, die im Inland bleibt, nun höhere Erträge erbringt, werden Investitionen im Ausland weniger attraktiv, und die Inländer erwerben weniger ausländische Aktiva. Höhere Zinssätze ziehen zudem ausländische Investoren an, die an den höheren Erträgen der inländischen Aktiva teilhaben wollen. Erhöhen sich also die Zinssätze im Zuge eines Budgetdefizits, so wird aufgrund des Verhaltens der in- und ausländischen Investoren der Nettokapitalabfluss des betrachteten Landes zurückgehen.

Da der Nettokapitalabfluss gesunken ist, benötigen die Marktteilnehmer weniger ausländische Währung zum Erwerb ausländischer Aktiva. Das reduzierte Angebot an inländischer Währung bewirkt eine Aufwertung der heimischen Währung. Diese Aufwertung der heimischen Währung verteuert im Gegenzug inländische gegenüber ausländischen Waren, sodass die Exporte sinken und die Importe aus dem Ausland ansteigen. Aus diesen beiden Gründen werden die Nettoexporte zurückgehen. In einer offenen Volkswirtschaft gehen also Haushaltsdefizite über den Anstieg der Realzinsen und einer Aufwertung der heimischen Währung mit einer Verschlechterung der Leistungsbilanz einher, daher die Bezeichnung Doppeldefizit.

3. Stellen Sie sich vor, eine Textilarbeitergewerkschaft hält die Konsumenten dazu an, nur inländisch produzierte Kleidung zu kaufen. Wie würde sich eine solche Politik auf den Außenbeitrag und den realen Wechselkurs auswirken? Welches wäre die Wirkung auf die Textilindustrie? Was würde in der Automobilindustrie passieren?

Zeigt die Empfehlung der Textilarbeitergewerkschaft Wirkung, so gehen die Importe von Textilien zunächst zurück, die gesamtwirtschaftlichen Nettoexporte steigen. Da die Ausländer mehr an inländischer Währung benötigen, um die gestiegenen Nettoexporte zu bezahlen, erhöht sich die Nachfrage nach inländischer Währung auf dem Devisenmarkt. Der Nachfrageanstieg bewirkt eine Aufwertung der inländischen Währung, also ein Absinken des realen Wechselkurses (Preisnotierung). Der Nettokapitalabfluss bleibt unberührt, da sich der Zinssatz nicht verändert, und somit auch die Nettoexporte (Außenbeitrag). Die Konstanz der Nettoexporte ergibt sich, trotz eines Rückgangs der Importe, letztlich aus der Veränderung des realen Wechselkurses. Wenn der Wechselkurs auf dem Devisenmarkt durch die Aufwertung sinkt, werden inländische Güter im Vergleich zu ausländischen relativ teuer. Diese Aufwertung fördert die Importe anderer Güter und hemmt die Exporte inländischer Güter (auch in der Automobilindustrie). Beide Entwicklungen wirken in entgegengesetzter Richtung zum ursprünglichen Anstieg der Nettoexporte, sodass die Nettoexporte auf der gesamtwirtschaftlichen Ebene am Ende konstant bleiben. Lediglich die inländische Textilindustrie profitiert – auf Kosten der restlichen Volkswirtschaft – von der gestiegenen Nachfrage nach inländischen Textilprodukten.

4. Was versteht man unter Kapitalflucht? Wenn es in einem Land zu einer Kapitalflucht kommt, welche Auswirkungen hat dies auf das Zinsniveau und den Wechselkurs?

Unter Kapitalflucht versteht man einen umfangreichen und plötzlichen Rückgang der Nachfrage nach Aktiva eines bestimmten Landes.

Kommt es zu einer Kapitalflucht, verkaufen die ausländischen Investoren inländische Aktiva. Dadurch erhöht sich der Nettokapitalabfluss des Landes. Steigt der Nettokapitalabfluss an, so wächst die Nachfrage nach Kreditmitteln, um den Erwerb der entsprechenden Aktiva zu finanzieren. Im Zuge der erhöhten Kreditnachfrage stellt sich ein Zinsanstieg ein.

Durch den Anstieg des Nettokapitalabflusses erhöht sich auf dem Devisenmarkt das Angebot an einheimischer Währung. Diese Erhöhung des Angebots führt zu einer Abwertung der einheimischen Währung, der Wechselkurs sinkt.

Aufgaben und Anwendungen

1. **In der Regel wies Japan in den vergangenen Jahren einen deutlichen Handelsbilanzüberschuss auf. Worauf ist dies Ihrer Einschätzung nach zurückzuführen: auf die hohe ausländische Nachfrage nach japanischen Gütern, auf die niedrige japanische Nachfrage nach ausländischen Gütern, auf die im Vergleich zu den japanischen Investitionen hohe japanische Sparquote oder auf strukturelle Importbeschränkungen Japans? Erläutern Sie ihre Antwort.**
   Der deutliche Außenhandelsüberschuss kann auf die in Relation zu den japanischen Investitionen hohe Sparquote in Japan zurückgeführt werden, die einen hohen Nettokapitalabfluss begünstigt. Dem hohen Nettokapitalabfluss sind wiederum hohe Nettoexporte zugeordnet. Die Wirkungen einer hohen ausländischen Nachfrage nach japanischen Gütern, einer geringen japanischen Nachfrage nach ausländischen Gütern oder struktureller Importbeschränkungen auf die Nettoexporte werden dagegen durch Anpassungen auf dem Devisenmarkt kompensiert (erhöhte Nachfrage nach Yen führt zu einem Anstieg des realen Wechselkurses (in Mengennotierung), was japanische Exporte erschwert und ausländische Importe erleichtert).

2. **Wie würde sich ein Anstieg des Einkommens im Ausland auf die deutschen Nettoexporte auswirken? Wie würde dies den Wert des Euro auf dem Devisenmarkt beeinflussen?**
   Der Einkommensanstieg im Ausland erhöht über die gestiegene Güternachfrage die deutschen Exporte/Nettoexporte. Die Devisennachfrage nach Euro nimmt zu, der reale Wechselkurs steigt (Aufwertung des Euro) und kompensiert auf diese Weise den Anstieg der Nettoexporte.

3. **In einem Artikel der US-amerikanischen Zeitung »US Today« vom 16. Dezember 2004 war zu lesen:»President Bush said Wednesday that the White House will shore up the sliding dollar by working to cut record budget and trade deficits.«**
   a) **Würde eine Verringerung des Haushaltsdefizits das Handelsbilanzdefizit verringern? Würde das tatsächlich den Dollar stärken? Begründen Sie Ihre Antwort.**
   b) **Nehmen wir an, dass eine Reduktion des Haushaltsdefizits das Vertrauen der ausländischen Investoren in die US-amerikanische Volkswirtschaft stärkt. Wie würde sich dies auf den Wert des Dollar auswirken? Welche Auswirkungen ergäben sich für das Handelsbilanzdefizit?**
   a) Durch den Abbau des Haushaltsdefizits vergrößert sich das Angebot an Kreditmitteln (gesamtwirtschaftliche Ersparnis steigt). Der sinkende reale Zinssatz stimuliert den Nettokapitalabfluss. Der Anstieg des Nettokapitalabflusses schlägt sich über eine Erhöhung des Dollar-Angebots in einem Rückgang des realen Wechselkurses (Abwertung) nieder, der die Nettoexporte erhöht. Der Abbau des Haushaltsdefizits würde zwar nicht den Dollar stärken, aber zu einem Abbau des Handelsbilanzdefizits beitragen.
   b) Steigt das Vertrauen der ausländischen Investoren in die US-amerikanische Wirtschaft, dann wirkt sich dies positiv auf die ausländische Investitionstätig-

keit aus. Der Nettokapitalabfluss sinkt. Dadurch erhöht sich die Nachfrage nach Dollar und der reale Wechselkurs steigt (Aufwertung des Dollar), sodass der Dollar gestärkt wird. Mit der Aufwertung des Dollar verteuern sich allerdings auch die US-amerikanischen Exporte, sodass die Nettoexporte sinken und das Handelsbilanzdefizit steigt.

4. **Nehmen Sie an, der US-amerikanische Kongress würde ein Gesetz zur steuerlichen Subvention von inländischen Investitionen verabschieden. Welche Auswirkungen hätte eine derartige Maßnahme auf die inländischen Investitionen, den Zinssatz, die gesamtwirtschaftliche Ersparnis, den Nettokapitalabfluss, den Wechselkurs und die Nettoexporte.**

Ein Gesetz zur steuerlichen Subvention von inländischen Investitionen stimuliert die Investitionstätigkeit und führt auf die Weise zu einer steigenden Nachfrage (nach Investitionskrediten) auf dem Kreditmarkt. Um den Nachfrageüberschuss auf dem Kreditmarkt abzubauen, steigt der Realzins. Mit dem Realzinsniveau steigt auch die gesamtwirtschaftliche Ersparnis. Da ein höherer inländischer Realzins inländische Aktiva gegenüber ausländischen attraktiver macht, geht mit dem Zinsanstieg eine Reduktion des Nettokapitalabflusses einher. Die Verringerung des Nettokapitalabflusses bedingt ein sinkendes Angebot an inländischer Währung, worauf sich eine Aufwertung der Inlandswährung (Anstieg des Wechselkurses) einstellt. Die Aufwertung des Dollars verschlechtert die Exportchancen der US-amerikanischen Volkswirtschaft gegenüber dem Ausland, die Nettoexporte sinken.

5. **Als Antwort auf einen Artikel zur Handelspolitik schrieb ein Ökonom: »One of the benefits of the United States removing its trade restrictions [is] the gain to U.S. industries that produce goods for export. Export industries would find it easier to sell their goods abroad – even if other countries didn't follow our example and reduce their trade barriers.« Erklären Sie in Ihren eigenen Worten, warum die US-amerikanische Exportindustrie von einem Abbau der Importbeschränkungen profitieren könnte.**

Ein Abbau der Importbeschränkungen verursacht über vermehrte Importe zunächst eine Senkung der Nettoexporte bei jedem gegebenen realen Wechselkurs. Die Nachfrage nach Dollar auf dem Devisenmarkt nimmt ab. Die Senkung der Dollar-Nachfrage bewirkt eine Abwertung des Dollar (Sinken des Wechselkurses). Durch diese Abwertung werden US-amerikanische Produkte im Vergleich zu ausländischen Produkten billiger, und andere Länder werden verstärkt US-amerikanische Produkte nachfragen. Neben den Importen steigen nun auch die Exporte (und führen zu konstanten Nettoexporten), das US-amerikanische Außenhandelsvolumen nimmt zu.

6. **Nehmen Sie an, die Franzosen würden plötzlich eine starke Präferenz für kalifornische Weine entwickeln. Beantworten Sie die folgenden Fragen verbal und grafisch.**
   a) **Was passiert mit der Nachfrage nach Dollar auf dem Devisenmarkt?**
   b) **Wie wirkt sich dies auf den Wert des Dollar auf dem Devisenmarkt aus?**
   c) **Und was geschieht mit den Nettoexporten?**
   Durch den zunehmenden Export kalifornischer Weine erhöhen sich die US-amerikanischen Nettoexporte. Die Nachfrage nach Dollar auf dem Devisenmarkt steigt.

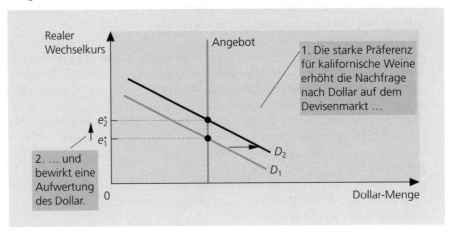

Durch die verstärkte Nachfrage nach Dollar steigt der reale Wechselkurs, der Dollar wird aufgewertet. Infolge des Anstiegs des Wechselkurses und der Aufwertung des Dollar werden US-amerikanische Güter im Vergleich zu ausländischen Gütern relativ teuer. Dies fördert die Importe und reduziert die Exporte. Beide Entwicklungen wirken entgegengesetzt zum ursprünglichen Anstieg der Nettoexporte. Langfristig bleiben die Nettoexporte ebenso wie der Nettokapitalabfluss der USA unverändert.

7. **Ein US-amerikanischer Senator schwört seiner früheren Unterstützung des Protektionismus mit den folgenden Worten ab: »The U.S. trade deficit must be reduced, but import quotas only annoy our trading partners. If we subsidize U.S. exports instead, we can reduce the deficit by increasing our competitiveness.« Zeigen Sie grafisch unter Verwendung unserer dreiteiligen Abbildung die Wirkung einer Exportsubvention auf die Nettoexporte und den realen Wechselkurs. Stimmen Sie mit dem Senator überein?**

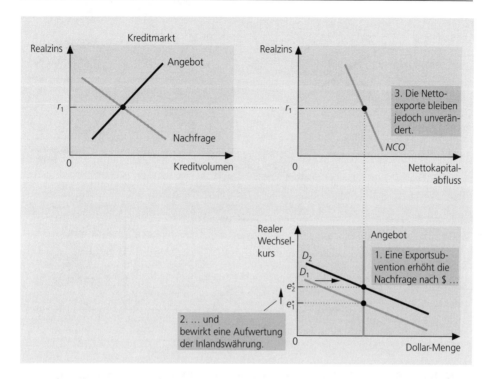

Dem US-amerikanischen Senator kann man nicht zustimmen. Die positive Wirkung einer Exportsubvention über höhere Exporte auf das Handelsbilanzdefizit wird durch die Aufwertung des Dollars infolge der erhöhten Dollar-Nachfrage vollständig kompensiert. Die Nettoexporte bleiben letztlich unverändert.

8. **Nehmen Sie an, die US-amerikanischen Realzinsen stiegen an. Erläutern Sie, wie dies den japanischen Nettokapitalabfluss beeinflusst. Erklären Sie sodann unter Verwendung einer Formel aus diesem Kapitel sowie mithilfe einer grafischen Darstellung, wie diese Veränderung auf die japanischen Nettoexporte wirkt. Was wird mit dem realen Wechselkurs Japans gegenüber den USA passieren?**
Steigen die US-amerikanischen Realzinsen an, so investieren weniger US-amerikanische Unternehmungen in Japan und mehr japanische Unternehmungen in den USA. Während der US-amerikanische Nettokapitalabfluss sinkt, steigt der japanische Nettokapitalabfluss. Diesem Anstieg ist auf der Grundlage der Identität $NX = NCO$ eine äquivalente Erhöhung der japanischen Nettoexporte zugeordnet. Aus dem erhöhten Nettokapitalabfluss resultiert ein größeres Yen-Angebot, der reale Wechselkurs sinkt, der Yen wird gegenüber dem Dollar abgewertet, was zu einem Anstieg der Exporte führt.

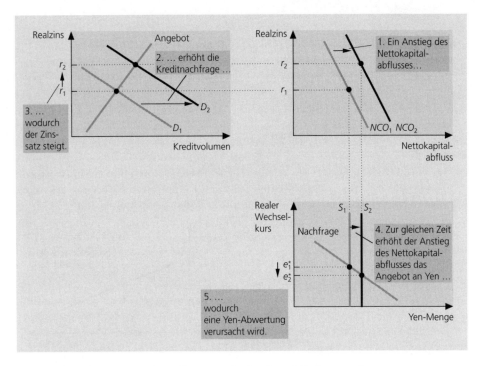

9. **Nehmen Sie an, die Amerikaner würden beschließen, mehr zu sparen.**

 a) **Wenn die Elastizität des US-amerikanischen Nettokapitalabflusses gegenüber dem Realzinssatz sehr hoch ist, wird dann der Anstieg der privaten Ersparnis eine starke oder schwache Wirkung auf den US-amerikanischen Nettokapitalabfluss haben?**

 b) **Wenn die Elastizität des US-amerikanischen Nettokapitalabflusses gegenüber dem Realzinssatz sehr gering ist, wird dann der Anstieg der privaten Ersparnis eine starke oder schwache Wirkung auf den US-amerikanischen Nettokapitalabfluss haben?**

 a) Ist die Elastizität des Nettokapitalabflusses gegenüber dem Realzins hoch, so verläuft die Kurve des Nettokapitalabflusses sehr flach. Ein fallender Realzins aufgrund eines erhöhten Kreditangebots hat somit eine starke Wirkung auf den Nettokapitalabfluss.

 b) Ist die Elastizität des Nettokapitalabflusses gegenüber dem Realzins dagegen gering, so verläuft die Kurve des Nettokapitalabflusses sehr steil. Ein fallender Realzins infolge eines erhöhten Kreditangebots hat somit nur eine geringe Wirkung auf den Nettokapitalabfluss.

10. **Nehmen Sie an, die Europäer entwickelten auf einmal ein starkes Interesse an Investitionen in Kanada.**

 a) **Was passiert mit dem kanadischen Nettokapitalabfluss?**

 b) **Welche Wirkung hat dies auf die kanadische private Ersparnis und die kanadischen Investitionen im eigenen Land?**

 c) **Welche langfristigen Auswirkungen wird dies auf den kanadischen Kapitalstock haben?**

a) Der Anstieg der ausländischen Investitionen in Kanada verringert den kanadischen Nettokapitalabfluss.

b) Der Rückgang des kanadischen Nettokapitalabflusses senkt die Kreditnachfrage. Demzufolge sinkt der kanadische Realzins, und die kanadische Ersparnis geht zurück. Die gesunkenen Zinsen stimulieren jedoch die inländischen Investitionen.

c) Aufgrund der gestiegenen inländischen Investitionen und der ausländischen Investitionen in Kanada wird der kanadische Kapitalstock langfristig stärker wachsen.

11. Im vergangenen Jahrzehnt wurde ein Teil der japanischen Ersparnis dazu verwendet, US-amerikanische Investitionen zu finanzieren. D.h. der US-amerikanische Nettokapitalabfluss gegenüber Japan war negativ.

a) Was würde auf dem US-amerikanischen Kreditmarkt passieren, wenn die Japaner auf einmal nicht länger US-amerikanische Aktiva kaufen wollten? Wie würde sich dies insbesondere auf die US-amerikanischen Zinssätze, die US-amerikanische Ersparnis und die US-amerikanischen Investitionen auswirken?

b) Was würde auf dem Devisenmarkt geschehen? Wie würde sich diese Entwicklung insbesondere auf den Wert des Dollars und die US-amerikanische Leistungsbilanz auswirken?

a) Durch den Rückgang der japanischen Portfolioinvestitionen erhöht sich der US-amerikanische Nettokapitalabfluss. Auf dem US-amerikanischen Kreditmarkt kommt es zu einer erhöhten Kreditnachfrage und damit einem Anstieg des Realzinses. Die Ersparnis steigt, die US-amerikanischen Investitionen gehen zurück.

b) Durch die Erhöhung des Nettokapitalabflusses erhöht sich das Angebot an Dollar auf dem Devisenmarkt. Es kommt zu einem Rückgangdes realen Wechselkurses und damit zu einer Abwertung des Dollars. Aufgrund der gestiegenen Nettoexporte verbessert sich die US-amerikanische Leistungsbilanz.

12. Nachdem Russland 1998 die Rückzahlung seiner Auslandsschulden vorübergehend ausgesetzt hat, zogen Investoren weltweit ein sicheres Engagement in US-Staatsanleihen vor. Welche Auswirkungen hatte die Flucht in den sicheren Hafen der US-Staatsanleihen auf die US-amerikanische Volkswirtschaft? Erläutern Sie die Auswirkungen auf die inländischen Investitionen, den Zinssatz, die gesamtwirtschaftliche Ersparnis, den Nettokapitalabfluss, den Wechselkurs und die Nettoexporte.

Die Flucht der internationalen Anleger in den sicheren Hafen der US-Staatsanleihen verursachte einen Rückgang des US-amerikanischen Nettokapitalabflusses und führte auf diese Weise zu einer geringeren Kreditnachfrage auf dem US-amerikanischen Kreditmarkt. Mit dem sinkenden Realzinsniveau (zum Abbau des Angebotsüberschusses) stiegen die inländischen Investitionen und fiel die gesamtwirtschaftliche Ersparnis. Der gesunkene Nettokapitalabfluss hatte ein verringertes Angebot an inländischer Währung zur Folge, worauf sich eine Aufwertung der Inlandswährung (Anstieg des Wechselkurses) einstellte. Die Aufwertung des Dollars wirkte sich negativ auf die Exportchancen der US-amerikanischen Volkswirtschaft gegenüber dem Ausland aus, die Nettoexporte sanken.

TEIL XII   Kurzfristige wirtschaftliche Schwankungen

Kapitel 33   Gesamtwirtschaftliche Nachfrage und Gesamtwirtschaftliches Angebot

Stichwörter

Rezession	aggregierte Nachfragekurve
Depression	aggregierte Angebotskurve
Konjunkturzyklus	Stagflation
Modell der aggregierten Nachfrage und des aggregierten Angebots	natürliches Produktionsniveau

Wiederholungsfragen

1. Zeichnen Sie ein Diagramm mit aggregierter Nachfrage, kurzfristigem aggregiertem Angebot und langfristigem aggregiertem Angebot. Wählen Sie die Achsenbezeichnung mit Sorgfalt.

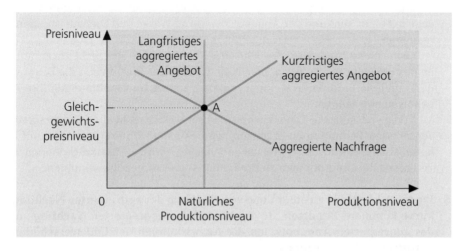

2. Zählen Sie die drei Gründe für eine negative Steigung der aggregierten Nachfragekurve auf und geben Sie Erläuterungen dazu.

Die Argumentation für eine negative Steigung der aggregierten Nachfragekurve beruht auf so genannten Vermögens- oder Realkasseneffekten von Preisniveauänderungen.

Pigou-Vermögenseffekt: Ein Rückgang des Preisniveaus erhöht den realen Wert des Geldes. Die Konsumenten fühlen sich wohlhabender, was sie zu größeren Ausgaben ermutigt und damit die nachgefragten Gütermengen erhöht.

Keynes-Zinssatzeffekt: Niedrige Preise verringern die Nachfrage nach Transaktionskasse. Die Haushalte reduzieren ihr Geldvermögen, was zu einer Senkung des Zinsniveaus führt. Sinkende Zinsen stimulieren die Investitionen und erhöhen dadurch die Güternachfrage.

Mundell-Fleming-Wechselkurseffekt: Ein niedriges Preisniveau mit dem Effekt niedriger Zinssätze führt zur Abwertung der Landeswährung und stimuliert über die Nettoexporte die Gesamtnachfrage.

3. Begründen Sie, warum die langfristige aggregierte Angebotskurve senkrecht verläuft.

Langfristig hängt das Angebot einer Volkswirtschaft an Waren und Dienstleistungen von ihrer Faktorausstattung mit Arbeit und Kapital sowie von der verfügbaren Technologie zur Umwandlung der Produktionsfaktoren in Produkte ab und bleibt demzufolge von Preisänderungen unberührt. Die langfristige Angebotskurve ist in gewisser Weise auch ein Ausdruck der klassischen Dichotomie und der Neutralität des Geldes.

4. Zählen Sie die drei Gründe für eine positive Steigung der kurzfristigen aggregierten Angebotskurve auf und geben Sie Erläuterungen dazu.

Ursachen für eine positive Steigung der kurzfristigen aggregierten Angebotskurve werden in speziellen Marktunvollkommenheiten gesehen.

Neuklassische Theorie der Wahrnehmungsstörung: Ein niedriges Preisniveau verursacht Fehlvorstellungen der Anbieter über die relativen Preise, und diese Wahrnehmungsstörungen veranlassen die Anbieter, auf das niedrigere Preisniveau mit einer Senkung der Angebotsmenge an Waren und Dienstleistungen zu reagieren.

Keynes'sche Theorie starrer Lohnsätze: Da sich Lohnsätze nicht unverzüglich an das Preisniveau anpassen, macht ein niedrigeres Preisniveau die Beschäftigung und die Produktion weniger rentabel, sodass Unternehmungen ihre Angebotsmenge senken.

Neukeynesianische Theorie starrer Preise: Da sich nicht alle Preise sofort den veränderten Bedingungen anpassen, wird es einige Unternehmungen mit höheren als den erwünschten Preisen geben. Dies führt zu Absatzrückgängen und veranlasst die Unternehmen zu Produktions- und Angebotssenkungen.

5. Wodurch könnte es zu einer Linksverschiebung der aggregierten Nachfragekurve kommen? Benutzen Sie das Modell der aggregierten Nachfrage und des aggregierten Angebots, um die Auswirkungen der Linksverschiebung schrittweise durchzuspielen.

Wenn sich andere Bestimmungsgrößen der aggregierten Nachfragekurve als das Preisniveau verändern, kommt es zu einer Verschiebung der Kurve. Ein

Beispiel hierfür ist die Erhöhung der Sparquote, also ein Rückgang der Nachfrage für jedes beliebige Preisniveau.

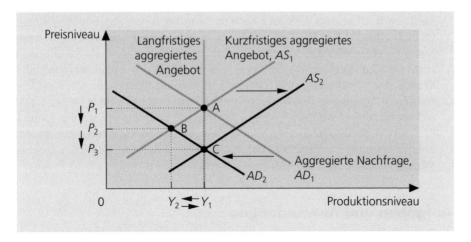

Der Nachfragerückgang von AD_1 auf AD_2 führt zunächst zu einem Rückgang des Produktionsniveaus (Punkt B) und sinkenden Preisen (P_2). Im Laufe der Zeit, wenn sich Wahrnehmungen, Löhne und Preise anpassen, wird sich die kurzfristige aggregierte Angebotskurve nach rechts auf AS_2 verschieben. Langfristig gelangt die Volkswirtschaft in ein neues Gleichgewicht (Punkt C), in dem die Veränderung der aggregierten Nachfrage lediglich zu einer Preissenkung (P_3) geführt hat.

6. **Wodurch könnte eine Linksverschiebung der aggregierten Angebotskurve eintreten? Verwenden Sie das Modell der aggregierten Nachfrage und des aggregierten Angebots, um den Vorgang schrittweise zu erläutern.**

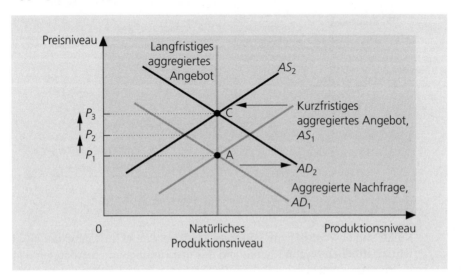

Eine Linksverschiebung der aggregierten Angebotskurve auf AS_2 könnte durch eine Steigerung der Produktionskosten eintreten. Zu jedem gegebenen Preisniveau bieten die Unternehmungen nun eine kleinere Gütermenge an. (Je nach auslösendem Ereignis kann sich auch die langfristige aggregierte Angebotskurve verschieben.) Das Produktionsniveau fällt, und die Preise steigen (P_2). Diese Situation einer gleichzeitigen Stagnation und Inflation wird als Stagflation bezeichnet. Zur Abfederung der negativen Wirkung der Angebotsverschiebung könnte die Wirtschaftspolitik mit einer Erhöhung der gesamtwirtschaftlichen Nachfrage reagieren. Die Nachfragekurve verschiebt sich nach rechts auf AD_2, sodass der (ursprüngliche) Produktionsrückgang aufgefangen werden kann. Das Preisniveau steigt jedoch noch einmal auf P_3 an. Die wirtschaftspolitischen Maßnahmen vermögen den Effekt der Angebotsverschiebung demnach nicht vollständig zu kompensieren.

Aufgaben und Anwendungen

1. **Nehmen Sie an, die Volkswirtschaft befindet sich im langfristigen Gleichgewicht.**
   a) **Skizzieren Sie den augenblicklichen Stand der Volkswirtschaft in einem Diagramm mit aggregierter Nachfrage und aggregiertem Angebot.**
   b) **Nehmen Sie nun an, dass ein Kurssturz an den Aktienmärkten zu einem Rückgang der gesamtwirtschaftlichen Nachfrage führt. Zeigen Sie grafisch die kurzfristigen Auswirkungen auf das Preisniveau und den gesamtwirtschaftlichen Output. Was wird mit der Arbeitslosenquote passieren?**
   c) **Welche langfristigen Auswirkungen erwarten Sie? Welche Rolle spielen die Preiserwartungen der Wirtschaftssubjekte?**

a) und b)

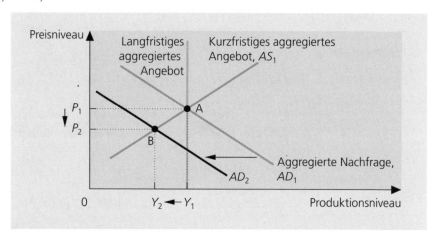

Kurzfristig bewegt sich die Volkswirtschaft bei einem Rückgang der gesamtwirtschaftlichen Nachfrage entlang der ursprünglichen kurzfristigen aggregierten Angebotskurve AS_1 vom Punkt A zum Punkt B. Bei der Bewegung von A nach B fällt das Produktionsniveau von Y_1 auf Y_2, und das Preisniveau geht von P_1 auf P_2 zurück. Die Unternehmungen reagieren auf die gesunkenen Produktionsmengen mit einer Einschränkung der Beschäftigung. Die Arbeitslosenquote steigt.

c)

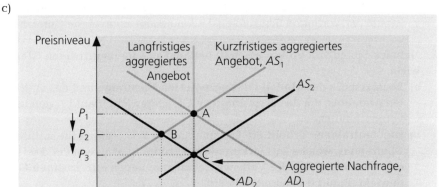

Langfristig kann es auch ohne Eingriff der Wirtschaftspolitik zur Selbstheilung der Rezession kommen. Im Laufe der Zeit erholen sich die Leute vom Schock des Kurssturzes, korrigieren ihre pessimistischen Zukunftserwartungen. Die Unternehmungen stellen fest, dass die Absatzpreise im gleichen Maße wie die Nominallöhne gesunken sind, sodass der Reallohnsatz unverändert geblieben ist. In dem Maße, in dem sich Erwartungen von einem Rückgang des Preisniveaus, Wahrnehmungen, Lohnsätze und Preise anpassen, wird die kurzfristige Angebotskurve AS_1 einer Rechtsverschiebung zu AS_2 unterliegen. Langfristig gelangt die Volkswirtschaft zum Punkt C, wo die neue aggregierte Nachfragekurve AD_2 die langfristige aggregierte Angebotskurve schneidet. Im langfristigen Gleichgewichtspunkt C nimmt das Produktionsniveau wieder seine natürliche Höhe ein. Obwohl der Kurssturz an den Aktienmärkten die aggregierte Nachfrage verminderte, fällt das Preisniveau hinreichend weit (auf P_3), um die Verschiebung der aggregierten Nachfrage zu kompensieren.

2. **Entscheiden Sie, welches der nachfolgend genannten Ereignisse das langfristige aggregierte Angebot erhöht, vermindert oder unverändert lässt.**
   a) **Deutschland erlebt eine Einwanderungswelle.**
   b) **In der Automobilindustrie setzt die Arbeitnehmerseite eine unerwartet hohe Steigerung der Tariflöhne durch.**
   c) **Infineon erfindet einen neuen und leistungsstarken Computer-Chip.**
   d) **Ein Hochwasser an der Oder demoliert Werkstätten und Fabriken.**
   a) Eine Einwanderungswelle erhöht die Faktorausstattung der Volkswirtschaft für den Produktionsfaktor Arbeit, sodass sich das langfristige aggregierte Güterangebot erhöht.
   b) Das langfristige Angebot bleibt unverändert, da nominale Größen keinen Einfluss auf die realökonomische Variable des langfristigen Güterangebots ausüben.

c) Die Erfindung eines neuen und leistungsstarken Computers verbessert die verfügbare Technologie und erhöht auf diese Weise das langfristige aggregierte Güterangebot.

d) Das Hochwasser reduziert die Faktorausstattung der Volkswirtschaft mit Realkapital und verringert demzufolge das langfristige aggregierte Güterangebot.

3. **Nehmen Sie an, die Volkswirtschaft befindet sich im langfristigen Gleichgewicht.**

 a) **Benutzen Sie das Modell der aggregierten Nachfrage und des aggregierten Angebots, um das ursprüngliche Gleichgewicht (Punkt A genannt) zu veranschaulichen.**

 b) **Die Zentralbank erhöht die Geldmenge um 5 %. Zeigen Sie mithilfe des Diagramms, welche Auswirkungen auf Produktionsniveau und Preise sich ergeben, wenn sich die Volkswirtschaft zum neuen kurzfristigen Gleichgewicht (Punkt B genannt) bewegt.**

 c) **Zeigen Sie den Punkt des neuen langfristigen Gleichgewichts (Punkt C genannt). Warum bewegt sich die Volkswirtschaft vom Punkt B zum Punkt C?**

 d) **Wie hoch sind die Nominallöhne im Punkt A im Vergleich zum Punkt B nach der Keynes'schen Theorie starrer Lohnsätze? Und wie hoch sind die Nominallöhne im Punkt A im Vergleich zum Punkt C?**

 e) **Wie hoch sind die Reallöhne im Punkt A im Vergleich zum Punkt B nach der Keynes'schen Theorie starrer Lohnsätze? Und wie hoch sind die Reallöhne im Punkt A im Vergleich zum Punkt C?**

 f) **Vergleichen Sie die Auswirkungen einer Änderung der Geldmenge auf die Nominallöhne und die Reallöhne. Passen die beobachteten Änderungen zu der Feststellung, dass Änderungen der Geldmenge nur auf kurze Sicht reale Auswirkungen haben?**

 a) bis c)

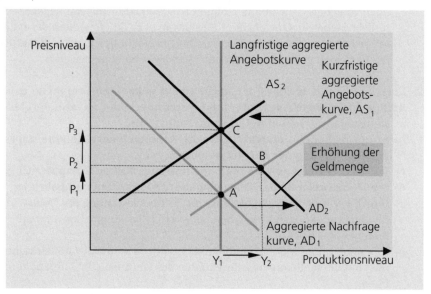

Die Erhöhung der Geldmenge führt zu einem Anstieg der Güternachfrage. Die aggregierte Nachfragekurve verschiebt sich nach rechts. Im neuen (kurzfristigen) Gleichgewichtspunkt B sind Produktionsniveau und Preise angestiegen. Langfristig kehrt die Volkswirtschaft jedoch wieder zum natürlichen Produktionsniveau zurück. Im Lauf der Zeit passen die Menschen ihre Erwartungen an die geänderten Gegebenheiten an, Lohnsätze und Preise sind nicht länger starr. Die kurzfristige Angebotskurve verschiebt sich nach links und die Volkswirtschaft gelangt zum (langfristigen) Gleichgewichtspunkt C.

d) Nach der Keynes'schen Theorie starrer Lohnsätze sind die Nominallöhne im Punkt B genauso groß wie im Punkt A. Nachdem sich die Wahrnehmungen der Menschen an die veränderten Gegebenheiten angepasst haben, passen sich auch die Nominallöhne dem höheren Preisniveau an. Die Nominallöhne sind damit im Punkt C größer als im Punkt A.

e) Im Punkt B sind die Nominallöhne genauso groß wie im Punkt A. Da das Preisniveau im Punkt B jedoch höher ist als im Punkt A, müssen die Reallöhne im Punkt B kleiner sein als im Punkt A. Im Punkt C haben sich die Nominallöhne dann an das Preisniveau angepasst, sodass die Reallöhne im Punkt C genauso groß wie im Punkt A sind.

f) Kurzfristig führt die Erhöhung der Geldmenge zu einer Änderung der Reallöhne. Langfristig verändern sich jedoch nur die Nominallöhne, während die Reallöhne konstant bleiben. Diese Entwicklung passt zu der Feststellung, dass Änderungen der Geldmenge nur auf kurze Sicht reale Auswirkungen haben.

4. Warum sind die nachfolgenden Aussagen falsch?

a) »Die aggregierte Nachfragekurve hat eine negative Steigung, weil sie die waagerechte Aggregation der individuellen Nachfragekurven darstellt.«

b) »Die langfristige aggregierte Angebotskurve verläuft senkrecht, weil die wirtschaftlichen Kräfte das langfristige aggregierte Angebot nicht beeinflussen.«

c) »Wenn die Unternehmungen ihre Preise täglich anpassen würden, dann wäre die kurzfristige aggregierte Angebotskurve eine waagerechte Linie.«

d) »Wann immer die Volkswirtschaft in eine Rezession eintritt, verschiebt sich ihre langfristige aggregierte Angebotskurve nach links.«

a) Die aggregierte Nachfragekurve kann nicht mit der waagerechten Aggregation der individuellen Nachfragekurven gleichgesetzt werden. Die mikroökonomische Substitution zwischen den einzelnen Märkten ist bei gesamtwirtschaftlicher Betrachtung auszuschließen.

b) Langfristig hängt das Angebot der Volkswirtschaft an Waren und Dienstleistungen von ihrer Faktorausstattung an Arbeit und Kapital sowie von der verfügbaren Technologie zur Umwandlung der Produktionsfaktoren in Produkte ab. Lediglich das Preisniveau berührt das langfristige aggregierte Güterangebot nicht.

c) Passen die Unternehmungen ihre Preise sofort an, sind die Preise also flexibel, so verbleiben immer noch die starren Lohnsätze, die zu einer positiven Steigung des kurzfristigen Angebots führen können. Würden sich die Lohnsätze ebenfalls täglich (flexibel) ändern, verläuft die kurzfristige Angebotskurve auf der langfristigen Angebotskurve vollkommen senkrecht.

d) Eine Rezession bedeutet lediglich eine vorübergehende Verringerung des Produktionsniveaus aufgrund von Nachfrageverschiebungen oder Kostensteigerungen, das natürliche Produktionsniveau bleibt davon unberührt.

5. **Denken Sie an jede der drei Theorien, die eine positive Steigung der kurzfristigen aggregierten Angebotskurve begründen, und erläutern Sie**
   a) **wie sich eine Volkswirtschaft ohne wirtschaftspolitische Eingriffe von einer Rezession erholt und in ihr langfristiges Gleichgewicht zurückkehrt,**
   b) **wovon die für die Erholung erforderliche Zeit abhängt.**
   a) Eine Rezession aufgrund der Schrumpfung der aggregierten Nachfrage kann auch ohne wirtschaftspolitische Eingriffe quasi »von selbst« vorübergehen. Im Laufe der Zeit berichtigen die Leute ihre unzutreffenden Wahrnehmungen, sie korrigieren starre Lohnsätze und starre Preise, die zum positiven Anstieg der kurzfristigen aggregierten Angebotskurve führen. So wie sich die Erwartungen von einem Rückgang des Preisniveaus, Wahrnehmungen, Lohnsätze und Preise anpassen, verschiebt sich die kurzfristige aggregierte Angebotskurve nach rechts und stellt im neuen Gleichgewicht das natürliche Produktionsniveau wieder her.
   b) Die erforderliche Zeit für eine derartige Selbstheilung hängt von der Dauer der Wahrnehmungen und der Anpassung der starren Löhne und Preise an die geänderte Situation ab.

6. **Angenommen, eine Volkswirtschaft befindet sich gerade in einer Rezession. Wie wird die Entwicklung verlaufen, wenn die Wirtschaftspolitiker nichts unternehmen? Geben Sie dazu verbale und grafische Erläuterungen.**
   Eine Rezession kann durch einen Rückgang der aggregierten Nachfrage oder einen Rückgang des kurzfristigen aggregierten Angebots entstehen.

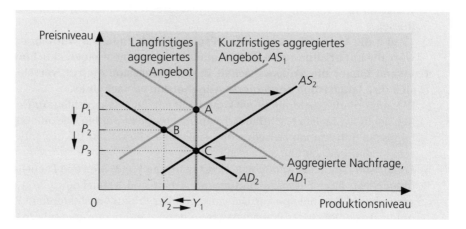

Im Falle eines Rückgangs der aggregierten Nachfrage auf AD_2 besteht die Möglichkeit, dass die Volkswirtschaft selbstständig zum natürlichen Produktionsniveau zurückfindet. Nach einer gewissen Zeit korrigieren die Wirtschaftssubjekte ihre unzutreffenden Wahrnehmungen, sie verändern die starren Löhne und die starren Preise. In dem Maße, in dem sich die Erwartungen von einem Rückgang des Preisniveaus, Wahrnehmungen, Lohnsätze und Preise anpassen, verschiebt sich die kurzfristige aggregierte Angebotskurve nach rechts auf AS_2 und stellt im neuen Gleichgewicht das natürliche Produktionsniveau sicher.

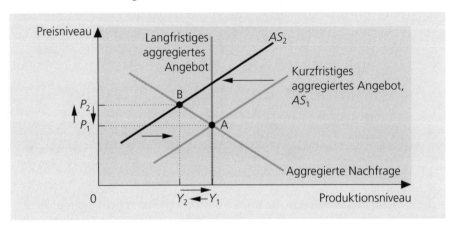

Auch bei einem Angebotsrückgang (Linksverschiebung der Angebotskurve auf AS_2) kann die Volkswirtschaft ohne wirtschaftspolitische Eingriffe aus der Stagflation herausfinden. Voraussetzung dafür ist wiederum eine Anpassung der Wahrnehmungen, Löhne und Preise an die veränderten Bedingungen (beispielsweise höhere Produktionskosten). Eine Zeit mit niedrigem Produktionsniveau und hoher Arbeitslosigkeit wird die Löhne senken, was wiederum die Produktions- und Angebotsmenge vergrößert. Wenn im Laufe der Zeit eine Rückverschiebung der Angebotskurve eintritt, erreichen Preisniveau sowie die Produktions- und Angebotsmenge die zum natürlichen Produktionsniveau passende Höhe.

7. **Angenommen, Arbeitnehmer und Arbeitgeber kommen plötzlich zu der Überzeugung, dass die Inflationsrate im kommenden Jahr ziemlich hoch sein wird. Angenommen ebenfalls, dass sich die Wirtschaft zunächst im langfristigen Gleichgewicht befindet und keine Verschiebung der aggregierten Nachfragekurve eintreten wird.**
   a) **Wie verändern sich die Lohnsätze (nominal und real)?**
   b) **Zeigen Sie anhand des Diagramms der aggregierten Nachfrage und des aggregierten Angebots die Wirkungen der veränderten Erwartungen auf das kurzfristige und auf das langfristige Niveau von Produktion und Preis.**
   c) **Waren die Erwartungen einer hohen Inflationsrate zutreffend?**
   a) Erwarten die Arbeitnehmer eine hohe Inflationsrate, so werden sie höhere Löhne anstreben. Ein steigender Lohnsatz verursacht bei einem gegebenen Preisniveau eine Erhöhung des Reallohnsatzes.

b)

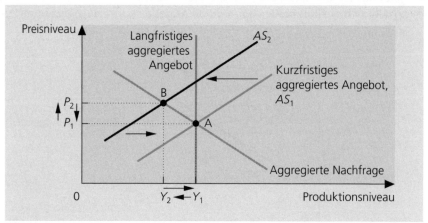

Höhere Löhne steigern die Kosten der Unternehmungen und reduzieren auf diese Weise ihre Produktions- und Angebotsmengen. Die kurzfristige Angebotskurve verschiebt sich nach links, das Produktionsniveau sinkt, die Preise steigen. Eine Zeit mit niedrigem Produktionsniveau und hoher Arbeitslosigkeit drückt die Entlohnung der Arbeiter und Angestellten. Niedrige Löhne wiederum vergrößern die Produktions- und Angebotsmenge. Wenn im Laufe der Zeit eine Rückverschiebung der kurzfristigen aggregierten Angebotskurve AS_1 eintritt, erreichen das Preisniveau sowie die Produktions- und Angebotsmenge die dem natürlichen Produktionsniveau äquivalente Höhe.

c) Kurzfristig waren die Erwartungen einer hohen Inflationsrate zutreffend, langfristig kehrt die Volkswirtschaft zum natürlichen Niveau zurück.

8. **Im Kapitel wurde ausgeführt, dass die Volkswirtschaft vielleicht ohne wirtschaftspolitische Aktivitäten aus der Rezession herausfindet. Warum werden die Politiker dennoch aktiv?**
Politiker werden trotz einer möglichen Selbstregulierung des Markts aktiv, da die Dauer des Selbstheilungsprozesses ungewiss ist. Je länger die Selbstheilung dauert, umso länger verbleibt die Volkswirtschaft in der Rezession und muss deren Auswirkungen (Arbeitslosigkeit) ertragen. Die Dauer des Selbstheilungsprozesses richtet sich nicht nach der Dauer einer Legislaturperiode.

9. **Begründen Sie zu jedem der nachfolgend genannten Ereignisse, ob es zu einer Verschiebung der kurzfristigen aggregierten Angebotskurve, der aggregierten Nachfragekurve, beider Kurven oder keiner der Kurven Anlass gibt. Bei Verschiebungen benutzen Sie ein Diagramm zur Erläuterung.**
   a) **Die privaten Haushalte entschließen sich zu einer höheren Sparquote.**
   b) **Die deutschen Weinbauern verlieren durch Witterungseinflüsse all ihre Weinstöcke.**
   c) **Neun Monate nach einem landesweiten Stromausfall schnellt die Geburtenrate in die Höhe.**
   a) Durch eine Erhöhung der Sparquote kommt es zu einer Verschiebung der aggregierten Nachfragekurve nach links, da die laufenden Konsumausga-

ben reduziert werden. Die zu jedem beliebigen Preisniveau nachgefragte Gütermenge sinkt.

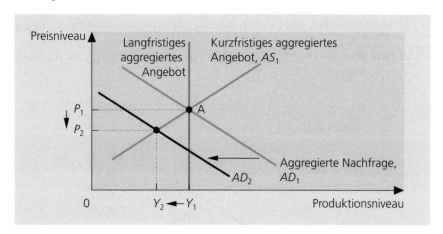

b) Der Realkapitalverlust der zerstörten Weinstöcke beschränkt die Produktionsmöglichkeiten an Wein. Geht man von einem signifikanten Anteil am gesamten Güterangebot aus, so verringert der Verlust die zu jedem Preis verfügbare Güterangebotsmenge, die kurzfristige aggregierte Güterangebotskurve verschiebt sich nach links.

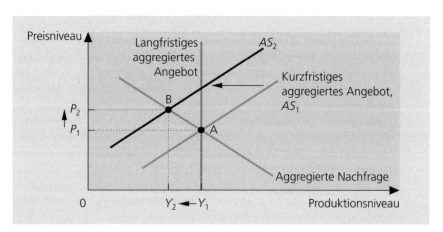

c) Verändert der Geburtenanstieg die Konsumquote der Haushalte nicht, so übt der Babyboom weder einen Einfluss auf die aggregierte Nachfragekurve noch auf die kurzfristige aggregierte Angebotskurve aus.

10. **Angenommen, die Unternehmungen werden von einem starken Zukunftsoptimismus ergriffen und tätigen umfangreiche Ausrüstungsinvestitionen.**
    a) **Zeigen Sie die kurzfristigen Wirkungen der Welle von Optimismus anhand eines Diagramms. Bezeichnen Sie bitte die neuen Niveaus der Preise und der realen Produktion. Erklären Sie verbal, warum sich die aggregierte angebotene Menge verändert.**

b) **Verwenden Sie das Diagramm aus a), um das neue langfristige Gleichgewicht der Volkswirtschaft aufzuzeigen. (Zunächst unter der Annahme, dass
sich die langfristige aggregierte Angebotskurve nicht verändert.) Erklären Sie verbal, warum sich die aggregierte nachgefragte Menge von der
kurzfristigen zur langfristigen Position hin ändert.**

c) **Wie wird der Investitionsschub die langfristige aggregierte Angebotskurve
verändern?**

a) und b)

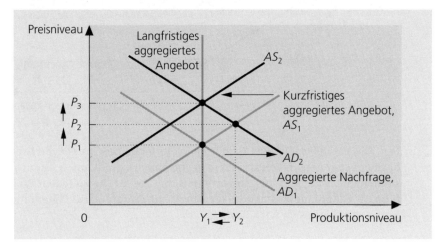

Die umfangreichen Ausrüstungsinvestitionen der Unternehmungen gehen
mit einem Anstieg der aggregierten Nachfrage (Verschiebung nach rechts,
AD_2) einher. Das Produktionsniveau steigt kurzfristig auf Y_2, da die Unternehmungen infolge der positiven Steigung der kurzfristigen Angebotskurve
auf den Preisanstieg nach P_2 mit einer Ausweitung ihrer angebotenen Menge reagieren. Das langfristige Gleichgewicht befindet sich dagegen wiederum
im bisherigen natürlichen Produktionsniveau (Y_1), da sich Wahrnehmungen,
Preise und Löhne nach einer gewissen Zeit an die veränderten Bedingungen
anpassen. Steigende Preise der Inputfaktoren (Löhne) für die Unternehmungen verursachen eine Linksverschiebung der kurzfristigen aggregierten Angebotskurve AS_1 zu AS_2. Im (vorläufigen) langfristigen Gleichgewicht stellt
sich lediglich ein erhöhtes Preisniveau P_3 ein.

c) Tätigen die Unternehmungen aufgrund ihres Zukunftsoptimismus umfangreiche Ausrüstungsinvestitionen, so erhöht dies die Faktorausstattung der
Volkswirtschaft mit Realkapital. Das natürliche Produktionsniveau steigt, die
langfristige Angebotskurve verschiebt sich nach rechts und mit den größeren
Produktionsmöglichkeiten auch die kurzfristige Angebotskurve. Im neuen
langfristigen Gleichgewicht realisiert sich zum Preis P_2 ein höheres natürliches Produktionsniveau Y_2.

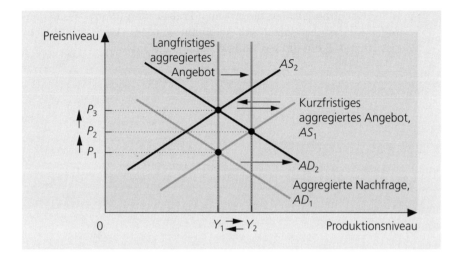

11. **In der Volkswirtschaft A vereinbaren alle Arbeitskräfte im Voraus, welchen Nominallohn ihnen der Arbeitgeber zahlen wird. In der Volkswirtschaft B haben dagegen nur die Hälfte aller Arbeitskräfte einen solchen Nominallohnvertrag. Die andere Hälfte der Arbeitskräfte hat einen indexierten Arbeitsvertrag, sodass sich die Lohnhöhe automatisch mit dem Preisniveau verändert. In welcher Volkswirtschaft verläuft die kurzfristige aggregierte Angebotskurve steiler nach der Keynes'schen Theorie starrer Lohnsätze? In welcher Volkswirtschaft würde eine Erhöhung der Geldmenge um 5 % einen größeren Effekt auf das Produktionsniveau ausüben? In welcher Volkswirtschaft ergäbe sich ein größerer Effekt auf das Preisniveau? Begründen Sie Ihre Antworten.**

Da in der Volkswirtschaft B die Hälfte aller Arbeitskräfte über einen indexierten Arbeitsvertrag verfügen, sodass sich die Lohnhöhe automatisch mit dem Preisniveau verändert, ist die Abhängigkeit des aggregierten Angebots vom vorherrschenden Preisniveau deutlich geringer als in der Volkswirtschaft A, wo alle Arbeitskräfte über einen Nominallohnvertrag verfügen. Damit verläuft die kurzfristige aggregierte Angebotskurve in der Volkswirtschaft B steiler und verläuft näher an der senkrechten langfristigen aggregierten Angebotskurve.

Eine Erhöhung der Geldmenge steigert die aggregierte Nachfrage. Durch die Erhöhung der aggregierten Nachfrage steigt das Preisniveau. Mit dem steigenden Preisniveau erhöht sich auch das gesamtwirtschaftliche Produktionsniveau. Diese Erhöhung fällt umso größer aus, je stärker das kurzfristige aggregierte Angebot auf Preisänderungen reagiert. Demzufolge würde eine Erhöhung der Geldmenge in der Volkswirtschaft A einen größeren Effekt auf das Produktionsniveau ausüben, da hier die kurzfristige aggregierte Angebotskurve flacher verläuft und das kurzfristige aggregierte Angebot elastischer auf Preisänderungen reagiert. Der durch den Nachfrageschub ausgelöste Preisanstieg fällt umso größer aus, je weniger das kurzfristige aggregierte Angebot auf die Preisänderung reagiert. Je weniger die gestiegene Nachfrage durch einen entsprechenden Anstieg des Güterangebots befriedigt werden kann, desto stärker muss der Nachfrageanstieg durch einen Preisanstieg (Pigou-Vermögenseffekt und/oder Keynes-Zinssatzeffekt) gedämpft werden. Damit ergibt sich in der Volkswirtschaft B ein größerer Effekt auf das Preisniveau.

Kapitel 34 Der Einfluss von Geldpolitik und Fiskalpolitik auf die gesamtwirtschaftliche Nachfrage

Stichwörter

Theorie der Liquiditätspäferenz	Verdrängungseffekt
Multiplikatoreffekt	automatische Stabilisatoren
Fiskalpolitik	

Wiederholungsfragen

1. **Worin besteht die Theorie der Liquiditätspräferenz? Wie trägt sie zur Erklärung der negativen Steigung der aggregierten Nachfragekurve bei?**

   Im Rahmen einer Erklärung der kurzfristigen Wirtschaftsschwankungen schlug Keynes die Theorie der Liquiditätspräferenz als Erklärungsansatz für die Höhe des Zinssatzes vor. Danach nimmt der Zinssatz stets ein Niveau an, das Geldangebot und Geldnachfrage in Übereinstimmung bringt. Die angebotene Geldmenge wird von der Zentralbank fixiert und hängt nicht von anderen ökonomischen Variablen ab. Die wichtigste Einflussgröße der Geldnachfrage ist der Zinssatz. Ein Anstieg des Zinssatzes erhöht die Kosten der Bargeldhaltung (Opportunitätskosten) und vermindert damit die Nachfrage nach Geld. Die Geldnachfragekurve hat eine negative Steigung. Im Endergebnis realisiert sich eine negative, gegenläufige Beziehung zwischen dem Preisniveau und der nachgefragten Menge nach Waren und Dienstleistungen. Dieses Ergebnis kommt zu Stande, da ein höheres Preisniveau die Geldnachfrage steigert. Diese erhöhte Nachfrage nach Geld führt zu einem steigenden Zinssatz. Ein höherer Zinssatz vermindert über den Rückgang von Konsum und Investitionen die Nachfrage nach Waren und Dienstleistungen.

2. **Wenden Sie die Theorie der Liquiditätspräferenz an, um zu erklären, wie eine Erhöhung des Geldangebots die aggregierte Nachfragekurve verändert.**

   Eine Erhöhung des Geldangebots verschiebt die Geldangebotskurve nach rechts. Der entstandene Angebotsüberschuss auf dem Geldmarkt führt zu Zinssenkungen. Der sinkende Zinssatz beeinflusst die Güternachfrage, es wird mehr konsumiert (geringere Zinserträge der Ersparnis) und investiert (geringere Finanzierungskosten für Kreditmittel). Die aggregierte Güternachfrage steigt, die Nachfragekurve verschiebt sich nach rechts.

3. Angenommen, der Freistaat Sachsen gibt € 3 Mrd. zur Anschaffung von Polizeiautos aus. Erklären Sie zunächst, weshalb die aggregierte Nachfrage um mehr als 3 Mrd. ansteigen könnte. Erklären Sie sodann, warum die aggregierte Nachfrage vielleicht um weniger als 3 Mrd. steigt.

Die erhöhten Staatsausgaben können auf der einen Seite einen Multiplikatoreffekt mit sich bringen. Dies sind die zusätzlichen positiven Verschiebungen der aggregierten Nachfrage, die sich ergeben, wenn eine expansive Fiskalpolitik die Einkommen und dadurch die Ausgaben der Konsumenten erhöht. Danach wird jede einzelne Geldeinheit der Staatsausgaben die aggregierte Güternachfrage um mehr als diese Geldeinheit ansteigen lassen. Dies geschieht durch positive Folgewirkungen des ersten Impulses: Größere Nachfrage führt zu höheren Einkommen, woraus wiederum größere Nachfrage entsteht.

Auf der anderen Seite kann es durch die erhöhten Staatsausgaben zu einem Verdrängungseffekt kommen. Er betrifft die mögliche Verdrängung von Privatnachfrage durch Staatsnachfrage (»crowding out«) und ist ein Nachfrageausfall, der dem Investitionsrückgang wegen einer Zinssatzsteigerung nach expansiver Fiskalpolitik entspricht. Die von den zusätzlichen Staatsausgaben verursachte Einkommenssteigerung wird die Geldnachfrage erhöhen. Zur Angleichung von Geldangebot (konstant) und Geldnachfrage steigt der Zinssatz, was wiederum die nachgefragte Gütermenge vermindert. Es kommt zu einer Verdrängung privater Investitionsnachfrage. Der Verdrängungseffekt mindert den Multiplikatoreffekt. Im Beispiel kann die Gesamtnachfrage um mehr oder weniger als € 3 Mrd. ansteigen, je nachdem ob der Multiplikator- oder der Verdrängungseffekt dominiert.

4. Angenommen, Meinungsumfragen bei den Verbrauchern zeigen eine Welle von Pessimismus für das ganze Land. Wie wird sich die aggregierte Nachfrage verändern, falls die Politiker nichts unternehmen? Was könnte eine Zentralbank tun, um die gesamtwirtschaftliche Nachfrage zu stabilisieren? Falls die Zentralbank – mit ziemlicher Sicherheit – nichts unternimmt, was könnte dann das Parlament zur Stabilisierung der aggregierten Nachfrage beschließen?

Bei vorherrschendem Pessimismus geben die Haushalte weniger für Konsumgüter und die Unternehmungen weniger für Investitionsgüter aus. Es kommt – wenn der Staat nicht eingreift – zu einer verringerten aggregierten Nachfrage, zu einer sinkenden Produktion und steigender Arbeitslosigkeit. Erhöht die Zentralbank das Geldangebot, so kann über die Zinswirkung (sinkender Zinssatz) die aggregierte Güternachfrage angekurbelt werden. Unternimmt die Zentralbank nichts, so könnte der Staat über eine Erhöhung der Ausgaben für Konsum- und Investitionsgüter (Steuererleichterungen, Investitionsförderprogramme) der pessimistischen Stimmung entgegenwirken und die private Güternachfrage stimulieren.

5. **Nennen Sie beispielhaft eine politische Maßnahme oder Regelung, die als automatischer Stabilisator wirkt.**

Automatische Stabilisatoren sind nachfragestützende fiskalpolitische Wirkungen, die ohne besondere Maßnahmen jeweils dann eintreten, wenn die Volkswirtschaft in eine Rezession gleitet. Ein automatischer Stabilisator mit überragender Bedeutung ist das Steuersystem. Das Aufkommen aus Lohn-/Einkommen- und Umsatzsteuer geht automatisch dann zurück, wenn die Umsätze und die Einkünfte in einer Rezession zurückgehen. Die automatische Steuersenkung regt die aggregierte Nachfrage an und trägt dadurch zur Milderung des konjunkturellen Abschwungs bei.

6. **Warum entfalten geldpolitische Maßnahmen über unterschiedliche Zeiträume unterschiedliche Wirkungen?**

Die Auswirkungen der Geld- und Fiskalpolitik hängen vom Zeithorizont der Betrachtung ab. Auf lange Sicht ist das Produktionsniveau durch das Faktorangebot und die Technologie fixiert. Der Zinssatz bringt Angebot und Nachfrage nach Geldkapital in Übereinstimmung, und das Preisniveau gleicht Geldangebot und Geldnachfrage an. Kurzfristig ist das Preisniveau dagegen starr. Bei einem gegebenen Preisniveau bringt der Zinssatz Geldangebot und Geldnachfrage zur Übereinstimmung. Das Produktionsniveau passt sich der aggregierten Nachfrage an, die teilweise (über Konsum und Investitionen) vom Zinssatz bestimmt wird, der den Geldmarkt im Gleichgewicht hält. Kurzfristig besteht demzufolge die Möglichkeit, mithilfe von geldpolitischen Maßnahmen (Zinsänderungen) das Produktionsniveau einer Volkswirtschaft zu beeinflussen, das langfristig lediglich von den verfügbaren Produktionsfaktoren Arbeit, Realkapital und der Technologie determiniert wird.

Aufgaben und Anwendungen

1. **Erklären Sie, wie jede der folgenden Entwicklungen auf das Geldangebot, die Geldnachfrage und den Zinssatz wirken würde. Illustrieren Sie Ihre Antworten mit zeichnerischen Skizzen.**

   a) **Eine Welle des Optimismus führt zu einem Schub an Investitionen.**

   b) **Die EZB senkt die Sätze der vorgeschriebenen Mindestreserven.**

   c) **Ein Anstieg der Rohölpreise verschiebt die Kurve des kurzfristigen aggregierten Angebots nach oben.**

   d) **Die Haushalte entschließen sich wegen geplanter Urlaubseinkäufe zu höherer Kassenhaltung.**

a) Der Investitionsschub erhöht die Güternachfrage und verursacht über einen Preisanstieg von P_1 auf P_2 auf dem Gütermarkt eine höhere Geldnachfrage. Die Geldnachfragekurve verschiebt sich nach rechts, der Zinssatz steigt.

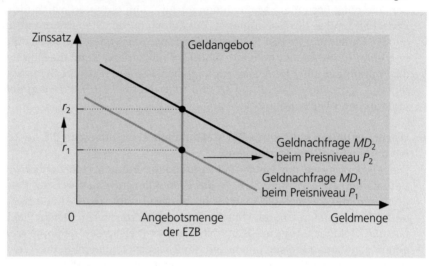

b) Eine Senkung der Mindestreservesätze erhöht das Geldangebot. Die Kurve des Geldangebots MS_1 verschiebt sich nach rechts zu MS_2. Der Zinssatz sinkt.

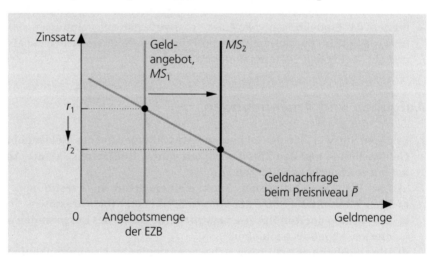

c) Ein Anstieg der Rohölpreise verursacht eine Verschiebung der kurzfristigen aggregierten Güterangebotskurve nach oben. Die Güterpreise steigen von P_1 auf P_2 und erhöhen die Geldnachfrage. Der Zinssatz steigt.

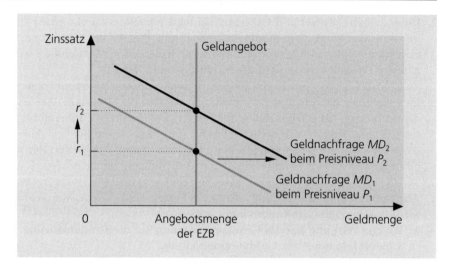

d) Eine höhere Kassenhaltung führt zu einer gestiegenen Geldnachfrage, der Zinssatz erhöht sich.

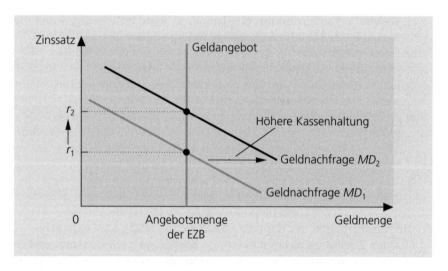

2. **In jedem Wohnblock werden Geldautomaten installiert, sodass die Kassenhaltung mit Bargeld bei den Leuten zurückgeht.**

   a) **Was geschieht nach der Theorie der Liquiditätspräferenz – bei unverändertem Geldangebot der Zentralbank – mit dem Zinssatz? Wie wird die aggregierte Nachfrage beeinflusst?**

   b) **Wie sollte die Zentralbank reagieren, wenn sie die aggregierte Nachfrage stabilisieren möchte?**

   a) Die verringerte Kassenhaltung reduziert die Geldnachfrage. Der sinkende Zinssatz erhöht die aggregierte Nachfrage nach Waren und Dienstleistungen.

   b) Zur Stabilisierung der aggregierten Nachfrage müsste die Zentralbank das Geldangebot reduzieren, um den Rückgang der Geldnachfrage zu kompensieren.

334 Teil XII Kurzfristige wirtschaftliche Schwankungen

3. **Untersuchen Sie zwei politische Maßnahmen: eine Steuersenkung für ein Jahr und eine als dauerhaft geplante Steuersenkung. Welche der Maßnahmen wird Konsumausgabensteigerungen bewirken? Welche der Maßnahmen wird die größere Gesamtwirkung auf die Nachfrage entfalten?**

   Beide Maßnahmen werden eine Steigerung der Konsumausgaben zur Folge haben. Im Falle einer dauerhaften Steuersenkung werden die Haushalte ihre Einkommenserhöhung als substanziellen Beitrag zu ihren finanziellen Ressourcen werten und ihre Ausgaben deshalb nachhaltig um einen großen Betrag erhöhen. Da temporäre Steuererleichterungen nur eine geringfügige Anpassung der Ausgaben nach sich ziehen, entfaltet ein dauerhafter Steuererlass die größere Wirkung.

4. **Angenommen, in einem Land würde ein bestehendes Verzinsungsverbot für Sichteinlagen auf Girokonten aufgehoben.**
   a) **Welche Wirkung hat die Gesetzesänderung auf die Geldnachfrage, wenn Sichteinlagen mit zur Geldmenge rechnen?**
   b) **Wie würde sich wohl der Zinssatz verändern, wenn die Zentralbank trotz der Gesetzesänderung das Geldangebot konstant hält? Welche Wirkungen auf die aggregierte Nachfrage und auf das Produktionsniveau sind zu erwarten?**
   c) **Welche Veränderung des Geldangebots wäre notwendig, wenn die Zentralbank das Zinsniveau konstant halten wollte?**

   a) Durch die Aufhebung des Verzinsungsverbots auf Girokonten (Sichteinlagen) sinken die Opportunitätskosten der Geldhaltung. Die Wirtschaftssubjekte werden daher weniger rentierliche Anlagen und mehr leicht liquidierbare Sichteinlagen halten. Folglich steigt die Geldnachfrage.
   b) Bei einem konstanten Geldangebot würde der Zinssatz steigen, die aggregierte Nachfrage nach Waren und Dienstleistungen über die restriktive Wirkung der Zinserhöhung auf Konsum und Investitionen zurückgehen und das Produktionsniveau sinken.
   c) Um das Zinsniveau konstant zu halten, müsste die Zentralbank die Geldmenge in dem Ausmaß erhöhen, in dem die Geldnachfrage angestiegen ist.

5. **Die Ausführungen des Kapitels erläutern, inwiefern eine expansive Geldpolitik den Zinssatz senkt und damit die Nachfrage nach Konsum- und Investitionsgütern anregt. Erklären Sie, wie eine derartige Politik die Nettoexporte stimuliert.**

   Durch eine expansive Geldpolitik erhöht sich das Geldangebot in einer Volkswirtschaft. Bei konstanter Geldnachfrage kommt es zu einem Rückgang des Zinssatzes. Der sinkende Zinssatz macht den Erwerb von inländischen Aktiva durch Ausländer unattraktiv, der Nettokapitalabfluss steigt und mit ihm (über eine Abwertung der heimischen Währung) die Nettoexporte.

6. **Angenommen, empirische Wirtschaftsforscher beobachten, dass ein Anstieg der Staatsausgaben um € 10 Mrd. die Gesamtnachfrage in der Volkswirtschaft um € 30 Mrd. erhöht.**
   a) **Wie hoch würden die Wirtschaftsforscher – bei Vernachlässigung eines Verdrängungseffekts – die marginale Konsumquote schätzen?**

b) **Würde die Schätzung der marginalen Konsumquote bei gleichzeitiger Veranschlagung eines Verdrängungseffekts größer oder kleiner ausfallen als in a)?**

a) Für die Berechnung des Multiplikatoreffekts gilt: $\Delta Y = [1/(1-c)] \times \Delta G$. Aus dieser Formel lässt sich die marginale Konsumquote mit $c = 1 - (\Delta G/\Delta Y)$ berechnen. Sie beträgt 2/3.

b) Die Schätzung der marginalen Konsumquote würde bei Berücksichtigung des Verdrängungseffekts größer ausfallen, da der Verdrängungseffekt die Erhöhung der gesamtwirtschaftlichen Nachfrage auf € 30 Mrd. begrenzt hat.

7. **Nehmen wir an, der Staat senkt die Steuern um € 20 Mrd., es herrscht keine Verdrängung von Privatnachfrage durch Staatsnachfrage, und die marginale Konsumquote beträgt 3/4.**

   a) **Wie groß ist die Erstwirkung der Steuersenkung auf die aggregierte Nachfrage?**

   b) **Welche weiteren Wirkungen folgen dieser Erstwirkung? Wie groß fällt der Effekt der Steuersenkung auf die aggregierte Nachfrage insgesamt aus?**

   c) **Vergleichen Sie die Wirkungen einer Steuersenkung um € 20 Mrd. und einer Staatsausgabensteigerung um € 20 Mrd. miteinander. Wie ist das Vergleichsergebnis?**

   a) $\Delta Y = c \times Steuersenkung = 0,75 \times € 20 Mrd. = € 15 Mrd.$

   b) Die zusätzlich verausgabten € 15 Mrd. erhöhen das Einkommen, wodurch sich die Nachfrage wiederum erhöht. Der Gesamteffekt der Einkommensveränderung berechnet sich über $\Delta Y = [1/(1 - 0,75)] \times € 15 Mrd. = € 60 Mrd.$, sodass der Erstwirkung von € 15 Mrd. noch eine Einkommenswirkung von € 45 Mrd. folgt.

   c) Die Wirkung einer Staatsausgabensteigerung beträgt:
   $\Delta Y = [1/(1 - 0,75)] \times € 20 Mrd. = € 80 Mrd.$
   Sie ist größer als die einer Steuersenkung, da der Staat den Betrag von € 20 Mrd. vollständig nachfragewirksam verausgabt, während die Haushalte nur drei Viertel des Betrags in eine Erhöhung der Güternachfrage umsetzen.

8. **Angenommen, die Staatsausgaben steigen. Fällt die Wirkung auf die aggregierte Nachfrage größer aus bei einem Stillhalten der Zentralbank oder bei einer Zinsstabilisierung durch die Zentralbank?**

   Dem expansiven Multiplikatoreffekt einer Ausgabensteigerung des Staats steht der Verdrängungseffekt einer Zinssatzsteigerung gegenüber. Über eine Ausweitung der Geldmenge könnte die Zentralbank die erhöhte Geldnachfrage befriedigen und einen Zinsanstieg verhindern. Der negative Verdrängungseffekt bliebe aus. Folglich erhöht sich die aggregierte Nachfrage bei einem Stillhalten der Zentralbank in einem geringeren Ausmaß.

9. **Unter welchen der nachfolgend beschriebenen Umstände führt eine expansive Fiskalpolitik mit größerer Wahrscheinlichkeit zu einer kurzfristigen Steigerung der Investitionen:**

   a) **Bei großem oder kleinem Akzelerator?**

   b) **Bei großer oder bei geringer Zinsabhängigkeit der Investitionen?**

a) Je größer der Akzelerator ist, desto stärker steigen die privaten Investitionen infolge der Einkommenserhöhung an.

b) Je weniger Investitionen auf die Zinssatzsteigerung, die durch expansive Fiskalpolitik hervorgerufen wird, reagieren, desto geringer fällt der Verdrängungseffekt aus, und die Investitionen steigen stärker.

10. Angenommen, die Volkswirtschaft befindet sich in einer Rezession. Erklären Sie, wie jede der nachfolgend beschriebenen Maßnahmen auf Konsum und Investitionen wirkt. Geben Sie direkte Effekte, indirekte Effekte, Änderungen durch Veränderungen des Produktionsniveaus, Änderungen durch Zinssatzänderungen sowie Gesamtwirkungen an. Weisen Sie darauf hin, wenn es gegenläufige Effekte mit zweifelhaften Gesamtergebnissen gibt.
a) Zunahme der Staatsausgaben
b) Senkung der Steuern
c) Ausdehnung der Geldmenge

a) Eine Zunahme der Staatsausgaben erhöht über einen Anstieg der aggregierten Nachfrage das gesamtwirtschaftliche Einkommen und löst einen Multiplikatoreffekt aus. Die Einkommenssteigerung führt zu einer größeren Güternachfrage der Haushalte (Konsum). Verstärkt werden kann diese Wirkung durch einen Anstieg der Investitionsgüternachfrage (Akzeleratoreffekt). Die höhere Kassenhaltung der Haushalte aufgrund der gestiegenen Güternachfrage erhöht die Geldnachfrage. Bei konstantem Geldangebot verursacht dies einen Zinsanstieg, der sich negativ auf die privaten Investitionen und damit die aggregierte Nachfrage auswirkt. Je nachdem, ob Multiplikatoreffekt oder Verdrängungseffekt dominieren, steigt die gesamtwirtschaftliche Nachfrage um mehr oder um weniger als die ursprüngliche Staatsausgabenerhöhung. Die Veränderung der privaten Investitionen wird durch die Relation zwischen dem positiven Akzeleratoreffekt und dem negativen Verdrängungseffekt bestimmt. Der Konsum ist infolge des Multiplikatoreffekts eindeutig gestiegen.

b) Die Intensität in der Wirkung einer Steuersenkung hängt von der Einschätzung ihrer Dauerhaftigkeit durch die Haushalte ab. Eine dauerhafte Steuersenkung aus Sicht der Haushalte führt über die ausgelöste Einkommenserhöhung zu einem Anstieg der Konsumgüternachfrage, die aggregierte Nachfragekurve verschiebt sich nach rechts. Die zusätzlichen Einkommen leiten wiederum die Wirkung des Multiplikatoreffekts, des Akzeleratoreffekts und des Verdrängungseffekts ein. Für die letztendliche Wirkung auf Konsum, Investitionen und Gesamtnachfrage gelten somit die gleichen Ausführungen wie in a).

c) Eine Erhöhung der Geldmenge verursacht eine Zinssenkung auf dem Geldmarkt. Der niedrigere Zinssatz reduziert die Kosten der Kreditaufnahme und die Erträge der Ersparnisse, die Nachfrage nach Konsumgütern und Investitionsgütern steigt. Die aggregierte Nachfragekurve verschiebt sich nach rechts. Mit der erhöhten Gesamtnachfrage (Konsum und Investitionen) steigt das gesamtwirtschaftliche Einkommen.

11. **Aus verschiedenen Gründen verändert sich die Fiskalpolitik bei Schwankungen des Produktionsniveaus und der Beschäftigung automatisch.**

   a) **Erklären Sie, warum in einer Rezession das Steueraufkommen sinkt.**

   b) **Erklären Sie, inwiefern sich in einer Rezession die Staatsausgaben verändern.**

   c) **Angenommen, eine Regierung ist strikt zum Budgetausgleich verpflichtet. Was müsste sie in einer Rezession unternehmen? Würde die Rezession dadurch mehr oder weniger gravierend?**

   a) In einer Rezession sinken Konsum und Einkommen, sodass das Steueraufkommen aus Umsatz- und Einkommensteuer, das einen festen Prozentsatz davon ausmacht, zurückgeht.

   b) In einer Rezession erhöht sich die Arbeitslosigkeit, mehr Menschen sind auf Arbeitslosenunterstützung, Arbeitslosenhilfe oder Sozialhilfe angewiesen. Die Staatsausgaben steigen.

   c) Ist eine Regierung zum Budgetausgleich verpflichtet, müsste sie in der Rezession entweder die Staatseinnahmen erhöhen (Steuererhöhungen) oder die Staatsausgaben durch Kürzungen (Sozialausgaben) senken. In beiden Fällen würde der Zwang zum strikten Budgetausgleich die Wirkung der automatischen Stabilisatoren zunichte machen und die Rezession verschärfen.

12. **Es gibt verschiedene Reaktionen auf eine Erhöhung der Geldmenge. Wären bei den nachfolgenden Punkten die kurzfristigen und die langfristigen Wirkungen gleich oder unterschiedlich?**

   a) **Konsumausgaben**

   b) **Preisniveau**

   c) **Zinssatz**

   d) **gesamtwirtschaftlicher Output**

   a) Kurzfristig stimulieren die sinkenden Zinsen infolge eines erhöhten Geldangebots den Konsum. Langfristig regeln dagegen die Preise den Geldmarkt. Eine Erhöhung der Geldmenge führt daher zu Preissteigerungen, die die erhöhte Güternachfrage (Konsum) wieder zurückdrängen.

   b) Kurzfristig bleiben die Preise unverändert. Auf lange Sicht verursacht eine Erhöhung des Geldangebots einen Preisanstieg, der Geld- und Gütermarkt wieder ins Ausgangsgleichgewicht bringt.

   c) Kurzfristig geht mit der Erhöhung des Geldangebots eine Zinssenkung einher, da der Zinssatz auf kurze Sicht Geldangebot und -nachfrage zur Übereinstimmung bringt. Langfristig steuert der Zinssatz dagegen Angebot und Nachfrage nach Geldkapital. Die erhöhte Konsumgüternachfrage (geringere Ersparnisse) verursacht einen Rückgang des Angebots an Geldkapital, während die steigende Investitionsgüternachfrage (Reaktion auf die kurzfristig sinkenden Zinsen) die Nachfrage nach Geldkapital erhöht. Abgebaut wird der Nachfrageüberschuss am Markt für Geldkapital durch einen langfristigen Zinsanstieg, der die Wirkung der kurzfristigen Zinssenkung kompensiert.

   d) Kurzfristig passt sich das Produktionsniveau der erhöhten aggregierten Güternachfrage an, während das Produktionsniveau auf lange Sicht durch das Faktorangebot und die verfügbare Technologie fixiert ist.

13. Angenommen, die EZB beschließt eine Erhöhung der Geldmenge.

    a) **Welche Wirkungen gehen davon kurzfristig auf den Zinssatz aus? Zeichnen Sie ein Diagramm dazu.**

    b) **Wie fällt die langfristige Wirkung auf den Zinssatz aus? Woher wissen Sie das?**

    c) **Welche Eigenschaft einer Volkswirtschaft ist ausschlaggebend dafür, dass sich kurzfristige und langfristige Wirkung einer Erhöhung des Geldangebots unterscheiden?**

a)

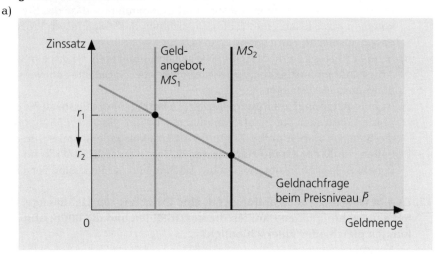

Der Zinssatz wird kurzfristig fallen und Investitions- und Konsumgüternachfrage beleben.

    b) Im langfristigen Gleichgewicht zeigt die Erhöhung des Geldangebots keine Wirkung auf den Zinssatz, da ungleichgewichtige Situationen im Geldmarkt über Preisänderungen abgebaut werden. Der Weg zum langfristigen Gleichgewicht wird durch die Entwicklung von Angebot und Nachfrage nach Geldkapital beschrieben. Die erhöhte Konsumgüternachfrage verursacht (über sinkende Ersparnisse) einen Rückgang des Angebots an Geldkapital, die steigende Investitionsgüternachfrage erhöht die Nachfrage nach Geldkapital. Der Nachfrageüberschuss kann nur über einen Zinsanstieg und daraus resultierender Ersparnisbildung abgebaut werden. Dieser Zinsanstieg, der den kurzfristigen Zinsrückgang vollständig kompensiert, führt zum langfristigen Gleichgewicht, in dem der Zinssatz wieder auf sein ursprüngliches Niveau zurückgekehrt ist.

    c) Ausschlaggebend für die unterschiedlichen Wirkungen einer Erhöhung des Geldangebots in kurzer und langer Frist ist die kurzfristige Starrheit der Preise.

Kapitel 35   Inflation und Arbeitslosigkeit als kurzfristige Alternativen

Stichwörter

Phillips-Kurve   Opferquotient
Hypothese der natürlichen Arbeitslosenquote   rationale Erwartungen
Angebotsschock

Wiederholungsfragen

1. **Zeichnen Sie eine kurzfristige Phillips-Kurve. Wie kann die Volkswirtschaft durch geldpolitische Maßnahmen der Zentralbank von einem Punkt der Kurve zu einem anderen gelangen?**

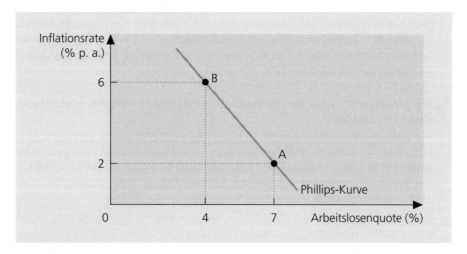

Die Volkswirtschaft kann über eine Erhöhung der Geldmenge durch die Zentralbank vom Punkt A zum Punkt B gelangen. Der Anstieg der Güternachfrage verringert über die Erhöhung des Produktionsniveaus die Arbeitslosenquote (von 7 % auf 4 %) und erhöht über den Preisanstieg die Inflationsrate (von 2 % auf 6 %).

2. Zeichnen Sie eine langfristige Phillips-Kurve und erklären Sie bestehende Zusammenhänge mit der kurzfristigen Phillips-Kurve.

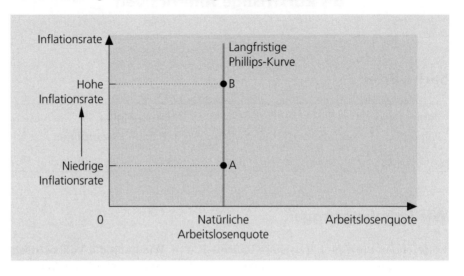

Nach Friedman und Phelps bestehen auf lange Sicht keine zu wählenden Alternativen zwischen Inflationsrate und Arbeitslosenquote. Das Wachstum der Geldmenge bestimmt, wie im Fall der kurzfristigen Phillips-Kurve, die Höhe der Inflationsrate. Unabhängig von der Inflationsrate tendiert jedoch die Arbeitslosenquote zur natürlichen Arbeitslosenquote hin. Deshalb verläuft die langfristige Phillips-Kurve senkrecht.

3. Warum unterscheiden sich die natürlichen Arbeitslosenquoten zwischen den einzelnen Ländern?

Die natürliche Arbeitslosenquote ist diejenige Arbeitslosenquote, zu der die Wirtschaft langfristig neigt. Sie ist weder naturgegeben noch konstant, sondern verändert sich im Zeitablauf und differiert zwischen verschiedenen Ländern. Zu den Einflussfaktoren für das Niveau der natürlichen Arbeitslosenquote zählen die Existenz von Gewerkschaften, Mindestlohnvorschriften, Arbeitslosenversicherung, die Förderung von Ausbildungsprogrammen sowie das Rechtssystem eines Landes (Tarifrecht).

4. Angenommen, eine Dürre zerstört die Ernten und treibt die Nahrungsmittelpreise in die Höhe. Welche Wirkungen hat dies auf die kurzfristig bestehenden Alternativen zwischen Inflation und Arbeitslosigkeit?

Eine Dürre käme einem Angebotsschock gleich und würde die kurzfristige Phillips-Kurve nach rechts verschieben. Von einem Ausgangspunkt mit niedriger Inflation und geringer Arbeitslosigkeit wandert die Volkswirtschaft zu einem Punkt mit hoher Inflation und gleichzeitig gestiegener Arbeitslosigkeit. Dieses Phänomen bezeichnet man als Stagflation.

5. **Eine Zentralbank fasst den Entschluss, die Inflationsrate zu senken. Benutzen Sie die Phillips-Kurve, um die kurzfristigen und die langfristigen Auswirkungen der politischen Maßnahme zu illustrieren. Wie könnte man die kurzfristigen Kosten senken?**

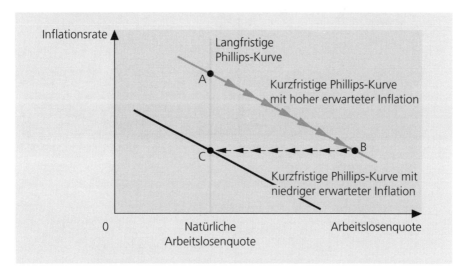

Verfolgt die Zentralbank zur Senkung der Inflationsrate eine kontraktive Geldpolitik, so bewegt sich die Volkswirtschaft auf der kurzfristigen Phillips-Kurve vom Punkt A zum Punkt B. Der Rückgang der aggregierten Nachfrage führt zu einem Rückgang von Produktion und Beschäftigung. Eine niedrigere Inflationsrate wird durch höhere Arbeitslosigkeit erkauft. Im Laufe der Zeit gewinnt die Bevölkerung schließlich die Überzeugung, dass die Preise langsamer steigen werden. Die erwartete Inflationsrate geht zurück und damit verlagert sich die kurzfristige Phillips-Kurve zum Ursprung hin. Im Punkt C hat die Volkswirtschaft wieder ihre natürliche Arbeitslosenquote erreicht. Die Kosten einer Inflationssenkung (Arbeitslosigkeit, Rezession) hängen von der Steigung der Phillips-Kurve und vom Anpassungszeitraum der Inflationserwartungen ab. Je besser die Zentralbank die Bevölkerung über die kontraktive Geldpolitik informiert, desto schneller werden sich die Inflationserwartungen anpassen und die Phase von Arbeitslosigkeit und gedämpfter Produktion beenden.

Aufgaben und Anwendungen

1. **Wir nehmen eine natürliche Arbeitslosenquote von 6 % an. Tragen Sie in ein Diagramm zwei Phillips-Kurven ein, mit denen man die nachfolgenden vier Situationen beschreiben kann. Beschriften Sie die einzelnen Kurvenpunkte zu den Situationen:**
   a) Aktuelle Inflationsrate 5 %, erwartete Inflationsrate 3 %.
   b) Aktuelle Inflationsrate 3 %, erwartete Inflationsrate 5 %.
   c) Aktuelle Inflationsrate 5 %, erwartete Inflationsrate 5 %.
   d) Aktuelle Inflationsrate 3 %, erwartete Inflationsrate 3 %.

a)

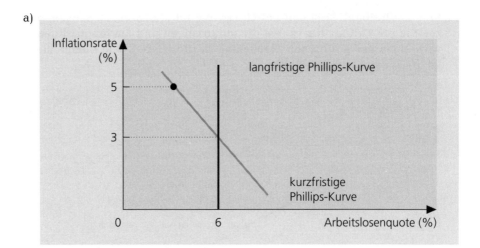

b)

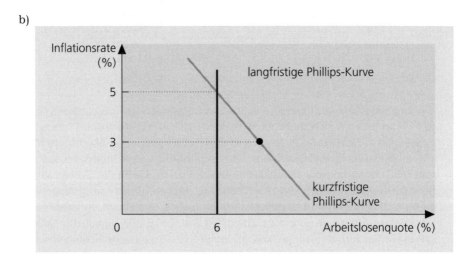

c)

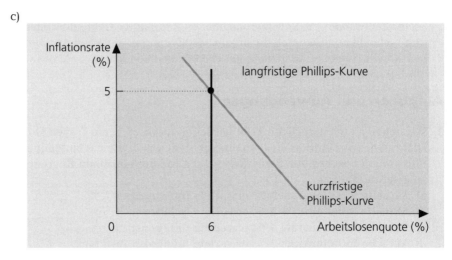

d)

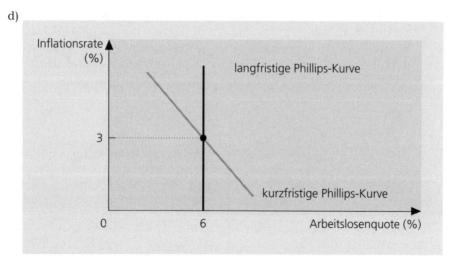

2. **Illustrieren und erläutern Sie mit kurzfristiger und langfristiger Phillips-Kurve die Auswirkungen der nachfolgenden Entwicklungen:**
   a) **Anstieg der natürlichen Arbeitslosenquote,**
   b) **Rückgang des Importpreises für Rohöl,**
   c) **Anstieg der Staatsausgaben,**
   d) **Rückgang der erwarteten Inflationsrate.**

   a) Ein Anstieg der natürlichen Arbeitslosenquote verschiebt zunächst die lang-fristige Phillips-Kurve nach rechts, da die langfristige Phillips-Kurve ja gera-de die natürliche Arbeitslosenquote spezifiziert, die außerhalb des Einfluss-bereichs der Geldpolitik liegt. Gleichzeitig verschiebt sich die kurzfristige Phillips-Kurve nach rechts, da die Wirtschaftssubjekte nun jede erwartete Inflationsrate mit einer höheren Arbeitslosenquote verknüpfen.

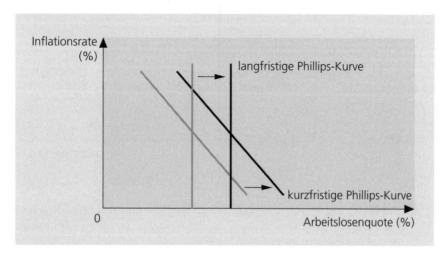

b) Ein Rückgang des Importpreises für Rohöl verursacht eine Verschiebung der kurzfristigen Phillips-Kurve zum Ursprung hin. Der gesunkene Rohölpreis bedeutet für die Unternehmungen eine Kostensenkung. Mit der Ausweitung der Güterangebotsmengen durch die Unternehmungen geht eine höhere Beschäftigung einher und damit eine geringere Arbeitslosenquote.

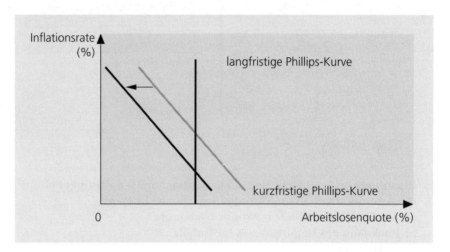

c) Ein Anstieg der Staatsausgaben erhöht die aggregierte Nachfrage. Im neuen Gleichgewicht realisiert sich ein höheres Produktionsniveau zu einem höheren Preis, was zu einer Bewegung auf der kurzfristigen Phillips-Kurve führt.

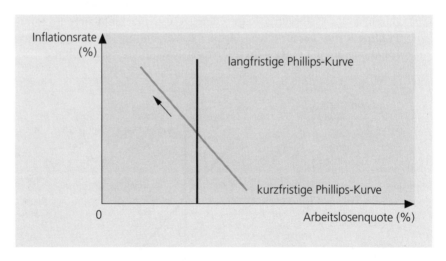

d) Ein Rückgang der erwarteten Inflationsrate wird die kurzfristige Phillips-Kurve zum Ursprung hin verschieben, da die Wirtschaftssubjekte für eine gegebene Arbeitslosenquote nun von einer geringeren Inflationsrate ausgehen.

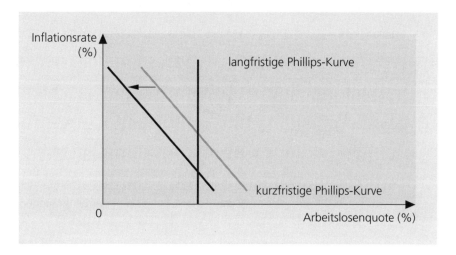

3. **Angenommen, rückläufige private Konsumausgaben verursachen eine Rezession.**

   a) **Illustrieren Sie die Veränderungen mit einem Diagramm der aggregierten Nachfrage und des aggregierten Angebots sowie mit einem Phillips-Kurven-Diagramm.**

   b) **Nehmen Sie an, dass sich im Lauf der Zeit die erwartete Inflationsrate in derselben Richtung verändert wie die tatsächliche Inflationsrate. Welche Auswirkungen erwarten Sie von der Anpassung der Erwartungen auf die Lage der kurzfristigen Phillips-Kurve? Sieht sich die Volkswirtschaft nach dem Ende der Rezession einer besseren oder einer schlechteren Kombination von Arbeitslosigkeit und Inflation gegenüber?**

   a)

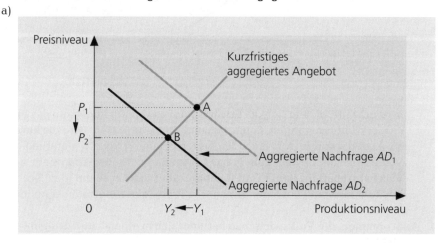

   b) Wenn sich die erwartete Inflationsrate an die geänderte, geringere Inflationsrate anpasst, verschiebt sich die kurzfristige Phillips-Kurve nach links.

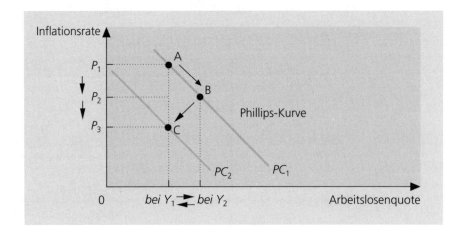

Die Volkswirtschaft wandert vom Punkt B zum Punkt C, in dem eine gesunkene Arbeitslosenquote mit einer geringeren Inflationsrate einhergeht.

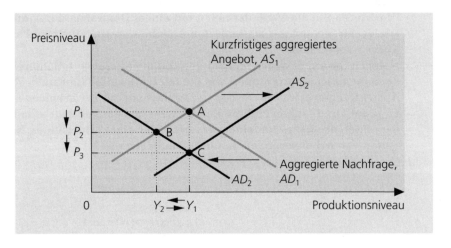

In dem Maße, in dem sich die Erwartungen von einem Rückgang des Preisniveaus, Wahrnehmungen, Lohnsätze und Preise anpassen, wird die kurzfristige Angebotskurve AS_1 einer Rechtsverschiebung zu AS_2 unterliegen, die Volkswirtschaft bewegt zum Punkt C. Am Ende der Rezession sieht sich die Volkswirtschaft im Punkt C in Relation zum Punkt A einem identischen Beschäftigungsstand bei einer geringeren Preissteigerungsrate gegenüber.

4. **Angenommen, die Volkswirtschaft befindet sich in einem langfristigen Gleichgewicht.**
   a) **Zeichnen Sie die kurzfristige und die langfristige Phillips-Kurve für diese Volkswirtschaft.**
   b) **Eine Welle des Pessimismus in der Geschäftswelt senkt die aggregierte Nachfrage. Zeigen Sie die Auswirkungen dieses Schocks anhand des Diagramms zu a). Kann die Volkswirtschaft mit expansiver Geldpolitik zur**

ursprünglichen Inflationsrate und zur ursprünglichen Arbeitslosenquote zurückkehren?

c) Nun nehmen wir an, die Volkswirtschaft ist wieder im langfristigen Gleichgewicht, und dann steigt der Importpreis für Rohöl an. Zeigen Sie den Effekt mit einem neuen Diagramm wie in a). Kann die Zentralbank die Volkswirtschaft mit expansiver Geldpolitik zur ursprünglichen Arbeitslosenquote und zur ursprünglichen Inflationsrate zurückbringen? Kann die Volkswirtschaft mit kontraktiver Geldpolitik zur ursprünglichen Arbeitslosenquote und zur ursprünglichen Inflationsrate zurückkehren? Warum unterscheidet sich die Situation von der in b)?

a) und b)

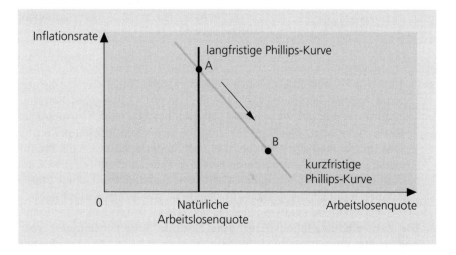

Senkt eine Welle von Pessimismus in der Geschäftswelt die aggregierte Nachfrage, so führt dies zu einem Rückgang des Produktionsniveaus bei einem gleichzeitig sinkenden Preisniveau. Die Volkswirtschaft wandert vom Punkt A und zum Punkt B, der mit einer höheren Arbeitslosenquote und einer geringeren Inflationsrate korrespondiert. Mit expansiver Geldpolitik kann die Volkswirtschaft wieder zum Ausgangspunkt A zurückkehren. Eine wachsende Geldmenge geht mit einem fallenden Zinsniveau einher und kurbelt über Investitionen und Konsum die aggregierte Güternachfrage an. Mit dem Preisniveau steigt auch das Produktionsniveau, die Arbeitslosenquote geht zurück.

c) Ein Anstieg des Importpreises für Rohöl stellt einen Angebotsschock dar, der die kurzfristige Phillips-Kurve nach rechts verschiebt. Infolge der Angebotsverknappung benötigen die Unternehmungen zur Produktion weniger Arbeitskräfte, die Arbeitslosenquote steigt. Mit dem Rückgang der angebotenen Gütermengen erhöht sich das Preisniveau. Die Volkswirtschaft wandert vom Punkt A zum Punkt C.

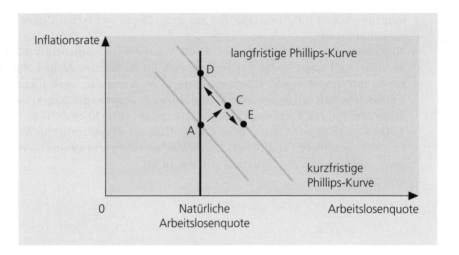

Expansive Geldpolitik könnte in einer derartigen Situation zwar die ursprüngliche Arbeitslosenquote wiederherstellen, jedoch bei einer höheren Inflationsrate (Punkt D). Kontraktive Geldpolitik könnte die ursprüngliche Inflationsrate sichern, allerdings bei einer höheren Arbeitslosenquote (Punkt E).
Der Unterschied zur Situation in b) besteht darin, dass sich die Produktions-
bedingungen für die Unternehmungen geändert haben. Auf die veränderten
Angebotsbedingungen haben Geld- und Fiskalpolitik keinen Einfluss. Sie
können lediglich die gesamtwirtschaftliche Nachfrage beeinflussen.

5. **Die Zentralbank diagnostiziert eine aktuelle Arbeitslosenquote von 5,5 %
   und schätzt die natürliche Arbeitslosenquote auf 6 %. Was geschieht in dieser Volkswirtschaft, wenn die Zentralbank mit ihrem Informationsstand Maßnahmen ergreift?**
   Liegt die aktuelle Arbeitslosenquote unter der natürlichen Arbeitslosenquote,
   so wird die Zentralbank versuchen, dieses Potenzial für eine Inflationsbekämpfung zu nutzen. Eine restriktive Geldpolitik senkt die gesamtwirtschaftliche Nachfrage, die Güterpreise sinken und reduzieren die Inflationsrate. Das geringere
   Produktionsniveau führt zu einer Erhöhung der Arbeitslosenquote auf ihr natürliches Niveau.

6. **Die Zentralbank gibt bekannt, dass sie zur Senkung der Inflationsrate eine
   kontraktive Geldpolitik betreibt. Würde die nachfolgende Rezession unter
   den folgenden Randbedingungen stärker oder milder ausfallen?**
   a) **Tarifverträge haben eine kurze Laufzeit.**
   b) **Man hat wenig Zutrauen zur Stabilitätspolitik der Zentralbank.**
   c) **Die erwartete Inflationsrate passt sich sehr schnell der aktuellen Inflati-
      onsrate an.**
   a) Eine kurze Laufzeit der Tarifverträge gibt allen Beteiligten die Möglichkeit,
      schneller auf geänderte Bedingungen zu reagieren. Eine veränderte (sinken-
      de) Inflationsrate kann dadurch rascher zur Geltung kommen, und die einer
      kontraktiven Geldpolitik nachfolgende Rezession fällt milder aus.

b) Hat man wenig Zutrauen zur Stabilitätspolitik der Zentralbank, so werden die Wirtschaftssubjekte auch in Zukunft die bisherige hohe Inflationsrate erwarten. Die Rezession wird damit verstärkt.

c) Passt sich die erwartete Inflationsrate sehr schnell an die aktuelle Inflationsrate an, so ist die mit einer kontraktiven Geldpolitik verbundene erhöhte Arbeitslosigkeit nur von kurzer Dauer, da die Bevölkerung schneller auf die geänderte Inflationsrate reagiert.

7. Sowohl 1986 als auch 1998 kam es zu einem starken Rückgang der Rohölpreise.

a) Zeigen Sie die Auswirkungen dieses Preiseinbruchs in einem Diagramm der aggregierten Nachfrage und des aggregierten Angebots sowie in einem Phillips-Kurven-Diagramm.

b) Lassen die Änderungen von Inflationsrate und Arbeitslosigkeit darauf schließen, dass es keinen kurzfristigen Zusammenhang zwischen beiden Größen gibt?

a)

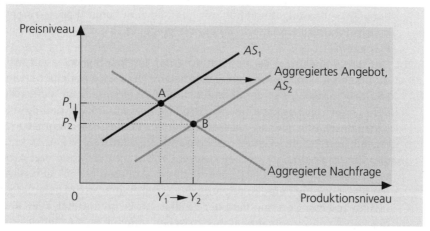

Der starke Rückgang der Rohölpreise führt zu einer deutlichen Senkung der Produktionskosten bei einer Vielzahl anderer Güter, sodass die Unternehmungen ihr angebotene Gütermengen bei jedem gegebenen Preisniveau ausdehnen. Die aggregierte Angebotskurve AS_1 verschiebt sich nach rechts zu AS_2. Im neuen Gleichgewichtspunkt B ist das Produktionsniveau auf Y_2 gestiegen und das Preisniveau auf P_2 gefallen.

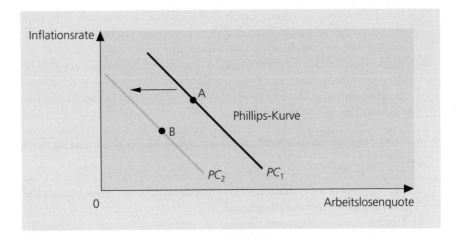

Der positive Schock auf das aggregierte Angebot durch den starken Rückgang der Rohölpreise bringt die Volkswirtschaft von einem Punkt A mit höherer Arbeitslosigkeit und höherer Inflation zum Punkt B mit geringerer Arbeitslosigkeit und Inflation. Die kurzfristige Phillips-Kurve verlagert sich von
PC_1 auf PC_2.

b) Der starke Rückgang der Rohölpreise führt zu einer Senkung von Arbeitslosenquote und Inflationsrate gleichermaßen. Die gleich gerichtete Änderung
   von Arbeitslosenquote und Inflationsrate steht eigentlich im Widerspruch zu
   dem negativen Zusammenhang zwischen beiden Größen, den die Phillips-
   Kurve beschreibt. Dennoch lassen die beobachteten Änderungen von Inflationsrate und Arbeitslosigkeit nicht darauf schließen, dass es keinen kurzfristigen Zusammenhang zwischen beiden Größen gibt. Inflation und Arbeitslosigkeit unterliegen einer gleich gerichteten Änderung, weil der positive Angebotsschock über eine Anpassung der Erwartungen an das geänderte Preisniveau zu einer Verschiebung der Phillips-Kurve geführt hat. Die Gültigkeit
   des negativen Zusammenhanges zwischen Inflation und Arbeitslosigkeit ist
   auf die Existenz der zu Grunde liegenden kurzfristigen Phillips-Kurve (und
   damit implizit auf gleich bleibende Erwartungen der Wirtschaftssubjekte) beschränkt.

8. **Die Inflationsrate betrage 10 % und die Zentralbank erwägt, das Wachstum
   der Geldmenge zu bremsen, um die Inflation auf 5 % zu senken. Volkswirt
   Jens glaubt, dass sich die Inflationserwartungen in der Bevölkerung rasch an
   die geldpolitische Maßnahme anpassen werden. Volkswirtin Sabine vertritt
   dagegen die Auffassung, dass sich die Erwartungen nur langsam auf die geänderte Situation einstellen. Wer von beiden wird sich eher für die vorgeschlagene Änderung der Geldpolitik aussprechen? Begründen Sie Ihre Antwort.**
   Sofern die Zentralbank das Wachstum der Geldmenge reduziert, um die Inflation zu dämpfen, bewegt sie die Volkswirtschaft entlang einer kurzfristigen Phillips-Kurve hin zu einer größeren Arbeitslosenquote. Die Volkswirtschaft muss
   also eine gewisse Zeit erhöhter Arbeitslosigkeit und gedämpfter Produktion

durchstehen, wenn man die Inflation nachhaltig senken will. Wie lange die Volkswirtschaft in der Rezession bleibt, hängt davon ab, wie schnell die Leute ihre Inflationserwartungen an die veränderten Rahmenbedingungen anpassen. Je langsamer die Leute ihre Erwartungen anpassen, desto höher sind die Kosten der Desinflationspolitik.

Demzufolge wird sich Jens eher für ein verlangsamtes Wachstum der Geldmenge aussprechen, weil er im Gegensatz zu Sabine davon ausgeht, dass sich die Inflationserwartungen in der Bevölkerung rasch an die geldpolitische Maßnahme anpassen, sodass die Kosten der Desinflation vergleichsweise gering ausfallen.

9. **Warum befassen sich gewählte Parlamentarier und Politiker nicht ständig mit der Senkung der Inflationsrate, wenn doch die Inflation so sehr unpopulär ist? Die Nationalökonomen sind der Meinung, dass die Kosten einer Desinflationspolitik dann niedriger ausfallen, wenn die Zentralbank autonom ist. Trifft das Ihrer Meinung nach zu?**

Zunächst ist eine Senkung der Inflationsrate stets mit einem gedämpften Produktionsniveau und wachsender Arbeitslosigkeit verbunden. Auch wenn Inflation sehr unpopulär ist, besitzt die Höhe der Arbeitslosenquote für die Masse der Bevölkerung eine größere Bedeutung, da die Sicherung des (materiellen) Lebensunterhaltes eindeutig Priorität hat. Ein Leben ohne Arbeitseinkommen wird individuell als wesentlich schlechter eingestuft als ein Leben mit einem Arbeitseinkommen und (leicht) steigenden Preisen. Die Sicherung von Beschäftigung garantiert den Politikern demzufolge in der Bevölkerung eine höhere Zustimmung als eine Inflationssenkung, ihre Chancen auf eine Wiederwahl steigen.

Eine autonome Zentralnotenbank sichert eine kontinuierliche Geldpolitik, die stets auf eine Steuerung des Geldmengenwachstums orientiert ist und realwirtschaftlichen Fragen der Beschäftigungssicherung oder der Konjunkturbelebung durch die Ankurbelung der Investitionen keine Beachtung schenkt. Eine derartige Kontinuität schafft das Vertrauen in der Bevölkerung, dass sich die Ziele der Geldmengensteuerung (niedrige Inflation) auch tatsächlich einstellen und von Dauer sind (und nicht etwa bei auftretenden Rezessionserscheinungen mit expansiver Geldpolitik gegengesteuert wird), und fördert auf diese Weise eine rasche Anpassung der Inflationserwartungen durch die Wirtschaftssubjekte, die die Kosten einer Desinflationspolitik senkt.

Teil XIII Die Europäische Währungsunion

Kapitel 36 Gebiete mit einheitlicher Währung und die Europäische Währungsunion

Stichwörter

Gebiete gemeinschaftlicher Währung (Währungsunion)
Europäische Wirtschafts- und Währungsunion (EWU)
Europäische Gemeinschaft(en)
Gemeinsamer europäischer Markt
optimaler Währungsraum
fiskalischer Föderalismus

Wiederholungsfragen

1. **Worin bestehen die hauptsächlichen Vorteile der Bildung einer Währungsunion? Was sind die hauptsächlichen Nachteile?**

   Die hauptsächlichen Vorteile einer Währungsunion bestehen in der Abschaffung von Transaktionskosten beim Handel der Länder untereinander, im Abbau von Preisdivergenzen für Waren und Dienstleistungen zwischen den einzelnen Ländern und in der Beseitigung von Wechselkursschwankungen.

   Die hauptsächlichen Nachteile einer Währungsunion bestehen in der Aufgabe der nationalen Währung und dem damit verbundenen Verlust einer eigenständigen Geldpolitik. Makroökonomische Korrekturen durch Veränderung des realen Wechselkurses sind nicht mehr möglich.

2. **Sind die Vor- und Nachteile aus Frage 1 eher kurzfristiger oder eher langfristiger Natur?**

   Sowohl die Transaktionskosten beim Handel untereinander als auch die Wechselkursschwankungen verschwinden unmittelbar mit dem Beginn einer Währungsunion. Es kann unter Umständen jedoch einige Zeit dauern, bis Preistransparenz und Arbitrage zu einem Abbau der Preisdivergenzen bei Waren und Dienstleistungen führen.

   Der Verlust an geldpolitischen Steuerungsmöglichkeiten wirkt sich nur kurzfristig negativ aus. Auch wenn die gemeinsame Zentralbank bei makroökonomischen Schwankungen in einzelnen Ländern nicht mehr stabilisierend eingreift, gibt es eine Reihe von Kräften, die zur Selbstheilung beitragen. Sich an die geänderten Bedingungen anpassende Reallöhne können im Zusammenspiel mit der Mobilität der Arbeitskräfte und der (Finanz-)Kapitalmobilität die einzelnen Volkswirtschaften wieder ins langfristige Gleichgewicht zurückführen.

3. **Besteht ein hauptsächlicher Vorteil einer Währungsunion auch darin, dass es zu einer Reduktion der Preisdifferenzierung/Preisdiskriminierung im Wirtschaftsgebiet kommt?**

   Der Abbau von Preisdivergenzen für Waren und Dienstleistungen wird in der Regel nicht der entscheidende Vorteil einer Währungsunion sein. Auch eine verbesserte Preistransparenz durch eine gemeinsame Währung wird nicht dafür sorgen, dass Preisunterschiede für einzelne Waren und Dienstleistungen zwischen den Ländern wirklich verschwinden. Der Ausnutzung von Preisunterschieden durch Arbitragegeschäfte stehen gewisse Transaktionskosten (Reisekosten, Kosten für Lagerung) entgegen.

4. **Was ist ein optimaler Währungsraum? Welche Charakteristika weist ein optimaler Währungsraum auf?**

   Unter einem optimalen Währungsraum versteht man eine Gruppe von Ländern, für die die Annahme einer gemeinsamen Währung und die Bildung einer Währungsunion von größtmöglichem Vorteil sind. Ein optimaler Währungsraum zeichnet sich durch flexible Reallöhne, eine hohe Mobilität von Arbeitskräften und Kapital, eine starke Handelsverflechtung der beteiligten Länder untereinander sowie durch gleichlaufende Konjunkturverläufe aus.

5. **Ist der Euroraum ein optimaler Währungsraum?**

   Auf diese Frage gibt es keine eindeutige Antwort. Auf der einen Seite sind die Mitgliedstaaten der Eurozone durch eine hohe Handelsverflechtung und weitgehend parallele Konjunkturverläufe gekennzeichnet. Auf der anderen Seite ist die Mobilität von Arbeit und Kapital gering. Letztendlich wird sich die Frage dann bejahen lassen, wenn der Euroraum langfristig Bestand hat.

6. **Worin besteht fiskalischer Föderalismus? Auf welche Weise könnten die Probleme makroökonomischer Anpassung in einer Währungsunion durch fiskalischen Föderalismus erleichtert werden?**

   Der fiskalische Föderalismus beschreibt das Finanzsystem einer Gruppe von Ländern, das mit einem gemeinsamen Finanzhaushalt, einem gemeinsamen Steuersystem und finanziellen (Ausgleichs-)Zahlungen zwischen den einzelnen Ländern einhergeht. Kommt es zu makroökonomischen Schwankungen, so ermöglicht der fiskalische Föderalismus einen Budgetausgleich zwischen den einzelnen Ländern. Die Budgetdefizite durch sinkende Steuereinnahmen und steigende Transferausgaben in Ländern, die sich in einer ökonomischen Krise befinden, können über Budgetüberschüsse durch steigende Steuereinnahmen und sinkende Transferzahlungen in Ländern, die sich ökonomisch im Aufschwung befinden, kompensiert werden.

7. **Weshalb besteht unter den Mitgliedern einer Währungsunion der Wunsch, Verhaltensregeln für die nationale Fiskalpolitik zu vereinbaren?**

In einer Währungsunion kann die Fiskalpolitik eines Mitgliedstaats Auswirkungen auf alle andere Mitgliedstaaten haben. Hohe Budgetdefizite eines Mitgliedstaats, finanziert durch die Ausgabe von Staatsanleihen, führen zu einem Anstieg der langfristigen Zinsen in der Währungsunion und erhöhen damit die Kosten der Kreditaufnahme für alle Mitgliedstaaten.

Außerdem bestehen in einer Währungsunion Anreize für einen einzelnen Mitgliedstaat zum Trittbrettfahrerverhalten. Hohe Budgetdefizite eines Mitgliedstaats führen unter Umständen nicht zu einem entsprechenden Zinsanstieg, da die Finanzmärkte davon ausgehen, dass die anderen Mitgliedstaaten der Währungsunion im Falle von Zahlungsschwierigkeiten dem betroffenen Mitgliedstaat finanziell zur Seite stehen werden. Damit besteht für einen einzelnen Mitgliedstaat der Anreiz, eine fiskalische Expansionspolitik zu betreiben, ohne die vollen Kosten dafür tragen zu müssen. Da alle anderen Mitgliedstaaten aufgrund des Zinsanstiegs gleichzeitig höhere Zinszahlungen auf ihre Staatsschulden leisten müssen, besteht ein Interesse, durch das Aufstellen von bestimmten Regeln ein derartiges Verhalten einzelner Mitgliedstaaten in einer Währungsunion zu verhindern.

In der Europäischen Währungsunion hat man versucht, diese Probleme durch den Stabilitäts- und Wachstumspakt mit Regeln für die nationale Fiskalpolitik zu vermeiden.

Aufgaben und Anwendungen

1. Betrachten Sie zwei Länder – Kornpommern und Technopfalz – mit ausgedehntem gegenseitigen Handel. Die nationalen Währungen sind »Korn« (in Kornpommern) und »Byte« (in Technopfalz). In Kornpommern besteht das Produktionsvolumen hauptsächlich aus landwirtschaftlichen Produkten, in Technopfalz weitgehend aus Elektronik. Die Länder befinden sich in einem langfristigen makroökonomischen Gleichgewicht.

   a) Veranschaulichen Sie die beiden Volkswirtschaften anhand von Diagrammen (mit aggregierter Nachfrage, kurzfristigem aggregierten Angebot und langfristigem aggregierten Angebot).

   b) Nun soll in beiden Ländern zugleich ein Anstieg der Nachfrage nach Elektronik und ein Rückgang der Nachfrage nach landwirtschaftlichen Produkten eintreten. Zeigen Sie anhand der Diagramme, was kurzfristig in beiden Volkswirtschaften mit Produktionsniveau und Preisniveau geschieht. Wie verändern sich die Arbeitslosenquoten in beiden Ländern?

   c) Zeigen Sie anhand der Diagramme, wie jedes Land die kurzfristigen Schwankungen des Produktionsniveaus mittels geldpolitischer Maßnahmen dämpfen könnte.

   d) Zeigen Sie anhand der Diagramme, wie Veränderungen des »Korn/Byte«-Wechselkurses zur Dämpfung der Schwankungen in jedem Land beitragen könnten.

a) bis c)

Kornpommern (K)

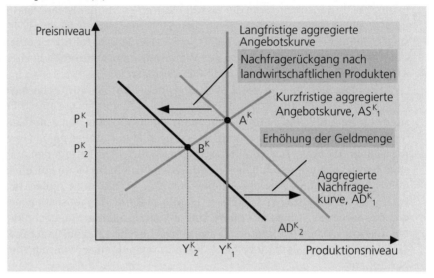

Der Rückgang der Nachfrage nach landwirtschaftlichen Produkten führt in Kornpommern zu einer Verschiebung der aggregierten Nachfragekurve nach links. Das Preisniveau fällt und die Arbeitslosenquote nimmt infolge des sinkenden Produktionsniveaus zu.

In dieser Situation könnte die Zentralbank durch eine Erhöhung der Geldmenge eingreifen. Durch die Geldmengenerhöhung steigt die Güternachfrage an und die aggregierte Nachfragekurve verschiebt sich vom Punkt B^K zurück in Richtung der Ausgangslage (Punkt A^K).

Technopfalz (T)

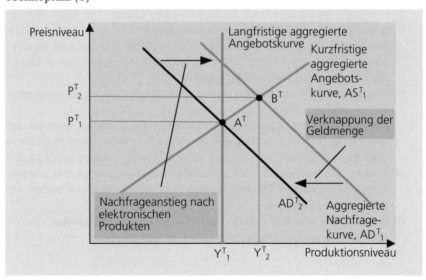

Der Anstieg der Nachfrage nach elektronischen Produkten führt in Technopfalz zu einer Verschiebung der aggregierten Nachfragekurve nach rechts.
Das Preisniveau steigt und die Arbeitslosenquote nimmt infolge des steigenden Produktionsniveaus ab.

In dieser Situation könnte die Zentralbank durch eine Verknappung der
Geldmenge eingreifen, um eine Überhitzung der Volkswirtschaft zu verhindern. Durch die Geldmengenverknappung sinkt die Güternachfrage und die
aggregierte Nachfragekurve verschiebt sich vom Punkt B^T zurück in Richtung der Ausgangslage (Punkt A^T).

d)

Kornpommern (K)

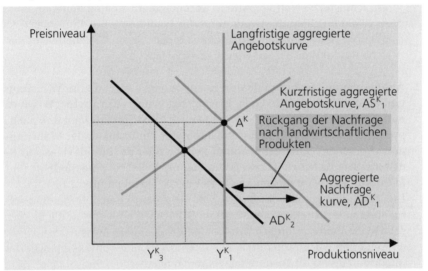

Technopfalz (T)

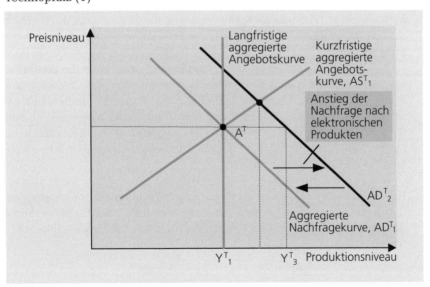

Wenn die Nachfrage nach Gütern aus Kornpommern sinkt und die Nachfrage nach Gütern aus Technopfalz steigt, dann verändert sich damit auch gleichzeitig die Nachfrage nach der jeweiligen Währung. Die Nachfrage nach Korns sinkt, während die Nachfrage nach Bytes steigt. Damit steigt der Wert der Bytes im Vergleich zu Korns. Dadurch werden die Güter aus Technopfalz für die Einwohner von Kornpommern teurer, da sie nun mehr Korns für einen bestimmte Anzahl an Bytes bezahlen müssen. Gleichzeitig werden die Güter aus Kornpommern für die Einwohner von Technopfalz billiger. Die Nettoexporte von Technopfalz sinken und führen zu einem Rückgang der aggregierten Nachfrage. Die aggregierte Nachfragekurve verschiebt sich zurück nach links bis zu dem Punkt, an dem das natürliche Produktionsniveau wieder erreicht ist. Die Nettoexporte in Kornpommern steigen dagegen und führen so zu einer Erhöhung der aggregierten Nachfrage. Die aggregierte Nachfragekurve verschiebt sich zurück nach rechts, bis im Gleichgewicht das natürliche Produktionsniveau wieder erreicht ist.

2. **Angenommen, Technopfalz und Kornpommern bilden eine Währungsunion und einigen sich auf die Gemeinschaftswährung »Kornbyte«. Wiederum soll nun in beiden Ländern die Nachfrage nach Elektronik steigen und nach Agrarprodukten sinken. Würde der Präsident der Zentralbank der Währungsunion den »Kornbyte«-Zinssatz erhöhen, senken oder unverändert lassen? Begründen Sie Ihre Antwort. (Hinweis: Vorrangiges Ziel sei eine niedrige und stabile Inflationsrate im gesamten Gebiet der Währungsunion.)**

Die Zentralbank sollte in diesem Fall nicht eingreifen. Die beiden Volkswirtschaften unterliegen asymmetrischen Schocks, die unterschiedliche geldpolitische Maßnahmen erfordern würden. In Kornpommern müsste der Rückgang der aggregierten Nachfrage durch eine expansive Geldpolitik kompensiert werden (niedrige Zinsen). In Technopfalz dagegen müsste dem Preisauftrieb durch eine restriktive Geldpolitik begegnet werden (steigende Zinsen). Bei einer gemeinsamen Währung könnte die Zentralbank jedoch nur eine der beiden Maßnahmen umsetzen. Für welche Maßnahme sich die Zentralbank auch entscheidet, in einer der beiden Volkswirtschaften würde die Geldpolitik in die falsche Richtung wirken.

Das Ziel einer stabilen und niedrigen Inflationsrate kann die Zentralbank am ehesten durch ein gleich bleibendes Zinsniveau erreichen. Zudem gibt es eine Reihe von Kräften, die zur Selbstheilung der Volkswirtschaften beitragen. Je schneller sich Wahrnehmungen und Erwartungen der Menschen an die geänderte Situation anpassen, desto schneller reagieren auch die Reallöhne und führen die Volkswirtschaft durch eine Verschiebung der Angebotskurve wieder ins langfristige Gleichgewicht zurück.

In einer Währungsunion sind die Arbeitskräfte zudem wesentlich mobiler. Arbeitslose aus Kornpommern werden nach Technopfalz auswandern und dort ihre Arbeitskraft anbieten und auf diese Weise zu einer Stabilisierung beitragen. Positive Effekte sind auch durch die Mobilität des Finanzkapitals zu erwarten.

3. **Angenommen, Technopfalz und Kornpommern entscheiden sich für fiskalischen Föderalismus und einen gemeinsamen Staathaushalt.**

   a) **Zeigen Sie mithilfe der Diagramme der aggregierten Nachfrage und des aggregierten Angebots, wie die Fiskalpolitik dazu dienen kann, die kurzfristigen Schwankungen auszugleichen, die von den asymmetrischen Nachfrageschocks herrühren.**

   b) **Wenn man die typischen Wirkungsverzögerungen (lags) fiskalpolitischer Maßnahmen bedenkt, soll man sie dann überhaupt zur Glättung kurzfristiger Schwankungen einsetzen? (Hinweis: Unterscheiden Sie zwischen automatischen Stabilisatoren und diskretionärer Fiskalpolitik.)**

   a)

   Kornpommern

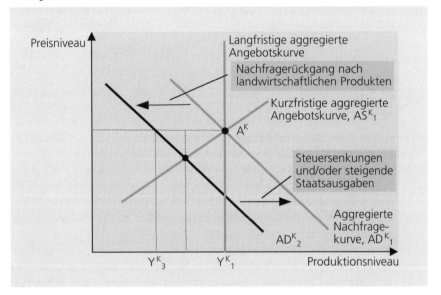

Durch Steuersenkung und/oder eine Erhöhung der Staatsausgaben könnte die Fiskalpolitik in Kornpommern stabilisierend eingreifen. Durch den ausgelösten Nachfrageanstieg verschiebt sich die Kurve der aggregierten Nachfrage zurück nach rechts ins langfristige Gleichgewicht.

Technopfalz

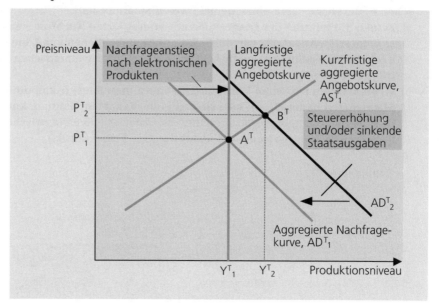

Durch eine Steuererhöhung und/oder eine Reduktion der Staatsausgaben könnte die Fiskalpolitik in Technopfalz stabilisierend eingreifen. Durch den ausgelösten Nachfragerückgang verschiebt sich die Kurve der aggregierten Nachfrage zurück nach links ins langfristige Gleichgewicht. Durch die Steuererhöhung und/oder die Reduktion der Staatsausgaben verschafft sich die Fiskalpolitik gleichsam die notwendigen Mittel für die Maßnahmen in Kornpommern.

b) Aufgrund der Wirkungsverzögerungen der Fiskalpolitik sollte die Fiskalpolitik nicht in Form von diskretionären Maßnahmen eingreifen. Ehe es zu Änderungen der Staatsausgaben und/oder Steuersenkungen kommt, vergeht in der Regel eine gewisse Zeit. Werden die fiskalpolitischen Maßnahmen dann endlich umgesetzt, haben sich die Volkswirtschaften möglicherweise schon von den kurzfristigen Schwankungen erholt. Die fiskalpolitischen Maßnahmen könnten dann in einer völlig veränderten Volkswirtschaft wirksam werden – und damit vielleicht kontraproduktiv sein.

Aus diesem Grund sollte die Fiskalpolitik nicht aktiv werden und stattdessen auf die Wirkung der automatischen Stabilisatoren bei Steuern und Staatsausgaben vertrauen, die ohne eine besondere politische Aktivität zur Dämpfung von Wirtschaftsschwankungen beitragen.

4. **Die Vereinigten Staaten von Amerika kann man sich als eine nicht-triviale Währungsunion vorstellen; denn dort gibt es eine gemeinsame Währungseinheit und volkswirtschaftliche Probleme ähnlich wie unter den europäischen Volkswirtschaften. Man kann sich die USA als eine erfolgreiche Währungsunion vorstellen, da dort seit 200 Jahren eine gemeinsame Währung herrscht. Doch zahlreiche US-amerikanische Staaten produzieren sehr unterschiedliche Waren und Dienstleistungen, sodass sie im Laufe der Zeit von**

ganz unterschiedlichen makroökonomischen (Aufschwungs- oder Ab-schwungs-) Schocks erfasst werden. So produziert Texas z. B. Öl, während Kansas Agrarprodukte herstellt. Wie erklärt man sich – mit Blick auf diese Unterschiede – den langfristigen Erfolg der US-Währungsunion? Können Sie aus den US-Erfahrungen irgendwelche Lehren oder Vorhersagen für Europa ableiten?

Der Erfolg der »amerikanischen« Währungsunion beruht in erster Linie auf der hohen Mobilität der Arbeitskräfte in den USA. In einer Währungsunion können die Wirkungen von asymmetrischen makroökonomischen Schocks in einzelnen Regionen nicht durch geldpolitische Maßnahmen ausgeglichen werden, da die Regionen in unterschiedlicher Art und Weise von den Schocks betroffen sein werden, was auch unterschiedliche geldpolitische Maßnahmen erfordern würde. In einer Währungsunion mit einer gemeinsamen Währung kann es jedoch nur eine Geldpolitik geben.

Es gibt jedoch eine Reihe von Faktoren, die zu einer Selbstheilung der ökonomischen Situation beitragen. Dazu gehört die Mobilität der Arbeitskräfte. Sind die Arbeitskräfte mobil, so werden sie von Branchen/Regionen mit hoher Arbeitslosigkeit und geringen Reallöhnen in Branchen/Regionen mit niedriger Arbeitslosigkeit und hohen Reallöhnen auswandern. Sinkt die Nachfrage nach Agrarprodukten, so werden Arbeitskräfte aus Kansas nach Texas auswandern, und sich in der boomenden Ölindustrie einen neuen Arbeitsplatz suchen. Durch die Anpassungsreaktionen der Arbeitskräfte können die Auswirkungen asymmetrischer makroökonomischer Schocks in der Volkswirtschaft abgemildert werden.

Im Unterschied zu den USA ist die Mobilität der Arbeitskräfte in der EU vergleichsweise gering. Sowohl regulatorische Hürden als auch kulturelle Barrieren wirken der Mobilität der Arbeitskräfte innerhalb der EU derzeit entgegen. Mit Blick auf die USA wäre der EU zu empfehlen, zukünftig noch stärker an einer Öffnung des EU-Arbeitsmarkts zu arbeiten.

5. **Begründen Sie, warum die nachfolgenden Aussagen wahr oder falsch sind.**
   a) **»Eine hochgradige Handelsverflechtung zwischen einer Gruppe von Volks-wirtschaften führt dazu, dass die Einführung einer gemeinsamen Währung und die Bildung einer Währungsunion ihnen Vorteile bringt.«**
   b) **»Eine hochgradige Handelsverflechtung zwischen einer Gruppe von Volks-wirtschaften führt auf jeden Fall dazu, dass die Länder sich auf eine gemeinsame Währung und die Bildung einer Währungsunion einigen.«**
   a) Diese Aussage trifft zu. Die Schaffung einer gemeinsamen Währung führt zu einer deutlichen Reduktion der Transaktionskosten für Länder, die einen regen Handel miteinander treiben.
   b) Diese Aussage trifft nicht zu. Die Schaffung einer gemeinsamen Währung generiert zweifellos Vorteile für Länder, die einen regen Handel miteinander betreiben. Die Einführung einer gemeinsamen Währung geht jedoch auch mit dem Verlust der geldpolitischen Eigenständigkeit eines Landes einher. Damit eine gemeinsame Währungsunion tatsächlich das Optimum für die beteiligten Länder darstellt, sind auch Faktoren wie eine hohe Flexibilität der Reallöhne, eine hohe Mobilität von Arbeitskräften und Kapital sowie gleichlaufende Konjunkturverläufe von Bedeutung.

6. **Stellt das erörterte Trittbrettfahrerverhalten in einer Währungsunion durch die Fiskalpolitik auch in der Praxis ein Problem dar? Begründen Sie Ihre Antwort.**

Es ist nicht davon auszugehen, dass das Trittbrettfahrerverhalten in der Praxis wirklich ein Problem in einer Währungsunion darstellt. Der politische Druck der anderen Mitgliedstaaten, aber auch das Streben der einzelnen Mitgliedstaaten selbst nach Anerkennung innerhalb der Währungsunion werden auf Dauer zu hohe Budgetdefizite einzelner Mitgliedstaaten verhindern. Kein Mitgliedstaat wird das Risiko eingehen wollen, von allen anderen Mitgliedstaaten für eine verschwenderische Fiskalpolitik an den Pranger gestellt zu werden.

TEIL XIV   Abschließende Überlegungen

Kapitel 37   Fünf Streitgespräche über gesamtwirtschaftliche Politik

Wiederholungsfragen

1. **Wodurch werden Wirkungsverzögerungen der Geld- und Fiskalpolitik auf die gesamtwirtschaftliche Nachfrage verursacht? Welche Implikationen haben diese Verzögerungen für die Debatte über eine aktive oder passive Wirtschaftspolitik?**

   Die Geldpolitik verändert die aggregierte Güternachfrage durch Änderungen des Zinssatzes, die die Investitionen der Unternehmungen und den Konsum der Haushalte beeinflussen. Unternehmen und Haushalte legen ihre Ausgabenpläne jedoch schon lange im Voraus fest. Deshalb kommt es zu zeitlichen Verzögerungen, bis die Zinssatzänderungen zu Verschiebungen der aggregierten Nachfrage führen. Fiskalpolitik erhöht unmittelbar die aggregierte Güternachfrage. Aus dem gestiegenen gesamtwirtschaftlichen Einkommen resultieren Multiplikatoreffekte (Konsum) und Akzeleratoreffekte (Investitionen), die die Güternachfrage zusätzlich erhöhen. Dem entgegen wirkt der Verdrängungseffekt, der aus dem Nachfrageausfall der privaten Investitionsgüternachfrage durch gestiegene Zinsen entsteht. Die fiskalpolitischen Wirkungsverzögerungen ergeben sich aus dem langwierigen politischen Entscheidungsprozess über allfällige Änderungen von Staatsausgaben und Steuern.

   Aufgrund dieser unvermeidlich langen Verzögerungen muss die Wirtschaftsentwicklung genügend lange im Voraus prognostiziert werden können. Dies gelingt angesichts der vorhandenen Techniken nicht immer irrtumsfrei, sodass jene Wirtschaftspolitiker, die Stabilisierungspolitik betreiben, ungewollt gerade das Gegenteil von Stabilisierung bewirken. Die Wirtschaftspolitik sollte sich demzufolge mit Eingriffen monetärer und fiskalischer Art zurückhalten, auf die Selbstheilungskräfte der Volkswirtschaft vertrauen und sich damit zufriedengeben, dass sie so (wenigstens) keinen weiteren Schaden anrichtet.

2. Was mag die Zentralbank dazu veranlassen, einen politischen Konjunkturzyklus auszulösen? Welche Implikationen hat ein politischer Konjunkturzyklus für die Diskussion um wirtschaftspolitische Regeln?

Die Zentralbank kann versuchen, Wahlergebnisse zu beeinflussen oder zu stören. Mit einer expansiven Geldpolitik kurz vor einer Wahl könnte die Zentralbank den bisher Regierenden die Wiederwahl erleichtern, wenn Produktion und Beschäftigung vor der Wahl ansteigen und sich die inflationären Tendenzen erst nach der Wahl bemerkbar machen. Auf diese Weise können Zentralbankpräsidenten, die mit der Regierungspartei sympathisieren, zyklische Schwankungen nach dem Wahlkalender auslösen. Man spricht in diesem Zusammenhang von politischen Konjunkturzyklen. Geldpolitik sollte demzufolge nicht diskretionär angelegt sein, sondern regelgebunden erfolgen.

3. Erklären Sie, welchen Einfluss Glaubwürdigkeit auf die Kosten der Inflationsbekämpfung hat.

Sofern eine Zentralbank ein glaubhaftes Bekenntnis zum Ziel einer Inflationsbekämpfung ablegt, vermag sie unmittelbar die Inflationserwartungen zu beeinflussen. Die rasche Anpassung der erwarteten Inflationsrate an die tatsächliche Inflation führt die wirtschaftlichen Aktivitäten auf das der geringeren Inflationsrate angemessene (natürliche) Niveau zurück.

4. Warum sind einige Ökonomen gegen ein Null-Inflationsziel?

Mag die Preisniveaustabilität auch noch so wünschenswert sein, so ist der Nutzenunterschied zwischen einer moderaten Inflation und einer Nullinflation gering, wohingegen die Kosten zum Erreichen der Nullinflation beträchtlich sind. Hinzu kommt, dass der Einkommensverlust nicht gleichmäßig auf die Bevölkerung verteilt ist. Vom Arbeitsplatzverlust betroffen sind zumeist jene Arbeitskräfte, die das geringste Niveau an Ausbildung und Berufserfahrung aufweisen. Die Kosten der Inflationsreduktion werden also größtenteils den Schwächeren aufgebürdet. Möglicherweise hinterlässt eine deflationäre Rezession durch unterlassene Investitionen und eine Qualifikationsminderung der Arbeitskräfte (infolge der Arbeitslosigkeit) auch dauerhafte Narben in einer Volkswirtschaft.

5. Geben Sie zwei Gründe dafür an, wieso ein staatliches Budgetdefizit für einen zukünftig Beschäftigten negative Auswirkungen hat.

Ein offensichtlicher und unmittelbarer Effekt der Staatsverschuldung ist die Belastung der künftigen Steuerzahler. Die künftigen Erwerbstätigen müssen infolge der Staatsschulden (und der Zinsbelastung) höhere Steuern zahlen (und zudem noch höhere Sozialversicherungsbeiträge wegen der demografischen Alterslasten tragen) und gleichzeitig geringere Staatsausgaben akzeptieren. Budgetdefizite stellen makroökonomisch negative Ersparnisse und eine negative »Vermögensänderung« in der Volkswirtschaftlichen Gesamtrechnung dar. Sie schmälern die volkswirtschaftliche Vermögensbildung durch akkumulierte und investierte Ersparnisse in der Summe. Die Folge ist ein Anstieg des realen Zinssatzes und ein Rückgang der Investitionen in Realkapital, ein kleinerer Realkapitalbestand als ohne Staatsdefizite mit den bekannten Auswirkungen auf das Produktionsniveau, die Arbeitsproduktivität und das Reallohnniveau. Künftige Generationen werden in eine Volkswirtschaft mit geringeren Einkommen und mit höherer Steuerbelastung hineingeboren.

6. In welchen zwei Fällen kann ein Budgetdefizit gerechtfertigt werden?

Für bestimmte Ausnahmefälle, wie z. B. die deutsche Wiedervereinigung oder die Landesverteidigung im Falle eines Kriegs, kann ein Budgetdefizit gerechtfertigt sein. Mit einer periodengerechten Kostenzurechnung wären die gegenwärtigen Mitglieder einer Volkswirtschaft finanziell überfordert, sodass man mit Blick auf die unterstellte, positive Leistung für zukünftige Generationen die Kosten solcher Ereignisse auf die Nachfahren abwälzt. Ein temporäres Budgetdefizit kann auch gerechtfertigt sein, um einen konjunkturellen Abschwung durch eine Stärkung der aggregierten Nachfrage abzufedern. In einer Rezession sinken die Staatseinnahmen automatisch (automatische Stabilisatoren), sodass der Staat zum Budgetausgleich entweder die Steuersätze erhöhen oder die Ausgaben reduzieren müsste. Diese Vorgehensweise hätte eine zusätzliche depressive Wirkung auf die Konjunktur.

7. Geben Sie ein Beispiel dafür, wie der Staat die junge Generation belastet, selbst wenn das Budgetdefizit, das diese erbt, verringert wird.

Die Belastung der jüngeren Generation erfolgt durch eine Verringerung ihres Lebensstandards bei unterstellter Konstanz der Generationsgröße. Einfach ausgedrückt wird den gegenwärtigen Steuerzahlern mit dem Budgetdefizit gestattet, einen Teil der Rechnungen für Gehabtes an die nachkommenden Steuerzahler zur Begleichung weiterzureichen. Eine demografische Strukturänderung (Überalterung der Gesellschaft) kann die relative Last, auch bei einem verringerten Budgetdefizit, zusätzlich vergrößern.

8. Einige Ökonomen behaupten, dass der Staat in alle Ewigkeit ein Budgetdefizit anhäufen könne. Wie ist das möglich?

Ebenso wie sich eine Bank mit Blick auf die Einkommensentwicklung eines Kreditnehmers dazu entschließen mag, den Kreditrahmen immer weiter auszudehnen, kann auch die Staatsverschuldung am ständig wachsenden Volkseinkommen gemessen und die Zunahme toleriert werden. Solange die Wachstumsrate der Staatsschulden niedriger ist als die Wachstumsrate des Volkseinkommens, wird man in einer marktwirtschaftlichen Demokratie keinen Umschwung der politischen Einstellung in der Frage der Staatsverschuldung erwarten oder herbeiführen können.

9. Geben Sie ein Beispiel dafür, wie unsere Gesellschaft Sparer entmutigt.

Wenn die Steuergesetze eines Landes das Sparen attraktiver machen, so werden die Bewohner einen höheren Anteil ihres Einkommens sparen. Höhere Sparquoten ermöglichen größeren zukünftigen ökonomischen Wohlstand. Unglücklicherweise entmutigen jedoch die meisten Steuersysteme die Sparer dadurch, dass der Ertrag aus der Ersparnis hoch besteuert wird. Ein Beispiel hierfür ist die deutsche Zinsabschlagsteuer (Quellensteuer; ab 2009: Abgeltungsteuer), die Zinserträge steuerlich belastet.

10. **Welcher gegenläufige Effekt kann durch Steueranreize, die die Ersparnis fördern sollen, ausgelöst werden?**

Das Ergebnis der Steueranreize in Bezug auf die Ersparnis hängt von der relativen Stärke des Einkommenseffekts und des Substitutionseffekts ab. Höhere Erträge aus der Ersparnis machen auf der einen Seite Sparen attraktiv (Substitutionseffekt), ermöglichen es dem Haushalt andererseits jedoch, die bisherigen Erträge aus der Ersparnis auch bei einer Reduktion des Sparens realisieren zu können (Einkommenseffekt). Die Notwendigkeit zum Sparen wird quasi gesenkt.

Aufgaben und Anwendungen

1. **In diesem Kapitel wird erklärt, dass die Volkswirtschaft, ähnlich wie der menschliche Körper, »natürliche Regenerationskräfte« aufweist.**

   a) **Zeigen Sie die kurzfristige Wirkung eines Rückgangs der aggregierten Nachfrage mithilfe eines Diagramms der aggregierten Nachfrage und des aggregierten Angebots. Was geschieht mit der Produktionsmenge, dem Einkommen und der Beschäftigung?**

   b) **Wenn der Staat keine Stabilisierungspolitik einsetzt, was passiert dann in der Volkswirtschaft im Zeitablauf? Zeigen Sie dies in Ihrer Grafik. Geschieht diese Anpassung in der Regel innerhalb von Monaten oder von Jahren?**

   c) **Schafft die Volkswirtschaft es aus eigenen Kräften, den Ausgangszustand wiederherzustellen? Wie schnell arbeiten die volkswirtschaftlichen Regenerationskräfte?**

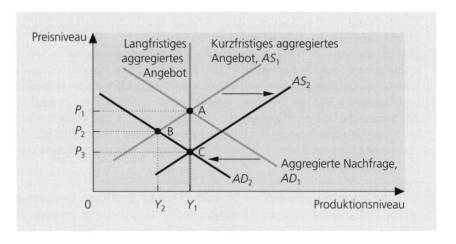

Der Rückgang der aggregierten Nachfrage führt zu einer Linksverschiebung der Nachfragekurve von AD_1 auf AD_2. Das Preisniveau sinkt, und die Produktionsmenge nimmt von Y_1 auf Y_2 ab. Es kommt zu einem Rückgang von Einkommen und Beschäftigung in der Volkswirtschaft. Auch ohne Eingriffe vonseiten der Wirtschaftspolitik kann es zur Selbstheilung der Rezession kommen. Im Lauf der Zeit berichtigen die Leute ihre unzutreffenden Wahrnehmungen, und sie korrigieren starre Lohnsätze und starre Preise. So wie sich die Erwartungen von einem Rückgang des Preisniveaus, Wahrnehmungen, Lohnsätze und Preise anpassen, verschiebt sich die kurzfristige aggregierte Angebotskurve nach rechts von AS_1 auf AS_2 und stellt im neuen Gleichgewicht das natürliche Produktionsniveau wieder her. Die erforderliche Zeit für eine derartige Selbstheilung hängt von der Dauer der Wahrnehmungen und der Anpassung der starren Löhne und Preise an die geänderte Situation ab.

2. **Politikverantwortliche, die die Volkswirtschaft stabilisieren möchten, müssen entscheiden, wie sie Geldangebot, Staatsausgaben und Steuern ändern. Warum ist es schwierig, die angemessene Stärke dieser Veränderungen festzulegen?**

   Probleme wie Wirkungsverzögerungen, Finanzierungsunsicherheiten, Umwelt- und Entwicklungsrisiken machen die Bestimmung von Geldangebot, Staatsausgaben und Steuern schwierig. Aufgrund der Komplexität einer Volkswirtschaft, die ständigen Veränderungen unterliegt, besitzen auch Erfahrungswerte aus der Vergangenheit nur beschränkt Geltung. In letzter Konsequenz kann sich der Staat nicht einmal sicher über die Wirkungen seiner Maßnahmen sein. Allzu oft bewirkt Stabilisierungspolitik das Gegenteil von Stabilisierung.

3. **Nehmen Sie an, die Wirtschaftssubjekte wollen plötzlich mehr Geld halten.**
   a) **Wie würde sich dies auf die Volkswirtschaft auswirken, wenn die Zentralbank sich an die Regel hält, die Geldmenge jedes Jahr um 3 % auszudehnen? Verdeutlichen Sie Ihre Antwort grafisch mithilfe einer Skizze des Geldmarkts und des Diagramms der aggregierten Nachfrage und des aggregierten Angebots.**
   b) **Wie würde sich dies auf die Volkswirtschaft auswirken, wenn die Zentralbank sich an die Regel hält, die Geldmenge jedes Jahr um 3 % auszudehnen, und die Geldmenge um zusätzlich einen Prozentpunkt mehr für jeden Prozentpunkt, den die Arbeitslosigkeit über ihr normales Niveau hinaus steigt, anwachsen lässt? Verdeutlichen Sie Ihre Argumentation grafisch.**
   c) **Welche der in a) bzw. b) vorgeschlagenen Regeln stabilisiert die Volkswirtschaft besser? Wäre es hilfreich, der Zentralbank zu erlauben, ihre Maßnahmen auf die prognostizierte statt auf die aktuelle Arbeitslosigkeit auszurichten? Erläutern Sie Ihre Antwort.**
   a) Dehnt die Zentralbank die Geldmenge jedes Jahr um 3 % aus, so entspricht dies der durchschnittlichen (erwarteten) Wachstumsrate des realen BIP. Die Erhöhung der Geldmenge von MS_1 auf MS_2 kompensiert gerade den Anstieg der Geldnachfrage von MD_1 auf MD_2, der aus dem wachsenden gesamtwirtschaftlichen Einkommen resultiert (Quantitätsgleichung). Der Zinssatz bleibt auf diese Weise konstant, $r_1 = r_2$. Eine höhere Kassenhaltung der Wirtschaftssubjekte lässt die Geldnachfrage (zusätzlich) auf MD_3 ansteigen. In Anbetracht einer fehlenden äquivalenten Anpassung der Geldmenge nimmt das Zinsniveau auf r_3 zu.

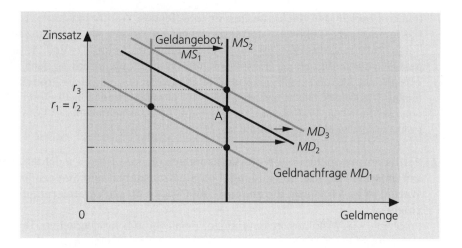

Der gestiegene Zinssatz senkt über eine geringere Konsum- und Investitionsgüternachfrage die aggregierte Güternachfrage, die Kurve AD_1 verschiebt sich nach links zu AD_2. Produktionsniveau und Beschäftigung gehen zurück.

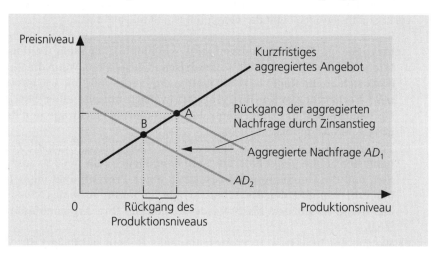

b) Reagiert die Zentralbank auf die entstandene Arbeitslosigkeit über eine (zusätzliche) Erhöhung der Geldmenge, so verschiebt sich das Geldangebot nach rechts.

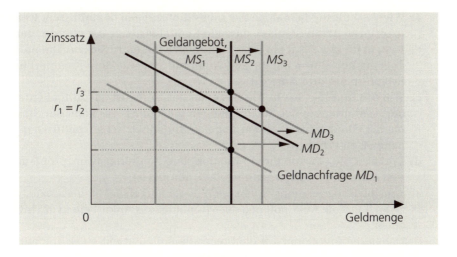

Die Ausweitung der Geldmenge erfolgt in dem Ausmaß, in dem die Arbeitslosigkeit über ihr bisheriges, normales Niveau gestiegen ist. Der Zinssatz sinkt auf sein ursprüngliches Niveau $r_1 = r_2$ und bewirkt einen Anstieg der gesamtwirtschaftlichen Nachfrage (Rückverschiebung der Nachfragekurve auf AD_1).

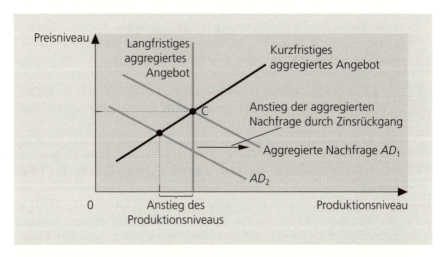

c) Eine Orientierung der Geldmenge an der prognostizierten Arbeitslosigkeit birgt die Gefahr eines zu starken Geldmengenwachstums, falls die Prognose sich als zu hoch erweist. Beschäftigung und Produktion würden über das natürliche Niveau hinaus ansteigen und inflationäre Tendenzen einleiten. Eine Anpassung der geldpolitischen Maßnahmen an die aktuelle Arbeitslosigkeit vermeidet demzufolge die Gefahr eines zu hohen Geldmengenwachstums.

4. **Das Problem der Zeitinkonsistenz gilt sowohl für die Fiskal- als auch für die Geldpolitik. Nehmen Sie an, der Staat kündigt eine Senkung der Einkommensteuer für Realkapitalinvestitionen an, wie beispielsweise den Bau neuer Fabrikanlagen.**

a) Wie wird diese Maßnahme das Investitionsniveau beeinflussen, wenn die Investoren daran glauben, dass die Kapitalbesteuerung niedrig bleibt?

b) Besteht für den Staat ein Anreiz, die Maßnahmen zurückzunehmen, nachdem die Investoren auf die angekündigte Steuersenkung reagiert haben? Erläutern Sie Ihre Antwort.

c) Würden Investoren – in Anschluss an Ihre Antwort aus Aufgabenteil b) – der Ankündigung des Staats Glauben schenken? Was kann der Staat tun, um die Glaubwürdigkeit der angekündigten wirtschaftspolitischen Maßnahmen zu erhöhen?

d) Erklären Sie, warum diese Situation dem Zeitinkonsistenzproblem, dem sich die Geldpolitik gegenübersieht, ähnlich ist.

a) Sind die Unternehmungen von der Dauerhaftigkeit der Steuersenkung überzeugt, führt die Ankündigung der Maßnahme zur Ankurbelung der Investitionen.

b) Haben die Investoren auf die Steuerankündigung mit einer Erhöhung des Investitionsniveaus reagiert, besteht für den Staat ein Anreiz zur Rücknahme der Steuersenkung. Da das (Realkapital-)Einkommen infolge der zusätzlich getätigten Investitionen steigt, kann der Staat über eine Rücknahme der Steuersenkung höhere Einnahmen als vor Ankündigung der steuerlichen Maßnahme realisieren.

c) Da der Staat einen Anreiz für eine nachträgliche Rücknahme der Steuersenkung hat, werden die Investoren der Dauerhaftigkeit der Steuersenkung keinen Glauben schenken und ihr Investitionsniveau – wenn überhaupt – dann nur geringfügig erhöhen. Zur Unterstützung der Glaubwürdigkeit der Steuersenkung könnte der Staat zunächst eindeutige gesetzliche Regelungen über die Dauer der Maßnahme festschreiben. Zudem könnte eine verantwortungsvolle Haushaltspolitik die Investoren davon überzeugen, dass der Staat nicht auf zusätzliche Einnahmen angewiesen ist.

d) Das Zeitinkonsistenzproblem der Geldpolitik besteht darin, dass zwischen dem, was die Politiker in Bezug auf die angestrebte Inflationsrate (Null-Inflationsrate) ankündigen und dem, was tatsächlich passiert, eine Diskrepanz herrscht. Ähnliches gilt im Fall einer angekündigten Steuersenkung. Zwischen der versprochenen Steuersenkung und der tatsächlichen Veränderung der Steuersätze liegen Welten. Es gibt vielfältige Gründe (unerwartete Ausgabensteigerungen, Einnahmeausfälle u.Ä.) dafür, dass der Staat immer wieder einen Anreiz hat, (angedachte) Steuersenkungen zurückzunehmen.

5. Kapitel 2 erklärte den Unterschied zwischen positiver und normativer Analyse. Welche Problemfelder in der Auseinandersetzung darüber, ob die Zentralbank ein Null-Inflationsziel verfolgen sollte oder nicht, beinhalten positive Aussagen, welche normative Urteile?

Die Forderung nach Preisniveaustabilität stellt ein normatives Urteil dar. Die Diskussion über Kosten und Nutzen einer Nullinflation stützt sich dagegen auf positive Aussagen.

6. **Warum ist der Nutzen aus einer Senkung der Inflationsrate dauerhaft, die Kosten dafür jedoch nur vorübergehend? Warum sind die Kosten einer Erhöhung der Inflationsrate dauerhaft, der Nutzen daraus jedoch nur vorübergehend? Erläutern Sie Ihre Antworten anhand einer grafischen Darstellung der Phillips-Kurve.**

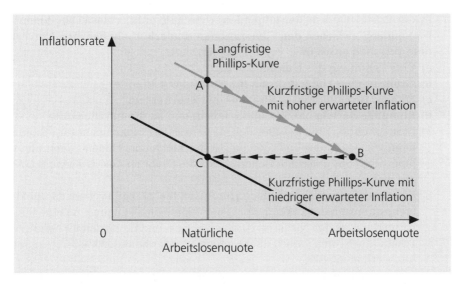

Die langfristige Phillips-Kurve verläuft senkrecht und zeigt, dass die natürliche Arbeitslosenquote mit unterschiedlichen Inflationsraten einhergeht. Der Nutzen einer Senkung der Inflationsrate von Punkt A nach Punkt C ist dauerhaft, weil sich die Volkswirtschaft auf lange Sicht bei der natürlichen Arbeitslosenquote einpendelt. Die Kosten dieser Senkung, die erhöhte Arbeitslosenquote (Punkt B) ist kurzfristig, da sich diese langfristig auf ihrem natürlichen Niveau einfindet (Punkt C).

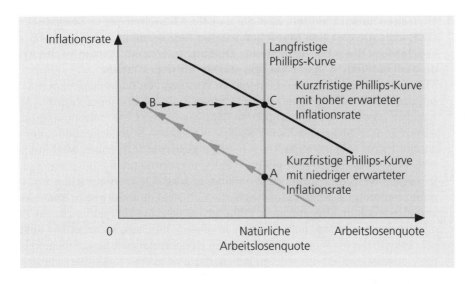

Die Kosten einer Erhöhung der Inflationsrate sind dagegen dauerhaft, weil die erreichte Inflationsrate bei der natürlichen Arbeitslosenquote langfristig stabil (hoch) bleibt (Punkt C). Der Nutzen einer Erhöhung der Inflationsrate, die niedrigere Arbeitslosenquote ist vorübergehend (Punkt B), da sich diese auf lange Sicht bei jeder Inflationsrate stets auf das natürliche Niveau einpegelt (Punkt C).

7. Erklären Sie, wie jede der folgenden wirtschaftspolitischen Maßnahmen das Einkommen zwischen den Generationen umverteilt. Findet eine Umverteilung von jung zu alt oder von alt zu jung statt?
   a) Eine Erhöhung des Haushaltsdefizits
   b) Großzügigere Unterstützung für Ausbildungskredite
   c) Höhere Investitionen in Straßen- und Brückenbau
   d) Eine Indexierung der Sozialhilfeleistungen an die Inflationsrate

   a) Eine Erhöhung des Haushaltsdefizits verteilt das Einkommen zugunsten der heutigen Generation und zuungunsten nachfolgender Generationen, also von jung zu alt, da zukünftige Generationen die heutigen Ausgaben mit finanzieren müssen.

   b) Eine großzügigere Unterstützung für Ausbildungskredite verteilt das Einkommen zugunsten der zukünftigen Generation, von alt zu jung, da eine höhere Ausbildung jungen Menschen größere Berufs- und Einkommenschancen verschafft, die Kosten jedoch über Steuern von der heutigen Generation getragen werden müssen.

   c) Werden höhere Investitionen bereits heute vollständig über Steuern finanziert, so findet eine Umverteilung zugunsten der zukünftigen Generation statt, da diese von der verbesserten Infrastruktur profitiert, ohne an deren Finanzierung beteiligt gewesen zu sein.

   d) Eine Indexierung der Sozialhilfeleistungen an die Inflationsrate erhöht das Einkommen der heutigen Generation, ohne dass diese äquivalent an der Finanzierung der steigenden Sozialausgaben (Gefahr von Budgetdefiziten) beteiligt wäre. Es kommt zu einer Umverteilung von jung zu alt.

8. Umfragen haben ermittelt, dass die meisten Menschen gegen Budgetdefizite sind, aber die gleichen Menschen wählen Repräsentanten, die Budgets verabschieden, die schon bedeutende Defizite aufweisen. Warum ist die Kritik an Budgetdefiziten in der Theorie stärker als in der Praxis?
Theoretisch leuchtet jedem die negative Wirkung von Budgetdefiziten ein. Die praktische Umsetzung eines ausgeglichenen Budgets stößt jedoch auf eine Vielzahl von objektiven Schwierigkeiten (Notwendigkeit hoher Verteidigungsausgaben in den Zeiten des Kalten Kriegs, wachsende Sozialausgaben aufgrund zunehmender Arbeitslosigkeit, notwendige Ausgaben im Rahmen der deutschen Wiedervereinigung) und subjektiven Schwierigkeiten (mangelnder Reformwille in der Steuer- und Sozialgesetzgebung, unzureichende Bereitschaft zur Ausgabensenkung). Auch die Menschen, die sich zwar generell gegen Budgetdefizite aussprechen, aber trotzdem Politiker wählen, die Budgetdefizite im Bundestag verabschieden, befinden sich in einem Dilemma. Wenn es um die Beschränkung der eigenen Bedürfnisse geht, wenn Sozialleistungen reduziert oder die Umsatzsteuer erhöht werden sollen, dann betrifft es jeden persönlich – da

sinkt die Bereitschaft zu Einsparungen ganz rapide. Für die Masse der Bevölkerung ist die Gegenwart entscheidend, werden Politiker bevorzugt, die den gegenwärtigen Lebensstandard sichern und nicht etwa anfangen, zugunsten der Zukunft zu sparen. Die starke Gegenwartsorientierung bei Politikern und in der Bevölkerung zeigt sich nicht zuletzt in Fragen des Umweltschutzes (Debatte um die Ökosteuer).

9. **Dieses Kapitel legte dar, dass Budgetdefizite das Einkommen zukünftiger Generationen reduzieren, aber Produktion und Einkommen während einer Rezession stärken können. Erläutern Sie, wie diese beiden Aussagen zusammenpassen.**

Budgetdefizite, die der Staat in Zeiten der Rezession in Kauf nimmt, um die Konjunktur durch Steuererhöhungen oder Ausgabenkürzungen nicht zusätzlich zu verschlechtern, müssten eigentlich durch Budgetüberschüsse in Zeiten konjunktureller Prosperität gedeckt werden. Der Staatshaushalt weist jedoch ein strukturelles Defizit auf, d. h. selbst bei einem rasanten Wirtschaftswachstum reichen die steigenden Steuereinnahmen und die sinkenden Sozialausgaben nicht aus, um das Defizit zu beseitigen. Die heutige Generation lebt quasi dauerhaft über ihre Verhältnisse und bürdet die Ausgaben dafür der zukünftigen Generation auf.

10. **Welchem grundsätzlichen »tradeoff« sieht sich eine Gesellschaft gegenüber, wenn sie beschließt, mehr zu sparen?**

Beschließt eine Gesellschaft, mehr zu sparen, so erfordert dies eine Beschränkung des gegenwärtigen Konsums. Die höhere Ersparnis wirkt sich über höhere Investitionen jedoch positiv auf das zukünftige gesamtwirtschaftliche Einkommen aus. Die Gesellschaft muss sich demzufolge zwischen gegenwärtigem und zukünftigem Konsum entscheiden.

11. **Nehmen Sie an, die Besteuerung auf Spareinkünfte würde gesenkt.**
    a) **Wer würde von dieser Steuersenkung auf direktestem Weg profitieren?**
    b) **Wie würde sich der Kapitalstock im Zeitablauf entwickeln? Was würde mit dem Kapital, das jedem einzelnen Beschäftigten zur Verfügung steht, passieren? Wie würden sich die Löhne entwickeln?**
    c) **Wer hätte – im Licht Ihrer Antwort auf Teil b) – langfristig Vorteile von dieser Steuerreduktion?**

    a) Eine Senkung in der Besteuerung auf Spareinkünfte begünstigt tendenziell jene Menschen, die (mehr) sparen, also die Bezieher hoher Einkommen.
    b) Langfristig führt die Steuersenkung über die Ankurbelung der Investitionen zu einem rascher wachsenden Kapitalstock. Die Kapitalintensität der Produktion steigt. Da Arbeit als Produktionsfaktor nun relativ knapp wird, erhöht sich die Entlohnung des Produktionsfaktors Arbeit.
    c) Langfristig profitiert also die gesamte Gesellschaft über eine Erhöhung des gesamtwirtschaftlichen Wohlstands von einer Senkung der Besteuerung auf Spareinkünfte.

Stichwortregister